KB193633

사랑과 차별과
우정과 LGBTQ+

경계와 편견을 넘어
무지를 메워 온 말들의 기록

사랑과
차별과
우정과
LGBTQ+

기타마루 유지 지음
송해영 옮김

arte

일러두기

— 이 책은 기타마루 유지(北丸雄二)가 '요미모노닷컴(よみもの.com)'과 'TRP ONLINE'에서
2019년 1월부터 2020년 8월까지 연재한 내용을 대폭 가필, 수정해 엮은 『愛と差別と友情と
LGBTQ+』(人々舍, 2021)를 우리말로 완역한 것이다.

— 외국 인명 및 지명 표기는 국립국어원의 외래어표기법을 따르되, 일부 예외는 통용되는
표기를 따랐다.

— 원주는 후주로, 역주는 각주로 두었다.

— 원서에서 방점으로 강조된 부분은 굵은 글씨로 표시했다.

— 도서는 『 』, 논문 등 짧은 글은 「 」, 간행물은 《 》, 영화·음악·방송프로그램 등은 〈 〉로
묶었다.

지금은 없는 아버지에게, 어머니에게, 남동생에게

살아 있는 히데키에게, 친구들에게

들어가며

일본의 '그런 시대'는 대체 언제 끝났는가?

이 책을 쓰는 나도 신문기자로서 뉴욕에 부임한 1993년까지는 아는 것이 거의 없었다. 당시 일본에는 관련 정보가 어이없을 만큼 부족했기 때문이다. 지금이야 각 성소수자의 머리글자를 따서 모은 총칭(LGBTQ+)이 있지만, 내가 사춘기를 맞이한 1970년만 해도 그쪽 남자는 전부 '오카마(オカマ)'였다. 오카마는 '게이 보이'니 '블루 보이'니 '시스터 보이'니 하는 의미를 알 수 없는 외래어로 된 카테고리로 나뉘었다. 여자 버전은 '레즈(レズ)'였지만 이는 실존하는 관계성을 가리키는 말이 아니라 포르노 영화(핑크 영화)를 분류하는 카테고리였다(전쟁 직후 고등여학교를 다닌 어머니는 더 로맨틱하게 '에스(S)'라고 불렀다. 'sister(자매)'의 앞 글자를 따서 여자들 간의 연애 감정을 은어화한 것이다). 어느 시대나 여성에 관해서는 진지하게 다루는 법이 없었다.

당시 '오카마'와 '호모'는 다르다며 제법 그럴싸한 해석을 늘어놓는 사람도 있었다. 우리 집 정의로는 여성스러운 것이 오카마(즉 트랜스젠더도 섞여 있다), 남성스러운 것이 호모였다. 호모는 보통 남자들처럼 입고 다니지만, 오카마는 키나가시(着流し)*차림이거나 여장을 한다는 것이다.

'호모섹슈얼(homosexual)'의 줄임말인 '호모'는 당시만 해도 낯선 외래어였고 '오카마'만큼 모욕적인 뉘앙스를 띠고 있지 않았다(지금은 둘 다 비슷하게 사람들의 입에 오르내리고 비슷하게 불명예스러워졌지만). 그래서 모던하고 세련된 '호모' 쪽을 자처하는 사람도 많았다. 물론 이 모든 것은 일본의 한 폐쇄적인 커뮤니티 안에서 통하는 정의일 뿐, 울타리를 나서면 아무 의미도 없었지만. 그런 시대가 오래도록 이어졌다. 애당초 텔레비전에 나오는 카르셀 마키(カルーセル麻紀)**와 마루야마 아키히로(丸山明宏)*** , 게이 바 '아오에'의 마담 말고는 오카마를 본 적이 없었다.

삿포로 다누키코지 근처 조그만 상점가의 막다른 골목에 고등학교 시절 방과 후 아지트였던 '유아독존'이라는 카페가 있었다.

---

* 바지처럼 생긴 하카마 없이 기모노만 입은 차림새.

** 일본 최초 트랜스젠더 연예인. 서른 살이 되던 해인 1973년 모로코에서 성별 정정 수술을 받았으며 2004년 '성동일성 장애 특례법'이 시행되면서 호적상으로도 여성으로 정정되었다.

*** 일본의 방송인. 가수로 활동하던 스물두 살 게이임을 커밍아웃했다. 일본의 1세대 오카마라고 불리지만 자신을 여성 혹은 남성 어느 쪽으로도 규정하지 않는다고 한다. 영화 〈모노노케 히메〉의 '모로' 성우로도 유명하다. 1971년부터 미와 아키히로(美輪明宏)로 활동 중이다.

그 건물 2층에는 해상자위대 출신 오카마가 운영하는 '마린'이라는 게이 바가 있었는데, 나는 고등학교를 졸업할 때까지 마담을 실제로 보지 못하고 도쿄로 상경했다. 오카마에 관한 정보는 그 건물 2층 어두운 문 너머 수수께끼와 함께 거의 갱신되지 못했다.

이 책은 그런 나의 정보 갱신이랄까 '자각'을 모은 것이다. 정보를 갱신하는 계기를 얻은 것은 1990년 일본에서 출간된 미국 소설 『프런트 러너(The Front Runner)』(퍼트리샤 넬 워런, 1974)를 번역하면서다. 간단히 말하자면 나는 그 과정에서 '게이'라는 존재를 알게 되었다. 더 나아가 '오카마'와 '게이'가 단어의 방향성은 정반대지만 실체는 같다는 사실도.

『프런트 러너』가 출간되고 2년 4개월 뒤부터 미국에서 살기 시작했으니, 이후 일본으로 돌아올 때까지 25년에 이르는 나의 정보 갱신은 미국 현지 정보에 치우쳐 있을 것이다. 하지만 비교문학이라는 학문 분야도 있는 만큼, 그 정보 갱신 과정에서 드러나는 사실은 편향된 것이 아닐지도 모른다(는 것은 내 바람이기도 하다).

이 책에서는 서로 다른 문화권을 오가면서 지금 세계에서 일어나는 현상의 배경을 생각한다. 그렇다면 나는 왜 여러 '자각'을 모으기로 한 걸까?

내가 일본으로 돌아온 2018년 자민당 소속 중의원 의원 스기타 미오(杉田 水脈)가 "LGBT를 위한 세금 사용에 동의할 국민이 얼마나 될까요. 그들 그녀들은 아이를 낳지 않으므로 생산성이 없습니다"라고 기고(《신초45(新潮45)》 2018년 8월 호)한 것이 도미노의 첫 번째 블록이었다. 발언 자체는 흔히 접할 수 있는 '정보 갱신에 뒤처진 자민당 정치인의 말'이다. 사실 그쪽이 아니라 이후 일본 사회 곳곳에서 나온 스기타 미오에 대한 비판 쪽이 많은 것을 생각하게 했다. 조그만 '위화감'이 고개를 내민 것이다.

TV아사히에서 하토리 신이치(羽鳥 慎一)가 진행하는 〈모닝 쇼(モーニングショー)〉라는 아침 정보 프로그램을 보고 있을 때였다. TV아사히 직원이자 논평가인 다마가와 도오루(玉川 徹)가 (이래저래 말이 많은 사람이지만 매사 논리적으로 생각하려는 자세는 싫지 않다) 스기타 미오의 생산성 발언에 대해 LGBTQ+를 포용하는 관점에서 "아무튼 요즘은 그런 시대가 아니니까" 하며 마무리를 지으려고 했다.

'음? 잠깐 기다려 봐.' 나는 생각했다. '요즘은 그런 시대가 아니'라니 정말? 언제부터? 나도 모르는 사이에 '그런 시대'는 지나가 버린 건가?

직업 특성상 다양한 분야에서 성공해 이름을 알린 사람들을 많이 만나 왔다. 더없이 지적이고 이성적인 사람들이 동성애자나 트랜스젠더에 대해서는 어처구니없을 만큼 심하게 말하는 상황도 몇 번이나 맞닥뜨렸다.

고등학교 때부터 팬이었던 시인이자 평론가 요시모토 다카아키(吉本 隆明)는 1978년 미셸 푸코(Michel Foucault)가 방일했을 때 그와 대담을 나누었는데, 이후 푸코의 사색을 가리켜 동성애자에게서 흔히 나타나는 경향이라며 빈정거렸다. 유엔에서 요직을 차지할 만큼 유능한 행정관은 1990년대 후반 뉴욕에 있는 일본인 기자들과 가진 술자리에서 대놓고 싫은 티를 내며 "유엔에도 호모가 많아서" 하고 비웃었다. 지금은 LGBTQ+에 우호적인 영화평론가도 몇 년 전까지는 LGBTQ+ 영화를 웃음거리처럼 다루고 농담을 섞어 가며 논평했다. 내가 생각이 가장 유연한 철학자 중 하나로 꼽으며 존경하는 사람도 과거 동성애를 향한 경멸의 말을 입에 담았다. 지금도 현역인 유명 저널리스트는 스기타 미오의 발언을 문제 삼는 분위기를 두고 "LGBT 따위보다 훨씬 중요한 문제가 많다"라며 한심하다고 딱 잘라 말했다. 다른 곳에서는 무척이나 논리적이고 다정한 사람들이 동성애에 관해서는 심한 말을 아무렇지도 않게 입에 올렸다. 그럴 때마다 나는 가벼운 배신감에 빠지면서도 한편으로는 이 '대단한 지성'들도 모르는 것을 안다는 사실에 남몰래 자부심을 가졌다.

그뿐만 아니라 몇 년 전까지 텔레비전이나 주간지에서 LGBTQ+를 그리는 방식은 또 어땠는가. 일일이 사례를 들자면 끝이 없을 것이다.

표면적으로 LGBTQ+를 '그리는 방식'은 나아지고 있지만, 실질적으로는 대체 언제 **일본의 '그런 시대'가 끝난 것일까?**

'LGBT(Q+)'라는 단어는 2015년 도쿄 시부야구와 세타가야구가 동성 파트너십 제도를 시행하면서 대중매체에서도 자주 보이게 되었다. 주요 매체에서 뉴스로서 다루기 시작한 것은 '성별 불쾌감(Gender Dysphoria)'으로 인한 호적상 성별 변경을 인정하는 특례법이 제정된 2003년부터일지도 모른다. 다만 2003년 당시에는 'T'에 해당하는 트랜스젠더를 싸잡아서 '성 동일성 장애(GID, Gender Identity Disorder)'라고 질병처럼 불렀던 만큼 'T'가 포함된 'LGBT'라는 단어는 일본인 대다수가 들어 본 적도 없었을 것이다.

다시 말해 주요 매체가 성소수자를 우호적으로, 긍정적으로, 혹은 동정적으로 다루기 시작한 지는 고작 몇 년밖에 지나지 않았다. 그사이 대체 언제 '그런 시대'가 지나간 걸까?

차마 믿기 힘든 말이다.

후지TV에서 방영한 특집 프로그램에서 톤네루즈(とんねるず)의 멤버 이시바시 타카아키(石橋 貴明)*가 연기하는 캐릭터 '호모오다 호모오(保毛尾田 保毛男)'가 28년 만에 부활한 것은 2017년일이다. 이제 '그런 시대'는 아니라더니 그는 '호모오다 호모오' 부활로 비판을 받고 나서도 국민 코미디언으로서 잘만 활동하고 있다.

자민당 소속 아다치구 구의원인 시라이시 마사테루(白石 正輝)가 "L과 G가 법의 보호를 받게 되면 다음 세대가 태어나지 않

---

* 일본의 코미디언. 1980년 키나시 노리타케와 개그 콤비 톤네루즈를 결성했다. 일본 개그의 새 시대를 열었다는 평가를 받지만 전성기 때는 여자 연예인을 상대로 성적인 농담을 던져 웃음을 끌어내기도 했다.

사랑과 차별과 우정과 LGBTQ+

아 아다치구는 망하고 말 것"이라고 발언한 것은 스기타 미오가 화제의 중심에 서고 "이제 그런 시대가 아니다"라는 말이 나온 지 2년 뒤인 2020년 10월 일이다. 시라이시 마사테루의 발언이 문제시된 지 고작 7개월 뒤인 2021년 5월에는 그야말로 본거지라고 할 수 있는, 'LGBT 이해증진법'을 승인하기 위한 자민당 합동 회의에서 야마타니 에리코(山谷えり子)와 야나 가즈오(簗 和生)를 비롯한 의원들이 "LGBT는 종족 보존의 법칙을 위반한다" "생물학의 근간을 뒤흔든다" "도덕적으로 용납할 수 없는 행위"라며 승인 반대를 주장했다.

아마 그들에게는 무언가 중요한 정보가 근본적으로 빠져 있을 것이다. 하지만 텔레비전 정보 프로그램과 출연자들은 이러한 부분은 조금도 건드리지 않으면서 당연하다는 듯이 입을 모아 LGBTQ+ 커뮤니티를 두둔하고, 짐짓 인상을 쓴 채 이제 '그런 시대'는 아니라고 말한다. "다양성의 시대잖아요." 그때의 공허감이란. 마치 자신에게는 그들 혹은 세간에 만연한 정보의 결함과 공백에 대한 책임이 없는 것처럼. 마치 자신은 예전부터 모두의 편이었던 것처럼. 그런 이들을 보고 있자면 성경 속 '손을 씻는 빌라도'가 떠오른다.

물론 진심으로 소수자 인권을 걱정하는 사람도, 세대가 달라 애초부터 편견이나 결여가 없었던 사람도 많다. 하지만 한편으로는 "너희들 중에 죄 없는 자만 돌을 던져라"라는 말이 턱 끝까지 차오르게 하는 사람도 있다. 나는 그런 점에서는 뒤끝이 길어 꽤 오랫동안 기억하는 편이다.

'이제 그런 시대가 아니다.' 이 말에 빠진 부분을 채워 넣고 싶다, 그것이 바로 책을 쓰게 된 첫 번째 동기다. '이제 그런 시대가 아니다'라고 공식처럼 통으로 외운 다음 무엇이든 대입만 하면 정답이 나오는 것이 아니기 때문이다. 왜 이런 공식이 세워졌을까? 그 과정이 빠져 빈칸으로 남아 있다면 우리가 '모범 답안'이라고 생각하는 언행도 속 빈 강정일 뿐이다.

나도 내 안에 있는 빈칸을 30여 년에 걸쳐 다양한 정보로 어떻게든 채워 왔다. 지금 '시대'를 '이제 그런 시대가 아니다'라고 되뇌면서 어영부영 뛰어넘어 봐야 발아래 깔린 공백이 드러날 뿐 누군가가, 그것도 많은 누군가가 소외된다. 지금이라도 늦지 않았으니 그 공백을 메워야 한다.

이 책은 공교롭게도 스기타 미오의 발언 직후인 2018년 11월 개봉되어 세계적으로 예상보다 큰 흥행을 거둔 〈보헤미안 랩소디(Bohemian Rhapsody)〉로 막을 연다. '퀸(Queen)'이라는, 이름부터 퀴어한 밴드의 보컬리스트 프레디 머큐리(Freddie Mercury)의 이야기다.

그의 이야기는 '성(性)의 괴물'로 여겨지던 게이가 어떤 취급을 받았는지와 관련된다. 그리고 주제는 자연스럽게 프레디의 사인이었던 '에이즈의 시대'로 이어진다. 기피와 반발의 시대에 미국 인기 배우 록 허드슨(Rock Hudson)이 미친 영향에 대해서도 살펴본다.

이처럼 각 시대를 개괄하면서 LGBTQ+가 고난 속에서 어떻게 아이덴티티를 획득할 수 있었는지 미국의 흑인 해방운동(공민권운동), 여성운동, 더 나아가 스포츠계와 연극계의 동향 등을 참고로 고찰한다.

한편으로는 도널드 트럼프(Donald Trump)라는 인물이 미국 대통령이 되면서 '정체성 정치'와 '정치적 올바름(Political Correctness, 이하 'PC')'에 대한 반격이 거세진 '지금'을 고민한다. 트럼프는 PC를 비웃다 못해 자신의 선거 집회에서 손이 불편한《뉴욕타임스》기자의 손동작을 과장되게 흉내 내 자리에 모인 지지자들을 웃기기까지 했다. 바이든 대통령이 취임하면서 4년에 걸친 트럼프의 시대는 막을 내렸지만 트럼프의 기억은 현재진행형이다.

2020년은 '흑인의 목숨도 소중하다(Black Lives Matter, 이하 'BLM')'의 시대이기도 했다. BLM 역시 LGBTQ+ 운동과 깊은 관련이 있다.

이들을 전부 살펴본 뒤 다다르는 곳에는 마지막 장에서 다룰 '우정과 연대의 문제'가 놓여 있을 것이다. 사실 이 책은 나의, 우리의 '우정'을 목표로 했기에 끝까지 쓸 수 있었다.

사랑과 차별과 우정과 LGBTQ+. 이 책을 읽는 독자들이 살아가는 데에 작으나마 힌트가 되었으면 하는 바람이다.

그럼 시작해 보자.

차례

2부

우정과 LGBTQ+

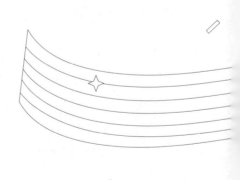

프롤로그

    소학교 5학년이 되던 해 비틀스(The Beatles)가 일본에 왔다. 지금 다시 알아보니 6월 30일이더라. 그날 밤 열린 부도칸 공연의 중계방송을, 열한 살이었던 나는 집 거실에서 무려 '닛폰'이라는 이름이 붙은 (당시 기준) 대형 21인치 흑백텔레비전에 반쯤 매달린 채 보고 있었다. 그해 어머니의 생일을 맞아 아버지가 깜짝 선물로 사 온 원목 가구 느낌의 신제품이었다. 등 뒤에서는 바로 그 아버지가 직장 동료와 마작을 하고 있었고 거실은 담배 연기와 냄새가 자욱했다. 그런 일이 이상하지 않았던 쇼와(昭和)* 41년이었다.

    "이런 걸 왜 좋아하나 몰라." 아저씨들이 마작 패를 손에 든 채

---

* 1966년. 쇼와시대는 1926년부터 1989년까지를 가리킨다.

말했다. "꺅꺅 시끄럽기만 하지 노래는 들리지도 않는데." 내 귀에는 승부가 날 때마다 탁자 위에서 잘그락잘그락 소용돌이치는 마작 패가 더 시끄러웠지만. 아무튼 비틀스에 대한 평가는 좋지 않았다.

가장 큰 요인은 긴 머리카락이었다. "여자처럼 머리나 기르고 말이야." 지금 시점에서 보면 '버섯 머리'는 머리카락이 귀에 살짝 걸리는 정도라 장발이라고 하기도 무엇하다. 하지만 당시 남자들은 하나같이 머리를 박박 밀고 다녔으니 그 정도만 되어도 불량스러워 보일 수밖에 없었다. 아버지보다 스무 살 많은 큰아버지는 "하여튼 기분 나쁘다니까" 하고 툭 내뱉을 정도였다. 패전 후 21년밖에 지나지 않은 쇼와시대에서 외국(서양) 문화는 당돌하면서 이해하기 힘든 것이었으리라.

하지만 '여자처럼 머리가 길고, 기분 나쁘고, 불량스러운' 비틀스가 당시 일본 '어른'들이 막연히 불안하게 느끼던 젠더 벤딩(gender bending, 기존 젠더 개념을 의도적으로 비트는 것)을 노렸는지는 다소 의문스럽다. 당시 '장발'은 기성 개념이나 체제에 대한 반항의 상징이었으며, 한편으로는 고전주의 시대 음악가들이 쓰던 치렁치렁한 가발을 떠올리게 했다. 서구권 친구에게 듣기로는 당시 비틀스의 장발에는 비판이 따랐지만, 비틀스 이전에도 비트족(beatnik)의 바가지 머리(moptop)가 존재했고 거기에 젠더 벤딩적인 뉘앙스는 없었던 것으로 기억한다고 했다. 그전에 비틀스의 버섯 머리는 친구들과 장난을 치다가 나온 결과물인 모양이고.[1]

소학교 학생이었던 나는 딱히 비틀스를 좋아하지는 않았다. 그해 내 손으로 처음 산 앨범은 롤링 스톤스(The Rolling Stones)의 것이었고, 고등학생이 될 때까지 크림(Cream)이나 지미 헨드릭스(Jimi Hendrix)나 재니스 조플린(Janis Joplin)이나 존 콜트레인(John Coltrane)이나 마일스 데이비스(Miles Davis)처럼 훨씬 무겁고 격정적인 블루스와 하드록과 재즈에 치우쳐 있었다.

어릴 적부터 '여기가 아닌 다른 곳'이나 '나 이외의 가능성'과 같은 정보에 끌리기는 했다. 음악으로 치면 나와 가장 멀리 떨어져 있으면서 까마득한 외부 세계의 정보가 저절로 묻어오는 서양음악을 좋아했다. 물론 이 또한 꿰맞춘 설명에 지나지 않을 것이다. 사실 왜 다른 장소여야 하는지, 왜 다른 가능성이 필요한지 하는 질문에 대한 답은 아직 찾지 못했다. 지적 호기심? 그렇다면 지적 호기심은 나의 욕동(欲動)과 어떤 관련이 있을까?

그런데 중학생 무렵을 떠올리자 욕동에 관해 (조금 더) 명확하게 짚이는 구석이 있었다. 1969년 즈음, 젊은 시절의 세키구치 히로시(関口 宏)와 오이시 고로(大石 吾朗)가 MC를 맡았던 〈영720(ヤング720)〉이라는 아침 방송에서 레드 제플린의 흑백필름 영상을 소개했다. 방영된 곡은 「Good Times Bad Times」 아니면 「Communication Breakdown」이었을 것이다. 어느 쪽이든 간에 나는 학교에 지각할 때까지 텔레비전 화면 앞에 붙박여 있었다. 정말 엄청난 곡이었다. 취미로 드럼을 친 적이 있는 만큼 나는 존 보넘(John Bonham)의 묵직하면서 깊은 드럼 연주에 압도되었다. 그 위로 달라붙는 존 폴 존스(John Paul Jones)의 부드러우면

서도 뚜렷한 베이스 리프, 지미 페이지(Jimmy Page)의 한 번도 들어 본 적 없는 기타 프레이즈, 무엇보다도 금발을 나부끼며(흑백텔레비전에서는 그렇게 보였다) 노래하는 스물한 살 난 로버트 플랜트(Robert Plant)의 천사를 방불케 하는 아름다움에 눈길을 빼앗겼다. 그야말로 미켈란젤로나 다빈치가 그리는 양성구유의 얼굴이었다. 당시에는 멤버들의 이름조차 몰랐다. 얼마 뒤 삿포로 콧코도(玉光堂)*에서 발견한 데뷔 앨범《Led Zeppelin》의 일본판 재킷은 뒷면에 있는 네 사람의 사진과 이름이 하나도 맞지 않는, 더없이 쇼와스러운 물건이었다.

내가 스스로 '게이 남성'이라는 정체성을 선택한 것은 그로부터 훨씬 뒤의 일이지만, 당시 열네 살 난 소년이 로버트 플랜트에게 눈길을 빼앗긴 것은 구체적인 성적 충동에 이르지 않았을 뿐어떠한 욕구에 뿌리를 두고 있었다고 생각한다. 다만 이번에도 어떤 욕구가 어떻게 작용했는지는 알 수 없다. 분명한 것은 결과뿐이다. 하지만 이후로 내가 서양인을 성애의 대상으로 삼는 일은 없었다. 완벽할 만큼 아름답다고 여기는 사람은 있어도 그걸로 끝이었다. 소위 말하는 '외국인 페티시'로 발전하지 않은 이유는 무엇일까, 이 또한 알 수 없다. (여담이지만 영어에도 '서양인을 좋아하는'과 '아시아인을 좋아하는'이란 의미를 지닌 표현이 있다. 각각 'potato queen' 'rice queen'이라고 한다.)

* 일본의 음반 판매점.

그러고 보면 어느 시대든 게이 남성은 어떠하다 하는 스테레오타입을 흔히 볼 수 있는데, 어디까지가 유머인지 헷갈릴 때가 많다.

선입견에 기반해서 만든 추상적인 상을 세워 두고 그에 관해 논하면 번거로운 설명을 생략할 수 있다는 점에서 경제적이지만, 이 책에서는 가능한 한 기존의 스테레오타입에 얽매이지 않으려고 한다. 친구나 지인인 게이 남성, 레즈비언 여성, 트랜스젠더 중에는 세간에 알려진 스테레오타입과는 딴판인 사람이 많기 때문이다. 물론 신주쿠(新宿) 니초메(二丁目)**에서 오랫동안 갈고닦은 스타일을 몸에 두를 때도 있지만, 이 역시 편리하다는 이유로 그 자리에서 통용되는 '양식'을 간파한 다음 보란 듯이 '남들이 기대하는 이미지'를 연기하는 경우가 적지 않을 것이다.

이성애자가 백만 명 있으면 다양한 요소가 교차하는 백만 가지 이성애가 있듯이, 비이성애자가 백만 명 있으면 백만 가지 비이성애가 있는 것은 당연한 일이다. 비틀스를 좋아하는지 빌리지 피플(Village People)을 좋아하는지, 마쓰다 세이코(松田 聖子)인지 나카모리 아키나(中森 明菜)***인지 아니면 나카지마 미유키(中島みゆき)****인지, 오자키 유타카(尾崎 豊)인지 야자와

** 일본에서 가장 큰 게이 거리. LGBTQ+를 아우르는 바와 클럽이 밀집해 있다.

*** 두 사람 모두 1980년대를 대표하는 여자 아이돌.

**** 1970년대부터 지금까지 사랑받는 싱어송라이터.

에이키치(矢沢 永吉)인지 미소라 히바리(美空ひばり)인지 치아키 나오미(ちあきなおみ)*인지, 럭비인지 유도인지 수영인지 피겨스케이팅인지, 곰인지 늑대인지 고양이인지 말인지, 감자인지 쌀인지……. 세상에는 다양한 취향과 기호가 있고 이들은 다양한 지향과 어딘가에서 상호작용하는 한편 깊숙한 곳에서 원초적인 욕동과 얽혀 있을 것이다. 이쯤 되면 설명할 엄두도 나지 않는다.

비틀스에서 레드 제플린 순으로 이야기한 것은 2018년 개봉해 세계적인 흥행을 거둔 영화 〈보헤미안 랩소디〉의 주인공인 퀸을 살펴보면서 이 책을 시작하려고 하기 때문이다. 사실 나는 퀸을 싫어했다. 하드록이 아니었으니까. 1980년대 음악으로 이어지는, 인공적이면서 상업적인 밴드라는 인상이기도 했다. 하지만 〈보헤미안 랩소디〉 속 '그들'은 무척이나 근사했다. 훌륭한 영화였다.

영화 〈보헤미안 랩소디〉와 보편적인 사랑 이야기

〈보헤미안 랩소디〉가 골든글로브상을 수상했다는 소식이 NHK 뉴스를 통해 전해진 것은 프레디 머큐리가 세상을 떠난 지 27년이 지난 2019년 초였다. NHK는 이 영화를 '영국의 록 그룹

* 앞의 두 사람은 록 가수, 뒤의 두 사람은 엔카 가수.

퀸이 세계적인 밴드가 되기까지를 그린 작품'이라고 소개했다.

무난하긴 하지만 이 소개만으로는 영화를 볼 마음이 들지 않는다. 매우 중요하면서 본질적인 '소개'가 빠졌기 때문이다.

어떤 포인트가 빠졌는가? 이 영화는 퀸 자체라기보다 메인 보컬리스트인 프레디 머큐리가 주축인 영화인데, 핵심은 그가 남성 동성애자(혹은 양성애자)이고 HIV에 감염된다는 사실이다. 인체 면역결핍 바이러스라고도 불리는 HIV는 당시 불치병으로 여겨지던 에이즈(후천면역결핍증)의 원인이 되는 바이러스다. 이러한 메인 플롯에 가족이나 마찬가지인 밴드 멤버들의 '우정'이 얽힌다. 이처럼 다층적인 구조가 아니었다면 〈보헤미안 랩소디〉는 '세계적인 밴드가 되기까지를 그린 성공담'이라는 평범한 내용이 되어 골든글로브상에는 노미네이트조차 되지 않았을 것이다.

물론 짧은 뉴스 원고다 보니 자세한 내용까지는 담기 힘들었으리라. 게이니 에이즈니 언급하더라도 그것만으로는 오히려 소개가 치우칠 수 있으므로 이것저것 설명을 덧붙일 수밖에 없게 된다. 그러다 보면 점점 귀찮은 이야기로 흘러가서 '굳이 그런 것까지 듣고 싶지는 않은데' 하는 생각이 든다. 다짜고짜 게이니 에이즈니 말해 봐야 우리랑은 상관없는 일이잖아, 싶어진다.

하지만 이 영화에서 게이와 에이즈를 지우면 세계를 뒤흔든 감동은 나오지 않았을 것이다.

게이와 에이즈를 비롯한 여러 가지, 그 각각(의 사소한 것들 혹은 사소하다고 여겨지는 것들)을 지난 몇십 년 동안 내팽개친 탓에 우리를 둘러싼 '세간'에는 인권 문제와 관련해 서구에서는 통하는 이야기를 뒷받침하는 기본 정보나 기초 지식이 널리 공유되지 못했다. 공유되지 못했어도 사람은 자신이 발을 디딘 각 시대에서 결론을 도출해 내야 한다. 하지만 이러한 문제는 문맥도 역사적 사실도 모르는 상태에서 갑자기 맞닥뜨리기 일쑤다 보니, 결론을 도출하기 위해 지금 자신이 근거로 삼는 정보가 수십 년 전의 무지와 편견으로 점철된 것이라는 사실조차 알아차리지 못할 때도 있다.

그래서다. 각각의 사소한 것들 혹은 사소하다고 여겨지는 것들을 미뤄 두었다가 한꺼번에 개진하는 대신 그때그때 정리해야 하는 이유는.

게이며 에이즈에 관한 이야기를 귀찮다고 느끼는 것은 일본 사회만의 일이 아니다.

앞서 인권 선진국처럼 이야기한 미국과 유럽 국가도 오십보백보다. 〈보헤미안 랩소디〉개봉을 앞두고 배급사인 20세기 폭스는 '프레디 머큐리'가 헤테로섹슈얼(이성애자)처럼 보이는 (여성과 사랑을 나누는 장면은 있지만 게이라고 여길 만한 장면은 없는) 첫 번째 예고편을 공개했으며, 영화 홈페이지에는 프레디의 병명을 에이즈가 아니라 '생명을 위협하는 질병(a life-threatening illness)'이라고만 적었다.

실제 영화는 처음부터 '게이'라는 암시가 곳곳에서 나오고, 에이즈라는 사실도 정면에서 다루고 있다. 결국 배급사의 어중간한 태도를 알게 된 프로듀서 브라이언 풀러(Bryan Fuller)와 미디어가 무난하기 그지없는 예고 전략을 가차 없이 비판하면서 오히려 SNS상에서 화제가 되었다.

이러한 일은 지금까지 흔히 있었다. '세간'에서 게이나 에이즈를 '귀찮게' 여긴다고 어림짐작하고 (이러한 주제의 이야기라면 아무도 보지 않는다며) 마케팅상의 리스크로 여겨 배제하거나 지우는 행위를 '비게이화(De-Gay)' 혹은 '스트레이트워싱(straight-washing)'이라고 한다. 이 영화의 예고 전략에서는 '비에이즈화(De-AIDS)'도 이루어졌다. 비슷한 일은 수도 없이 되풀이되었다. 여하튼 간에 이 '상품'의 타깃 고객층은 게이에도 에이즈에도 관심이 없(어 보이)는 대중이기 때문이다.

서구에서도 이러하니 일본에서는 이 같은 행동이 공공연하게 도마 위에 오르는 일 없이 이어져 오고 있다. 멀리서 찾자면 1984년 당시 게이 영화라는 사실로 화제가 된 〈어나더 컨트리(Another Country)〉의 주연 배우 루퍼트 에버렛(Rupert Everett)이 홍보차 일본을 방문했을 때 본국인 영국에서 게이라는 사실을 밝혔음에도 불구하고 당시 일본 배급사가 그를 '배려'해 '준비한' 여자 친구와 함께 다닌 일을 들 수 있다. 오스카상 수상작이자 의심할 여지 없는 게이 영화 〈브로크백 마운틴(Brokeback

Mountain)〉(2005) 개봉 당시 영화평론가들은 배급사로부터 '게이 영화'로 홍보하는 것을 자제해 달라는 요청을 받았다. 오스카 상 후보에 올랐으며 일본에서도 많은 사랑을 받은 〈콜 미 바이 유어 네임(Call Me by Your Name)〉(2017)의 일본어 홈페이지에 도 '동성애'를 시사하는 단어는 하나도 없었다. 하나같이 이렇게 강조한다. "이건 게이 영화가 아니다. 인간의 보편적인 사랑 이야 기다."

실제 사례가 있다. 다음 이미지는 한 배급사가 언론사를 대상 으로 배포한 공문이다. 일본에서는 2016년 개봉된 영화였는데, 공문을 보면 "보도 시 주의 사항 ※반드시 읽어 주시기 바랍니 다" 하고 굵은 글씨에 밑줄이 그어진 문구가 있고, 아래에 다음과 같이 구체적인 지시 사항이 적혀 있다.

이 작품에 관해 보도할 때는 제작사의 의향에 따라 '레즈비 언' '레즈 영화'와 같은 표현을 사용하거나 작중 성적 묘사만을 발췌해 게재하는 것을 자제해 주시기 바랍니다. 이 작품은 레즈 비언을 주제로 하는 것이 아니라, 우연히 만난 두 사람이 서로 끌리는 과정을 담은 영화이기 때문입니다. 아무쪼록 협조를 부 탁드립니다.

사랑과 차별과 우정과 LGBTQ+

『 　　　 』
ご掲載の際のお願い

お世話になっております。この度は［　　　　］のご紹介、
誠にありがとうございます。映像、写真素材ご使用頂く際は、必ず以下表記頂けますよう宜しくお
願い致します。

ご掲載の際の注意事項　※必ずご一読くださいますようお願い申し上げます。
本作のご掲載に関しましては、製作元の意向により、"レズビアン"、"レズ映画"などの表記、
又は劇中のセクシャルな描写のみを取り上げる形での掲載は NG とさせて頂きます。
本作は、レズビアンがテーマなのではなく、たまたま巡りあった人間二人が惹かれあうことをテー
マにした映画である、という理由です。
何卒、ご協力下さいますようお願い申し上げます。

ご不明点等ございましたら下記までお問合わせ下さいませ。
何卒よろしくお願い申し上げます。

［　　　　　　　　　　］

〈　　〉보도 시 요청 사항

안녕하십니까. 영화 〈　　〉를 소개해 주셔서 대단히 감사합니다. 영상이나
사진 자료를 사용하실 때는 반드시 아래 내용을 표기해 주시기 바랍니다.

보도 시 주의 사항 ※반드시 읽어 주시기 바랍니다.
이 작품에 관해 보도할 때는 제작사의 의향에 따라 '레즈비언' '레즈 영화'와 같은
표현을 사용하거나 작중 성적 묘사만을 발췌해 게재하는 것을 자제해 주시기 바랍니다.
이 작품은 레즈비언을 주제로 하는 것이 아니라, 우연히 만난 두 사람이 서로 끌리는 과정을
담은 영화이기 때문입니다.
아무쪼록 협조를 부탁드립니다.

궁금한 사항이 있다면 아래 연락처로 회신해 주시기 바랍니다.
아무쪼록 잘 부탁드립니다.

비게이화가 부추기는 '성의 괴물'

　이러한 사례는 영화계만의 일이 아니다. 한 미국계 출판사의 외국인 사장으로부터 알츠하이머를 앓는 나이 든 아버지와 아들을 감동적으로 그린 논픽션을 2018년에 번역 출간하면서 저자인 아들의 소개 글에서 '게이'라는 단어를 빼게 된 자초지종을 들은 적이 있다.

　"이 책의 내용은 저자가 게이라는 사실과는 아무 관련이 없습니다. 아버지에 관해 쓴 사람이 어쩌다 보니 게이인 아들이었을 뿐이지요. 하지만 저는 저자 소개에 '게이'라는 사실을 적는 건 무척이나 당연한 일이라고 여겼습니다. 영국인이니 아일랜드계이니 하는 것과 다를 바 없는 배경 정보라고 생각했으니까요. 하지만 일본인 직원들은 그렇기에 게이라는 사실을 밝히지 않는 쪽이 좋다고 말했습니다. 게이 이야기인가, 하고 독자들이 읽기 전부터 꺼릴지도 모르기 때문이라는 겁니다. 그런 의견이 나오리라고는 예상도 못 했습니다. 아직도 그렇게 말하는 사람이 있냐고 되물었지만, 여기는 일본이잖습니까. 일본 출판계의 분위기를 잘 아는 직원들에게 밀리고 말았지요."

　일일이 게이라고 말할 필요 없잖아, 하는 말도 듣는다. 틀린 말은 아니다. 하지만 '일일이 게이를 내세우려는' 것이 아니라, 게이라는 사실 정도는 아무렇지 않게 말해도 되지 않을까. 게다가 영국인이나 미국인이나 백인이나 흑인이라면 한눈에 '외국'인임을 알 수 있지만 게이나 레즈비언은 겉보기만으로는 알 수 없고, 우리의 '세간'에서는 '그렇다'라고 밝히지 않는 한 '그렇지 않다(이성애자다)'라는 것을 전제로 삼는다. 보통은 그래도 상관없지만 우리의 '세간'은 거기서 한 발짝 더 들어가기 일쑤다. 결혼은? 사귀는 사람은? 아이는? 별 관심 없어도 사적인 질문을 해야 서로 친해질 수 있는 것처럼 관습적으로 장려한다. 그리고 그 길을 따라 나아가다 보면 이야기는 돌이킬 수 없을 만큼 어긋난다.

즉 그러한 이야기의 밑바탕에 깔린 '대전제'가 반드시 참은 아니라는 정보 업데이트를 위해서라도, 아무렇지 않게 슬쩍 지나가듯이 게이라는 사실을 밝혀도 아무 문제 없지 않을까? 게이라는 존재가 간과되거나 손가락질당하거나 투명인간 취급받던 역사를 알고 있다면 더욱더 매번은 아니더라도 중요한 자리에서는 아무렇지 않게 게이라고 밝혀도 좋을 것이다. 하지만 바로 그 '아무렇지 않게'가 어렵다. 왜일까?

그것은 게이라는 존재가 오랫동안 단순히 성도착자 또는 변태나 섹스에 미친 괴물로 여겨졌기 때문이다. 일본의 한 래퍼였나 DJ였나 갑자기 트위터에 "아니, 호모라든지 진짜 뭣 같지 않아? 섹스 대상이 남자라는 게 말이 안 되잖아. 여자 보듯이 날 본다고 생각하면 너무 멀리 나갔나? 아무튼 기분 나빠. 남자가 같은 남자의 항문에 그걸 쑤셔 넣는 행위가 말이나 되냐고" 하는 글을 올려 인터넷을 뜨겁게 달군 것이 2020년 10월 일이었다.

남성 간 성행위는 서양이나 중동에서는 유대교가 창시된 먼 옛날부터, 아시아에서는 힌두교와 불교 경전을 통해 금기시되었다. 처음부터 성도덕의 문제로서 동성애를 논해 온 것이다. 따라서 남성 동성애자는 '섹스와 성적 쾌락 추구만 생각하는 부도덕한 변태'였다. 그렇기에 애써 용기를 내 커밍아웃해도 "왜 자꾸 섹스 이야기를 하려는 거지?" 하는 반응이 돌아온다.

요즘은 대놓고 혐오감을 표출하는 사람이라고 해 봐야 앞서 이야기한 DJ 같은 사람 아니면 독실한 종교 원리주의자 정도가 고작일 것이다. 하지만 게이에 관해 드러내 놓고 이야기하지 않거나 적극적으로 그러한 화제를 피하면, 다시 말해 '비게이화'가 통용되도록 내버려두면 게이가 '섹스에 미친 괴물'이라는 낡은 정보는 시간이 아무리 지나도 업데이트되지 않을 것이다.

덧붙여서 나는 성적 '도착'이나 '섹스에 미친 괴물'이라는 존재 방식 자체를 부정하려는 것이 아니다. 인간은, 아니 생물은 모두 성적인 존재이고, 성에서 생식 이외의 의미를 발견한 것도 지극히 인간다운 일이라고 생각한다.

따라서 내가 반론하는 부분은 '**그저** 성도착자나 **그저** 섹스에 미친 괴물'이라고**만** 규정하는 것이다. 인간이 그렇게 단편적인 존재일 리 없지 않은가. '단순한 존재'를 동경할 때도 있기는 하지만 '성적 존재일 뿐인 인간'이라는 개념도 '섹스의 인간화' 시대를 거쳤기에 성립하는 것이므로, 나는 모든 것을 각각의 눈으로 담으려고 한다. '그저' 사랑과 다정함으로만 이루어진, 정반대 존재도 상상하기 힘들기에.

앞서 우리를 둘러싼 세간에는 인권 문제와 관련해 서구에서는 통하는 이야기를 뒷받침하는 기본 정보나 기초 지식이 널리 공유되지 못한 탓에, 문맥도 역사적 사실도 모르는 상태에서 부랴부랴 낸 결론이 수십 년 전의 무지와 편견으로 점철되어 있음을 알아차리지 못한다고 썼다.

매일 직장 동료들과 나누는 이야기부터 흔히 접할 수 있는 시사 문제와 경제 사정까지, 세계로 연결되는 다양한 분야와 다양한 상황에서 인권에 관한 업데이트를 소홀히 하는 사이 수많은 모순이 생겨나기 시작했다. "동성애가 퍼지면 우리 지역이 망한다" 하는 도쿄 아다치구 구의원의 발언이 업데이트를 마친 사람들과 직결된 이쪽 세계에서 반발을 사고, 어어 하는 사이 해외 언론에서 보도되면서 불씨가 걷잡을 수 없을 만큼 커진 것처럼. 20년도 더 전부터 세계 곳곳에서는 동성혼을 법제화하는 움직임이 이루어지고 있는데, 이는 세간의 이해가 좀처럼 뒤따라오지 못하고 있기 때문이다.[2] 2005년 전 세계에서 세 번째로 동성혼 법제화 국가가 된 스페인의 호세 루이스 로드리게스 사파테로(José Luis Rodríguez Zapatero) 전 총리는 당시 "우리는 동성혼을 허용하는 첫 번째 국가가 되는 영예는 놓쳤지만, 마지막 국가가 되는 불명예는 피할 수 있었다"라고 연설했다. 왜 그것이 '영예'이고 '불명예'인지 일본 정치인 대부분은 이해하지 못할 것이다.

한편 미국과 유럽 기업에서는 일본에 성소수자 직원을 파견하려다가 해당 직원의 파트너에게 배우자 비자가 나오지 않아 하는 수 없이 파견을 포기하는 사례도 일어나고 있다. 이에 따라 주일미국상공회의소(ACCJ)는 2018년 9월 일본 정부에 대해 오스트레일리아, 뉴질랜드, 영국, 캐나다, 아일랜드의 주일 상공회의소와 공동으로 'LGBT 커플에게도 혼인의 권리를 인정할 것'을 제언하는 이례적인 성명을 냈다.[3]

외국 기업과 지자체는 왜 자사에서 일하는 동성 커플에게 이성 커플과 같은 복리후생을 제공할까? 동성 간의 성적 관계가 섹스나 성적 쾌락뿐이라고 생각하면 이해하기 힘들 것이다. 그러한 기업 또는 국가와 일이나 학업이나 가족이나 친구 등을 통해 엮이더라도 사적인 부분("결혼은?" "사귀는 사람은?" "아이는?")을 언급하지 않고 관계를 유지할 수 있다면 아무 문제 없겠지만, 이는 꽤 어려운 일일 것이다.

앞서 이야기한 〈보헤미안 랩소디〉에서도 비슷한 일이 일어난다. 관객들은 '게이'와 '에이즈'라는, 영화 속 중요한 서브플롯의 정체를 충분히 이해하지 못한 채 이야기를 소화해야 한다. 프레디 머큐리는 왜 여자가 아니라 남자에게 끌릴까? 왜 섹스에 탐닉했을까? 왜 HIV에 걸렸을까? 애당초 동성애란 무엇일까? 그리고 왜 영화 속 밴드 멤버들은 그가 게이이고 HIV 양성이라는 사실을 안 다음에도 그렇게 다정하게 그려질까?

'게이'로 싸잡히던 LGBTQ+

과거 외부(비당사자) 사회에서 '게이'나 '호모섹슈얼'이라는 단어는 LGBTQ+ 전체를 가리켰다. LGBTQ+ 당사자들이 나서서 자신의 아이덴티티를 이야기하기 전까지만 해도 호칭이며 연구며 수박 겉핥기식이었던 탓에 LGBTQ+ 전체가 '동성애자'(같은) '성적 이상자'로 분류되었다. 다시 말해 (논호모섹슈얼이라는) 압도적인 다수(처럼 보이는) 사람들에게 있어 자신과 다른 '이상한 사람들'을 부르는 호칭 따위 어떻게 되든 상관없었다. 새에 무관심한 사람에게 새는 전부 새고, 식물에 무관심한 사람에게 잡초는 모두 잡초인 것처럼. 즉 '호모섹슈얼'도 '게이'도 외부 세계에서 보면 '이상한 놈들(퀴어)'에 불과했다.

그러는 사이 '게이'의 의미를 커뮤니티 내부에서 자기 자신을 향해 끌어들이는 정체성 획득의 시대가 막을 연다.

현대 게이 해방운동의 효시로 불리는 1969년 '스톤월 항쟁(Stonewall riots)'에 관해서는 많이들 알고 있을 것이다. 지금 돌이켜 보면, 항쟁 당시 맨 앞에 서서 경찰들과 대치한 이들은 오늘날 '게이'라는 단어에서 연상되는 '남성 동성애자'라기보다 '드래그 퀸'이라고 불리던 여장 게이, 남성에서 여성으로 전환하는 MtF 트랜스젠더(수술 여부와 상관없이)나 남장한 부치 레즈비언, 여성에서 남성으로 전환하는 FtM 트랜스젠더(수술 여부와 상관없이)였다.[4] 엄밀히 말해 스톤월 항쟁은 '남성 동성애자'를 의미하는 '게이'들의 반란이라기보다 '남자인지 여자인지 알 수 없는 이상한 놈들'인 '게이'들의 반란이었던 것이다. 사실 스톤월 항쟁 이전만 해도 그들 그녀들이 '게이'를 자처했다. 주류 사회에 섞이고 싶은 백인 남성 동성애자들은 '게이'라고 불리는 것을 싫어했기 때문이다.

대열 맨 앞에 선 드래그 퀸, 부치, 레즈비언, 트랜스젠더 중에는 흑인이나 라티노와 같은 인종적 소수자도 많았고, 성 노동자 역시 드물지 않았다. 이들은 오늘날 이야기하는 인터섹셔널리티(intersectionality, 차별의 교차성) 관점에서 보더라도 주변부에 있는 계층이다. 수적으로나 경제적으로나 중심을 차지한 '백인 남성 동성애자'들은 가진 것에 비해서는 항쟁에 직접 참여하지 않은(멀리서 지켜보고 있었던) 것으로 보인다.

분노가 임계점을 넘은 '여자인지 남자인지 알 수 없는 이상한 놈들'과 그들보다는 상황이 나았던 대다수 백인 남성 동성애자 간의 알력은 이후에도 이어진다. 하지만 그러는 사이 사회를 향한 격렬한 반항을 망설이던 '상황이 나은' 백인 남성 동성애자도 이러니저러니 할 수 없는 시대가 찾아온다. 에이즈의 시대다.

커밍아웃, 사랑과 성욕의 바벨탑

게이에 관한 이야기를 피하는 일인 '비게이화'의 발단이 되는 "굳이 매번 게이라고 말할 필요 없잖아" 하는 우회적인 압력의 출처는 '게이는 머릿속에 섹스와 성적 쾌락만 든 변태'라는 생각이라고 앞서 썼다. 게이라고 밝히는 일을 성적인 제언으로 여기는 것이다.

이러한 메커니즘에 따르면 '나는 게이입니다' 하는 커밍아웃은 극단적으로 말해 상대방의 입장에서는 '나는 동성과 섹스하고 싶다고 생각합니다' 하고 털어놓는 것처럼 들린다.

커밍아웃하기 힘든 것도 이 때문이다. 아무리 지나가듯이 말하더라도 게이라고 밝히는 일 자체가 '네 섹스 이야기 따위 듣고 싶지 않다고' 하는 반응을 반사적으로 끌어내는 것이다. 나는 삶의 방식을 말하고 있는데 상대방은 섹스 이야기로만 받아들인다. 무너진 바벨탑 아래 생각의 불통처럼.

덧붙이자면 커밍아웃을 통해 알 수 있는 것은 커밍아웃하는 사람의 '정체'가 아니라 커밍아웃을 듣는 상대방의 '정체'일지도 모른다. LGBTQ+에 관해 어떻게 생각하고 있는지, 인권이나 차별이나 사회정의와 같은 주제를 (그리고 사랑도) 어떻게 생각해왔는지 등등. 무척이나 도발적으로 들릴 테지만.

물론 '게이'가 '섹스' 이야기라는 생각에 아주 근거가 없는 것은 아니다.

고등학교 친구 중에 삿포로시 공무원이 되어 꽤 높은 자리까지 오른 사람이 있다. 그동안 지자체 행사라든지 양성평등 지원 사업이라든지 인권 문제 등에 관여한 그는 삿포로에서 오랫동안 개최된 '레인보우 마치 삿포로'의 담당 공무원을 맡기도 했다.[5] 그런 사람이 한번은 살벌한 얼굴로 "아니, 그건 대체 뭐야?" 하고 내게 물었다.

삿포로 중심을 행진하면서 성소수자의 존재를 알리는 한편 보이지 않는 곳에서 홀로 싸우는 형제자매들을 격려하는 이 행사에서 사무국은 공식 팸플릿을 제작해 시장의 메시지를 싣기로 했는데, 들어오는 광고마다 난교니 훈도시*니 결박이니 원나이트니 아주 섹스투성이였다는 것이다. "그런 곳에 시장님 말씀을 어떻게 싣냐고. 다들 대체 무슨 생각인 거야?"

나와 몇십 년이나 알고 지냈고 내가 쓴 글도 읽어 온 사람인 만큼 흔히 볼 수 있는 얄팍한 편견에서 나온 말은 아닐 것이다. 뭐, 게이 관련 광고가 성적인 것 위주인 이유에 정통하지 않으면 갑자기 맞닥뜨리는 '성 산업'의 실태에 깜짝 놀라는 것도 어쩔 수 없지만.

* 일본의 전통적인 남성용 속옷.

왜 게이(여기서는 남성 동성애자)용 미디어는 성적인 것에 치우칠까? 이상한 질문이기는 하다. 같은 상황이라면 남성 이성애자를 위한 미디어도 다를 바 없기 때문이다. 신주쿠 가부키초(歌舞伎町)**의 이면은 신주쿠 니초메의 이면과 비슷한 만큼, 아니 수 자체가 많은 이성애자의 다양성을 고려하면 가부키초 쪽이 훨씬 위험해 보인다. 게다가 '같은 상황'이기는커녕 수적으로나 인지도로나 압도적인 우위에 선 이성애자(로 분류되는 사람)들은 그 우위 덕분에 성에 대한 망설임과 걱정과 죄책감이 동성애자보다 훨씬 낮지 않나 하는 생각마저 든다. 다른 점이라고는 이성애자는 수요 인구 자체가 많다 보니 공급 장소가 TPO 모든 면에서 규제되더라도 별문제 없이 성립한다는 사실일 것이다.

그러한 사정을 알 리 없었던 사춘기 시절의 내가 맨 처음 가진 의문은 '동성애(同性愛)'라는 단어의 의미였다. 동성애는 '동성'을 향한 '사랑(愛)'의 문제일까, '동성'을 향한 '성애(性愛)'의 문제일까. 천사 같은 (혹은 더없이 악마적인) 로버트 플랜트의 겉모습에 매료되었던 중학교 2학년이었다. 당시는 『고지엔(広辞苑)』***도 백과사전도 동성애를 가리켜 '성도착증'이니 '이상성욕'이니 '변태성욕'이니 하고 설명하던 시대였으니 세간은 대체로 동성애를 성적인 문제로 여기는 듯했다.[6]

** 일본 최대 환락가.
*** 일본의 대표적인 국어사전.

'동성애'로 번역되는 'Homosexuality'에도 '사랑'의 흔적은 어디에도 없다. '-sexuality' 부분에 '사랑'이라는 의미를 담아 옮긴 것은 배려일까, 고려일까. 어느 쪽이든 간에 이때 '사랑'은 섹스(sex)에 기반하는 심리적인 '점착'의 다른 말이자 번역상의 첨언일 것이다. 다시 말해 우리는 욕동과 욕망의 결과물을 '사랑'이라는 말로 치장하는 것이다.

당시 읽은 아쿠타가와 류노스케(芥川 龍之介)의 『난쟁이가 하는 말·서방의 사람(侏儒の言葉·西方の人)』에 "연애는 성욕의 시적 표현을 받아들인 것일 뿐이다. 시적 표현을 받아들이지 않은 성욕은 연애라고 부를 가치가 없다"라고 쓰여 있어 열네 살이었던 나는 울고 말았다. 그즈음 처음으로 다른 사람을 사랑하게 되었기 때문이다. 같은 반인 동성 친구였다. 나는 그 감정을 우정과 애정의 혼합물이라고 여기고 있었다. 하지만 그 '우애'에 들러붙은 자신의 '성'이 그림자처럼 꿈틀대는 것도 알고 있었다. 당시 내게 '성'은 불안이자 불온이었다. 아쿠타가와의 말에 반응한 것도 그 불안하고 불온한 '우애'가 '연애'와 같은 의미라는 사실을 어렴풋이 알아차렸기 때문일 것이다.

여담이지만 앞서 인용한 아쿠타가와의 아포리즘에는 교묘한 트릭이 숨어 있다. "연애는 성욕의 시적 표현을 받아들인 것일 뿐이다"라고 말하면서 '연애'와 '성욕'을 동일 선상에 둔다. 하지만 다음 문장에서 "시적 표현을 받아들이지 않은 성욕은 연애라고 부를 가치가 없다"라고 말하면서 '부를 가치가 있는' '연애'는 '성욕'보다 위에 있는 것처럼 읽히도록 유도한다. 그래서 어느 쪽인데, 하고 쏘아붙이고 싶은 마음도 들지만, 이 글을 쓸 무렵 그의 나이는 30대 남짓. 이러한 주제로 글을 쓰는 것 자체가 아쿠타가와도 '사랑'과 '성' 사이를 맴돌고 있었기 때문이리라. 조만간 그는 자살로 생을 마감하지만.

얼마 지나지 않아 나도 성과 사랑이 같은 것임을 알아차렸지만, 세간에서 성과 사랑의 어긋남은 꽤 커다란 문제다. 애당초 순수하게 '성'만을 그리는 소설이나 영화는 포르노라고 불리며 일반 사회에서 배척된다. '포르노 이상의 가치'가 있다고 여겨지는 순수 포르노는 내 견문이 좁아서인지 18세기 말에 등장한 마르키드 사드(Marquis de Sade) 정도밖에 떠오르지 않는다. 『O 이야기(Histoire d'O)』(폴린 레아주, 1954)에서도 O는 사랑을 갈구했고, 2011년 출간되자마자 화제를 모은 미국 소설 『그레이의 50가지 그림자(Fifty Shades of Grey)』(E. L. 제임스)도 성만을 그렸다면 이야기가 성립하지 못했을 것이다. 거의 모든 '성'은 '사랑'이라는 채색을 통해, 혹은 '사랑'에 미치지 못한다는 갈등으로 인해, 혹은 '사랑'이 아니라는 역설 덕분에 의미를 지닐 수 있었다. 그야말로 아쿠타가와가 지적한 '포엠화'*의 함정이다.

덧붙여서 미시마 유키오(三島 由紀夫)는 '사랑'으로 인한 '포엠

---

* 아름답고 시적이지만 정작 내용이 불분명한 글이나 발언을 비꼬는 말.

화'를 피하고자 '미(美)'라는라는 개념을 가져왔다고, 2019년에 작고한 하시모토 오사무(橋本 治)는 꿰뚫어 봤다.

피범벅이 된 성욕을 이야기하기 위해 '미'라는 비유가 사용되고, 동시에 피범벅이 된 성욕을 시사하는 것이 '미'를 이야기하기 위한 비유로 쓰인다. 여기까지는 미시마 유키오의 작품에서 흔한 경향이지만, 문체에서 보이는 장식성에는 또 다른 역할이 있다. 바로 논리를 우회시키는 기능이다.[7]

어쩌면 우리는 '성'을 우회시키는 공동 환상 속에서 '바깥' 세계를 영위하는 것은 아닐까.

익명과 실명 사이에서, 프레디가 빠진 '도착'

반면 여성해방운동과 성 해방운동이 한창이었던 1960년대 미국에서는 그러한 '환상'과 '포엠'에 의존하지 않고, 있는 그대로의 '성'을 탐구했다. 히피문화니 프리섹스니 마약이니에 의해 '인간성의 확장'을 향한 목소리가 높아지던 시대다.

하지만 게이 남성이 쓴 자서전 최초로 전미도서상을 받은 『남자가 된다는 것(Becoming a Man)』(1992)에서 폴 모넷(Paul Monette)은 당시 분위기를 "히피의 성혁명은 누구든 누구와도

044

섹스할 수 있다는 것이지, 게이여도 괜찮다는 말은 아니었다. 여성에게도 유색인종에게도 전쟁에도 정치철학은 있었지만, 게이에게는 아무런 정치적 의미도 없었다"라고 묘사했다.

기묘한 일화도 있다. 1970년대 초반 한 작가가 사상과 정치 분야를 다루는 전문 서점에서 게이에 관한 책이 있냐고 묻자 "포르노와 변태물은 취급하지 않는다"라는 대답을 들은 것이다. 서점 책장에는 여성, 소수민족, 심지어 동물을 향한 억압이라는 책도 있었지만 게이에 대한 억압은 '없었다'.

미합중국은 원래 청교도의 나라로, 대강 이야기하자면 세속에 물든 유럽 가톨릭을 보다 못해 성서에 충실한 나라를 만들고자 신대륙으로 건너간 프로테스탄트가 서쪽으로 더 서쪽으로 거점마다 교회를 지으면서 개척한 땅이다. 그러므로 '미국은 섹스에 관대하고 포르노도 마음대로 볼 것'이라는 생각은 미묘한 오해다(유럽과 비교해 미국 백인 문화는 목욕탕에서 알몸을 보이는 것조차 부끄러워하는 경향이 있다). 성적인 표현이나 포르노는 어디까지나 '표현의 자유'를 보장하는 수정헌법 제1조로 보호되는 것뿐이라 실제로는 조닝(zoning, 표현의 TPO 제한)이 엄격하게 이루어지고 있다. 반대로 말하면 조닝만 지키면 성의 향락도 보장되지만, 앞 문단에서 말했듯이 게이는 1960년대 성 해방 운동과 사회적 약자들의 정치운동에서도 배제되었다. '뭐 어쩌라는 거야?' 그런 생각이 들 만도 하다.

앞서 비유적으로 신주쿠 가부키초(남성 이성애자)와 신주쿠 니초메(남성 동성애자)에서 성이 존재하는 방식을 비교했다. 벽장(자신의 성정체성을 벽장, 즉 프라이빗한 장소에 숨겨야 하는 상태)이라는 의미에서는 종교적인 제약을 실감하기 힘든 일본의 이성애자보다 프로테스탄트의 나라인 미국의 이성애자가 느끼는 은닉 압력이 훨씬 강할지도 모른다. 당연히 동성애자 역시 미국에서는 더 모질게 벽장 안에 들어가 있을 것을 강요당했다. 이에 더해 자기들만 배제된 '성 해방'과 '인권운동'의 바람이 '아냐, 그럴 리 없어' 하는 반작용으로서 추격 혹은 부연이라는 형태로 들어오는 것이다. 스톤월 항쟁도 계기 중 하나였을 것이다.

게다가 당시 게이들은 익명의 영역 안에서만 '성 해방'이니 '인권'이니 하는 것에 관해 제언할 수 있었다. 이성 간과 달리 동성애자에게는 소도미(Sodomy)법[8]이 존재했기 때문이다. 소도미법에 따라 성행위와 엮이는 것이(즉 성애와 관련된 모든 것이) 범죄로 싸잡히는 사회에서 게이라며 실명을 밝히는 일은 몹시 위험했다. 자신은 범죄자이니 잡아가 달라고 외치는 꼴이었으니까.

그렇다 하더라도 성애를 향한 바람은 쌓여만 간다. 성애를 구성하는 성욕과 연애욕은 스테로이드계 호르몬 혹은 행복 호르몬인 옥시토신의 소행이지만, 익명으로도 가능한 것은 성애 중에서도 '성' 부분이었다. '애'는 익명으로 실현할 수 없다. 사회생활에서는 더군다나. 하지만 '성'은 익명으로도 '처리'할 수 있다. 성욕을 처리한다 → 스테로이드계 호르몬 수치가 낮아진다 → 연애 욕구도 진정된다, 이러한 과정이다.

사실 '성 해방'은 원래 '성의 가능성 확장'을 가리키는 더 큰 의미였다. 이성애자에게 그것은 글자 그대로 '인간성=삶의 가능성 확장'이었다. 그들에게 '성'은 '삶'을 이루는 근간의 일부였기 때문이다.

하지만 익명으로 살아갈 것을 강요당한 동성애자에게 '성'은 '존재 가능한 자신'의 전부였다. '성' 이외에 익명으로 가능한 것은 무엇 하나 없었기 때문이다. 그곳에서만 진정한 자신과 맞닿을 수 있었다. '성'과 '삶'은 떨어질 수 없었다. '성의 가능성 확장'과 '인간성=삶의 가능성 확장' 사이가 차단된 것이다.

'성'을 제외한 나머지 '삶' 영역에서 사회생활을 영위하고, 일하고, 다른 사람과 대화하고, 가족이나 친척들과 관계를 맺지만 실명으로 사는 생활이 거짓 같고 익명으로 나누는 섹스만이 진짜 자신처럼 느껴진다. 그야말로 '도착(倒錯)'이다. 하지만 어쩔 수 없다. 그것이 '도착'이라는 사실을 깨닫고 나면 벽장에서 나오는 일만 남는다. 그러나 벽장에서 나오는 순간 동성애자는 '성범죄자'가 되고 말았다.

물론 "감상적인 사랑 따위 필요 없어. 섹스만 있으면 충분하거

든" 하고 큰소리치는 사람이 존재하는 것은 이성애자든 동성애
자든 다를 바 없다. '처리'의 메커니즘은 누구에게나 공평하게 작
용한다. 더 깊이 들어가면 이성애자든 동성애자든 남자의 경우
사정만 하면 그걸로 끝인 A 타입과 사정하고 나면 상대방에 대
한 애착이 강해지는 B 타입이 있다. 물론 그때그때 다르다는 사
람이 많을 테니 이원론의 문제라기보다 편차나 경향으로 보아야
할 것이다. 그리고 이성애와 동성애 모두 A 타입을 위한 장소는
하나의 산업으로서 마련되어 있다. 우리는 그만큼 어마어마하게
규범화된 사회를 살아가고 있다.

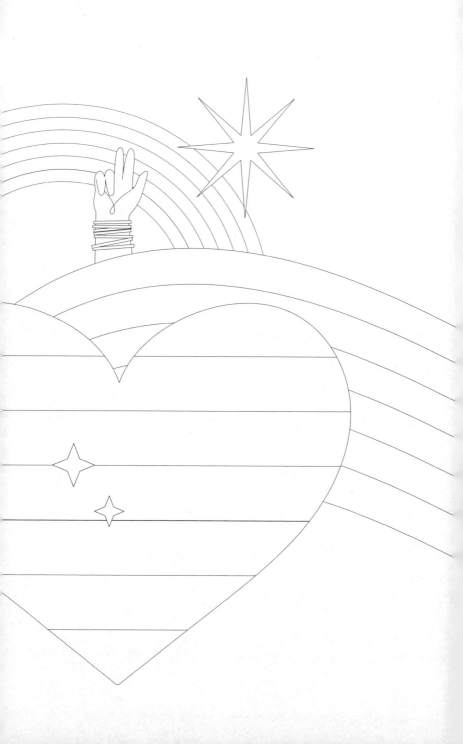

1부

사랑과
차별과

언어로 싸우는
미국의 기록

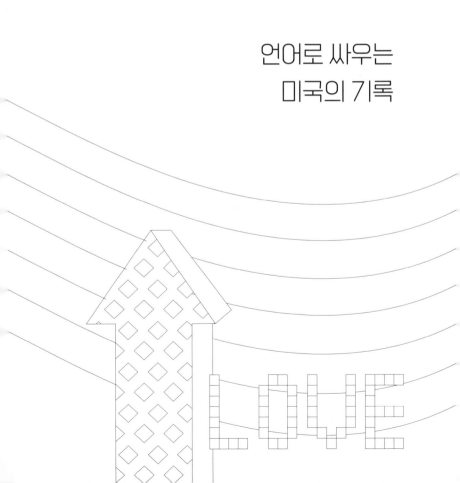

LGBTQ+

1장

'록 허드슨'이라는
폭탄

아무도 모르는, 일본의 기념비적인 게이 차별 재판

　1993년 2월 23일, 폭설이 내리던 존 F. 케네디 국제공항에 발을 디디며 신문사 특파원으로서 나의 뉴욕 생활이 시작되었다. 그로부터 25년이나 정착하리라고는 상상도 하지 못한 채.

　뉴욕 특파원의 업무는 유엔 본부(특히 안전보장이사회)와 미국 전체 사회 뉴스 취재다. 정치, 경제 기사는 워싱턴 총국이 커버한다. 따라서 뉴욕에는 사회부 기자가 부임하는 일이 많다(월스트리트를 고려해 경제부 기자를 파견하는 신문사도 있다).

　부임한 지 사흘 뒤인 2월 26일 정오, 8년 뒤에 일어나는 9·11 테러의 복선이라고 할 수 있는 '1993년 세계무역센터 폭탄 테러'[1]가 일어났다. 4월 19일에는 텍사스주에서 '웨이코 포위전'[2]이, 2년 뒤 같은 날에는 '오클라호마 연방 청사 폭탄 테러'[3]가 일어나는 등 내가 부임한 동안 커다란 사건 사고가 연이어 터졌다. 게다가 당시 유엔 사무총장이었던 부트로스 부트로스갈리(Boutros Boutros-Ghali)가 '평화를 위한 과제(An Agenda for

Peace)'라는 보고서를 기반으로 세계평화 유지에 적극적으로 개입하던 시대이기도 해서, 나는 보스니아 헤르체고비나 내전에 파견된 유엔 평화유지군을 취재하기 위해 크로아티아며 마케도니아로 향하는 등 무척이나 바쁜 3년을 보냈다.

그러는 동안에도 일과처럼 취재하려고 노력한 주제가 '에이즈'였다. 1980년대 시작된 에이즈 사태는 뉴욕에서도(아니면 뉴욕이기에) 여전히 위세를 떨치고 있었다. 일본에서 에이즈 관련 뉴스는 가십이나 스캔들로 치부되기 일쑤였지만 미국에서는 경파, 연파[4] 가릴 것 없이 대서특필했으며 (아이들을 대상으로 하는 교육을 포함해) 사회 전체가 일제히 매달리는 문제이기도 했다. 영화, 소설, 드라마, 심지어 브로드웨이까지 에이즈를 빼놓고는 말할 수 없었다. 그리고 에이즈 문제를 통해 나는 엄청난 양, 수많은 분야, 다양한 사람의 게이 관련 정보를 접하게 되었다.

그것은 난생처음으로 맞은 '게이' 정보의 소나기였다. 일본에서는 결코 손에 넣을 수 없었던, 경파와 연파가 뒤섞인 정보의 홍수였다.

1990년대 중반, 나는 영어로 된 정보를 통해 '게이'에 관해 알아 나가기 시작했다.

물론 내가 있는 동안 일본에 '게이' 관련 정보가 전혀 없었냐고 하면 그렇지는 않았다.

미국으로 향하기 2년 전인 1991년, 일본 동성애자 인권운동에서 중요한 일로 손꼽히는 '후추(府中)시 청년의 집 사건' 재판이 시작되었다. '움직이는 게이와 레즈비언의 모임(OCCUR)'이라는 게이 인권 단체가 도쿄도를 상대로 손해배상 소송을 제기한 것이다. 사건의 발단은 '후추시 청년의 집'[5]에서 합숙하던 OCCUR 회원들이 동성애자라는 이유로 시설을 이용하던 다른 단체로부터 괴롭힘을 당한 일이었다. OCCUR는 시설 직원에게 조치를 부탁했지만, 시설 측은 오히려 OCCUR의 존재가 문제의 방아쇠라며 이후 OCCUR의 시설 이용을 금지했다.

재판은 1심과 2심 모두 OCCUR의 승소로 끝났지만, 이 기념비적인 판결은 당시 일본에서 크게 다루어지지 않았다.

하지만 미국은 달랐다. 도쿄지방법원에서 1심 승소가 결정된 1994년은 스톤월 항쟁 25주년이라는 점에서 기념할 만한 해였다. 내가 뉴욕에 부임한 지 2년 차가 되던 그해 6월 말, 뉴욕에서 열린 '게이&레즈비언 프라이드 퍼레이드'에 참가하기 위해 OCCUR 회원인 (당시) 젊은이 스물몇 명이 바다 건너 찾아왔다. 똑같이 맞춰 입은 티셔츠에는 'You Can Fight City Hall'이라고 쓰여 있었다.

영어 관용구 중에 'Can't Fight City Hall'이라는 말이 있다. 시청(city hall)과는 싸울 수 없다, 즉 관료제도와 맞서 봐야 무리라는 것이다. 일본에도 '윗사람의 말은 거역할 수 없다'긴 것에는 감겨라' 같은 말이 있다. 여기서 Can't를 Can으로 바꾼 것이다. 일본 사법부로 하여금 '일본에는 게이에 대한 차별이 존재'한다는 사실을 처음으로 인정하게 한 OCCUR의 승소는 미국인에게 하면 된다는 메시지를 주었고, OCCUR는 행진 내내 큰 박수를 받았다.

퍼레이드가 끝난 뒤, 해산 지점에서 멀지 않았던 우리 집에 그들을 초대해 조그만 파티를 열었다. 마침 날씨도 좋아 적당히 가무잡잡해진 얼굴들은 화사하면서 자부심으로 가득 차 있었는데, 그 모습은 아직도 잊을 수가 없다.

"일본 문화는 무가의 슈도(衆道)*나 불교의 치고(稚児)**에서 알 수 있듯이 역사적으로 동성애에 관용적이고, 서구와 같은(혹은 사형까지도 내려지는 아프리카나 이슬람 국가와 같은) 차별은 없다." 그렇게 말하는 사람도 있다. 하지만 이때 '역사적'이라는 표현은 근대 이후에 나타나는 흐름을 무시하고 있으며(역사는 때로 너무도 쉽게 단절된다), '이로코쇼(色小姓)'***나 '가게마(陰間)'****라는 단어에서 느껴지는 부정적인 뉘앙스도 못 들은

---

* 헤이안시대부터 에도시대까지 유행한 남성 동성애 풍습.

** 절에서 잡일을 하던 소년으로, 남색의 대상이 되기도 했다.

*** 코쇼는 일본 무사의 직책 중 하나로 주군 곁에서 자질구레한 일을 도맡았다. 그중에서 주군과 잠자리를 같이하는 소년을 이로코쇼라고 불렀다.

**** 에도시대 찻집에서 남자를 상대로 몸을 파는 소년을 가리키던 말로, 아직 무대에 서지 못한 가부키 배우인 가게마가 부업으로 성매매를 한 것에서 유래했다.

척한다. "역사적으로 관용적이었으니까 오늘날에도 관용적일 여지가 많지 않으냐" 하고 희망적인 분위기를 불러일으키기 위한 전략으로 쓰이기도 하지만, 그 행간에는 기만적인 논리가 숨어 있다. 정말 차별이 없다면 왜 그렇게 많은 LGBTQ+ 인구가 커밍아웃을 망설일까.[6] 그 차별이 망상이나 편집증의 일종이라고 한다면 이야기는 달라지겠지만.

OCCUR의 재판은 그 '차별'의 존재를 일본 역사 최초로 공적인 형태로 남긴 사건이었다. 같은 날 시설을 이용한 '일본 예수기독교단 청년부'는 OCCUR 회원을 향해 "이 녀석들 호모 집단이래"라며 야유하고, 들으라는 듯이 구약성서 중 '여자와 자듯이 남자와 자는 남자는 두 사람 모두 미움받을 짓을 했으므로 사형을 당해 마땅하다'라는 구절을 낭독했다. 다른 소년 축구 단체는 그들이 목욕하는 장면을 엿보거나 "여기도 오카마가 있네" 하고 비웃었다. 이러한 괴롭힘에 대해 피고인 도쿄도 측은 동성애자가 같이 숙박해서 일어난 '질서의 혼란'이라고 주장했지만, 재판부는 '동성애자 혐오'가 원인이라는 사실을 명확히 하고, 더 나아가 괴롭힌 이들의 시설 이용을 금지하면 모를까 괴롭힘당한 동성애자의 시설 이용을 금지할 이유는 없다고 단죄했다.

즉 '질서'를 어지럽힌 것은 OCCUR가 아니라 괴롭힌 쪽, 더 나아가 그들을 감싼 청년의 집이라는 것이다. 그리고 "지금까지 동성애자는 사회의 편견 속에서 고립을 강요당했으며, 자신의 성적 지향으로 인해 고민하고 괴로워했다" 하고 딱 잘라 말했다.

1장 '록 허드슨'이라는 폭탄

패소한 도쿄도는 항소에 나선다. 하지만 1997년 도쿄고등법원에서 열린 결심공판에서도 판결문은 아래와 같이 결론짓는다.

(OCCUR가 괴롭힘당한) 헤이세이(平成) 2년 당시에는 일반 국민도 행정 당국도 동성애 내지는 동성애자에 무관심했고 정확한 지식도 부족했다. 하지만 일반 국민은 차치하더라도 도(都)교육위원회를 포함한 행정 당국은 해당 직무를 수행하는 과정에서 소수자인 동성애자도 염두에 두고 세심히 배려해야 하며, 동성애자의 권리와 이익을 충분히 보호해야 한다. 무관심으로 일관하거나 지식이 부족하다고 변명하는 것은 공권력을 행사하는 자에게 용납되지 않는다. 이는 현재는 물론 헤이세이 2년 당시에도 마찬가지다. (중략) 도교육위원회 역시 직무 수행 과정에서 과실이 있었다고 볼 수 있다.

도쿄도는 항소를 포기했다.

상대적이든 절대적이든 '일본에 동성애 차별은 없다' '법률로 금지할 만한 차별은 없다'라고 주장하는 사람들은 법의 철퇴를 맞은 이 사례와 사법부에서 차별이 존재한다고 인정한 역사를 (일부러 못 본 체하는 게 아니라면) 모르기 때문일 것이다. 그리고 이 일본 최초 동성애 차별 재판의 승소를 뒷받침한 것은 '스톤월 항쟁'이 불러일으킨, 미국을 비롯한 전 세계적인 동성애 비병리화 흐름 속에서 구축된 논의였다.

1심 판결은 다음과 같이 이야기한다. 길지만 역사적으로 중요한 사실이므로 인용하겠다.

　　과거 동성애에 관한 심리학 연구 대부분은 동성애가 병이라는 가설을 세우고 그 원인을 찾아내는 것을 목적으로 했지만, 1975년 이후 미국심리학회(American Psychological Association)는 동성애에 대한 고정관념과 편견을 배제하고자 노력해 왔다.

　　국제적으로 큰 영향력을 자랑하는 미국정신의학회(American Psychiatric Association)에서 작성하는 『정신질환의 진단 및 통계 편람(DSM)』의 경우 1973년 12월 미국정신의학회 이사회가 동성애 자체는 정신장애로 취급하지 않는다고 뜻을 모으면서 DSM-II 7쇄부터 '동성애'라는 진단명이 삭제되고 '성적 지향 장애(sexual orientation disturbance)'라는 진단명이 추가되었다. 해당 진단명은 DSM-III에서 '자아이질적 동성애(ego-dystonic homosexuality)'로 수정되었다. 이는 자신의 성적 지향으로 인해 고민하고 갈등하고, 성적 지향을 바꾸고 싶다는 바람이 지속해서 나타나는 상태에 대한 진단명이다. 하지만 '자아이질적 동성애'라는 명칭도 동성애가 장애로 여겨진다는 오해를 낳고 임상적으로 거의 쓰이지 않는다는 점에서 1987년 DSM-III의 개정판인 DSM-III-R부터 없어졌다.

　　세계보건기구(WHO)에서 작성하는 국제질병분류(ICD)의

제9판인 ICD-9를 미국 국립보건통계센터(NCHS)가 수정해 1979년 1월 발효한 ICD-9-CM에서는 '동성애'라는 분류명이 '성적 일탈 및 장애(sexual deviations and disorders)'의 하위 항목으로 포함되어 있었다. 이후 ICD-9의 개정판인 ICD-10의 1988년 초고에서는 '동성애'라는 분류명이 사라지고 '자아이질적 성적 지향(ego-dystonic sexual orientation)'이라는 분류명이 추가되었는데, 해당 분류명은 '자신의 성정체성과 성적 지향에 대한 의구심은 없으나 성정체성과 성적 지향을 바꾸고 싶어 하며 이를 위한 치료를 원하기도 하는 상황'으로 설명된다. 마찬가지로 1990년 초고에서는 '자아이질적 성적 지향' 항목에 '성적 지향 자체는 장애로 치부되어서는 안 된다'라고 적혀 있다.

일본 역시 '정신과 국제 진단 기준 연구회' 주도로 진단 기준의 '시안'이 만들어졌다. 이 시안을 둘러싸고 다양한 의견이 있었지만, '동성애'는 '성적 장애'의 진단명으로는 채택되지 않았으며 정신장애에 포함하지 않는다는 전제하에 참고 항목의 부가적인 분류명으로만 남게 되었다.

이처럼 심리학에서나 의학에서나 동성애가 질병이라는 기존 견해는 크게 바뀌고 있다.

한편 과거 동성애자는 혼인 제도의 울타리 바깥에 놓여 있었지만, 1991년 2월부터 샌프란시스코에서 동성 커플의 파트너 관계를 공식적으로 인정하는 제도가 시행되었다.

샌프란시스코에서도 동성애자를 향한 괴롭힘과 폭행이 일어났으며, 동성애자의 자살이 사회문제로 떠올랐다. 교육의 장에서는 일반 학생들이 동성애자를 온전한 인격을 갖춘 존재가 아닌, 성적인 존재로만 받아들이는 경향이 있었다. 이에 따라 샌프란시스코는 오해에 시달리는 동성애자 학생의 교육받을 권리를 보장하기 위해 1989년부터 동성애자 학생을 위한 지원책을 도입했다.

이러한 지원책은 로스앤젤레스, 샌디에이고로도 퍼져 나갔다.

지금 관점에서 보면 뉴스로서의 가치가 어마어마하게 큰 판결문이지만, 1990년대 일본인 대부분은 이러한 일에 흥미가 없다시피 했다.

이는 1969년 6월 28일 밤부터 뉴욕 그리니치빌리지(Greenwich Village)에서 수백 명, 수천 명의 게이가 사흘 밤낮에 걸쳐 스톤월에 '해방구'를 만드는 동안에도 그곳에서 멀지 않은 월 스트리트나 미드타운에서는 아무 일 없다는 듯 평범한 생활이 이어진 것과 비슷하다. 세계 성소수자 인권운동 사상 가장 찬란하게 빛나는 이 항쟁조차 지금도 미국 내에는(일본은 말할 것도 없고) 모르는 사람이 많다.

사람들은 자신과 관계있는 일에만 관심을 가진다. '관심'이란
그런 단어다.

올 아메리칸 보이의 우울

그런데 1985년 미국에서 일반 사람이 갑자기 '게이'에 관심을
가질 수밖에 없는 사건이 일어났다. 나는 이 사건이 일본의 '무관
심'과 미국의 '관심'을 나누지 않았나 생각한다. 물론 그 전부터
'관심'의 기반은 충분히 마련되어 있었겠지만. 1985년 10월 2일,
베벌리힐스에 있는 자택에서 배우 록 허드슨이 아침 9시 무렵 에
이즈 합병증으로 사망했다는 뉴스가 세계를 떠들썩하게 한 것이
다. 당시 그는 59세였다.

록 허드슨은 세계적인 유명인 중 에이즈로 사망한 첫 번째 사
례가 되었다. 196센티미터에 이르는 키, 검은 머리칼과 우수에 젖
은 눈, 저음의 로맨틱한 목소리. 그는 에이즈와 가장 거리가 멀고
(즉 게이와 무관하고) '올 아메리칸 보이(All-American boy, 모
든 미국인을 대표하는 남자)'라는 별명이 누구보다 잘 어울리는
인물이(라는 인식이 지배적이)었다.

일본 연예인으로 치면 누구일까. 국민적인 청춘스타이자 남녀
할 것 없이 사랑한 쇼와시대의 이시하라 유지로(石原 裕次郎)나
가야마 유조(加山 雄三)를 들 수 있으리라. 요즘은 미디어가 세분

화되다 보니 사람들의 관심도 여러 갈래로 나뉘어 예전만큼 남녀노소 모두를 사로잡는 국민 통합적인 '대스타'가 나오지 않는 것이 아쉽지만.

몇 달 전부터 병세나 소재 등을 둘러싸고 뜬소문과 억측이 새어 나오기는 했다. 흥미 위주의 가십이 퍼지는 것을 두고 볼 수 없었던 소속사는 1985년 7월 25일(사망 69일 전), 록 허드슨이 에이즈에 걸렸다는 사실을 인정했다. 그러자 사람들은 한동안 '남성 동성애자**가 아니라도** 에이즈에 걸릴 수 있다' 하는 식으로 이야기하기 시작했다. '올 아메리칸 보이'의 '이성애성'을 믿는, 사회적 환기와 계발의 일환으로서. 당시 《피플》에서는 록 허드슨의 숙모인 리라의 말을 인용했다.[7]

우리는 그가 그러하리(게이)라고는 한 번도 생각한 적이 없었습니다. 그는 언제나 좋은 사람(such a good person)이었지요. 그뿐입니다.

하지만 그는 게이였다.
《타임》은 이렇게 썼다.[8]

지난주 록 허드슨이 파리의 한 병원에서 에이즈 합병증으로 몸져누우면서, 올 아메리칸 보이가 오랫동안 밝히지 않은 비밀이 드러났다. 그는 거의 확실히 호모섹슈얼이었다(He was almost certainly homosexual).

　무척이나 호모포빅(homophobic, 동성애 혐오적)하면서 자극적인 기사다. 확실히 1985년은 미국 내 에이즈 사태의 확대(그해 미국 내 사망자 수는 1만 2529명에 이르렀다)로 인해 그 '원흉'으로 지목된 게이 커뮤니티가 공격의 대상이 되고, 이에 따라 기독교 보수파에 지지 기반을 둔 당시 로널드 레이건(Ronald Reagan) 대통령은 에이즈를 정치 현안에 포함하려 들지 않았던, 호모포빅한 해였다. 에이즈 활동가들은 '돈 많은 백인 헤테로섹슈얼이 에이즈에 걸리기 전에는 대중매체도 정치가도 에이즈를 거들떠보지도 않을 것'이라는 말을 입에 달고 살았다. 이러한 상황에서 백인에다가 부유하고 강건하며 '헤테로섹슈얼'의 상징이었던 할리우드 스타가 에이즈에 걸린 것이다. 게다가 그는 (마찬가지로 할리우드 배우였던) 레이건의 오랜 친구였고, 공화당을 열성적으로 지지하는 보수파였다. 그를 둘러싼 진실이 밝혀지자 충격은 어마어마했다.

　《샌프란시스코크로니클》 기자였던 랜디 실츠(Randy Shilts)는 에이즈 사태가 한창이던 1987년, 역작인 『그리고 밴드는 계속 연주된다(And the Band Played On)』를 출간했다. 이 책의 막을 여는 에이즈 5년사는 "록 허드슨이 숨을 거둔 1985년 10월 2일 아침, (에이즈라는) 그 단어는 서구의 거의 모든 가정에서 누구나 아는 말이 되었다"라는 문장으로 시작한다.

게이의 변신, 여자들의 헌신

그의 죽음이 미국의 '세간'에 준 충격은 두 종류다. 첫 번째는 자기가 잘 아는 사람도 에이즈로 죽을 수 있다는 사실에서 나오는 충격이다(그때까지 사망자 대부분은 '타인'이었다). 또 하나는 누구보다 남성스러운 록 허드슨이 게이라면 게이가 아니라고 딱 잘라 말할 수 있는 사람은 대체 누구일까, 하는 반어적인 형태의 충격이었다.

'게이'는 자신들과 관계없는, 어둠의 세계를 살아가는 이들이었다. '성의 괴물'에 관해서는 프롤로그에서도 설명했다. 이러한, 지금까지 흔들린 적 없는 게이에 관한 인식이 어쩌면 잘못된 것일지도 모른다는 조그만 의구심이 사람들의 마음을 스치고 지나갔다. 그것은 가십으로 더럽혀지고, 쇠약해진 모습이 사진을 통해 공개되어 존엄을 빼앗긴 생죽음이 가져온 충격의 여파였다.

우리 주변에는 우리가 알아차리지 못했을 뿐, 게이나 레즈비언이라는 사실을 숨기고 있는 가족이나 친구나 동료가 존재하는 것은 아닐까? 우리는 알게 모르게 그들에게 심한 말을 하고 있던 것은 아닐까? 우리는 그들 혹은 그녀들에게 돌이킬 수 없는 일을 저질러 온 것은 아닐까? 항상 친절하고 나를 아껴 주던 그 사람은 어쩌면 게이 혹은 레즈비언이었던 것은 아닐까?

이때 에이즈를 둘러싼 물결이 바뀐다. 게이를 보는 시각도. 그것들은 갑자기 '자신과 관계있는 일'로 변모하기 시작했다.

물론 "록 허드슨도 어찌어찌 잘 숨겼지만 결국 변태성욕자였군" 하는 구태의연한 말이 지닌 인력은 컸다. 이는 주로 보수적인 남성층에서 나온 반응이었다. 하지만 (아무래도 성역할, 즉 남녀 각각에 기대되는 역할 분담의 스테레오타입을 논하는 것 같아 못마땅하지만 굳이 따지자면) 주로 (공감 능력이 풍부하다고 여겨지는) 여성층에서 게이 남성을 향한 '부당한 처사'에 대한 반발이 터져 나왔다. 록 허드슨의 사례에서 선두에 선 사람은 미국의 스위트하트(연인)이자 록 허드슨과 몇 번이나 연기 합을 맞춘 배우 겸 가수 도리스 데이(Doris Day)와 누구나 인정하는 대배우 엘리자베스 테일러(Elizabeth Taylor)였다.

그녀들은 허드슨에 관해 말하고, 에이즈에 관해(즉 간접적으로 게이에 관해) 이야기했다. 엘리자베스 테일러가 1985년 미국 에이즈 연구 재단(American Foundation for AIDS Research, amfAR)을 창립하고, 1993년 자신의 이름을 딴 '엘리자베스 테일러 에이즈 기금'을 조성한 계기도 허드슨의 감염과 죽음이었다. 페미니즘의 대두로 1970년대 들어 게이 커뮤니티와 레즈비언 커뮤니티는 갈라서는 일이 많아졌는데, 이러한 상황에서도 많은 레즈비언이 다시 손을 내밀기 시작한 계기 중에는 게이 남성들을 간호하게 된 에이즈 사태도 있었을 것이다. 마찬가지로 록 허드슨이 사망한 시기를 기점으로 부쩍 늘어난, 게이 남성과 에이즈를 둘러싼 다양한 소설과 영화와 드라마(미국 NBC에서 제작했으며 이후 일본 NHK에서도 방영한 드라마 〈첫서리(An Early Frost)〉는 록 허드슨이 사망한 지 한 달이 지난 1985년 11월부터 방영되었다)에서도 게이 남성의 여자 친구부터 어머니, 할머니, 누나, 여동생과 같은 여자들이 이해자 겸 화해의 다리 역을 맡는 패턴이 자리 잡았다.

정치적 올바름과 겉치레

잊어서는 안 되는 것이 있다. 여성들 사이에서 게이 남성을 향한 '부당한 처사'에 반대하는 목소리가 나오기 시작한 것은 1980년대의 '정치적 올바름(PC)' 풍조를 토대로 한다는 사실이다.

원래 PC라는 단어는 1970년대 학생운동을 하던 신좌익과 페미니스트 사이에서 농담처럼 쓰였다. 내부에서 성차별 내지는 인종차별적인 발언이 나오면 그들 혹은 그녀들은 문화대혁명 당시 정치위원이나 홍위병처럼 "동지여, 그 말은 정치적으로 올바르지 않다네(Not very, 'politically correct', Comrade)" 하고 돌려 말했다고 한다.

하지만 성차별과 인종차별 문제는 1970년대를 거치는 동안 비대해질 따름이었다. 여기에 에이즈 차별(을 통한 게이 차별)이 덧씌워진다. 이에 따라 정치적 올바름은 야유나 농담이 아닌, 생명과 직결되는 절실한 사회운동이 되었다. 그리고 마초이즘이 횡행하는 미국 사회 한가운데를 살아가던 여성들은 그 절실함과 중요성을 잘 알고 있었다(그렇지 않은 여성도 많았지만).

1981년부터 9년간 인기리에 방영된 미국판 막장 드라마 〈다이너스티(Dynasty)〉에 록 허드슨이 주인공 일가의 아내인 크리스털에게 키스하는 장면이 있었다. 1984년 시즌이었다. 그리고 이듬해인 1985년, 허드슨이 에이즈에 걸렸다는 사실이 알려졌다. 이와 함께 허드슨과의 키스신으로 인해 크리스털 역을 맡은 배우 린다 에번스(Linda Evans)가 HIV에 걸린 것이 아니냐는 의혹이 떠올랐다(물론 지금은 키스로 HIV가 옮지 않는다는 사실이 널리 알려졌지만). 한 TV 프로그램 진행자가 이에 관해 질문하자 에번스는 아무렇지 않은 얼굴로 답했다. "저는 지금 건강하고, 아무것도 두렵지 않아요. 대체 누가 그런 말을 한 거죠?"

나중에 그녀는 회고록 『인생을 위한 레시피(Recipes for Life)』에서 당시 일을 언급했다. 요약하자면 이렇다.

정열적인 키스 대신 록은 입술을 살짝 스치는 듯한 키스만 했다. 그리고 곧바로 내게서 떨어졌다. 몇 번을 하든 마찬가지였다. 화가 치밀어오른 감독은 내가 나서서 정열적으로 키스하게

끔 지시했지만, 나는 그런 행동은 '크리스털'이라는 역할에 어울리지 않는다며 거절했다. 다음 주 재촬영에서도 록의 키스는 똑같았다. 얼마 지나지 않아 록이 에이즈에 걸렸다는 사실이 밝혀졌다. 그는 왜 키스하려 들지 않았는가, 나는 그제야 이유를 알 수 있었다.

에번스는 그때를 돌이키며 썼다. "어쩌면 그는 온 힘을 다해 나를 지키려던 것은 아니었을까. 그렇게 생각하면 감동에 사로잡혀 온몸이 떨릴 정도다."

나는 차마 그녀의 말을 겉치레로 치부할 수 없었다. 그때 "세상에, 어떡하면 좋아!" 하고 소리치지 않은 긍지. 그 자긍심을 '겉치레'라고 바꿔 말하는 것은 정치적 올바름의 손발을 묶는 속임수다. 정치적 올바름이란 1980년대 미국에서 커지기 시작한 사회적 약자들의 목소리를 뒷받침하는, 절실하면서 진지한 언어적 운동이었다. 그것은 이후 '정체성 정치'라 비난받는 선제공격의 무기가 아니라, 자신을 지키기 위한 방패로 작용했다. 지금은 오히려 'PC충(ポリコレ棒)'이라든지 'PC 피로감'이라든지 '정의를 무기로 삼는 소수파'라고 비난받기도 하지만, 애당초 어깨를 빳빳하게 편 채 '정의'라는 이름의 무기를 휘두르며 '나 말고 다른 사람'들을 패고 다니던 것은 '종교라는 절대적인 정의'를 방패 삼은 보수파(다수파) 쪽이었다. 따라서 정치적 올바름은 (수천 년에 걸친) 선제공격에 대한 첫 번째 정당방위이자 반격의 대의명분으로서 기능했다고 볼 수 있다. 비록 이후 어떤 면에서는 '언어 검열(言葉狩り)' 같은 피상적인 양상으로 흘러갔다 하더라도.

대의명분으로서의 에이즈

《워싱턴타임스》의 보수파 편집장인 웨슬리 프루든(Wesley Pruden)은 록 허드슨이 에이즈에 걸렸다는 사실이 알려지자 "오늘날 전투적인 호모섹슈얼들에게 에이즈는 유명인이 걸리는 병으로 그 위상이 높아졌다" 하고 빈정거리듯이 썼다. 괜히 성가시게 떠들어 대지 말라는 것이다.

그의 예상대로 게이 커뮤니티는 사회문제인 에이즈 대책을 대의명분 삼아 '전투'를 벌이기 시작한다. '게이'라는 개인적인 사정은 커밍아웃하기 망설여져도 '에이즈'를 커밍아웃하는 것은 정치적인 대응을 촉구하고 사회 위기 대책 예산을 따내기 위한, 장려할 만한 행위가 되었다. 이에 따라 사람들은 에이즈를 커밍아웃함으로써, 혹은 에이즈 환자와 HIV 양성자 지원 활동에 대한 참여나 관심을 통해 게이임을 직간접적으로 드러내게 되었다.

록 허드슨의 비극이 이성애 사회에 준 가르침. '우리 주변에는 우리가 알아차리지 못했을 뿐 동성애자라는 사실을 숨기고 있는 친구나 가족이나 동료가 있지는 않을까? 우리는 알게 모르게 그들에게 심한 말을 하고 있었던 것은 아닐까? 우리는 그들 그녀들에게 돌이킬 수 없는 일을 저질러 온 것은 아닐까?' 이러한 자각의 예감은 오래 걸리긴 했으나 확실히 실감으로 바뀌어 나갔다. 레이건 전 대통령은 친구였던 허드슨이 사망한 지 2년 뒤에야 에이즈 대책을 본인 정권의 정치 현안으로서 연설에 등장시킨다. 이는 에이즈 환자도 (그리고 게이도) 인간이라는, 정치적인 선언의 첫 발자국이었다. 록 허드슨의 죽음은 세간을 각성시키는 폭탄이었다.

LGBTQ+

2장

에이즈의
반격

'첼시 퀸'이 태어난 배경

록 허드슨의 죽음이 세간을 각성시키기는 했어도 에이즈 사태가 끝난 것은 아니었다. 1985년 말까지 세계 곳곳에서 에이즈 발병 사례가 보고되었다. 전 세계 에이즈 환자는 2만 명을 넘겼다.

'레드리본'이 국제 에이즈 인식 개선 운동의 상징으로 자리 잡은 1991년에는 농구계의 스타 매직 존슨(Magic Johnson)이 HIV 양성이라는 사실을 발표했다. 이를 계기로 '에이즈는 게이(만)의 병'이라는 이미지가 어느 정도 불식되었지만, 발표로부터 얼마 지나지 않아 퀸의 프레디 머큐리가 에이즈에 걸렸다는 사실이 밝혀지고 그 뉴스는 다음 날(11월 24일) 부고로 바뀌었다. 1992년에는 프로 테니스 선수였던 아서 애시(Arthur Ashe)[1]가 9년 전 심장 수술 중 수혈 과정에서 에이즈에 걸렸다는 사실을 밝혔으며, 그 역시 이듬해 2월 에이즈 합병증인 폐렴으로 숨을 거두었다.

내가 뉴욕에 부임한 것은, 지금 돌이켜 보면 애시가 죽은 지 보름이 지날 무렵이었다.

지국이 위치한 뉴욕은 미국의 어느 도시보다도 에이즈의 영향을 정면으로 받은 곳이다. 1989년 에이즈 합병증으로 사망한 사람은 뉴욕만 해도 연간 5000명에 이르렀으며, 5년 뒤인 1994년에는 8000명을 넘겼다.[2] 에이즈가 한창이던 무렵, 아니 에이즈가 한창이었기에 맨해튼의 게이 커뮤니티는 이상할 정도로 번창했다.

  게이 커뮤니티는 '에이즈'라는 대의명분을 지렛대 삼아 사회적으로, 정치적으로 공세를 강화한다. 1993년 6월에 열린 스톤월 항쟁 기념행사의 슬로건은 'Be Visible(눈에 보이는 존재가 되자)'였다. 1980년대 게이라는 사실에 더해 '에이즈에 걸리는 사람들'이라는 속성이 붙어 이중적인 차별을 받은 게이 커뮤니티에서는 다시금 벽장(게이라는 사실을 숨기는 상태)에 틀어박히려는 경향이 싹텄다. 하지만 벽장 안에서는 에이즈와 싸울 수 없었다. 에이즈 사태와 맞서는 전장에는 병원 안뿐만 아니라 사회적, 정치적 활동이 벌어지는 공식 석상도 있었기 때문이다. 이에 따라 다시 한번 원점으로 돌아가 커밍아웃을 하자고 소리 높일 필요가 생겼다.

  '에이즈에 걸리는 사람들'이라는 오명을 씻고자 어두운 벽장에서 나온, (주로) 젊고 백인인 게이 남성들은 에이즈의 그림자를 두려워하면서도 자신이 건강하다는 사실을 과시하기 위해 인공적인 '근육 만들기'에 나섰다.

  이때 '머슬 퀸' '짐(gym) 퀸'이라는 말이 나왔다. '근육 누님'

'짐에 다니는 여왕님'이라는 (일종의 자조적인) 호칭이다. 그림으로 그린 듯한 근육미 넘치는 몸을 만든 그들은 (에이즈 합병증의 병변인) 카포시 육종으로 인한 반점이 없다는 사실을 보여 주기 위해 노출이 많은 탱크톱과 쇼트 팬츠 차림으로 맨해튼 첼시(Chelsea) 일대를 활보했다. '첼시 퀸'들은 찍어 낸 듯한 스타일 탓에 '첼시 클론'이라는 놀림도 받았지만 모든 것의 실마리는 결국 '에이즈'였다.

고급화를 과시한 게이 커뮤니티

과거 뉴욕에서 '게이 지구'는 곧 그리니치빌리지[3]였다. 예전부터 자유인들이 사는 '리틀 보헤미아'로 번성했으며, 1890년대에는 최초의 게이 바(당시에는 게이를 가리키는 은어로 꽃 이름인 '팬지'를 사용했기 때문에 '팬지 바'라고 불렸다)라고 할 만한 가게도 생긴 곳이다. 그 유명한 '스톤월 인(Stonewall Inn)'도 7번가에서 크리스토퍼 스트리트를 따라 동쪽으로 들어가자마자 보이는, 빌리지 중심부에 있다.

하지만 그리니치빌리지는 기본적으로 주택가라 도로가 좁고 상업 시설이 들어갈 공간이 한정되어 있었다. 게다가 점점 화려해지면서 집값도 올라, 연령층이 높고 돈 많은 게이만 살 수 있는 곳이 되었다. 1990년대 들어 게이들은 바로 북쪽에 있는 첼시[4]로 옮겨 가기 시작했다.

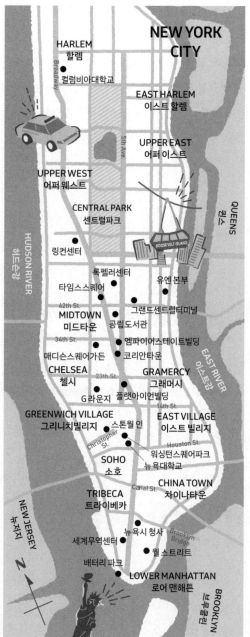

이전만 해도 첼시는 특히 8번가 서쪽으로는 다소 위험한 느낌이 드는 창고 거리였다. 따라서 집값이 저렴해 젊은 게이들도 살 수 있었지만, 그렇게 게이들이 들어오면서 거리는 점차 밝고 안전해졌으며 얼마 지나지 않아 뉴욕에서 가장 트렌디한 지역이 되었다. 2000년대 들어 게이 인구는 맨해튼을 떠나 브루클린으로 이동했는데, 2015년 동성혼이 합법화되고 가족을 꾸릴 수 있게 되자 특정 지역을 고집하지 않고 소득 수준에 맞춰 뉴욕 곳곳으로 흩어졌다.

그러고 보면 샌프란시스코의 카스트로도 '게이 거리'가 된 뒤로 눈에 띄게 근사해졌다. 로스앤젤레스의 웨스트 할리우드도 게이 지구화와 더불어 화려해졌다. 코드곶(Cape Cod)에 있는 프로빈스타운, 플로리다의 사우스 비치와 키웨스트 등 게이들이 즐겨 찾는 휴양지는 불황일 때도 북적거렸다.

첼시는 이러한 흐름을 밟으며 번성했다. 세련된 카페와 레스토랑과 게이 클럽이 잇따라 들어서고 그리니치빌리지에 있던 동성애 분야 전문 서점 '디퍼런트 라이트'도 1993년 가게 규모를 세 배 넓히기 위해 첼시의 웨스트 19번가로 이전했다. 그 근처에 'G 라운지'라는 획기적인 게이 바가 생긴 것은 1995년이었다. 이전에는 창문을 작게 내고 문을 걸어 닫은 채 영업해 내부를 짐작하기 힘든 게이 바가 많았는데, G 라운지는 거리와 맞닿는 면 전체가 유리문이었다. 게이에게 우호적인(gay-friendly) 젊은 스트레이트 남녀도 게이 친구들과 함께 찾아와 화려한 칵테일과 대화를 즐겼다. 당시 뉴욕의 젊은 스트레이트 사이에서는 게이 친구를 두는 것이 쿨하고 '시크(chic)'한 일이었다. 정치적으로 깨어 있고 인권 의식도 높다는, 당시 유행하던 '브랜드'이자 '아이콘'이었던 것이다.

에이즈 환자와 HIV 양성자에 대한 '우정과 지원'을 상징하는 '레드리본'도 점차 기호화되었으며 에이즈에 우호적인 성향을 '에이즈 시크(AIDS chic)'라고 부르는 분위기도 생겨났다. 새빨간 루비로 장식한 레드리본이 고급 보석상에서 터무니없이 비싼 가격에 팔린 것도 이 무렵이었다.

이상한 시대였다. 에이즈 사태는 수그러들지 않았는데 눈에 보이는(visible) 존재가 된 건강한 게이들을(정확히 말하면 '백인 게이 남성'에 한해) 단김에 쇠뿔 빼듯 미국 사업가들이 타깃으로 삼기 시작한 것이다.

1990년대 들어 미국 주류 미디어는(그리고 이에 자극받은 유럽 미디어도) 게이의 실소득이 높다는 사실을 떠들썩하게 다루기 시작한다. 그 선구자가 1991년 6월 18일 자 《월스트리트저널》에 대대적으로 실린 통계 기사였다. 미국 상무부 인구조사국과 민간 조사 기관이 공동으로 진행한 통계조사에 따르면 게이 남성으로 구성된 세대는 그렇지 않은 세대보다 연 소득, 실소득, 학력이 훨씬 높고 여행이나 쇼핑에 관심이 많은 것으로 나타났다.

지금으로부터 30여 년 전인 당시 미국의 통계치를 조금만 발췌해 보겠다.

- 세대당 평균 연 소득은 게이 남성 세대가 5만 5430달러로 미국 전체 평균보다 2만 3000달러 많다.
- 미국인의 개인 평균 연 소득이 1만 2166달러인 데 비해 게이 남성은 3만 6800달러로 3배에 이른다.
- 미국인 중 대졸자 비율이 18%인 데 비해 게이 남성은 59.6%로 이 또한 3배가 넘는다.
- 게이 남성 중 연 소득 10만 달러 이상인 고소득자의 비율은 7%로 미국 평균의 4배다.
- 설문에 답한 레즈비언 여성 중 2%는 연 소득이 20만 달러를 넘는데, 이는 게이 남성보다 높은 비율이다.
- 미국 내 게이 남성과 레즈비언 여성의 소득 합계는 연간 5140억 달러.
- 미국인 중 해외여행을 경험한 사람의 비율은 14%인 데 반해 게이 남성은 65.8%다.
- 항공사 마일리지 서비스 가입자도 미국인 전체 중 비율이 1.9%였던 당시 게이 남성은 13배 이상인 26.5%였다.

여기서 알아 두어야 할 점은, 해당 통계치는 어디까지나 '나는 게이거나 레즈비언이다' 하고 설문조사에 답할 수 있는, 즉 자기 자신에게 자부심이 있으며 커밍아웃한 이들의 응답 결과라는 사실이다. 당시 게이(정확히는 LGBTQ+)는 전체 인구 중 10%를 차지한다고 여겨졌다. 이에 따라 '텐 퍼센트'라는 단어가 '게이 커뮤니티 그 자체'를 가리키는 대명사처럼 쓰이기도 했다. 물론 '우리는 10%나 있으니까 함부로 무시하지 마!' 하는 의미를 지닌 전략적인 숫자다. 실제로는 3~5%부터 6~7%, 8%까지 통계를 집계하는 방식에 따라 바뀌므로 확실하지 않다.

어쨌든 간에 그 '텐 퍼센트'를 이루는 개개인 모두가 《월스트리트저널》에 실린 통계치를 구현한 존재가 아니라는 사실만큼은 분명하다. 하지만 수요와 공급이 교차하는 새로운 시장의 창출은 미디어에도, 기업에도, 게이 커뮤니티에도, 더 나아가 비즈니스 전략적으로나 정치적 올바름 면에서나 밑질 것은 없었다. 그렇기에 다들 이 희화화된 '게이 부자설'에 기꺼이 올라탔다. 속지 않도록 두 눈을 부릅뜨면서도.

첼시, 카스트로, 프로빈스타운으로 상징되는 당시 게이 커뮤니티의 '젠트리피케이션(주택가의 고급화)'을 역으로 흑인 게이, 히스패닉계 게이, 레즈비언, 트랜스젠더에 대한 1990년대 버전 '배제와 주변화'로 보고 비판할 수도 있을 것이다.

하지만 중남미를 포함해 전 세계 에이즈 지원 활동을 담당한 'GMHC(Gay Men's Health Crisis)'는 바로 이 첼시에서 본부를 개축해 자금을 모았으며, 아시아·태평양계 성소수자를 위한 에이즈 지원 단체 'APICHA(Asian and Pacific Islander Coalition on HIV/AIDS)'도 첼시로 이전하면서 활동을 확대했다. 당시 LGBTQ+ 커뮤니티 내에서는 낙수효과를 향한 의지가 강했다. 총력전을 펼치던 그들 그녀들에게는 '젠트리피케이션'이라는 비판을 상대할 여유가 없었다. 비판과 마주했더라도 당시에는 자금을 모으려면 필요한 전략이었다고 입을 모았을 것이다.

이러한 상황에서 미국 대기업이 남몰래 게이들을 'VIP'로 노리기 시작한다. 《월스트리트저널》에 실린 통계 기사의 표제는 '뿌리 깊은 경시를 버린 기업들, 게이 사회에 대한 광고 확대'였다. 《샌프란시스코크로니클》도 게이 시장을 '숨겨진 금광'에 비유했다. 《뉴욕타임스》도 1992년 3월 "하나같이 게이 비즈니스에 편승하려 하고 있다. 스트레이트(이성애자) 사회가 알아차리지 못하는 곳에서 일반 기업까지 게이 시장으로 우르르 몰려들고 있다"라는 마케터의 분석을 실었다.

1990년대 중반 대기업은 게이를 위한 마케팅을 본격화한다. 아멕스는 고객 자산관리 부문에 게이와 레즈비언 담당 직원을 두고 동성애자의 노후 자산관리 등에 관해 자세한 상담을 지원하기 시작했다. 아메리칸항공은 1994년 게이 전문 부문을 신설하고 게이 행사에 대한 항공권 할인과 게이 단체 여행 패키지 등을 기획해 성공을 거둔다. 1995년 4월에는 뉴욕에서 처음으로 '게이 비즈니스 엑스포'가 개최되었는데 체이스맨해튼은행부터 메트라이프(보험), 메릴린치(증권)까지 특별히 게이 친화적이지 않았던 기업의 투자 부문까지 참가했다. 당시 뉴욕 시장이었던 루돌프 줄리아니(Rudolf Giuliani)도 개회식에 참석해 "뉴욕이 이 근사한 엑스포를 정기적으로 개최하는 거점도시가 되기를 바란다"라며 (트럼프의 개인 변호사로서 보인 추악한 만년에서는 상상하기 힘든) 사람 좋은 미소와 함께 축사를 남겼다.

정치적인 논쟁이나 종교적 평판, 편견이 복잡하게 얽혀 있을 때 이러한 기업의 논리, 즉 돈의 논리는 너무도 노골적으로 드러난다. 당시 LGBTQ+ 직원을 차별하면 회사에 도움이 되는 인재를 놓친다는 이유로 가족수당이나 부양수당과 같은 복리후생으로 차별을 없애기 시작한 것은 유럽과 미국의 스타트업이었다.

LGBTQ+

3장

에이즈를 향한
반격

역전되는 '더러움'

앞서 '이상한 시대'였다고 썼다. 에이즈 사태는 수그러들지 않았는데 오히려 게이들은 에이즈를 발판 삼아 사회적으로 점점 눈에 띄는 존재가 되었으며, 그렇게 수면 위로 드러난 게이 커뮤니티를 미국 사업가들이 매의 눈을 하고 새로운(미개척) 시장으로 노리기 시작했다. 하지만 이는 그렇게 단순한 이야기가 아니다. 록 허드슨의 죽음이 하나의 계기이기는 했으나, 1990년대 미국의 자유주의 사회 전체는 1980년대 후반부터 록 허드슨의 죽음을 최대한 이용하며 에이즈 사태와 차별 시스템에 맹렬하게 반격하기 시작했다. 이러한 흐름이 없었더라면 오늘날 동성혼 합법화(결혼의 평등)로 이어지는 게이 커뮤니티 수용 현상도 없었을 것이다.

반격의 첫걸음은 게이와 에이즈를 뒤덮은 스티그마(사회적 낙인)를 닦아 내는 것이었다.

에이즈 판정을 받은 연인 로저를 마지막까지 간호한 폴 모넷의 회고록 『덤으로 주어진 시간(Borrowed Time)』(1988)에 상징적인 대목이 있다. 로저보다 카페에 먼저 도착한 모넷이 테이블을 열심히 닦는 장면이다. HIV와 에이즈 감염이 곧 죽음이었던 탓에 사회 전체가 두려움에 떨고 있던 시대였다. 하지만 모넷이 닦는 것은 HIV에 '오염'된 로저가 '만진' 테이블이 아니라 '앞으로 만질' 테이블이다.

에이즈는 기묘한(수많은 '은유'를 초래한다는 점에서 해로운 단어지만) 질병이다. HIV 그 자체로 인한 발열, 권태감, 발한 등의 증상보다 더 무서운 것은 후천면역결핍증(Acquired Immune Deficiency Syndrome)이라는 병명에서 알 수 있듯이 면역력 저하에 따라 자신의 몸이 외부에서 침입한 모든 병원체가 마음껏 날뛰는 장소가 되는 것이다. 즉 에이즈는 외부 세계의 더러움을 비추는 '거울'과 같은 병이었다(지금은 체내 HIV 수치를 검출되지 않는 수준까지 낮추는 치료법이 발달하면서 '거울' 효과도 줄어들고 있다).

테이블을 열심히 닦는 모넷을 보면서 (HIV 양성자나 에이즈 환자가 아닌) 독자는 생각한다. 다양한 병원체로 '더러워진' 것은 사실 HIV 양성자나 에이즈 환자가 아니라 나 자신이 아닐까.
면역력을 갖춘 '자신'은 다양한 병원체로 '더러워져' 있다는 사실을 알아차리지 못해도 상관없지만, HIV 양성자나 에이즈 환자는 그러한 모든 '더러움'을 민감하게 받아들일 수밖에 없다. 모넷이 닦고 있던 것은 바로 '자신들'이 더럽힌 테이블이었고, 그는 로저가 만지게 될 테이블의 '더러움'을 소독하고 있었다. '더러움'에 약한 것은 '자신들'이 아니라 로저와 같은 사람들이며, '자신들'이 로저에게서 두려워하는 그 이유 없는 '더러움' 이상으로 사실 로저와 같은 사람들이 '우리'의 '더러움'을 두려워하는 것이다.

이와 같은 역전은 당시 내가 갖고 있던 무지를 깨부수었다. 스티그마는 현실을 살아가는 인간의 구체적인(동시에 평범한 일상에서는 알아차리기 힘든) 삶의 형태, 그리고 죽음의 형태를 보여 주는 방식으로만 지울 수 있다. 스티그마란 때때로 망상임을 잊어버리는 망상이자, 그에 뒤따르는 은유였기 때문이다. 스티그마에 대항하려면 은유를 떨쳐 내는, 있는 그대로의 사실을 들이미는 수밖에 없었다.

스톤월 항쟁 이후 하비 밀크(Harvey Milk)의 외침("Come Out! Come Out!")[1]으로 이어지는 가시화의 흐름과 별개로 또 하나의 커밍아웃이 에이즈에 의해 '재발명'되었다. 사회적, 정치적인 의미와 관계없이 또 다른 의미에서도 벽장 속에 틀어박혀서는 에이즈와 싸울 수 없었기 때문이다. 숨어 있는 존재로 남는 한 세간의 '망상'은 멈추지 않는다. 숨어서 섹스하는 한 HIV 감염은 한없이 확대될 뿐이다.

그것은 바로 섹스, 그리고 그 주체인 성적인 존재를 백일하에 드러내는 일이었다. 아니면 섹스 그 자체를 포기하거나. 당시에는 안전한 섹스가 실제로 존재하는지 아닌지조차 누구 하나 확신할 수 없었기 때문이다.

에이즈와 벌이는 '한낮의 결투'

에이즈 문학의 걸작 중 하나로 손꼽히는 래리 크레이머(Larry Kramer)의 자전적 희곡 「노멀 하트(The Normal Heart)」(1985년 뉴욕 오프브로드웨이에서 초연)²는 에이즈가 '게이의 암'이라고 불리던 1981년을 무대로 하는데, 에이즈 치료의 최전선에서 고군분투하는 여의사 엠마 브룩너가 주인공인 네드 위크스에게 게이 남성들을 향해 섹스를 그만둘 것을 말해 달라고 부탁하는 장면이 있다. 네드는 저도 모르게 되묻는다.

> **네드** 잠깐만요, 지금 뭐라고……?
>
> **엠마** 누군가는 말해야 하는 문제잖아요. 당신이 말하면 되죠.
>
> **네드** 어떻게 합니까, 그런 바보 같은 말을.
>
> **엠마** 지금은 말도 안 되는 것 같아도, 몇 년만 지나면 아니었다는 걸 알게 될 거예요.
>
> **네드** 브룩너 선생님은 모르시겠죠. 수백만 명이나 되는 게이들이 지금까지 딱 하나 겨우 선택한 정치 과제는 자유롭게 섹스할 수 있는 권리, 그것뿐이었어요. 다들 섹스할 권리를 포기할 바에는 죽는 게 낫다고 생각할 정도죠. 그걸, 뭐 어쩌라고요?

엠마 포기하지 않으면 진짜로 죽을 거예요.

네드 그러면 선생님이 말하시든지요!

엠마 당신들은 섹스 없이는 다른 사람과 관계를 맺을 수 없나요?

네드 그렇게 간단한 문제가 아닙니다. 대부분 그것 없이는 다른 사람과 만나기조차 쉽지 않아요. 섹스는 연결을 위한 수단이라고요. 그러다 보니 중독도 되고. 주위에서 다들 하고 있으니까 나도 더 열심히 해야 하는 거 아닌가 하는 생각도 들고…… 선생님, 이거 섹스로 옮는 건가요?

엠마 현장에서 일하는 우리는 간염 바이러스를 분리해 내기 훨씬 전부터 간염이 어떤 병인지, 어떻게 전염되는지 똑똑히 알고 있었어요. 병원체를 특정하지 않아도 알 수 있다고요. 나는 지난주에도 환자들을 진찰했어요. 이번 주에도. 매주 어김없이 지난주보다 더 많은 환자가 오죠. 계산해 보면 환자 수는 올해 말까지 반년 만에 두 배로 늘어날 겁니다. 그럼 내년 6월 환자 수는 천 명이 넘겠네요. 그중에 절반은 죽고. 조금 전에 진찰한 당신 지인들, 그중 한 명은 죽는다고요. 운 나쁘면 둘 다.

네드 그래서 선생님은 저더러 뉴욕에 있는 모든 게이에게 섹스를 그만두라고…….

엠마 뉴욕? 그걸로 해결된다고 생각해요?

네드 미국에 있는 모든 게이에게…….

엠마 전 세계죠! 이 병이 만연하는 걸 막을 방법은 그것뿐이에요!

네드　브룩너 선생님, 그건 너무 비현실적이지 않나요?

엠마　위크스 씨, 섹스하면 죽는다는 사실을 알고 있으면 머리가 절반밖에 없는 인간도 그 짓거리를 그만두지 않을까요? 당신은 지금까지 아무것도 잃어 본 적이 없으니까 그런 얼굴을 하고 있을 수 있는 거라고요. 이제 됐어요, 얼른 가 봐요.[3]

섹스를 포기하는 일은 불가능하다. 그렇다고 해서 에이즈를 둘러싼 '은유'가 폭주하도록 내버려둘 수도 없다. 야간전을 걸어오는 HIV를 향해 서구 사회는 한낮의 결투를 신청한다. 벽장에서 나와 햇빛 아래 얼굴을 드러내는 것이다. 이는 게이 남성에만 국한되지 않았다.

혈우병을 앓던 열세 살 소년 라이언 화이트(Ryan White)는 1984년 12월 수혈 과정에서 HIV에 감염되었다는 진단을 받는다. 그에게 남은 시간은 6개월뿐이었지만, 화이트는 인디애나주 코코모에 있는 중학교로 돌아가려 한다. 하지만 전교생이 360명인 해당 학교에서는 학부모 117명과 교사 50명이 그의 복학을 반대하는 서명운동을 벌였다. 화이트가 다니던 학교뿐만 아니라 인근 학교에서도 시위가 벌어졌다. 당시에는 이미 HIV가 공기를 통해 감염되지 않는다는 사실이 널리 알려졌지만, 아이들끼리 싸움이라도 일어나 상처가 나면 감염으로 이어질지도 모른다는 이유에서였다. 아니, 이유는 중요치 않았다. 에이즈를 향한 한없는 공포감이 지배하는 상황에서는.

복학을 거부당한 화이트는 소송을 제기했다. 이듬해인 1986년 2월 그는 딱 하루 등교를 인정받는다. 그날 전교생 360명 중 151명은 각자 집에서 대기했다. 화이트는 신문 배달 아르바이트도 하고 있었는데, 그가 맡은 구역에 속한 세대 대부분이 신문 구독을 해지하기도 했다. 신문지를 통해 HIV가 옮을지도 모른다고 두려워했기 때문이다.

라이언 화이트를 둘러싼 지역 내 충돌과 소동은 얼마 지나지 않아 미국 전역에 보도되었다. 앞서 이야기한 록 허드슨의 죽음이 가져온 충격과 맞물려 미국의 에이즈 관련 뉴스는 1985년부터 1987년 사이 배로 늘어났다. 화이트는 에이즈 사태의 비참함과 이에 대응하는 '정치적 올바름'의 상징적인 존재가 되어 인기 토크쇼의 초대를 받았다. 이때 여성 호스트는 보란 듯이 그의 볼에 키스하기도 했다. 엘튼 존과 마이클 잭슨을 비롯한 수많은 유명인이 지지와 응원을 보냈으며, 1989년 ABC에서 방영된 드라마 〈라이언 화이트 이야기(The Ryan White Story)〉는 미국 전체를 통틀어 1500만 명이 시청했다. 화이트는 시한부 선고를 이겨 내고 5년을 더 살았으며, 1990년 4월 8일 호흡기 질환으로 숨을 거두었다. 열여덟 살, 고등학교 졸업 한 달 전이었다.

라이언 화이트의 교훈을 거름 삼아 에이즈 관련 실명 보도가 늘어났다. 에이즈로 고통받는 일반인들의 어려움(대체로 게이 남성을 비롯해 그 연인과 가족과 친구들의 어려움)이 지방 신문과 지방 방송국에서부터 잇따라 보고되었다. 1988년에는 WHO

가 12월 1일을 제1회 '세계 에이즈의 날'로 선언했다. 1991년에는 앞서 언급했듯이 인기 프로스포츠 선수 중 최초로 NBA의 매직 존슨이 HIV 양성 사실을 공개했다.

　에이즈 사태에는 어떻게 대처하는 것이 올바를까? 1980년대에 형성된 (야유로서가 아닌) '정치적 올바름'의 사회적 확대는 에이즈 사태를 지나면서 개개인의 '정의'와 '공정'이라는 삶의 문제로도 규범화되었다.

박차고 일어난 브로드웨이

　그 무렵 브로드웨이(무대연극계)도 심각한 타격을 받기 시작했다. 현역이거나 차세대를 짊어질 젊고 재능 있는 제작자와 배우들이 에이즈로 인해 하나둘 쓰러져 간 것이다. 에이즈는 성적으로 활발한, 즉 인생에서 가장 생기 넘치는 시기인 20~30대를 직격했기 때문이다. 브로드웨이의 넓은 인재풀은 지방에서 (결국 뉴욕으로) 올라와 카페나 레스토랑에서 아르바이트를 하는 한편 오디션을 찾아다니며 절차탁마하는 젊은이들이 뒷받침하고 있다. 당시 그들은 일본과 같은 건강보험제도를 누리지 못했고, 병에 걸리면 곧장 경제적으로 무너질 수밖에 없었다. 미국 사회에서 강대한 자금력을 자랑하는 기독교 자선단체는 에이즈 환자 중에서도 존재 자체가 '죄'인 동성애자에게는 구원의 손길을 내밀려 들지 않았다.

1985년 영화로도 제작된 〈코러스 라인(A Chorus Line)〉이라는 뮤지컬을 들어 본 적 있을 것이다. 브로드웨이 극장에서 배역 이름조차 없는 댄스 겸 코러스 담당(무대 바닥에 그인 선 앞으로 나올 수 없는 출연자)들의 오디션을 그린 이 작품은 1975년 초연 이후 1990년 4월까지 15년간 상연되면서 최장기 공연 기록을 세웠으며, 아홉 개 부문에서 토니상을 받았다.

극 중에서 단 여덟 명 안에 들기 위해 오디션을 받는 댄서들은 연출가인 잭의 지시에 따라 쥐어짜듯 각자의 삶을 풀어내기 시작한다. 여기에는 게이인 자기 자신을 혐오해 미래에 대한 희망을 버린 그렉과 스패니시 할렘(이스트 할렘) 출신의 '여성적'인 젊은 게이 폴의 절실한 '고백'도 포함되어 있다.

〈코러스 라인〉의 원안부터 안무, 연출까지 맡은 것은 실제 댄서였던 마이클 베넷(Michael Bennett)이다. 시대 설정상 극 중에 에이즈는 등장하지 않는다. 하지만 베넷은 에이즈 환자이기도 했다. 뮤지컬 〈드림걸즈(Dreamgirls)〉(1981) 연출로도 잘 알려진 그는 1987년 7월 연인인 유진 프루이트(Eugene Pruitt), 친구인 밥 허(Bob Herr)가 지켜보는 가운데 마흔네 살 나이로 숨을 거둔다.

그는 1980년대 중반, 에이즈가 브로드웨이를 무너뜨린다는 위기감을 축으로 삼아 관객을 포함한 극장 커뮤니티 전체를 향해 모금 활동에 참여할 것을 호소했다. 이는 그야말로 〈코러스 라인〉에 나올 법한 젊은 게이 남성들을 구하려는 활동이었다.

하비 피어스타인(Harvey Fierstein)도 자리를 박차고 일어났다. 〈토치 송 트릴로지(Torch Song Trilogy)〉(1981~1985)와 〈라 카지(La Cage aux Folles)〉(1983~1987) 등 오랫동안 사랑받은 무대를 통해 게이 남성들의 삶을 그리고, 주연과 각본 부문에서 토니상을 받은 그 역시 오픈리* 게이 중 한 사람으로서 행동에 나서야 한다는 책임감을 느끼고 있었다.

이러한 목소리들이 한데 모여 1988년 설립된 것이 '브로드웨이는 관여한다/공정함이 에이즈와 싸운다(Broadway Cares/Equity Fights AIDS, BC/EFA)'라는 자선단체였다. 지금도 브로드웨이에서 극을 관람하고 나면 커튼콜을 하러 나온 출연자들이 에이즈 문제를 향한 관심과 모금을 호소한다. 이는 30년도 더 전에 베넷과 피어스타인 등이 시작한 일이다. 덧붙여서 에이즈 환자 지원과 인식 개선의 상징인 '레드리본'이 일반인에게 알려진 계기도 1991년 미국 전체에 생중계된 토니상 시상식이었다. 레드리본을 착용하자는 일부 참가자의 목소리가 점차 퍼져 나가, 시상식 당일 참가자 대부분이 레드리본을 달고 카메라 앞에 모습을 드러낸 것이다.

브로드웨이뿐만이 아니었다. 유럽과 미국의 방송계, 영화계, 문학계, 음악계, 스탠드업 코미디계에서도 게이 혹은 레즈비언이라는 사실을 커밍아웃하는 사람이 늘어났으며, 모든 대중문화가 에이즈 사태를 상대로 총력전을 펼치기 시작했다.

* 자신의 성정체성이나 성적 지향을 숨기지 않고 살아가는 성소수자.

'벽장 안에서는 에이즈와 싸울 수 없었다'라고 쓴 것도 그런 의미에서다. '커밍아웃'은 자기 이름을 걸고 에이즈 사태와 맞서 싸운다는 훌륭한 대의명분을 얻었다. 여기에는 기독교도로 구성된 지지기반의 눈치만 보면서 꿈쩍도 하지 않던 1980년대 레이건 정권을 향한 '공분'이 있었다. 이는 '정치적으로 올바른' 싸움이었고 권장할 만한 행동 양식이 되었다. 게이라는 것, 레즈비언이라는 것은 지금도 쉽사리 밝히기 힘든 사적인 문제에서 단숨에 공적인 과제가 되었다. '개인적인 일은 곧 정치적인 일'이라는 1960년대 페미니즘의 구호가 LGBTQ+ 커뮤니티 내에서 재발견된 것이다.

'사망한 다카쿠라 겐'

비슷한 시기에 일본에서도 에이즈를 사회적인 문제로 다루기 시작했다. 다만 스캔들이나 가십과 어깨를 나란히 하는 '에이즈 폭로'로서.

'에이즈 패닉(エイズ・パニック)'이라는 단어가 생겼다. 1986년 11월 마닐라 출신의 성 노동자 여성이 HIV에 감염되었다는 뉴스가 보도되었다. 그녀가 일하던 나가노현 마쓰모토시에서는 큰 소동이 벌어졌다. 일본 전국에서 '마쓰모토' 번호판을 단 차가 기피되고(그러고 보면 2020년 코로나 팬데믹 때도 다른 지역 번호

판을 단 차가 공격당했는데, 비슷한 사례다) 목욕탕과 사우나에서는 감염이나 뜬소문을 두려워한 나머지 '외국인 사절'이라는 안내문을 내붙이기도 했다. 외국인이 아닌 일본 여성 중에서도 일본 내 최초 에이즈 환자가 이듬해인 1987년 1월 고베에서 확인되었다. 전국에서 마녀사냥을 방불케 하는 에이즈 환자 색출이 시작되었다.

그해 4월 도쿄에서 사회부 기자로 일하던 나는 야근 도중 '다카쿠라 겐(高倉 健)*이 에이즈로 위독'하다는 미확인 정보를 받았다. '어쩌면 죽었을지도 모른다.'

한밤중인데도 그의 집 앞에는 어떻게 알고 왔는지 신문기자들이 삼삼오오 모여 있었다. 나도 그 틈바구니에 끼어 있던 한 사람이었다. 얼굴을 아는 사이인 다른 회사 기자도 있었다. 인근 주민에게 폐를 끼치지 않도록, 혹은 무슨 일이 일어났나 의심받지 않도록 신문사의 검은 세단은 조금씩 간격을 두고 서 있었다.

도내의 한적한 고급 주택가, 그의 저택을 빙 둘러싸는 담장 너머. 인터폰을 눌러도 (당연히) 대답 하나 없는 싸늘한 밤하늘 아래에서 '내가 지금 뭘 하는 거지' 하고 자문하던 일이 지금까지도 씁쓰레한 기억으로 남아 있다. 야근 중이던 데스크의 지시에 따라 사무실을 뛰쳐나오기는 했지만, 나는 무엇을 어떻게 확인하려는 걸까? 그가 정말 에이즈에 걸렸다면 어떻게 할 것인가? 애

---

* 일본의 배우. 우리나라에는 영화 〈철도원(鉄道員)〉의 주인공으로 잘 알려져 있다.

당초 그 사실을 어떻게 알아낼 수 있을까? 에이즈라고 하면 '자연히' 게이라는 '의혹'도 생겨난다. 정말 게이라면 일본 사회에서 무언가 바뀔까? 그 전에 이런 일을 지면에 실어도 되는 걸까? 물론 일본과 같은 상황에서 그가 '록 허드슨'이 될 수 없다는 사실은 나도 잘 알고 있었다.

결국 이 모든 것은 헛소문에 지나지 않았고, 다카쿠라 겐은 방송에 모습을 드러내며 "사망한 다카쿠라입니다" 하고 농담처럼 말하기도 했다. 이후 그는 30년 가까이 일선에서 활약하다 생을 마감했다.

에이즈 사태에 맞서 유럽과 미국 사회는 커밍아웃하는 방향으로 나아갔다. 반면 일본 사회는 점점 더 벽장 속으로 파고 들어갔다. (물론 일본에도 에이즈 사태의 사회적인 의미를 이해하고 과감하게 커밍아웃한 이들이 존재한다. 일본 최초로 성관계에 의한 HIV 양성을 고백하고 1994년 사망한 히라타 유타카(平田 豊), '핑크 베어'라는 드래그 네임으로 활약한 하세가와 히로시(長谷川 博史),[4] 〈S/N〉을 만든 예술가 집단 덤 타입(Dumb Type)의 멤버 후루하시 데이지(古橋 悌二)[5] 등이 있다.)

일본이든 서구 사회든 게이 남성과 에이즈 환자는 차별과 편견으로 가득 찬 환경에 놓였다. 집을 구할 때는 물론 병원에서도, 면접장에서도, 겨우 들어간 직장에서도 차별을 겪었다. 부모로부터 의절당하거나 파트너의 장례식장에 들어가지 못하는 일도 있었다.

그런데 왜 역사의 흐름은 서로 다른 방향으로 나아갔을까? 문화의 차이? 그렇다면 그 문화의 차이란 대체 무엇일까? 나는 뉴욕에서 살기 시작하면서 어떤 차이가 있는지 겨우 실감할 수 있게 되었다.

LGBTQ+

4장

벽장 속
언어

'아이라인을 그린 눈으로 찾는 그날 밤 상대'

고등학생 시절 뉴욕에 간 적이 있다. 조부모의 미국 여행에 '경호원 겸 통역'을 자처하면서 따라간 것이다. 1993년 뉴욕 특파원으로 부임하면서 그로부터 거의 20년 만에 미국 땅을 밟았다. 일때문이라고는 해도 '시골 촌놈' 그 자체였다. 지하철 타는 법을 몰랐다. 유엔 본부가 어디 있는지 몰랐다. 레스토랑에서 메뉴판을 봐도 무슨 말인지 몰랐다. 어떻게 주문하는지도 몰랐다.

영어 회화는 어느 정도 가능했다. 하지만 영어를 할 줄 알아도 시스템을 모르면 아무 의미 없다는 사실을 얼마 지나지 않아 깨달았다. 샌드위치 하나를 주문하는 데에도 빵은 어떤 종류로 할지, 채소는 무엇을 넣고 뺄지, 햄은 무엇이 좋을지, 치즈는 체다인지 모차렐라인지 에멘탈인지 소인지 염소인지 양인지, 소스는 마요네즈인지 머스터드인지 홀스래디시인지······. 수백만 가지 조합 중 자신의 취향을 골라 일일이 표현하지 않으면 안 된다. '오마카세(お任せ)'라는 단어가 통용되기 시작한 것은 2010년대

고급 초밥집이 등장한 다음이었다.

그래서 나는 미드타운 록펠러센터 안에 있던 기노쿠니야 서점에서 뉴욕 가이드북을 사기로 했다. 이왕이면 영어판이 좋겠다싶어 『론리플래닛(Lonely Planet)』뉴욕 편을 집어 들었다. 그런데 팔락팔락 넘겨 보니 400쪽 넘는 책이 글자로 빽빽이 차 있어서 지도 말고는 사진이나 그림이 거의 없었다. 이건 무리겠다 하는 생각에 다음으로는 일본의 『지구를 걷는 방법(地球の歩き方)』을 살펴봤다.

세상에 얼마나 독자에게 친절하던지. 사진, 일러스트, 칼럼, 여행 정보…… 형형색색이라 눈이 즐거울 뿐만 아니라 문장이 짧아 금방 읽을 수 있었다. 하지만 그렇게 서서 읽는 동안 깨달았다. 너무 금방 읽을 수 있었다. 거리를 껑충껑충 뛰면서 돌아다니는 것처럼, 수많은 정보가 흘러 들어오지만 정작 중요한 사실은 껑충껑충 빠져 있었다.

다시 한번 『론리플래닛』을 펼쳤다. 거기에는 이 마을의 역사가, 사회가, 사람들의 희로애락까지도 문자라는 형태로 꽉꽉 들어차 있었다. 관광 가이드북이지만, 편집자들은 이것도 알아줬으면 저것도 알아줬으면 하고 열정적으로 언어를 내보내고 있었다. 무엇보다도 읽는 내내 재미있었다. 이야기니까.

결국 나는 두 권 모두 사기로 했다.

게이에 관한 부분을 비교해 보자.

『론리플래닛』은 스톤월 항쟁부터 역사적으로 중요한 장소, 인권운동, 뉴욕 내 동성애 분야 전문 서점, 게이 바와 레즈비언 바 안내까지 망라되어 있었다. 성소수자 혐오 표현 따위 하나도 실리지 않았다. 편집자는 책을 만드는 사람 중에, 독자 중에 성소수자가 존재한다는 사실을 전제로 삼고 있었다.

이에 비해 『지구를 걷는 방법』(1990년대 판본) 중 그리니치빌리지 항목을 보면 "(그리니치빌리지는) 게이의 존재가 주목받는 오늘날 크리스토퍼 스트리트를 중심으로 게이들의 주거 지구로서 유명**해지고 말았다**. 이 일대는 저녁이 되면 곳곳에서 모여든 게이 커플로 인해 다소 이질적인 분위기를 풍긴다"라고 쓰여 있다(강조는 글쓴이가).

어쩔 수 없다. 그런 시대였으니까. 『지구를 걷는 방법』 독자 중에는 (그리고 편집부 내에도) 게이 따위 없다는 믿음이 지배적이었고, 있더라도 고려할 필요 없다고 여겨지던 시대 말이다.

과거 한 시대를 풍미한 남성 잡지 《브루투스(BRUTUS)》의 1995년 뉴욕 특집호 역시 첼시에서 인기를 끌었던 게이 바 '스플래시'에 대해 "아이라인을 그린 눈으로 그날 밤 상대를 물색하는 손님들로 빽빽이 들어찬 가게에서 그들(바텐더를 가리킨다)의 이상할 만큼 번뜩이던 눈빛이 조금 뭣했다"라고 소개했다.

같은 해 《모노매거진(モノ·マガジン)》의 'TREND EYES' 코너에는 당시 시부야 파르코(PARCO)에서 열린 남성 누드 사진전에 대한 소개가 실렸는데, '벌거벗은 남자'라는 의미를 지닌 사진전 제목(라오, 裸男)을 두고 "남자의 누드 따위 보고 싶지도 않은 사

람들도 있겠지만"하고 이야기하던 시대였다.

1996년에는 『노모와 호모를 구별하는 법(野茂とホモの見分け方)』이라는 개그 모음집이 후소샤(扶桑社)에서 나왔다. "노모는 엉덩이를 보이면서 던지고 호모는 엉덩이를 보이면서 꼬신다" "완투하고 좋아하는 것이 노모, 관장하고 좋아하는 것이 호모" 등 〈후루타 아라타와 이누야마 이누코의 선데이 얼렁뚱땅 나이트(古田新太·犬山犬子のサンデーおちゃめナイト)〉라는 라디오 프로그램(닛폰방송)에 시청자들이 보낸 개그를 모은 책이었다.[1]

'LGBT'라는 단어가 신문과 텔레비전 등 일본의 주류 미디어에 자주 등장하기 시작한 20여 년 전 이야기다. 하지만 이러한 발언은 당시는 물론 지금도 없어지지 않았다. 어쩌면 그 원인은 매사를 공적인 지평에서 명확히 파고들려 하지 않는 일본어의 습성에도 있지 않을까.

'우리끼리 하는 말'의 미덕과 결함

손 닿는 곳에 놓인 슈에이샤(集英社) 일본어 사전 제3판 끄트머리에 와세다대학교 나카무라 아키라(中村 明) 교수가 간결하게 정리해서 쓴 일본어 개론 「일본어 표현(日本語の表現)」이 실려 있다. 그중에 일본은 말이 많은 사람을 두고 조심성이 없다고 여기는 풍조가 있어 말을 아끼는 언어 습관이 생겼다는 대목이 있다. "그 배경에는 말이라는 것은 허무할 뿐, 입에 올리는 순간 진심은 새어 나가고 없다, 말이란 원래 통하지 않는 것, 이러한 언어에 대한 불신이 존재하고 있었기 때문일지도 모른다""본격적인 장편소설보다 (중략) 신변잡기에 가까운 단편소설이 사랑받는데, 하이쿠(俳句)*가 온 국민이 즐기는 문학 장르가 된 것도 무관하지 않을 것이다"라고 하며, "전부 털어놓는 것은 피하려고" 하는 일본어의 특성을 오자키 가즈오(尾崎 一雄)부터 나가이 다쓰오(永井 龍男), 이부세 마스지(井伏 鱒二), 다니자키 준이치로(谷崎 潤一郎), 아쿠타가와 류노스케(芥川 龍之介)까지 예를 들면서 생생히 묘사하고 있다.

　나카무라 교수의 말대로 이는 일본어가 가진 미덕이다. 하지만 문제는 이 미덕이 타자를 고려하지 않도록 혹은 타자를 마음대로 억측하도록 유도한다는 사실이다.

　철저한 생략과 함의가 다다르는 곳은 "어이, 그거" 하면 곧바로 물이며 맥주며 목욕물이며 저녁 식사를 대령하는 나이 든 아내와 그 남편의 대화처럼 다른 사람이 끼어들 여지가 없는 '우리끼리 하는 말'이자 '내부의 언어'다. 그 안에 머무는 한, 마음 편하고 성가실 일도 없다. 다른 사람이 이러쿵저러쿵 떠들어 댈 수도 없다. 하지만 이 '우리끼리 통하는' '내부의 언어'가 노부부의 대화로 끝나지 않는 것이 오늘날 일본 언어 환경의 특징이다. 일본어에서는 원 안의 언어가 중용되는 대신 공적(public)이면서 누

* 일본 정형시의 일종으로 5, 7, 5음절로 이루어지며 계절을 나타내는 단어가 들어간다.

구에게나 통하는 설명이 소홀히 여겨지고 있다.

아니, 서둘러 단정 짓지 말자. 어떤 언어든 '무리 내에서 통하는 은어'는 존재하고, 내부로 향하려는 경향은 인간의 본성 중 하나다. 어느 사회든 정도만 다를 뿐 비슷한 경향을 찾아볼 수 있다. 하지만 '일본어 환경'의 예로 언급한 『지구를 걷는 방법』과 같은 텍스트('출판하다'라는 의미를 지닌 영어 단어 'publish'의 어원은 'public'과 마찬가지로 '사람들'을 뜻하는 'populus'다. '사람들'은 '공적'이라는 개념과 이어진다. 따라서 출판은 곧 '공적인 영역으로 표출'하는 일이다) 각각이 필자의 환상 속에 있는 '우리'만을 염두에 두고(즉 'publish'의 구성 요소를 버리고 사적인 문체로) 쓰인 것은 분명해 보인다.

"게이들의 주거 지구로서 유명해지고 말았다" 속 아쉬워하는 말투가 보여 주는 것은 필자의 머릿속 '우리'에, 즉 『지구를 걷는 방법』 독자 중에 게이는 존재하지 않는다는 근거 없는 생각이다. "이상할 만큼 번뜩이던 눈빛이 조금 뭣했다" 속 '조금 뭣했다'라는 표현에는 '너도 잘 알잖아?' 하는 (게이를 고려하지 않은) 독자를 향한 공감의 강요와 의존이 생략되어 있다. 그렇다면 "남자의 누드 따위 보고 싶지도 않은 사람들도 있겠지만" 속 '단언'은? 여기서는 게이뿐만 아니라 이성애자 여성의 욕망도 없는 것 취급하는 헤테로섹슈얼 남성 필자의 이성애 남성주의적이고 편협한 시각이 드러난다.

안으로 파고드는 일본어의 '미덕'이 이럴 때는 타사에 대한 배제로 기능한다. 다른 세계를 거부한 다수자(majority)들이 벽장 모양으로 쌓아 올린 성채처럼. 이는 "어이, 그거"로 충분한 둘만의 규방 이야기다. "상관도 없는 사람이 이러쿵저러쿵 떠들지 말라고"라는 말에서 드러나는 '우리'만의 예정조화다.

거기까지 생각이 미치자 여러 가지가 고구마 줄기처럼 끌려 나오는 듯했다.

정치인이 말실수하는 과정

예를 들어 일본 정치인들은 왜 몇 번이고 '말실수'를 되풀이할까? 정치인들은 유권자나 지지자를 상대로 공적인 '정치 이야기'보다 '터놓고 하는 이야기' 쪽이 훨씬 잘 먹힌다는 사실을 알고 있다. 그러다 보니 '여기서만 하는 말'을 자주 한다. 청중인 유권자를 '같은 편'으로 가정하고 '터놓고 하는 이야기'를 하는 동안 인과관계를 뒤집어 '터놓고 하는 이야기'를 하니까 '같은 편'이라는 식으로 생각하게 만드는 것이다. 그렇게 청중을 자신의 동지, 즉 지지자로 포섭해 나간다(전술을 자각하고 있는지 아닌지는 아무 문제도 되지 않을 만큼 몸에 익은 세일즈 전략으로서).

따라서 그곳에서는 자연스럽게 '다른 곳에서는 말할 수 없고' '여기서만 털어놓는' 아슬아슬한 진심을 내보일 수 있다. "여성이 생식능력을 잃고 나서도 살아간다는 것은 낭비이자 죄"[2] "여성은 아기를 낳는 기계"[3] "생산성이 없는 LGBT를 위해 세금을 쓰는 일을 누가 이해해 줄 것인가"[4], 그리고 이러한 말들은 "여자가 많으면 회의가 길어진다"라는 농담으로 인해 도쿄 올림픽 조직위원회 회장 자리를 내려놓게 된 2021년 모리 요시로(森 喜朗)의 발언으로 이어진다.

이러한 발언은 의심할 여지 없이 '우리끼리 하는 말'이므로 지지자들의 웃음과 함께 애매한 동의, 그리고 막연한 공범 관계를 형성한다. 그리고 밖으로 새어 나간 발언이 비판을 불러일으키면 '우리끼리 한 말'을 '바깥 세계'가 오해하기 때문이라고 생각한다. "그럴 의도는 없었는데 왜 그런 식으로 받아들이지?" 하고 전혀 이해하지 못한 채 어영부영 고개 숙인다. 이해하지 못했기에 '말실수'는 질리지도 않고 끊임없이 되풀이된다. 그들은 오늘날 '바깥 세계'가 서로 다른 규범을 길러 온 '국제사회'와 곧바로 연결된다는 사실도 금세 잊어버린다.

'바깥 세계'란 공적인 언어 공간을 가리킨다. '공적인 언어 공간'은 공적인 가치 규범이 공유되어야 하는 세계다. 공유되지 않으면 이를 지적하는 의견이 공적으로 제기되는 세계다. 하지만 단지 잘 먹힌다는 이유로 '우리끼리 하는 말'을 권장하는 것이 일본의 정치계다. '우리끼리 하는 말'은 논의로 발전하지 못한다. 논의로 발전하면 (반강제적으로) 힘을 잃는 말이다. 이러한 공간을 유지하면서 공적인 언어 공간에 발을 디디면 유서 깊은 주

제인 '속내(혼네, 本音)'와 '겉치레(다테마에, 建て前)'의 모순으로 흘러 들어간다.

겉치레를 속내로 삼는 노력

"속내랑 겉치레 중에 뭐가 더 좋아?" 하는 질문을 받으면 대부분 반사적으로 '속내'라고 답할 것이다. 10대 때는 나도 그랬다. 하지만 이 질문이 성립하려면 '사적인 공간'과 '공적인 공간'의 전제 조건을 짚고 넘어가야 한다.

'사적인 공간(같은 무리)'에서는 당연히 '속내'를 주고받는 교제가 제일이다. 하지만 '공적인 공간(세간)'은 수많은 사람이 각기 다른 방향성을 지니고 제멋대로 뻗어 나가는 '속내'를 추구하느라 금세 엉망진창이 된다. 따라서 공적인 공간에서는 최대공약수가 필요하다. 모두가 똑같이 행복해질 수는 없지만 적어도 개개인이 행복해질 수 있는 최대공약수를 지향하는 그 끝없는 자세를 '겉치레'로 규정하고 (무리와 관계없이) 모든 사람이 떠받치는 것이 곧 민주제이고 민주주의 사회의 규범(공동 환상) 아닐까. 그리고 그 '겉치레'를 '정치적인 올바름'이라는 의식적인 공동 환상으로 재구축하려고 한 것이 1980년대 이후 미국 사회였다. 그 '겉치레'를 통해 개개인의 '속내' 깊숙한 곳까지 시험하고, 단련하고, 바꾸기 위해.

사실 과거와 사뭇 다른 전개를 보여 준 2020년 BLM 운동에 등장한 Z세대 중에는 1980년대의 '겉치레(정의나 공정 등)'를 자신의 진심에서 우러나오는 '속내'처럼 이야기하는 젊은이가 적지 않다. 그들은 인종이나 성적 지향의 차이에 구애받지 않는다(세대론에 기대는 일은 피하고 싶지만, Z세대의 특징으로서 그렇게 느낄 때가 많다. 이에 관해서는 마지막 장에서 다시 다루겠다).

앞서 1980~1990년대 브로드웨이는 배우와 제작진이 잇따라 에이즈로 쓰러지면서 존폐의 기로를 맞이했다고 썼다. 이러한 상황 속에서 게이와 에이즈를 다룬 불굴의 명작이 태어났다는 사실도.

벽장 속에서는 에이즈와 싸울 수 없다는 첫 번째 동기는 한층 더 살이 붙어 '눈에 보이는 존재가 되자(Be Visible)'라는 슬로건으로 발전했고, 게이(성소수자)의 인지도를 높이는 데 쓰이기 시작했다. 이미 여러 번 언급했지만, 이에 따라 브로드웨이에 오르는 연극과 뮤지컬에는, 아니 드라마에도 할리우드 영화에도 뉴스에도 소설에도 음악에도 심지어 마케팅과 비즈니스와 정치에도 LGBTQ+ 인물이 등장하도록 '연출'이 이루어지는 사회가 되었다. 미국인들의 '노력' 덕분에.

무엇이든 말로 표현하고, 철저히 파고들어 정체를 밝히는 미국 문화는 언제 봐도 참 대단하다. 예로부터 일본에서 펴낸 여행 책자에는 '해외여행 중에는 정치와 종교 이야기를 피하자'라고 적혀 있었지만, 미국(이라고 하면 너무 광범위하려나) 중에서도 뉴욕을 비롯한 대도시에 사는 엘리트 지식인 사이에서는 극단적으로 말해 정치든 종교든 깊은 대화를 나눌 수 없는 사람을 멍청하다고 여기고 수준에 맞는 대꾸만 하는 경향이 있다. 대다수가 학위를 보유한 비즈니스계는 무서울 정도로 엄격하다.

이 같은 사회에서는 업무나 대인관계에서 스트레스를 받아 초조해지기 쉽다. 그럴 때 일본 직장인은 단골 술집에서 여사장이나 직장 동료를 상대로 투덜거리고 위로를 받으면 끝이지만(사실 그것만으로는 해결되지 않는다. 적당히 시답잖은 이야기를 주고받는 사이 스트레스가 풀리는 것처럼 느껴지겠지만), 뉴욕에서는 두루뭉술하게 이야기해 봐야 아무도 이해해 주지 않는다. 대신 정신의학과에 가서 시간당 100~200달러를 내고 제대로 된 언어로 털어놓으라는 권유가 돌아온다(혹은 스스로 병원을 찾아가게끔 규범 패턴이 갖추어져 있다).

결국 '말'이다. 어릴 적 나는 학교에서 '다민족 다문화 국가인 미국은 일본과 달리 척하면 착이라는 말이 통하지 않는다'라고 배웠는데, 그런 단순한 (심지어 사실과 다른) 이야기가 아니다. 일본인이라고 해서 텔레파시를 쓸 수 있는 것은 아니므로 다른 사람이 무슨 생각을 하는지 입을 다물고 있으면 알 도리가 없다.

그래서일까, 미국의 문화 시스템 속에서 영어라는 언어 체계는 자연히 그 시대의 '이치'에 맞춰 '논리'를 파고들도록 유도하는 장치가 된다.

'알타보이'의 변신

20대였던 나는 기자 일로 바쁜 와중에도 대형 출판사를 통해 소설 번역본을 냈다. 결국 이 일로 인해 신문사를 옮기게 되었지만, 지방 지국에서 도쿄 사회부(사건기자)로 이동한 30대가 되어서도 출판사에서 청탁받는 대로 슬쩍슬쩍 에세이를 기고하고 영미 문학을 번역했다. 끝이 보이지 않는 사건 취재에서 한 발짝 떨어져 한숨 돌리는 일은 기분 전환에도 좋았다. 기자 일 틈틈이 작업하다 보니 진행이 더디어 편집자에게 폐를 끼치기도 했지만.

뉴욕으로 이사한 뒤에도 일본의 연극계 사람들과 알고 지내게 되었고 우연한 계기를 통해 오프브로드웨이 상연작인 〈헤드윅 (Hedwig and the Angry Inch)〉[5]의 일본 공연용 대본 번역을 부탁받았다. 소설이나 희곡이나 넓게 보면 비슷하고, 그즈음에는 이미 신문사를 그만두고 프리랜서가 되었기 때문에 다시 문학과 관련된 일을 하는 것도 괜찮겠다 싶었다.

〈알타보이즈(Altar Boyz)〉라는, 2005년 '베스트 오브 오프브로드웨이상'을 받은 뮤지컬의 대본도 번역했다.[6]

제목에서 '알타'는 '제단'을 뜻한다. '보이즈'는 가톨릭교회의 미사에서 영성체(그리스도의 피와 살을 상징하는 포도주와 빵을 신자들에게 나눠 주는 의식)를 돕는 소년(복사)을 가리킨다. 〈알타보이즈〉는 이러한 소년 다섯 명이 가톨릭 보이 밴드를 결성해 길 잃은 영혼들을 구하기 위한 세계 투어를 한다는 설정이다.

일본 공연은 일본에 온 그들이 뮤지컬 공연장에 모인 실제 관객들을 대상으로 '영혼을 정화하는 콘서트'를 연다는 식이다.

극 중에서는 으레 그렇듯이(앞서 말한 〈코러스 라인〉처럼) 밴드 멤버의 고백이 에피소드 형태로 펼쳐진다. 다만 오프브로드웨이에서 상연된 원작은 코미디 장르인 만큼 밝고 가벼운 분위기로 진행된다.

1990년대는 온갖 분야에 "LGBTQ+ 인물이 등장하도록 '연출'이 이루어지는 사회가 되었다"라고 적었는데 〈알타보이즈〉 역시 등장인물 중 하나인 마크(복음서를 쓴 '마르코'에서 유래)가 밴드 리더인 매튜(마찬가지로 '마태오'에서 유래)를 짝사랑하는 듯한, 즉 게이라는 뉘앙스를 풍긴다. 콘서트는 열기를 더하지만, 콘서트장에 모인 이들 중 아직 열 명의 영혼이 정화되지 않았다는 사실이 (특수한 계측장치에) 표시된다. 그리고 마크는 이 '10'이라는 숫자에 자극받아 자신이 게이임을 커밍아웃하는 듯한 고백을 시작한다(당시 미국에서는 게이 인구의 비율이 10%로 알려져 있었다는 사실을 2장에서 소개했다. 오프브로드웨이 관객들은 숫자 '10'이 무엇을 암시하는지 잘 알고 있었을 것이다).

마크는 여전히 길을 잃고 헤매는 열 명의 관객을 향해 말을 건다.

어른이 된다는 건 말이야, 쉽지만은 않더라고. 특히 나 같은 남자애는 더. 근처 사는 애들한테서 난 이상한 놈이라고, 기분 나쁜 놈이라고 스스로 그렇게 생각할 정도로 세뇌당했거든. 다른 교회에 날 괴롭히던 무리가 있었어. 일요일마다 교회에 갈 때면 항상 괴롭힘당했어. 내 말투, 걸음걸이, 세심한 부분까지 신경 쓰는 성격, 그런 걸 갖고 놀렸다고. 날 밀쳐 넘어뜨리고는 머리카락이며 눈썹이며 온몸의 털을 민 적도 한두 번이 아니었어.

괴롭힘당한 이야기는 계속된다. 당시 괴롭힘당하던 마크를 구해 준 사람이 바로 매튜였다는 것이다. 그리고 그를 향한 찬양과 경의. 상황이 완전히 바뀌어 희망의 빛을 손에 넣은 마크는 관객 사이에 뒤섞인 열 명의 길 잃은 영혼을 향해 밝은 목소리로 말한다.

그러니까 너희가 스스로 인정하기 힘든 진실을 안고 있다 해도, 그 진실이 내가 가진 것과 비슷하다 해도, 걱정할 필요 없어. 부끄러워할 일이 전혀 아니니까. 너희는 혼자가 아니야.

뒤이어 노래가 흘러나온다.

네 눈동자에 깃든/그 슬픔을/그 거짓말을 언제까지/숨길 수 있을까(미움받으면 어쩌지)/(가족에게서 버림받을지도 몰라)/하지만 이 사실을 밝혀야 나로서 존재할 수 있어…….

그리고 그 커밍아웃의 실체가 밝혀진다.

나는…… 가톨릭/주변 사람들은 모두 프로테스탄트인데.

반전도 반전이지만, 극의 막바지에 해당하는 이 장면은 감동적이면서 중요한 대목이다. 밴드 멤버들은 세간에서 말하는 주류와는 거리가 먼데, 멕시코에서 버려진 경험이 있거나 한때 불량소년이었거나 (가톨릭 밴드 멤버인데) 유대인이거나 하는 식으로 종교적 소수자인 동시에 사회적 소수자일 수도 있다는 미국 사회의 이중 구조를 (코미디 장르임에도) 보여 주기 때문이다.

그런데 2009년 〈알타보이즈〉가 일본에서 초연될 당시, 마크 역을 맡은 젊은 남자 배우가 공연 후 토크쇼 무대에서 "이런 오카마 같은 역할, 나는 좀 별로"라고 말했다.

그는 (남성스러운 남자가 많다는) 히로시마현 출신이고, 스스로 그 사실을 자랑스럽게 여기는 청년이었다. 관객 중에는 그의 팬도 많았기에 그의 발언은 늘 하던 말처럼 웃음과 함께 흘러갔다. 당시만 해도 일본은 앞서 이야기한 것처럼 '오카마'라는 혐오 단어가 아무렇지 않게 통용되었고, 그것이 차별적인 단어라는 인식도 거의 없었다. '오카마'는 얼마든지 조롱해도 되는 2급 인간이었다.

하지만 그들의 무대를 보기 위해 미국에서부터 찾아간 내게는 달랐다. 에이즈 사태와 맞서 성소수자들이 목숨 걸고 치른 언어의 투쟁, 그 여파는 일본에 조금도 다다르지 않았다. 그렇게 생각하자 어쩐지 슬퍼졌다. 다다르지 않았다는 사실뿐만 아니라, 그 존재 자체를 모르는 이 젊은 배우들에 대해서도. 그들은 세계에서 무슨 일이 일어나고 있는지 거의 모른다. 일본어로 쓰여 일본 내에서 통하는 정보만으로 충분해서 거기서 빠져나올 생각도, 울타리 바깥에 세계가 존재한다는 생각도 하지 않는다. 일본의 세간은 일본어에 의해 보호받고 있는 것 같지만, 사실 그 일본어에 의해 세계로부터 소외되고 있는 것은 아닐까. 그렇게 생각하자 어쩐지 가여워졌다.

그날 밤 나는 그에게 편지를 썼다. 〈알타보이즈〉를 보러 온 관객 중에, 당신의 팬 중에 '오카마스러운' 사람이 있을지도 모른다. 그들이 당신의 말을 듣는다면 매우 상처받을 것이다. 당신이 연기한 마크처럼. 당신은 마크를 연기하고 싶은가, 아니면 마크를 괴롭힌 아이들을 연기하고 싶은가, 하고.

영화 〈굿 윌 헌팅(Good Will Hunting)〉(1997)으로 아카데미 각본상을 받은 배우 맷 데이먼(Matt Damon)은 소꿉친구이자 영화에 함께 출연한 배우 벤 애플렉(Ben Affleck)과 항상 붙어 다닌다는 이유로 기자회견에서 "두 사람이 사실 게이라는 소문이 있는데, 사실인가요?" 하고 농담 섞인 질문을 받은 적이 있다. 그때 맷 데이먼은 "여기서 아니라고 딱 잘라 말하면 게이라는 사실이 부정적인 일처럼 여겨질지도 모르지요. 그러니 그 질문에는 대답하지 않을 거고, 게이라는 소문이 나도 개의치 않습니다" 하

고 답했다. 셰익스피어 전문 배우로 잘 알려진 패트릭 스튜어트
(Patrick Stewart)는 영화 〈제프리(Jeffrey)〉(1995)에서 게이 역
할을 연기한다는 사실이 발표되자 주변 사람들로부터 명성에 흠
집이 날지도 모른다는 걱정을 샀다. 이에 대해 그는 "살인범을 연
기할 때는 아무도 그런 걱정을 하지 않았는데, 이상한 일이다. 주
변에 게이 친구가 많다. 지금 내가 걱정할 것은 게이 역할을 친구
들에게 부끄럽지 않을 만큼 훌륭하게 연기하는 것이다" 하고 말
했다. 이왕 마크 역을 맡았으니 이들처럼 말할 수 있는 연기자가
되었으면 좋겠다, 나는 편지에 이러한 바람을 담았다.

　젊은 배우의 명예를 위해 덧붙이자면, 매니저를 통해 내 편지
를 받은 다음 날 그의 연기는 다른 사람처럼 확 바뀌었다. 대사뿐
만 아니라 온몸에서 배어 나오던 변모는 감동적일 정도였다.

　어쩌면 그들은 단순히 사고 회로가 부족했던 것은 아니었을
까. 일본어로 된 사고 회로에 짧게나마 다른 세계로 통하는 회로
를 이어 주면 그들도 금세 다양한 곳으로 향할 수 있을 것이다.
하지만 '바깥 세계'의 영향을 받지 않는 일본어(만의) 환경은 새
로운 영역으로 통하는 기회를 제공하지 못하고, 그들은 언제까
지고 다른 가능성의 존재를 알아차리지 못한 채 일상을 보낸다.
아니, 일상을 보낼 수 있다. 그리고 그 사실을 부당하다고도 생각
하지 않는다.

　'속내'와 '겉치레'를 가려서 쓰고, 공적 공간과 사적 공간을 가

려서 행동한다. 이러한 관점에서는 〈알타보이즈〉에 출연한 젊은 배우도 공연 후 토크쇼라는 유사 사적 공간에서 자신의 속내를 꺼내 보이면서 '팬 서비스 정신'을 발휘했다고 볼 수 있다. 그의 팬이기도 한 관객들은 그가 보여 주는 갭에 감동한다(개중에는 나처럼 '이런 발언은 조금 위험한데' 하고 생각한 팬들도 꽤 있었다는 사실을 나중에 알게 되었다. 연극을 좋아하는 팬들은 해외 작품도 즐겨 보므로 이쪽 분야의 동향에 민감하고 선진적인 관객이 적지 않았던 것이다).

그러고 보면 초연에서 (복음서를 쓴 '루카'의 영어식 이름인) 루크 역을 맡은 다나카 로마(田中ロウマ)는 이후 활동 거점을 로스앤젤레스로 옮겼으며 게이라는 사실을 커밍아웃하고 미국 드라마에서 활약했다. 당시를 돌이켜 보면 작품의 배경으로서 게이에 관해 설명하던 내게 그는 연습실에서 대기실에서 무언가 말하고 싶은 기색을 보이고는 했다. 하지만 2009년 일본에서 '그것'은 '말할 수 없는 일'이었으리라.

10년이 지난 지금도 꾸준히 상연되는 〈알타보이즈〉의 마크 역은 이제 '오카마 같아 기분 나쁜' 역이 아니라 '게이 같고 탐나는' 역으로 바뀌고 있다. 일본 드라마와 영화에서도 게이 역할을 발판 삼아 스타 반열에 오르는 배우가 늘고 있다. 따라서 요즘 젊은 배우들은 마크 역할을 즐겁게, 생생하게, 그리고 공감하는 마음을 담아 연기한다.

그들은 일본에서도 긍정적으로 받아들여지기 시작한 LGBTQ+라는 단어를, 더 나아가 그 실체를 이전 세대에 비해 잘 아는 세대다. 'LGBTQ+도 인간이다'라는 새삼스럽지만 '겉치레'로서 일깨워 주어야 했던 '정치적 올바름'이 개개인의 '속내'까지 바꾼, 첫 번째 세대가 탄생할 날도 머지않아 보인다. 일본어는 이렇게 벽장 안에서 나와 신선한 공기를 마실 수 있게 되었다.

5장

커밍아웃하는
언어

끊임없이 말하는 미국인

　록펠러센터의 빌딩 숲 사이에 있던 뉴욕 지국은 24시간 내내 CNN이 흘러나왔다. 폭스뉴스, MSNBC와 같은 다른 뉴스 전문 채널은 1996년에나 개국했으므로 당시 선택지는 CNN 하나뿐이었다. 다만 내가 부임한 직후인 1993년 4월에는 음식 전문 채널인 '푸드 네트워크'라는 신입이 등장해 대단한 뉴스가 없거나 일에 지칠 때는 그쪽으로 채널을 돌리고는 했다.

　맛있는 음식이야 남들만큼 좋아한다. 나오는 영어 단어도 하나같이 평화롭고 쉬운 데다가 잘 모르는 단어가 나오더라도 실제 채소나 도구나 요리 방법이 화면에 펼쳐지므로 영어 듣기 실력을 키우는 데에도 안성맞춤이었다. 게다가 한 편당 30분 내외여서 중간에 질리거나 피곤해져도 대체로 결론은 볼 수 있었다.

　마침 1990년대 뉴욕에서는 전설의 레스토랑 '불레이(Bouley)'가 전성기를 맞이하고 미식 붐이 움트기 시작했다. 갓 개국한

음식 전문 채널에는 보비 플레이(Bobby Flay)니 마리오 바탈리(Mario Batali)니, 나중에 스타 셰프가 되어 일본의 예능 프로그램 〈요리의 철인(料理の鉄人)〉을 리메이크한 〈아이언 셰프 아메리카(Iron Chef America)〉에 출연하게 되는 젊은 요리사들이 잔뜩 긴장한 채 어수룩한 모습으로 요리를 선보이고는 했다.

재미있는 점은 일본 요리 방송과 느낌이 완전히 다르다는 사실이다. 일단 말이 많다. 옆에 아나운서가 있는 것도 아닌데 혼자서 줄곧 이야기하면서 식자재를 설명하고 불의 세기를 보여 주고 요리를 진행한다. 게다가 분량 따위 재지 않는다. 온스니 파운드니 테이블스푼이니 하는 단위는 나와도, 재지는 않는다. 영어로는 '아이볼(eyeball)'이라고도 하는, 이른바 '눈대중'으로 척척 집어넣는다. 그리고 완성된 음식을 짜잔 하고 내미는데, 사실 썩 맛있어 보이지는 않는다. 하지만 채널 초창기이기에 나올 수 있는 정겨운 느낌과 기세 덕분에 왠지 모르게 재미있었다.

내 영어 실력은 CNN과 푸드 네트워크로 단련된 탓에 일반적인 커리큘럼을 따라 영어를 배운 사람들과 달리 요리 분야에 한해서는 동시통역이 가능할 정도다.

미국은 어딜 가나 온통 말, 말, 말이다. CNN 리포터는 물론 ABC를 비롯한 3대 지상파 뉴스에서도 토크쇼에서도 현장 리포팅에서도, 다들 메모에는 눈길도 주지 않고 청산유수로 말하고 질문하고 토론한다.

방송뿐만이 아니다. 레스토랑이나 바에 가면 급에 상관없이 뭐 그렇게 할 말이 많을까 싶을 정도로 대화가 오고 가서 가게에서 튼 배경음악은 들리지도 않는다. 홀 서빙 직원은 요리에 대한 설명을 줄줄 늘어놓고, 손님은 와인은 이러한 종류가 좋다느니 디저트는 무엇이냐느니 하는 것에서 그치지 않고 메뉴에 대한 감상까지 이야기한다. 음식을 먹는 도중 직원이 다가와 맛이 괜찮은지 묻는 일도 다반사다.

한 달에 한 번씩 '소리 없는 바'로 운영되는 가게를 취재한 적이 있다. 그날만큼은 청각장애인 손님도 즐길 수 있도록 한다는 취지였다. 말소리는 물론 음악도 흘러나오지 않지만, 가게 안은 손님과 바텐더가 수어를 나누느라 팔랑팔랑 춤추는 양손과 그들의 웃는 얼굴로 눈앞이 어지러울 정도였다. 그것은 무척이나 수다스러운 정적이었다.

버스에서도 지하철에서도 사람들의 태도는 다르지 않다. 처음 보는 사이인데도 "그 옷 멋진데! 어디서 샀어?" 하고 쾌활하게 말을 건다. 내릴 때는 버스 기사에게 "고마워요(Thank you)" 하고 인사하고 기사도 "좋은 하루 보내요(Have a good one)" 하고 답한다. 나이 든 사람에게 자리를 양보하고 나서도 꽤 오랫동안 대화가 이어지기 일쑤다.

영화관에서도 마찬가지. 몇 년 전, 간만에 일본에 돌아간 김에 어머니와 함께 영화를 보러 갔다. 코믹한 장면에서 나도 모르게 소리 내어 웃었는데, 영화가 끝난 다음 어머니가 "너 꼭 미국인 같구나" 하고 말해서 살짝 충격을 받았다. 그러고 보면 일본에서는 다른 사람들로 둘러싸인 영화관에서 혼자 큰 소리로 웃는 일이 드물다. 뉴욕 생활에 익숙해져 아무 거리낌 없이 웃고 손뼉 치고 한숨을 쉰 나는 어느샌가 '미국에 물들어' 있었다.

말하지 않는 일본인

레스토랑부터 바, 지하철, 버스, 영화관까지. 도쿄 사람들은 공공장소에 있거나 길을 걷는 동안 약속이라도 한 듯이 목소리를 거의 내지 않는다. 휴대폰이 막 보급될 무렵, 조용한 지하철과 버스 안에는 "차내에서 휴대폰을 사용하면 주변 사람에게 피해가 되므로 자제해 주시기 바랍니다" 하는 안내 방송이 몇 번이고 나왔다. 확실히 전화로 대화하다 보면 아차 하는 사이 목소리가 커지기 쉬운데, 조용한 차내에서는 한층 더 거슬릴 것이다. 하지만 그것은 단순히 물리적인 음량의 문제가 아닐지도 모른다는 생각이 들기 시작했다. 어쩌면 공적인 공간에 낯선 '개인'이 아무런 거리낌 없이 저벅저벅 비집고 들어오는 행위에 대한 불쾌감 때문은 아닐까?

만원 전철에서 사람들 틈바구니에 끼여 있어도 그다지 불쾌하지 않을 수 있는 것은 전철 안에 있는 모든 사람이 숨을 죽이고 열심히 '자아'를 지우고 있기 때문이다. 닌자 만화에 나오는 '투명 도롱이' 술법처럼 말이다. '개인'을 지우면 물리적으로 부대끼고 있어도 그곳에는 아무도 없는 것이 된다.

흔히들 말하는 '감자 씻는 통'*처럼 감자나 다른 무언가라고 생각하면 참을 수 있다. 이것이 공적인 공간에서 일본의 처세술일지도 모른다.

　　하지만 그런 '감자'가 갑자기 휴대폰을 꺼내 말하기 시작하면 깜짝 놀란다. 감자가 돌연 인간이 된다. 이때 우리는 낯선 타인과 어떻게 접해야 좋을지 몰라 우왕좌왕한다(다소 극단적이지만).

　　앞 장에서 "철저한 생략과 함의가 다다르는 곳은 다른 사람이 끼어들 여지가 없는 '우리끼리 하는 말'이자 '내부의 언어'"라고 썼는데, 이러한 일본어 환경을 살아가는 우리는 다른 존재와 관계를 맺을 때 '같은 편' 아니면 '생판 남' 둘 중 한 가지 분류만 고를 수 있는 것은 아닐까. 그리고 공적인 공간에서 다른 존재는 여지없이 '타인'이 된다. '감자'가 된다(그 중간에 업무 상대나 고객처럼 영어로 말하자면 게스트, 커스터머, 클라이언트와 같은 개념이 한데 합쳐진 '손님' 영역이 있기는 하지만).

　　어쩌면 일본어는 공적인 공간에서 낯설기는 해도 엄연히 하나의 인격을 지닌 타자에게 거는 말에 약한 것일지도 모른다.

　　그래서 나는 파티에 약했다. 일 때문에 유엔 대사관저라든지 일본인 모임이라든지 재팬 소사이어티에 갈 일이 있었고 천황탄생일이나 미국 독립기념일이나 신년회나 강연회나 크리스마스 등을 계기로 파티에 초대받기도 했는데 처음 보는 사람과 무슨

* 일본에서는 사람들로 가득 차 혼잡한 상태를 비유하는 말로도 쓰인다.

5장　커밍아웃하는 언어

이야기를 하면 좋을지, 말을 걸었다가 상대방이 싫어하면 어떡하나, 꾸며 낸 듯한 대화는 연기하는 것 같아 싫은데…… 그런 생각을 하는 사이 시간이 지나갔다.

그런데 미국인들은 매우 자연스럽게 혹은 열심히 이것저것 화제를 꺼내면서 할 말이 그렇게 많나 싶을 정도로 끊임없이 이야기를 주고받는다. '공적인 공간'과 '사적인 공간'이 이어져 있다는 인상이 강하다.

반대로 미국인이라면 입에 올리지 않을 화제를 일본인끼리는 아무렇지 않게 말하기도 한다.

뉴욕 사람들은 온갖 이야기를 주고받으면서도 상대방의 사적인 영역에 발을 들이는 일만큼은 아슬아슬하게 피한다.

프롤로그에서도 언급한 "결혼은?" "사귀는 사람은?" "아이는?" 등 신원 조사 같은 질문은 어지간히 친해지지 않으면, 아니 자신과 관련된 일이 아닌 이상 묻지 않는다. 이때는 '공적인 공간'과 '사적인 공간'이 차단된다.

반면 일본인은 다른 의도 없이 순수하게 이야기의 실마리를 찾기 위해 아무렇지 않게 묻는다. "가족관계는?" "여자 친구는?" "올해로 나이가?" 딱히 질문에 대한 답을 듣고 싶은 것도 아니면서 말이다.

그렇게 사생활, 즉 프라이빗한 영역에 들어서는 식으로 상대방과 '같은 편'인 양 유사적인 관계성을 만든다. 그 영역 안에서는 우리도 '언어'를 가질 수 있다. 공적인 공간을 사적인 공간으로 바뀌어야만 겨우 대화가 가능해지는 것이다. 어쩌면 그것이 우리가 타인과 친해지는 일반적인 길일지도 모른다. 공적인 공간에서 하나의 인격을 갖춘 타자인 상태로는 친해질 수 없는지도 모른다.

그런데 이러한 예를 들자 오사카는 다르다는 말을 들었다. "오사카 사람들은 낯선 사람에게도 아무렇지 않게 말을 건다고." 일본 각지의 시골에서도 흔히 볼 수 있는 광경일 것이다. 다만 이는 공적인 공간에서 교류가 이루어진다기보다 '사적'인 공간의 넓이가, '사적'인 존재끼리 주고받는 정(情)의 범위가 도쿄를 비롯한 대도시보다 넓기 때문이 아닐까 싶다. 도쿄에서 이처럼 자연스러운 사적 공간과 사적 영역은 없어진 지 오래다. 그러므로 '자연스럽게'와 정에 의존하지 않고 애써 의식해서 행동하고 끊임없는 노력을 쌓아야 공적인 공간에 두루 미치는 언어를 가질 수 있을 것이다.

이름을 밝힌다는 것

미국의 도로명이나 지하철 역명은 '몇 번가' 하는 도로 번호 외에는 대부분 사람 이름에서 따왔다. 공공장소에도 '개인'이 자주 등장한다. 맨해튼의 동쪽 끝을 따라서 달리는 고속도로 'FDR'은 프랭클린 D. 루스벨트(Franklin D. Roosevelt)를 기념하고자

붙인 이름이다. 맨해튼, 퀸스, 브롱크스 세 지역을 지나가는 트라이버러 브리지(Triborough Bridge)의 정식 명칭은 RFK 브리지인데, 이는 공항 이름이기도 한 JFK(존 F. 케네디)의 동생 로버트 F. 케네디(Robert F. Kennedy)의 이름에서 유래했다. 맨해튼의 다운타운을 동서로 가로지르는 하우스턴 스트리트는 독립전쟁 당시 대륙회의 대의원을 지낸 윌리엄 하우스턴(William Houstoun)의 이름을 붙인 것이다. 빌리지와 트라이베카 등 뉴욕의 다운타운을 지나는 거리 이름은 대부분 역사 속 인물에서 따왔는데, 그 유명한 매디슨 애비뉴도 미국의 제4대 대통령인 제임스 매디슨(James Maddison)에서 유래했다.

반면 일본은 거리나 다리에 사람 이름을 붙이는 일이 드물다. 무사들은 전장에서 자신의 이름을 밝힌 뒤에 싸웠지만, 이 외에는 주변과의 조화를 위해서인지 '개인'을 내세우지 않는다. 모난 돌이 정 맞는달까 '나도 나도' 하고 앞다투어 나서는 행동이 상스럽다고 여겨졌다. 그러는 사이 개인을 기리며 선행을 칭찬하고 장려하는 풍조도 사라져 갔다.

원래는 자기 현시욕을 경계하기 위한 것이지, 뒤에 숨어서 아무것도 하지 않아도 된다는 의미가 아니었다. '개인(私)'의 억압은 '공(公)'에게 전력을 다하기 위해서였으며, 사심과 수치심을 버려서라도 선행을 실천하는 것이야말로 '무사(無私)의 정신'을 실현하는 길이었다. 문학평론가인 고바야시 히데오(小林 秀雄)도 "실행이란 곧 의식을 죽이는 일이라는 사실을 분명히 아는 실행가"야말로 귀중한 '무사'의 인물이라고 말했다(『무사의 정신

(無私の精神)』, 1967). 미래를 위한 선행은 동서양 할 것 없이 어느 문화권에서나 필요 불가결한 일일 것이다.

다소 정형화된 경향이 있기는 하지만, 무언가에 씐 사람들처럼 열심히 이야기하는 미국형 사회도 저절로 나온 것은 아니다. 일본처럼 '우두머리'가 존재하지 않아 하나부터 열까지 직접 결정해야 했던 건국 시대(작은 정부를 지향하는 분위기는 이때를 기원으로 한다)부터 오래도록 미국 사회가 공과 사의 양립을 목표로 한 것은 우연도 필연도 아닌, 커뮤니티 구축을 향한 의지가 개입했기 때문이다.

개인이 '공'과 '사'의 사이를 오갈 수 있기에 공적인 공간에서도 다른 사람에게 금방 말을 걸고, 필요할 때는 목소리를 높이고, 커뮤니티에 대한 부정에도 곧바로 항의할 수 있다. 나는 개인인 동시에 커뮤니티의 일원이어야 했다(사실 오랫동안 '나'는 대다수를 차지하는 '백인' '남성'에 국한되어 있었지만).

그렇게 생각하면 민주제의 과도기이자 사회적 불균형이 흔하던 시절, 미국에서 각종 공적인 운동, 즉 사회운동을 가능케 한 언어가 생겨난 것은 당연한 일일지도 모른다. 공적인 공간에서 통하는 언어를 배양한다. 목소리를 주고받는다. 공적인 공간에서도 인간인 채로 존재할 수 있다. 목소리를 높인다.

'공민권'이라는 말이 있다. 영어 단어 'Civil Rights'를 번역한 말이다. 여기서 '공민'이란 '시민(civilian, citizen)'이자 '공적'인 자리에 참여할 수 있는 국민을 가리킨다. '공적'인 자리는 바로 정치다. 즉 참정권을 갖는 자, 유권자를 말한다. 그러므로 '공민권운동'의 첫 번째 의미는 참정권 운동이다.

하지만 '참정권'에는 투표권만 있지 않다. 표를 받을 수 있는 권리(피선거권), 다시 말해 공직에 나서는 권리와 국민투표나 국민파면과 같은 권리도 포함된다. 즉 자신이 주체가 되어 정치와 사회에 관여하는 권리다. 사회 구성원이자 주인공으로 존재할 권리이고, 민주주의 제도의 기반에 있는 개념이다. 역사를 살펴봤을 때 이러한 권리들은 (현대 민주주의가 비교적 최근에 이루어진 발명인 것처럼) 국민 개개인에게 저절로 주어진 것은 아니었다. 공민권운동은 그야말로 '개인'이 '공'을 향해 커밍아웃하려는 노력의 산물이었다.

"일어날 수 없습니다"

1955년 12월 1일 목요일 저녁 무렵, 미국 남부 앨라배마주 몽고메리에서 42세인 자그마한 흑인 여성 로자 파크스(Rosa Parks)는 몽고메리페어백화점에서 재봉사로서 긴 하루를 보내고 집으로 돌아가는 버스에 올라탔다.

당시 미국 남부에서는 '짐 크로(Jim Crow) 법'[1]이라 불리는 인종 격리법이 시행되어 공공장소에서 비백인(흑인)은 백인과 분리된 곳에 있어야 했다. 흑인은 흑인 전용인 (열악한) 학교만 다닐 수 있었고, 수돗가에서도 'colored(색깔이 있는, 유색인종의)'라고 지정된 수도꼭지에서만 물을 마실 수 있었다. 도서관도 흑인용이 있었다.

몽고메리의 시내버스는 이용자 중 70%가 흑인이었지만 '흑인은 뒷자리(Negroes-in-Back)'라는 조례가 있었다. 버스 기사는 흑인 승객이 백인 승객에게 자리를 양보하도록 지시할 수는 있었지만, 1900년 원래 시 조례에는 인종 격리가 집행되어야 한다는 내용과 함께 (거의 알려지지 않은 사실이지만) '빈자리가 없을 때는 누구든(백인이든 흑인이든) 자신이 앉은 자리를 양보하도록 강요받지 않는다'라고도 쓰여 있었다.

하지만 로자 파크스가 탄 버스는 점점 붐비기 시작해 앞에 있는 백인석이 꽉 차고 말았다. 이에 버스 기사는 로자 파크스를 비롯해 흑인석 맨 앞줄에 앉은 흑인 네 명을 향해 백인 승객에게 자리를 양보하도록 명령했다. 다시 말해 흑인석을 한 줄 없애서 백인석을 늘린다는 조치였다. 세 명은 지시를 따랐지만 로자 파크스는 자리에서 일어나지 않았다.

"사람들은 내가 피곤해서 자리를 양보하지 않았다고 말했지만, 이는 사실과 다르다." 로자 파크스는 이후 자서전 『로자 파크스 나의 이야기(Rosa Parks: My Story)』에서 밝혔다.

I was not tired physically, or no more tired than I usually was at the end of a working day. I was not old, although some people have an image of me as being old then. I was forty-two. No, the only tired I was, was tired of giving in.

몸이 힘든 것은 아니었다. 하루 일이 끝나서 지쳤을 뿐, 그 이상 그 이하도 아니었다. 내가 나이 들어서 자리를 양보하지 않았다고 생각하는 사람들도 있었지만, 나는 마흔두 살이었다. 나는 그저 굴복하는 것에 지쳤을 뿐이다.

'일어나' '못 일어난다' 하고 옥신각신하느라 버스가 출발하지 않자 경찰이 출동해 자초지종을 듣고는 로자 파크스를 시 조례 위반으로 체포했다. 이 일은 흑인 공민권운동의 불씨가 된다.

당시 몽고메리에는 침례교회에 막 부임한 스물여섯 살 난 젊은 목사, 마틴 루서 킹 주니어(Martin Luther King Jr.)가 있었다. 그를 중심으로 한 항의는 흑인에 의한 몽고메리 시내버스 보이콧으로 발전했다. 승객 중 70% 이상이 흑인이었으므로 시내버스 회사는 경영에 큰 타격을 입었다. 싸움은 최종심까지 이어졌고, 1956년 11월 미국 연방 대법원은 몽고메리의 버스 내 인종 격리 조례에 대해 위헌 결정을 내린다. 그리고 381일에 걸친 시내버스 보이콧도 막을 내린다.

마틴 루서 킹은 이 승리를 발판 삼아 공민권운동을 미국 전역으로 확대한다. 1963년 8월 28일에는 25만 명이 모인 역사적인 항의 집회 '워싱턴 대행진'을 조직한다. 인종 평등을 부르짖는 커다란 물결에 존슨(Lyndon B. Johnson) 정권은 1964년 비백인 시민에 대한 차별을 금지하는 공민권법을 제정한다. 우연의 일치일까, 1964년은 미국 사상 최초 비백인 부통령인 카멀라 해리스(Kamala Harris)가 태어난 해이기도 하다.

법이 생겼다고 인종차별이 없어지는 건 아니다. 1965년 3월 7일, 힘들게 쟁취한 공민권에도 불구하고 (이번에도 앨라배마주) 셀마에 사는 흑인들은 유권자 등록을 저지당했다. 이에 흑인들은 항의하는 의미로 주도인 몽고메리까지 행진하기로 한다. 하지만 몽고메리에서 그들을 기다리고 있던 것은 주지사의 명령을 받은 주립 경찰대와 지역 보안관이었다. 그들은 흑인들이 여섯 블록쯤 걷자 미국 전역에서 모인 보도진이 보는 앞에서 비무장 상태인 흑인들을 향해 곤봉과 채찍과 최루가스를 퍼부었다. 피투성이가 된 채 자욱한 최루가스를 헤치며 도망치는 흑인들과 곤봉을 휘두르는 보안관의 모습이 텔레비전을 통해 보도되었다. 전 세계 언론사가 그 광경을 신문과 잡지에 실었다. 이것이 바로 '피의 일요일' 사건이다. 이후 여론이 어떻게 움직였는지는 누구든 상상할 수 있을 것이다. 진정한 인종 평등은 오늘날 미국에서, 전 세계에서, 끝없이 이어지는 '운동' 속에서만 존재할 수 있는지도 모르지만.

일어서는 디센터들

그 무렵 또 하나의 거대한 사회 구성층이면서 소수자이기도 한 '여성'에 의한 사회운동도 다시 꿈틀거리기 시작한다. 그녀들은 19세기 후반부터 시작된 여성참정권 운동을 거쳐 "사람은 여자로 태어나는 것이 아니라 여자로 만들어질 뿐이다"라고 말한 시몬 드 보부아르(Simone de Beauvoir)의 『제2의 성(Le Deuxième Sexe)』(1949)에서 촉발되었다.

2015년 개봉한 영화 〈서프러제트(Suffragette)〉는 지금으로부터 100년도 더 전인 1910년대 영국에서 참정권을 얻기 위해 격렬히 싸운 여성을 그린다. '서프러제트'는 참정권을 뜻하는 영어 단어 'suffrage'에서 파생된 말로, 참정권 쟁취를 위해 투쟁하는 여성단체의 구성원을 가리킨다. 그런데 이 영화는 일본에서 〈미래를 꽃다발로 만들어(未来を花束にして)〉라는 제목으로 개봉되었다. 묘하게 시적인 제목이다. 구시대적인 젠더 규범을 떠올리게 하는 '소녀스러운' 제목이야말로 이 영화가 가장 배제하고 싶었던 것이었을 텐데.

영화가 시작되고, 여성에게 참정권을 줄 수 없는 이유를 웅변하는 남성 정치가들의 목소리가 흐른다. 인용하자면 다음과 같다.

감정에 휘둘리기 쉽고 냉정함이 부족한 여성의 두뇌는 정치활동에 맞지 않는다.

여성에게 참정권을 주면 오늘날 사회구조가 무너질 것이다.

여성의 권리는 아버지나 남편이 대표로 행사하고 있다.

참정권을 인정하면 의원이니 장관이니 요구가 점점 커질 것이다.

하나같이 지금도 흔히 들을 수 있는 남성주의 사회의 '논리'다. 이는 흑인들의 공민권운동에도 적용되었다. 흑인은 백인보다 지능이 낮아 정치활동에 맞지 않는다. 노예제도 폐지는 오늘날 사회 및 경제구조에 커다란 타격을 준다. 흑인 노예의 권리는 농장주가 대표하고 있다. 일단 공민권을 인정하면 그다음은…… 어쩌고저쩌고.

남들이 멋대로 말하는 동안 반박 한 번 못하고 가만히 있는 것에, 파크스의 말을 빌리자면 'tired of giving in', 지쳤다. 그래서 'No'라고 말하기 시작했다.

이 'No'를 몸소 보여 준 사람이 87세가 되던 해인 2020년 9월 18일 전이성 췌장암 합병증으로 숨을 거둔 미국 연방 대법관 루스 베이더 긴즈버그(Ruth Bader Ginsburg)였다. 그녀의 삶을 다룬 영화 〈루스 베이더 긴즈버그: 나는 반대한다(RBG)〉는 2019년 5월 일본에서 〈RBG 최강의 85세(RBG 最強の85才)〉로 개봉되었다. 미국에서는 이 영화를 'HERO. ICON. DISSENTER(영웅. 성상. 반대의견자)'라는 문구로 홍보했다.

그런데 이 문구는 일본에서 '아내로서, 어머니로서, 그리고 일하는 여성으로서'로 바뀌었다. 긴즈버그는 여성이 '아내도 어머니도 일하는 여성도 아닌, 한 사람의 인간으로서' 여겨지는 것을 목표로 싸워 온 페미니스트다. 그녀가 상대 진영에서 'Notorious RBG', 즉 '악명 높은 RBG'라고 불린 것은 그 때문이다.

이상하게 바다를 건너 일본만 오면 '아내'라느니 '어머니'라느니 '여성'을 강조하는 '남자들의 시선'을 거쳐 이야기된다. 〈서프러제트(Suffragette)〉가 〈미래를 꽃다발로 만들어(未来を花束にして)〉로 개봉된 것처럼, 이쯤 되면 일본 영화 배급계가 근본적으로 무언가를 착각하고 있는 것은 아닐까?

덧붙여서 'DISSENTER'란 대법원의 판결 과정에서 '반대의견을 펼치는 자'를 가리킨다. 사실 긴즈버그는 보수적인 견해가 대부분을 차지하는 판결문에 대해 거침없이 반대의견을 펼쳐 온, 진보주의의 상징적인 인물이었다. 고용, 임신중지, 성적 학대 등 아직도 미국 사회에 도사리는 수많은 성차별, 인종차별, LGBTQ+ 차별과 사법의 장에서 정면으로 맞서 싸운 그녀가 평생에 걸쳐 얻어 낸 '평등'은 미국 남성들이 군말 없이 내준 것은 아니었다. 역사가 자연스럽게 그런 방향으로 흘러가서도 아니었다. 차별을 두고도 차별인 줄 몰랐던 남성주의적 사회에서 그것이 바로 차별이라는 사실을 밝힐 수 있는 '투쟁의 언어'를 그녀가 갖고 있었기 때문이다. 그녀가 그 언어로 역사의 물줄기를 바꿔 왔기 때문이다. 그것은 자신이 어떤 존재인지 세상에 드러내 보인다는 점에서 커밍아웃을 위한 언어라고 할 수 있었다.

긴즈버그는 2020년 미국 대통령 선거와 상·하원의원 선거를 한 달 반 앞두고 숨졌다. 미국에는 오래전부터 대통령 선거를 치르는 해에는 새로운 민의를 존중하기 위해 선거가 끝날 때까지 후임 대법관을 지명하지 않는다는 관습이 있었다. 실제로 긴즈버그의 선임이자 보수파였던 앤터닌 스캘리아(Antonin Scalia)도 선거가 치러진 해인 2016년, 게다가 선거까지 8개월이나 남은 2월 13일에 사망했고, 상원 다수당이었던 공화당은 민주당 출신인 버락 오바마 대통령이 지명한 새 판사의 승인심의를 거부했다. 이후 트럼프 대통령의 취임 일정까지 조정해 가면서 자신들이 원하던 보수파 닐 고서치(Neil Gorsuch)를 취임시킨 전례가 있다.

하지만 공화당은 4년 반 뒤, 혀에 침이 마르기도 전에 자신들이 한 말을 뒤집었다. 트럼프 대통령이 RBG의 후임으로 에이미 코니 배럿(Amy Coney Barrett)이라는 48세 보수파 판사를 지명하고 일사천리로 승인한 것이다. 심지어 보통 두 달 이상 걸리는 승인심사를 보름 만에 마치면서까지 LGBTQ+ 권리와 인공임신중지에 부정적인, RBG와 대척점에 선 그녀를 대법관 자리에 앉혔다.

배럿의 대법관 취임을 두고 한 미국인 여성은 트위터에 이렇게 썼다. "루스 베이더 긴즈버그를 대신하려는 사람은 그녀가 하나하나 열어 온 문을 통과하자마자 자신에게 주어진 지위를 이용해 다른 사람이 뒤따라오지 못하도록 문을 닫으려는 여자다."[2]

LGBTQ+

6장

아이덴티티의
자각

눈보라 속의 결심

1996년 봄, 뉴욕 특파원 임기가 끝난 나는 일본에 귀국해 사회부로 돌아가게 되었다. 사회부장은 특별히 내 마음대로 편집할 수 있는 지면 한 페이지를 내주는 파격적인 대우를 선보였다.

3년간 미국 50개 주를 전부 돌아보지는 못했지만, 취재로 20개 주 정도는 가 본 듯하다. 앞서 이야기한 것처럼 대형 사건, 사고, 재해, 정변으로 눈코 뜰 새 없는 3년이었다. 캐나다, 멕시코, 페루, 콜롬비아, 쿠바, 아이티로도 취재를 나갔다. 유엔과 관련된 일로 보스니아 헤르체고비나 내전을 취재하러 갔다는 사실은 앞에서도 썼다. 잠시 평화가 찾아온 크로아티아의 수도 자그레브에서 거리를 걷던 나는 그 지역 극단이 4년 만에 친한 사람들을 초대해 오스카 와일드(Oscar Wilde)의 〈진지함의 중요성(The Importance of Being Earnest)〉을 상연하기 위한 연습 현장에 들르게 되었다.

그들은 불쑥 찾아간 나를 반겨 주었다. 주재자는 30대 후반으로 보이는 자상한 남자였는데, 내전 동안 어떻게 살았는지 서툰 영어로 열심히 설명했다. 다섯 개 민족과 네 개 언어, 세 개 종교와 두 개 문자를 가진 하나의 국가였던 구 유고슬라비아가 해체되자 전쟁의 불똥은 크로아티아까지 튀었다. 친구였던 이들이 서로를 죽이게 된 것이다. 이제야 겨우 연극을 상연할 수 있는 상황이 되었다. 왜 오스카 와일드인지는 묻지 않았다. 크로아티아는 로마가톨릭의 나라다. 선뜻 물어보기 힘든 문제였다.

너무 멀리 나갔는지도 모르지만 〈진지함의 중요성〉은 동성애에 관한 은유가 곳곳에 녹아 있어 서구권에서는 퀴어 리딩(Queer Reading)[1]에 자주 쓰인다. 오스카 와일드가 이 작품을 발표하기 3년 전, 존 갬브릴 니컬슨(John Gambril Nicholson)이 동성애적인 정열을 노래한 시집 『성실한 사랑(Love in Earnest)』(1892)을 출간하면서 당시 영국에서는 'Is he earnest?'라는 질문이 동성애자를 암시하는 표현으로 쓰였다. 그리고 이 희곡의 등장인물인 잭은 '어니스트(Earnest)'라는 이름으로 이중생활을 하는 한편 가상의 병약한 친구 '번버리(Bunbury)'를 갖고 있다. 이 이름, 그리고 병약한 친구를 찾아가야 한다는 핑계로 책임을 피하는 행위를 가리키는 '번버리하기(bunburying)'라는 조어는 '엉덩이(bun)'와 '묻다(bury)'를 합친 말이다. 이러한 이유로 동성 간 성행위를 가리킨다는 지적이 나온 것이다.

해야 할 일은 해낸 3년이었다. 다만 뉴욕은 항상 '미처 해내지 못한 일'이 무수히 도사리고 있는 도시였다. 솔직히 말해 이대로 다시 일본에 돌아가서 살인이니 비리니 사기니 재해니 복구니 하는 것을 쫓아다니는 사회부에서 앞으로 무엇을 하고 싶은지 퍼뜩 떠오르지 않았다. 딱 잘라 말해, 돌아가고 싶지 않았다. 앞에서 말한, 당시 세계에서 가장 맛있는 식당으로 손꼽히던 트라이베카의 프렌치 레스토랑 '불레이'를 알게 된 것도 있고.

한번은 도쿄에서 후배인 젊은 사진작가가 뒤늦은 신년 휴가를 얻어 놀러 왔다. 1996년 2월이었다. 뉴욕에 막 도착한 3년 전 그날과 마찬가지로 눈이 어마어마하게 내리고 있었다. 우리는 이스트 14번가에 있는 일본인이 운영하는 가라오케 바에 놀러 갔다. 열 살도 더 넘게 어린 그에게 "일본에 돌아가면 뭘 할 수 있을까" 이야기하면서 일본에서 유행하던 노래를 배웠다. 그중에 스피츠(Spitz)의 「로빈슨(ロビンソン)」이 있었다. 둘이서 그 노래를 몇 번이고 큰 소리로 불렀다. 노랫소리는 눈발을 헤치며 세 블록 떨어진 집까지 걸어가는 동안에도 멈추지 않았다.

"루- 라라- 우주의 바람이 되자-" 잔뜩 취한 나는 눈보라 속에서 "그래, 우주의 바람이 되어 보자고!" 하고 외쳤다. 회사를 그만두고 뉴욕에서 집필 활동을 이어 가겠다고 결심한 순간이었다. 마흔 살이었다. "어떻게든 되겠지." 그렇게 말하자 후배도 괜찮을 거라고 맞장구쳤지만, 프리랜서로서 무엇을 할지 마땅한 계획은 없었다.

노래 가사가 '바람이 되자'가 아니라 '바람에 타자'라는 사실은 나중에 알았다. 살짝 다르지만 이 정도는 상관없지 않을까. 일본으로 돌아간 후배는 신문협회상과 도쿄사진기자협회상 등을 휩쓰는 훌륭한 사진작가로 성장했다.

좀 더 '게이에 관해'

1996년 여름, 번거로운 퇴사 절차를 밟고 그동안 신세 진 사람들을 찾아다니며 인사를 드린 나는 다시 뉴욕으로 돌아왔다. 다양한 지인들이 홀로서기를 도와주었다. 에이즈 취재로 알게 된 세인트 루크스 루스벨트 병원의 이나다 요리타로(稻田 賴太郎) 선생님은 컬럼비아대학교 근처에 있는 넓고 저렴한 침실 두 개짜리 아파트를 소개해 주었다. 출판사 편집자들은 시사 관련 원고 외에도 에세이며 평론이며 번역 일을 맡겼다. 덕분에 나는 일 걱정 없이 좋아하는 일을 할 수 있었다.

우선 게이 친구를 만들기로 했다. 나는 일본에서도 내 발로 게이 바에 간 적이 없었고, 뉴욕에 온 뒤로도 일 때문에 바빠서 갈 기회도 흥미도 나지 않았다. 그래서 나는 '게이에 관해' 모르는 것이 많았다. 그런데 회사를 그만두고 나서 뉴욕에 있는 일본인 커뮤니티에 발을 들여 보니 의외로 게이가 적지 않았다. 여기서 만난 이들 대부분이 게이라는 사실을 숨겨야 하는 일본 사회에 혐오감이 들어서, 혹은 일본에서 괴롭힘을 당해서 도망치듯이 뉴욕으로 왔다고 했다.

그 무렵 나는 비슷한 시기에 부임한 《산케이신문(産経新聞)》 뉴욕 지국장 미야타 가즈오(宮田 一雄)와 친해졌다. 초창기 일본 에이즈 보도의 일인자인 그는 영어로 된 에이즈 관련 의학 정보와 정치 및 법률 정보를 일본어로 번역해 미국 내 일본인 커뮤니티에 제공하기 위해 지국장 업무 틈틈이 'JAWS(Japanese AIDS Workshop Series)'라는 일본인 봉사 단체를 만들고 에이즈 관련 전화 상담을 개설했다. 나도 이 일을 도우면서 앞서 말한 이나다 선생님과 알게 되었다.

그 과정에서 1990년대 일본인 커뮤니티(일 때문에 부임해 머지않아 귀국할 예정인 회사원 커뮤니티는 제외)에는 에이즈로 고통받는 이들이 적지 않다는 사실을 알 수 있었다. 젊은 사람도 있지만, 개중에는 1960년대 뉴욕으로 건너와 재패니즈 레스토랑과 헤어 숍 창업의 여명기를 떠받친 사람들도 있다. 이미 돌아가신 분도 많은데, 어쩌면 게이를 둘러싼 일본의 정황이 그들을 머나먼 이국땅으로 내몬 것은 아닐까.

일본에 있을 때는 동료 기자들에게, 뉴욕에 와서는 다른 특파원들에게 조만간 에이즈와 게이는 저널리즘의 주요 테마 중 하나가 될 것이며 성소수자 인권 문제는 아직 아무도 발을 들여놓지 않은 '블루오션'이라고 권해 왔다. 하지만 몇몇 여성 기자만 약간 반응했을 뿐, 남성 기자들은 언론사를 막론하고 내 이야기를 진지하게 받아들이지 않았다. "게이 기사를 쓰면 게이라고 오해받을지도 모르잖아요" 하고 분명히 이유를 밝히는 기자도 있었다.

프리랜서가 되고 나서 일본의 모든 신문사, 뉴스통신사, 방송국에 게이 기자와 직원이 있다는 사실을 알게 되었다. 당시 미국에는 '미국 레즈비언과 게이 언론인 협회(National Lesbian and Gay Journalists Association, 이하 NLGJA)'라는 단체가 결성되었다(제13장에서 자세히 설명). 여기서 아이디어를 얻어 언론계에 종사하는 일본의 성소수자를 연결하는 네트워크, 말하자면 일본판 NLGJA를 만들어 보도 과정에서 나타나는 차별과 편견을 규탄하려는 계획을 세운 적도 있다. 일본의 경우 신문협회조차 성소수자에 관한 보도 지침을 갖추고 있지 않았기 때문이다. '성적 지향'이 '성적 취향'으로 교정되고 '호모'니 '레즈'니 하는 표현이 아무렇지 않게 쓰였다.

하지만 네트워크 조성은 실패로 돌아갔다.

일본에는 공식적으로 커밍아웃한 저널리스트가 (적어도 당시 내가 아는 범위 내에서는) 한 사람도 없었다. 다들 사내에 자신이 게이라는 사실이 알려지는 것을 (어떤 사람은 죽을 만큼) 무서워했다. 실제로 사내에 게이라는 사실이 알려져 자살한 사람도 있다고 들었다.

프리랜서가 된 이듬해인 1997년, 처음으로 남자 친구가 생겼다. PC 통신으로 알게 된 스물세 살 청년 다카히로가 어학연수차 뉴욕으로 와 우리 집에 얹혀살게 된 것이다. 그는 오사카에서 컴퓨터 전문학교에 다녔는데, 하루는 교실에 들어가 보니 자신의 데스크톱 모니터에 매직으로 큼지막하게 '오카마'라고 쓰여 있었다고 했다. 그런 일본이 지긋지긋해져서 뉴욕에 올 결심을 했다고.

　나는 게이를 둘러싼 일본의 동향은 물론 게이로 살아가는 데 필요한 여러 가지를 대부분 그에게서 배웠다. 그의 말에 따르면 맨해튼에 있는 외국인 대상 어학원에서는 젊은 강사들이(브로드웨이 배우로 활동하면서 생계를 위해 영어를 가르치는 이들도 많다 한다) 반드시 게이 문화에 대한 수업을 가르친다고 했다. 아시아, 중남미, 이슬람 등 다른 문화권에서 온 학생들에게 지금 뉴욕에서는 게이 인권이 중요한 문제이고, 게이 인권을 존중하지 않으면 이 도시에서 살기 힘들다고 이야기한다는 것이다('게이'라는 단어가 'LGBTQ+'로 바뀌었을 뿐 수업 자체는 여전히 존재하는 듯하다). 다카히로는 물 만난 고기처럼 행복해 보였다. 3년 뒤 그는 비자 문제를 해결하기 위해 일자리를 찾아 샌프란시스코로 이사했으며, 지금은 소프트웨어 개발 회사 UX 총괄 부문의 중역으로서 활약하고 있다.

　다카히로와 사귀면서 나는 좀 더 '게이에 관한' 일을 해야겠다고 생각했다. 뉴욕에서는 굳이 애쓸 필요 없이 그날그날 뉴스와 텔레비전만 보더라도 방대한 소재를 얻을 수 있었다. 매일 수많은 언론인이 '게이에 관해' 이야기했다. 드라마 제작자부터 토크쇼 제작자, 각본가, 학자까지 다양한 사람의 입에서 헤아릴 수 없을 만큼 많은 정보가 흘러나왔다. 커밍아웃한 사람이 많으면 세상이 이렇게나 다르게 그려지는구나, 새삼 느꼈다. 수가 곧 힘이었다. 그리고 손을 뻗기만 하면 그들 그녀들은 기꺼이 나를 도와주었다.

3장 '에이즈를 향한 반격'에서 소개한 래리 크레이머의 「노멀 하트」에 주인공 네드가 아래와 같이 호소하는 장면이 있다.

내가 살아가는 바로 이 우리들의 문화에는 프루스트도 있었어, 헨리 제임스와 차이콥스키도 콜 포터도. 플라톤도 소크라테스도 아리스토텔레스도 알렉산더 대왕도. 미켈란젤로, 레오나르도 다빈치, 크리스토퍼 말로, 월트 휘트먼, 허먼 멜빌, 테네시 윌리엄스, 바이런, E. M. 포스터, 로르카에 오든에 프랜시스 베이컨, 제임스 볼드윈, 해리 스택 설리번, 존 메이너드 케인스에 다그 함마르셸드도…… 그들은 투명인간이 아니었어. 가여운 브루스, 겁쟁이 브루스. 한때 너는 병사가 되고 싶다고 했지. 그거 알아? 제2차 세계대전에서 미국이 승리하는 데 가장 큰 공헌을 한 남자 중 한 사람은 자신이 게이임을 밝힌 영국인이었어. 그의 이름은 앨런 튜링. 그가 독일의 암호를 해독한 덕분에 연합국은 나치가 어떻게 움직일지 미리 알 수 있었지. 하지만 전쟁이 끝나고 그는 자살했어. 자신이 게이라는 사실에 시달린 끝에. 학교에서는 왜 이런 사실을 가르치지 않는 거지? 가르쳤으면 그는 자살하지 않았을지도 모르는데. 너도 네 일로 그렇게 벌벌 떨 이유가 없었을 테고. 진정한 프라이드를 손에 넣으려면 우리들의 문화가 섹스만으로 이루어지지 않았다는 사실을 세상 사람들이 인정하게 만들어야 해. 모든 것은 여기 있어. 우리는 역사 속 어느 순간에나 존재했다고. 하지만 말하지 않으면 아무 소용 없어. 누가 거기에 있었는지 말하지 않으면 아무도 알아주지 않아. 우리가 무엇을 생각하고, 무엇을 느끼고, 이 세계에 얼마나 창조적으로 공헌했는지 하나하나 언어로 표현하지 않으면 전부 없었던 게 된다고. 그러지 않는 한, 우리가 이 거리에서 이 도시에서 이 주(州)에서 투명인간처럼 숨는 대신 하나로 뭉쳐서 눈에 보이는 커뮤니티를 만들어 반격하지 않는 한, 우리는 끝이야. 난 말이야, 그런 인간이 되고 싶어. 만족할 만큼 싸운 한 사람의 남자로 살고 싶어. 우리를 상징하는 것이 성기뿐이라고 생각하는 한, 그 생각은 문자 그대로 우리를 끊임없이 죽일 거야. 다들 자기 자신을 죽인 살인범이 되고 싶은 게 아니잖아. 왜 너도 나도, 브루스 나일스도 네드 위크스도 게이는 그렇지 않아, 너희가 생각하는 게이는 우리와 달라, 하고 게이의 새로운 모습을 보여 주지 않았던 걸까? 널 탓하려는 게 아니야. 나한테도 그만큼 책임이 있으니까. 브루스, 나는 정말이지 재수 없는 놈이야. 하지만 부탁할게, 부탁이니까 날 쫓아내지 말아 줘.[2]

래리 크레이머가 열거한 역사적 인물들이 내 등을 밀어주는 것 같았다. 이는 곧 우리가 정체성을 자각하는 순간이었다.

주어를 되찾는다는 것

성소수자의 정체성 확립과 획득을 둘러싼 역사는 내가 겪은 미국을 예로 들자면 '백인' '남성' '이성애자'와 '흑인' '여성' '게이(성소수자)'의 대립으로 볼 수 있을 것이다. 여기에 때로는 'HIV 음성'과 'HIV 양성'의 대치 혹은 시간의 흐름에 따른 '시스젠더(cisgender, 생물학적인 성과 성정체성이 일치하는 사람)'와 '트랜스젠더'의 대립이 더해졌다.

그것은 '원래 그곳에 존재하던 권력자'와 '그들과 맞서기 위해 자기 자신을 재구축하고 재획득하고 확립한 이들'이 그리는 대립 구도였다.

역사와 세계는 항상 누군가를 주어로 삼았다. 그 주어는 오랫동안 '백인' '남성' '이성애자'였고 역사관과 세계관 역시 그들의 입을 통해 전해져 왔다. 그것이 전자다.

여기에 '흑인' '여성' '게이(성소수자)'가 대두된다. 대립 구도 중 후자에 해당한다. 그들은 자신을 주어로 삼아 역사와 세계를 이야기하기 시작했다. 간략히 말하면 1950년대 흑인 해방운동, 1960년대 여성해방운동, 1970년대 게이 해방운동을 거치면서 역사를 말하는 '주어'의 고쳐 쓰기가 이루어진 것이다. '백인' 부분에 흑인들의 공민권운동이 목소리를 냈다. '남성' 부분에 여성해방운동이 덧씌워졌다. 다음으로는 백인 남성 '이성애자' 부분에 비이성애자(LGBTQ+) 인권운동이 드리운다.

미국 사회에서 '백인' '남성' '이성애자'는 언제나 주인공이었다. 그들은 모든 문장에서 '주어' 자리에 있었다. 그렇게 그들 '주어'가 구사하는 동사 앞에 놓이는 '목적어(object, 대상물)' 자리에는 '흑인'과 '여성'과 '게이'가 있었다. 그들은 항상 '주어'의 입을 통해 이야기되는 존재였고, 사용되는 존재였으며, 마음대로 다뤄도 되는 존재였다. 그런데 갑자기 '흑인'들이 목소리를 내기 시작했다. 앨라배마주 몽고메리를 달리던 시내버스에서 로자 파크스가 버스 기사의 명령을 거부한 것처럼. "당장 흑인석으로 이동해"라는 말을 듣던 '목적어', 즉 대상물에 불과하던 '흑인'들이 갑자기 '주어'가 되어 "NO!"라고 외쳤으며 이는 "나에게는 꿈이 있습니다(I Have a Dream)"라는 연설로 커졌다. 뒤이어 '여성'들이 "개인적인 것이 곧 정치적인 것(The Personal is Political)"이라고 호소하고 '게이'들이 "이제 충분하잖아(Enough is Enough)" 하고 부르짖기 시작했다.

'목적어'와 '대상물'로부터의 해방, 그것이 인권운동이었다. 동시에 인권운동은 지금까지 '주어'였던 '백인' '남성' '이성애자'의 지위(주격)를 흔든다. 흑인이 백인에 관해 이야기한다. 여성이 남성을 이야기하고, 게이가 이성애자를 자신이 구사하는 동사의 목적어로 삼는다. 다시 말해 '주어(주격)'였던 이들이 '목적어(목적격)'로 떨어지는 셈이다.

이 과정은 은근히 성적이기도 했다. 백인 남성 이성애자는 자신이 흑인 남성보다 성적으로 뒤떨어지는 것은 아닐까(성기가 작은 것은 아닐까) 불안했고, 여성의 눈에 자신의 성행위가 어설퍼 보이는 것이(여자들끼리 모인 자리에서 품평당하는 것이) 무서웠고, 게이가 자신의 항문을 노릴지도 모른다는 사실이(대부분 망상에 불과하지만) 두려웠다. 이러한 강박관념은 오히려 그들을 '주어(주격)'의 자리에 옭아매고, 자신의 권위(주어성과 주격성)가 백인 남성 이성애자라는 허세(상대성)에 지나지 않는다는 사실을 알아차리는 회로를 차단했다.

1982년 뉴욕 맨해튼 거리에 등장한 캘빈클라인의 거대한 옥외 광고를 둘러싼 논란은 이를 상징적으로 보여 주는 사건이다.

하얀 브리프만 입은 거대한 남자의 나체가 대낮의 타임스스퀘어에 출몰한 것이다. 지금이야 공공장소에 남자의 누드를 찍은 광고가 걸리는 일이 드물지 않지만, 당시에는 아무리 뉴요커라 해도 경악을 감출 수 없었다. 이는 고도자본주의 사회 최초로 '백인·남성·이성애자'의 육체가 상업주의의 소재, 그리고 여성과 게이가 보내는 시선의 대상(objective, 목적격)이 된 '사건'이었다. 즉 백인 이성애자 남성의 육체가 이때 비로소 상품화, 상대화, 객체화된 것이다.[3] 덧붙여서 이 광고를 찍은 사람은 게이 사진작가인 브루스 웨버(Bruce Weber)다. 게이의 시선이 남성성의 위치를 뒤집은 것이다.

타임스스퀘어에 걸린 캘빈클라인의 거대한 옥외광고는 뉴요커의 간담을 서늘하게 했다.
ⓒ Getty Images

사실 앞에서 쓴 주어와 목적어에 관한 이야기도 이 옥외광고
가 불러온 센세이션에서 떠올렸다.

이 '하극상'이 가져온 자각이 백인·남성·이성애자의 '우리는
흑인·여성·게이라는 약자도 보호하고 존중함으로써 다양성이
보장되는 사회를 만들고 있다'라는 '자랑'이 아니라는 사실은 분
명하다. 그 텍스트에서 그들은 아직 '주어'의 위치에 안주하고 있
기 때문이다. '세상에는 ○○이라는 불쌍한 사람들이 있다. 우리
는 그러한 약자도 보호하고 존중함으로써 다양성이 보장되는 사
회를 만들고 있다'라는 생각은 그야말로 (자립하기에는 머리가
나쁘다는 이유로) 흑인 노예를 감싸던 백인 농장주의 논리이자
(가만히 내버려두면 금방 빚더미에 앉을 것이라며) 아내에게 신
용카드를 주지 않았던 남편의 변명이자 (그들이 하루빨리 나았
으면 하는 마음에서) 동성애를 질병이라는 범주에 집어넣던 이
성애 규범성의 기만이기 때문이다.

20세기 말까지 미국에서 일어난 그들의 자각은 '우리의 자리
는 흑인·여성·동성애자라는 약자와 얼마든지 바뀔 수 있구나'
하는 생각이었다.

'메이저리티 해방'이라는 역설

'자리가 바뀔 수 있다는 것'은 무슨 의미일까? 쉽게 말해 나 자

신이 때로는 주어가 되고 때로는 목적어가 될 수 있게 하는 동등성이다. 즉 위치 결정의 상대성과 유동성이자, 평등하다는 상태이고, 더 나아가서는 주격이나 목적격 혹은 이들을 보충하는 보어의 자리로 옮겨 다닐 수 있는 자유를 손에 넣는 것이고, 모든 '격'에서 해방되는 것이다.

다시 말해 흑인과 여성과 게이의 해방운동은 백인 남성 이성애자를 그들의 백인성, 남성성, 이성애 규범성에서 해방하는 운동으로 이어진다. 더는 '주어' 자리에 얽매여 허세를 부릴 필요가 없다는 말이다. 모든 것을 훌훌 털어 버리고 편해지자는 말이다. 권력은 절대적이지 않고, 절대적인 권력은 절대적으로 존재하지 않는다는 말이다. 여유 넘치는 '백인', 지금보다 근사한 '남자', 한층 온건한 '이성애자'가 되자는 운동이다.

이는 모든 소수자 해방운동과 연결된다. 흑인, 여성, LGBTQ+에 국한되지 않고 피차별 부락민, 재일 한국인·조선인, 범위를 더 넓히면 노인, 환자, 어린이와 아기, 장애인까지 자신을 주어 삼아 말할 수 있는 권리를 갖는다. 그것은 특권이 아니다. 지금 '당신'이 가진 권리와 같은 것이다. 생산성이 없다는 이유로 '집'에서 쫓겨나더라도 "뭐 어쩌라고?" "네가 뭔데?" 하고 되받아칠 수 있는 권리다(신체적인 제약 탓에 물리적으로 목소리를 내지 못하더라도). 어느새 이미지가 바닥에 떨어진 '정치적 올바름'도 사실은 이러한 과정을 통해 지금까지 쌓아 올린 정론을 가리키는 것이리라.

　역설적이게도 모든 마이너리티의 인권운동은 돌고 돌아 메이저리티의 해방운동으로 이어진다. 마이너리티의 '문제'는 사실 메이저리티의 '문제'이기도 하다는 각성을 불러일으키면서.

　사족이지만 '자리가 바뀔 수 있다는 것'은 하극상과 혁명에 따라 역전된 위치가 영원히 고정된다는 의미가 아니다. 한번 자리가 바뀌면 다음부터는 자유다. 때로는 '내'가 때로는 '네'가 때로는 '그, 그녀, 혹은 성별 이분법으로 분류할 수 없는 삼인칭'이 주어로서 행동하는 상호 관계가 만들어진다는 의미다. 이것이 바로 다양성이다. 이러한 다양성이 보장될 때 우리는 서로의 장단점과 호불호를 보완하고, 다른 사람의 약한 면을 이해하고 보듬어 줄 수 있을 것이다.

　하지만 상황은 그렇게 순순히 흘러가지 않았다.
　물론 '흑인·여성·동성애자'라는 '약자'와 자리가 바뀔 수 있다는 사실을 눈치챈 백인·남성·이성애자는 적지 않았다. 곳곳에서 사회운동이 싹텄고, 문화라는 형태로도 뿌리내렸다.

　여기에 도널드 트럼프가 등장한 것이다.

그림자를 드리우는 트럼프주의

물론 도널드 트럼프라는 사람은 이전에도 있었지만, 2016년까지만 해도 그는 내가 꿈꾸는 세계에서 언젠가 쫓겨날 존재에 지나지 않았다.

하지만 예상치 못한 전개가 펼쳐졌다.

세계 곳곳에서 "흑인과 여성과 게이의 해방운동은 백인 남성 이성애자를 그들의 백인성, 남성성, 이성애 규범성에서 해방하는 운동으로 이어진다" "여유 넘치는 '백인', 지금보다 근사한 '남자', 한층 온건한 '이성애자'가 되자" "때로는 '내'가 때로는 '네'가 때로는 '그, 그녀, 혹은 성별 이분법으로 분류할 수 없는 삼인칭'이 주어로서 행동하는 상호 관계가 만들어진다" "이것이 바로 다양성이다" …… 이처럼 '이상적이면서 정치적으로 올바른 사회' 상에 대한 반동이 나타나기 시작했다.

어째서일까?

트럼프주의(Trumpism)가 대두되자 '흑인' '여성' '게이'와 같이 힘들게 찾아내 획득한 (구축주의적인) '정체성'을 기반으로 한 '정치적 올바름'의 정치가 지금까지 인위적으로 정체성을 발동할 필요가 없었(다고 여겨지)던 백인·남성·이성애자로 하여금 부동의 기득권(이라는 환상)에 대한 각성을 부추긴 것이다. 반격을 유도하면서.

그들이 그들이라는 근거(정체성)는 처음부터 그곳에 존재하던 초기 설정이자 흔들리지 않는 것(이라는 환상)이었다. 너무나 본질주의적이라 생각할 필요도 없다는 무적의 방어막에 둘러싸여 있었다. 그들에게 전자의 정체성 따위는 (오늘날에도) "시끄럽다고" 한마디로 내칠 수 있는 것에 지나지 않았다. 그 사실을 새삼스러운 양 다시 깨닫는 것이다.

그들 역시 본질주의적으로 '남자'라는(우위라는 사실조차 알아차리지 못했던) 위치에서 경제적으로나 정치적으로 상처 입으며 고통받고 있기 때문이다. 여기에는 '백인·남성·이성애자'라는 집단이 갖는 우위성과 개개인의 행불행에서 비롯한 열위성이 뒤얽혀 있다. 그가 속한 집단과 그 개인의 위상이 일치하지 않는다는 점에서 좌절감은 두 배 세 배로 부풀어 오른다. '주어'로서 특권(미국 개척사에서 주인공을 차지하던 이들의 주어성)을 누려 왔는데 정신을 차려 보니 '흑인' '여성' '게이'라는 마이너리티의 정치로부터 (이유 없이) 공격을 받기 시작했다(고 느낀다). 그들이 향유하던 정체성 정치에서 소외되기 시작했다(고 느낀다). 그야말로 현대사회 속 '비마이너리티'의 비애다.

마이너리티를 위한 정체성 정치는 메이저리티의 정체성을 해체하는 데에는 이르지 못했으며 오히려 메이저리티에게 '비마이너리티'라는 새로운 무기를 쥐여 주었다. 메이저리티가 펼치는 '비마이너리티의 정치' 앞에서 마이너리티를 지키기 위한 정체성 정치는 압도적인 권력의 (본질적이면서 구축적인) 차이에 의해 힘없이 무너지고 만다. 결국 원래 목표대로 메이저리티를 해체하는 대신 칼끝을 돌려 마이너리티의 정체성을 고정시키는 방향으로 나아갔다. 그렇다, 메이저리티에게는 '최강의 85세' 였던 고(故) 루스 베이더 긴즈버그의 투쟁조차 '아내'와 '엄마'와 '여자'의 싸움이었고, 그 틀을 벗어나는 일은 용납되지 않았던 것이다.

어느 트랜스젠더의 죽음

2019년 5월 24일 오후 7시, 폴란드의 수도 바르샤바 중심부에 있는 와지엔코프스키 다리에는 보름 전 자살한 트랜스젠더 친구 밀로 마주르키에비치(Milo Mazurkiewicz)를 추모하기 위해 '자부와 분노'라는 인권 단체의 멤버들이 모여 있었다.

밀로는 5월 2일 자신의 페이스북에 "이제 지긋지긋해(I'm fed up)"라고 썼다.[4]

I'm fed up being treated like a piece of shit.
뭣 같은 취급을 받는 것도 이제 지긋지긋해.

I'm fed up with people (psychologists, doctors, therapists) telling me I can't be who I am because I don't look like that.
심리학자부터 의사, 상담사까지 하나같이 나한테 진짜 모습

을 찾으려고 해 봤자 남들 눈에는 그 모습으로 보이지 않는다고
하는 것도 지긋지긋해.

Treating me as if it was all in my head and telling me I need
papers proving it.
내가 예민한 것처럼 여기는 것도, 예민하지 않다면 그걸 증명
하는 서류가 필요하다고 말하는 것도 지긋지긋해.

Caring more about how I dress than how I feel.
그들은 내 감정보다 내 옷차림 쪽에 더 관심이 많지.

Telling me that it's good that my chosen name is neutral-
sounding, that it's good my body is not extremely feminine,
that's it's good I haven't come out at work (yet).
내가 직접 고른 이름이 중성적이라서 좋다는 둥, 내 몸이 완
전히 여성적이지 않아서 좋다는 둥, 회사에서 (아직) 커밍아웃
하지 않아서 좋다는 둥.

Telling me that maybe I should stop being (trying to be)
myself and wait until other doctors and therapists decide I can.
앞으로 자기 자신으로 존재하려고 해서는 안 된다는 둥, 다른
의사나 상담사가 뭐라고 말할지 기다려 보라는 둥.

I'm fed up of all of that.

그런 것들이 전부 지긋지긋해.

Sometimes it makes me fight even more, sometimes it makes me want to end it all and stop my life right here.

이런 일이 있으면 어떤 때는 무작정 들이받고 싶고, 어떤 때는 전부 다 내려놓고 이쯤에서 삶을 그만두고 싶어.

Sometimes it's just makes me want to cry.

그리고 어떤 때는 그저 울고만 싶어.

밀로는 5월 6일 '미안해'라는 글을 남기고 와지엔코프스키 다리에서 몸을 던졌다. 추모를 위해 모인 친구들이 커다란 레인보우 플래그를 다리에 드리운 채 건너려 하자 한 남자가 달려와 깃발을 우악스럽게 그러쥐었다. 동시에 다른 일행이 다리 위를 걷던 추도회를 공격했다. 그들의 행동은 드론 카메라에 전부 찍혔다.[5]

남자는 "폴란드에서 당장 나가!" 하고 외쳤다. 세계 곳곳에서 비슷한 구호가 터져 나오고 있다. "일본에서 당장 나가!" "미국에서 당장 나가!"

그들은 자신을 '평범한 일본인'이니 '평범한 미국인'이니 하고 소개한다. '평범'하다는 것은 마이너리티가 아니라는 뜻이리라.

'비마이너리티의 정치'가 반격에 나섰다. 그리고 그것은 수많은 '밀로' 개인을 향한 공격과 더불어 실제 정치활동으로서의 '비마이너리티의 정치', 다시 말해 고차원적이면서 집단적인 정치 캠페인에 이용되기 시작했다.

트럼프라는 재난, 트랜스라는 수난

  트럼프 정권이 수립된 2017년 1월 20일, 백악관 웹사이트에서 에이즈와 LGBTQ+ 관련 페이지가 깡그리 삭제된 것을 발견했을 때 느낀 경악은 지금도 잊히지 않는다. 복음주의자라고 불리는 기독교 보수파의 지지를 등에 업은 데다가 부통령으로 종교 원리주의자인 마이크 펜스(Mike Pence)를 임명한 만큼 어느 정도 예상은 했다. 아무리 그래도 취임하자마자 삭제할 줄이야, 그것만 보더라도 4년간 불어닥칠 역풍이 얼마나 거셀지 짐작되었다.

  하지만 스톤월 항쟁 이후 반세기에 걸쳐 미국 사회에서 게이와 레즈비언 들이 쟁취해 온 인권은 그렇게 쉽게 부정할 수 있는 것이 아니었다. 이에 트럼프 정권은 아직 이해와 공감이 여물지 못한 '트랜스젠더'라는 존재를 향해 집중포화를 퍼부었다.

  다시 살펴보자.

  트럼프 이전 오바마 정권은 교육이나 사회보장과 같은 분야에서 '성별'의 정의를 개개인의 선택에 맡긴다는 의견을 내놓았으며, 트랜스젠더 학생이 스스로 결정한 '성'에 맞는 화장실을 이용하는 것도 인정했다. 2016년에는 트랜스젠더의 입대도 허용했다.

하지만 트럼프 정권은 수립 한 달 만인 2월 22일, 학생이 스스로 결정한 성에 따른 화장실을 이용할 수 있도록 한 오바마의 트랜스젠더 학생 보호 가이드라인을 철폐했다. 더 나아가 7월에는 '미군은 압도적인 승리에 집중해야 하므로 트랜스젠더 수용에 따른 의학적 비용 증가와 기강 혼란을 감수할 수 없다'라는 이유로 트랜스젠더의 신규 입대를 거부했다. 당시 전체 미군의 1%에 해당하는 9000명의 트랜스젠더가 복무 중이었는데도.

연방 대법원의 저지로 트랜스젠더의 입대는 재개되었지만, 트럼프 정권은 포기하지 않는다. 정권 수립 2년 차를 맞이한 트럼프는 중간선거를 앞두고 보수파의 표심을 굳히기 위한 추가 공격에 나선다.

선거 직전인 2018년 10월 《뉴욕타임스》는 트럼프 정권이 성별의 정의를 '남성이나 여성 둘 중 하나'이자 '태어날 때 혹은 태어나기 전에 확인된 불변의 생물학적 특징에 기반하는 것'으로 규정하고, 출생증명서 원본에 기재된 성별은 신뢰 가능한 유전적 반증이 없는 한 변경하지 못하도록 검토 중이라고 보도했다. 지금까지 자잘하게 내놓은 트랜스 배제 조치와 달리, 성별에 위화감을 느끼는 트랜스젠더의 개념 그 자체부터 부정하려고 한 것이다. 다시 말해 미국을 통틀어 140만 명으로 추정되는 트랜스젠더를 '없는 사람' 취급하려는 움직임이었다.

이러한 일련의 트랜스 혐오 조치는 사회 전체 분위기를 바꿨다. 미국 대통령부터가 솔선수범해서 트랜스젠더 혐오를 부추겼다. 이는 LGBTQ+ 커뮤니티에 대한 혐오를 정당화하고 가속했다.

2020년 10월 《사이언스어드밴시스(Science Advances)》에 실린 아메리칸대학교 앤드루 R. 플로레스(Andrew R. Flores) 부교수의 논문[6]에 따르면 섹슈얼 및 젠더 마이너리티(SGMs)는 1000명 중 71.1명꼴로 폭력 피해를 겪었는데, 이는 비SGMs의 19.2명보다 4배 가까이 높다. 해당 수치는 2016년 이후 미국 법무부 통계국에서 수집한 범죄 조사 자료를 기반으로 계산되었다. 게다가 SGMs는 강간, 성폭행, 강도 등 흉악 범죄의 피해자가 되는 경우가 많았다.

2016년 이전에는 성정체성이나 성적 지향에 관한 질문이 없었던 탓에 비교군이 부족하지만, 독자적으로 자료를 수집 중인 인권 단체 '휴먼라이츠캠페인(Human Rights Campaign, 이하 HRC)'에 따르면 미국에서 트랜스젠더를 대상으로 한 폭력 사범은 증가 추세이며, 살해당한 사람 역시 밝혀진 것만 해도 매년 30명에 이른다고 한다. 희생자 대부분은 비백인 트랜스 여성이다. 게다가 경찰은 사건을 보고할 때 희생자가 트랜스젠더라는 사실을 알려야 할 의무가 없고 알리더라도 보고된 정보를 일원화하는 시스템이 갖추어지지 않았으며, 더 나아가서는 경찰이 피해자의 성별을 착각하는 일도 적지 않으므로 실제 폭력 피해는 보고된 건수보다 훨씬 많을 것이다.

한편 트럼프 정권하에서 다시 대두된 것이 '신조 및 종교의 자유' 문제였다. 오바마 정권하에서 결혼의 평등(동성혼 합법화)

이 실현되고 리버럴한 분위기가 고조되자 그에 대한 반동도 두드러지기 시작했다. 그중에서도 2012년 콜로라도주에 있는 '마스터피스 케이크 가게(Masterpiece Cakeshop)'에서 게이 커플이 쓸 웨딩 케이크 제작을 거부한 사건이 유명하다.

기독교인이었던 가게 주인은 자신의 신앙을 이유로 게이 커플의 케이크 주문을 거부했다. 하급심에서는 이를 '차별'이라고 인정했지만, 트럼프 정권하인 2018년 연방 대법원에서는 해당 사안을 맨 처음 '차별'이라고 인정한 시민권익위원회가 심리 과정에서 종교의 자유를 향한 반감을 드러낸(편견을 가진) 사실을 간과했다는 이유로 '차별' 인정을 파기했다. 연방 대법원 자체는 동성애자의 존엄성은 보호받아 마땅하다고 밝히면서도 해당 사건이 '차별'인지 아닌지 판단하는 일에서는 슬그머니 발을 뺀 것이다.

그 결과 미국 곳곳에서 동성혼을 둘러싸고 종교적인 입장을 이유로 꽃이나 비디오 촬영 등의 서비스를 제공하지 않겠다는 업자가 눈에 띄게 늘어났고, 새로운 재판에서 시시비비를 가리게 되었다.

두 가지 마이너리티의 충돌

바이든 정권은 어떻게 대응했을까. 2021년 1월 20일, 새 대통령은 전 대통령의 노선을 불식하고자 취임 첫날 하루 만에 17건에 이르는 대통령령(행정명령)을 발포했다. 파리협정 및 WHO 복귀, 멕시코 국경 장벽 건설 중지, 이슬람 국가 출신자에 대한 입국 금지 해제 등 중요한 정책들 사이에 '성정체성과 성적 지향에 따른 차별 방지'[7]도 포함되어 있었다. 트럼프 정권하에서 일어난 백래시가 잠자코 넘어가기 힘든 수준이었던 탓에 서둘러 대처해야 한다고 판단한 것이다.

여기에 민주당 하원이 호응해, 2년 전 통과되었으나 상원에서 방치되어 있던 '평등법' 안을 다시 채택했다. 해당 안은 2월 25일 공화당에서도 3명이 찬성하면서 224 대 206으로 통과되었다. '평등법'은 기존 공민권법(흑인을 비롯한 인종적 소수자에 대한 차별을 없애기 위한 법률)의 적용 범위를 성소수자로도 확대해 직장이나 여타 단체에서의 SGMs 차별을 막는다. 하지만 트럼프를 필두로 한 공화당은 앞서 말했듯이, 종교상의 이유로 LGBTQ+ 커뮤니티에 대한 서비스 제공을 거부하려는 기업이나 조직의 권리를 침해한다는 점을 들어 반대했다. 쉽게 말해 기독교(를 비롯한 여러 종교)가 LGBTQ+를 인정하지 않으니, 인정하지 않는 것을 '차별할 자유(권리)'를 인정하라는 것이다.

다시 상원에 부쳐진 평등법은 정원 100명 중 60명의 찬성을 얻어야 한다. 새로운 상원은 민주당과 공화당이 각각 50석씩 차지하면서 팽팽히 맞서고 있다. 과연 공화당에서 10명이 찬성으로 돌아설지 (혹은 집권 여당인 민주당이 통과 요건을 과반수인 51표 획득으로 개정할지) 지금은 알 수 없다. 해당 안이 통과되면 연방정부가 담당하고 예산을 배정하는 프로그램부터 고용, 거주, 융자, 교육, 공공시설에 이르기까지 전반적으로 차별이 금지되는, LGBTQ+ 커뮤니티가 그토록 바라던 평등법이 만들어진다.

하지만 평등법에는 아직 논의를 매듭짓지 못한 큰 산이 남아 있었다. 이는 진보냐 보수냐 하는 간단한 문제가 아니다. 바로 '트랜스 여성'과 '여성 스포츠 경기'를 둘러싼 갈등이다.

바이든 정권은 수립 한 달 만인 2월 24일, 코네티컷주에서 트럼프 정권이 지원하던 소송에서 발을 뺐다. 해당 소송의 쟁점은 트랜스젠더 선수의 여성 청소년 스포츠 경기 출전이다.

코네티컷주는 고등학생 선수가 자신의 성정체성에 따라 스포츠 경기에 참가하는 것을 인정했다. 그런데 2020년 초, 일부 여자 육상 선수들이 트랜스젠더 육상 선수와 경쟁할 경우 대회에서 우승할 기회와 선수로서의 가능성을 빼앗긴다는 이유로 소송을 제기했다. 트럼프 정권은 앞서 말했듯이 '성별은 남녀 둘 중 하나'이고 '태어날 때 정해진 생물학적 성별만 인정한다'라는 입장을 견지했으므로 당연히 사법부와 교육부는 원고 측인 여자 선수들을 지원했다. 하지만 바이든 정권이 들어서면서 소송 기각을 주장하는 쪽으로 돌아선 것이다.

하지만 해당 제소를 계기로 하와이, 텍사스, 테네시, 뉴햄프셔 등 30개 넘는 주에서 트랜스 여성의 여성 스포츠 경기 출전을 제한하는 법안을 검토하기 시작했다. 노스다코타주와 몬태나주에서는 하원을 통과했고, 미시시피주에서는 압도적인 수의 찬성표를 얻어 상원을 통과했으며, 아이다호주에서는 상하원 모두 찬성해 출전 금지법이 성립되었다. 연방 대법원이 개입해 일시적으로나마 발효를 미루기는 했지만.

이 사안이 복잡한 것은 '여성'과 '트랜스젠더' 두 소수자 집단의 이해관계가 부딪치기 때문이다.

페미니즘 관점에서는 애써 획득한 여성 스포츠권의 유지가 달린 문제다. 평등한 조건 아래 여성이 승리할 수 있는 권리를 이번에는 트랜스젠더에 의해 위협받는 것이다. 참고로 몬태나주에서 심의 중인 관련 법안의 이름은 '여성 스포츠를 지키자(Save Women's Sports)'다.

트랜스젠더를 배제하는 근거에는 트랜스 여성은 남성의 육체를 갖고 태어났으므로 근육량에서 유리할 수밖에 없다는 '물리적'인 요소가 숨어 있다. '트랜스 여성은 남자다'라는 '생각'에서 파생되는, 남성 중심 사회에서 겪어 온 피해에 대한 트라우마와 뿌리 깊은 남성 혐오(misandry)도 개입하면서 문제는 한층 복잡해진다.

바이든 대통령은 젠더와 성적 지향에 따른 차별을 금지하고 있으며 이는 '화장실이나 탈의실이나 청소년 스포츠 등에서 거부당하는 일 없이 교육받을 수 있는 권리'까지 파고들어 명문화되어 있다. 하지만 그 조항을 실현하기 위해 교육부가 무엇을 개혁하고 어떤 방안을 세워야 하는지 세부적인 내용은 명확하지 않다.

앞서 나가는 NCAA의 현장 지침

하지만 현장에서는 마냥 기다릴 수 없었다. 전미대학체육협회 (NCAA)는 2011년 이미 'NCAA에 의한 트랜스젠더 학생 운동선수 포용(NCAA Inclusion of Transgender Student-Athletes)'이라는 지침을 발표했다.[8] 여기에는 2010년 채택된 '나이, 인종, 성별, 국적, 계급, 종교, 교육적 배경, 장애, 젠더 표현, 지리적 위치, 수입, 결혼 여부, 부모의 지위, 성적 지향, 직업 경험 등 다양성의 모든 차원을 아우르고 포용 문화의 기반을 다지기 위한' 포용 사무국(Office of Inclusion) 선언과 함께 포용 실현을 위한 세칙이 32페이지 1만 4000개 단어(일본어로 따지면 단순히 계산해도 400자 원고지 100매 정도) 분량에 걸쳐 나열되어 있다.

여기에는 '트랜스젠더란 무엇인가?' 하는 정의부터 '왜 트랜스젠더 문제에 관심을 기울여야 하는가?' '트랜스 학생 운동선수의 경기 참가는 공정성을 해치는가?' '트랜스 학생 운동선수가 출전할 때 이점은 무엇인가?' 등에 관한 논의와 함께 실제 트랜스 학생 운동선수들의 사진과 에피소드를 담은 칼럼이 실려 있다. 이 자료의 목적은 '현재 의학적, 법적 지식을 기반으로 트랜스젠더 학생 운동선수들이 대학 스포츠팀에 대해 얼마나 존경심과 페어플레이 정신을 가졌는지 보여 주고, 그들이 합법적으로 참여할 수 있는 지침을 제공하는 것'이다.

항상 느끼지만 무엇이든 기록하고 명문화하는 미국인의 이러한 문화적인 노력은 대단할 따름이다.

트랜스 학생 운동선수의 출전은 기존 NCAA 내부 규정 가운데 두 개 분야에 영향을 미친다. 하나는 트랜스 학생이 사용하는 호르몬제 및 의약품과 금지약물 간의 관계다. 테스토스테론 사용은 금지되어 있지만, 트랜스 남성 운동선수는 사전에 예외 규정을 적용하기 위한 신청서를 제출해야 한다. 마찬가지로 트랜스 여성은 테스토스테론 억제제 사용과 관련해 일 년간의 치료 기록과 모니터링 기록을 제출해야 한다. 또 하나는 남녀 혼성팀 구성원의 정의인데, 이 역시 트랜스 여성 혹은 남성 운동선수가 포함될 경우 앞서 이야기한 신청서를 제출하면 된다.

NCAA 가이드라인은 일본의 학생 스포츠계도 참고해야 할 것이다.

덧붙여서 NCAA는 트랜스젠더 학생의 스포츠 경기 출전을 배제하는 주(州)에서는 대회를 열지 않는다. 2016년 노스캐롤라이나주가 트랜스젠더의 화장실 사용과 관련해 출생 당시 정해진 생물학적 성별과 다른 화장실을 쓸 수 없다는 법률을 통과시키자, NCAA는 해당 주에서 치러질 7개 선수권대회를 모두 취소시켰다. 그중에는 노스캐롤라이나주에서 특히 인기 있는 NCAA 남자 농구 토너먼트도 포함되어 있었다. 그뿐만이 아니라 미국의 4대 프로스포츠 중 하나인 NBA(전미농구협회)는 이듬해인 2017년, 올스타전 개최지를 다른 주로 옮기기까지 했다. 앞서 트랜스젠더 차별법을 통과시킨 곳 중 하나로 언급한 아이다호주에서도 비슷한 움직임이 나타나고 있다.

이는 단순히 정치적인 문제에서 그치지 않고 경제적인 문제로도 이어진다. 예를 들어 NBA 올스타전의 경제효과는 50억 엔에 이른다. 시합이 취소되면 다른 스포츠 종목에도 영향을 미칠뿐만 아니라 차별을 반대하는 여론에 떠밀려 기업이나 광고주의 보이콧이 뒤따른다. 결국에는 올림픽 개최 기회도 잃고 만다. 올림픽 헌장에서 모든 종류의 차별을 금지하고 있기 때문이다. 모리 요시로의 발언으로 인해 여성 차별과 경시 풍조가 폭로된 일본도 남 일이 아니다.

망상 속 위협, 현실 속 차이

또 하나 넘어가서는 안 되는 사실이 있다. 미국 곳곳에서 일어나고 있는 반트랜스젠더 소송 대부분은 '실제 피해'로 인해 제기되었다기보다 과거 이시하라 신타로에게 '센카쿠 매입'을 연설하게 한 미국의 보수주의 싱크탱크 '헤리티지재단(The Heritage Foundation)'과 콜로라도주 케이크 가게 소송의 뒷배인 기독교 우파 조직 '자유수호동맹(Alliance Defending Freedom)'의 정치적인 활동이라는 점이다. 즉 그들은 여성의 권리를 지킨다는 대의명분에 따라 움직이는 것이 아니다. 그들의 첫 번째이자 유일한 목적은 '트랜스젠더의 위협'이라는 망상을 부추기고 자유주의의 확산을 막는 것이다.

스포츠가 근본적으로 물리적인 육체, 그리고 체력의 문제라는 사실은 부정할 수 없다. 그로 인해 남녀 경기가 나뉘기도 하고. '성별'에 그치지 않고 유도나 레슬링과 같은 종목에서는 몸무게에 따라 체급을 나누기 시작했다. 몸으로 하는 경기에서 '유능제강(柔能制剛, 부드러운 것이 굳센 것을 이긴다)'이라는 말은 허구가 된 지 오래다.

그렇다면 왜 스모는 몸무게로 체급을 나누지 않는가? 육상경기에서 다리가 긴 선수와 짧은 선수가 함께 뛰는 것은 불평등이 아닌가? 나이 차는? 부모의 연 수입이나 출신 국가의 환경적인 차이는? 마음만 먹으면 얼마든지 파고들 수 있다. 결국에는 인종에 따른 육체적 우열을 가리고 인종별 경기를 개최하는 어리석은 사태로까지 나아갈지도 모른다. 베를린 올림픽에서 아리아 인종의 우월함을 보여 주려던 히틀러가 미국의 흑인 육상선수 제시 오언스(Jesse Owens)가 4관왕을 달성하는 광경을 보고 느낀 굴욕감을 극대화하듯이.

지금까지 논의를 통해 알 수 있는 것은 우리 인간은 무척이나 다양한 존재다, 하는 당연한 사실뿐이다. 다양한 사람이 있다. 어디에서 어떻게 구분하는지는 시대에 따라 다를 것이다. 그리고 스포츠 경기에서 순위는 유전자 차이나 우열만으로 정해지지 않는다는 사실도.

그렇다면 차이를 이유로 걸핏하면 타인을 배제하는 방향으로 흘러가는 대신 차이를 전제로 어떻게 해야 모두가 즐길 수 있을지 끊임없이 고민해야 할 것이다.

LGBTQ+

7장

아이덴티티의
탄생과 정치

배경에 자리한 제2차 세계대전

사람이 타인에게서 반사된 모습을 통해 자기 자신을 의식하는 것처럼, 마이너리티가 갖는 마이너리티라는 자각도 다른 메이저리티에게서 반사된 모습을 통해 발명된다. LGBTQ+ 각각의 정체성도 그렇게 탄생해 왔는데, 역사적으로는 미국 내 흑인들의 정체성 획득 과정에서 많은 것을 배웠다. 그리고 미국의 흑인 해방 운동에는(동시에 게이와 레즈비언의 인권 의식에도) 제2차 세계대전이 많은 영향을 미쳤다.

세계대전 당시 미군은 본토를 떠나 전장인 유럽 전선으로 향했다. 노예제도는 폐지된 지 오래였지만[1] 그 흔적은 '인종 격리 정책'이라는 공인된 차별의 형태로 미국에 남아 있었다. 당연히 미군도 백인 부대와 흑인 부대로 나뉘었다. 게다가 흑인 부대는 주요 부대로서 전투에 참여하는 동시에 참호 구축과 같은 막노동도 맡았다.

반면 마찬가지로 유럽 전선에 파견된 영국군의 경우 흑인 병사와 백인 병사가 같은 부대에 속해 있었다. 미국의 흑인들은 그때 처음으로 인종 격리 정책 대신 백인과 흑인이 대등하게 전투에 참여하는 광경을 직면했다.

그뿐만 아니라 영국에서 그들은 벽돌을 옮기는 공병이 아니라 함께 파시즘과 싸우는 동료로 환영받았다. 미국에서 겪은 현실과 완전히 다른 현실이 그곳에 있었다. 『1984』를 쓴 영국 작가 조지 오웰(George Orwell)은 제2차 세계대전 당시 유럽 전선을 그린 에세이에서 "머릿속은 섹스로 가득 찬 데다가 쓸데없이 많은 월급을 받고 여기로 온(oversexed, overpaid and over here)" 방만한 미군 중에서도 "유일하게 예의를 지킨 것은 흑인 병사뿐(the only American soldiers with decent manners are Negroes)"이라고 썼다.[2]

미군이 주둔한 영국 잉글랜드 뱀버브리지라는 마을에서 한 흑인 병사는 당시를 떠올리며 이렇게 말했다.[3]

At that time the Jitterbug was in and the blacks would get a buggin' and the English just loved that. We would go into a dance hall and just take over the place because everybody wanted to learn how to do that American dance, the Jitterbug. They went wild over that.

그 무렵에는 지르박이 유행이라 흑인 병사가 지르박을 추면 영국인들이 열광했지. 댄스 홀은 그야말로 우리의 독무대였어. 하나같이 미국 춤, 지르박 추는 법을 배우고 싶어 했거든. 다들 엄청나게 좋아했지.

펍에서는 여자 바텐더가 당연하다는 듯이 대접받기만을 기다리던 미국인 백인 병사들에게 개에게 하는 것처럼 기다리라고 명령하고는 보란 듯이 흑인 병사들에게 술을 내밀었다.

『시계태엽 오렌지(A Clockwork Orange)』로 잘 알려진 영국 작가 앤서니 버지스(Anthony Burgess)도 마침 그 마을에 머무르고 있었다. 그가 쓴 글에 따르면 미군 당국에 의한 인종 격리의 그림자는 머지않아 뱀버브리지의 펍에도 드리웠다. '미국' 군인의 위신을 떨어뜨린다는 이유에서다. 펍 주인들은 미군 당국의 명령에 따랐다. '흑인 부대 이외 사절(Black Troops Only)'이라는, '인종 격리'를 뒤집은 규칙으로.

유럽 전선은 나치 독일의 파시즘과 싸우는 장소였다. 이는 곧 민주주의를 지키기 위한 전쟁이었다. 그런 민주주의 전사들이 어떻게 인종 격리 부대의 존재를 옹호할 수 있는가. 답은 나치 독일과 마찬가지로 우생학에 있었다. 유럽은 그러한 차별주의와 맞서 싸우기 위해 전쟁하고 있었다.

내막은 훨씬 복잡하며, 미군 헌병과 흑인 병사 사이에서는 발포를 동반한 충돌도 수없이 일어났다고 한다. 하지만 미국에서 온 흑인 병사들은 이때 처음으로 자신도 '같은 인간'이라는 사실을 자각한다. 이 경험이 그들에게 얼마나 큰 각성을 주었는지, 오늘날 일본을 살아가는 나로서는 감히 상상하기도 힘들다.

세계대전은 민주주의 세력의 승리로 끝나고, 수많은 흑인 병사가 미국 본토로 귀환했다. 그곳에는 아직 인종 격리 정책을 등에 업고 공인된 인종차별이 만연해 있었다. 남부에서는 쿠 클럭스 클랜(Ku Klux Klan, 이하 KKK)이[4] 날뛰고 있었다.

유럽에서 불완전하게나마 '평등'을 경험한 흑인들은 더는 예전으로 돌아갈 수 없었다. 인종 차별에 대항하는 이들이 속속 나타나기 시작했다. 그 과정에서 군복을 입은 채 집단으로 폭행당하고 살해당하는 흑인 희생자도 나왔다.

2013년 제작된 다큐멘터리 영화 〈초콜릿색의 미군(Choc'late Soldiers from the USA)〉에서 한 퇴역 군인이 이렇게 말했다.

I think the impact these soldiers had by volunteering was the initiation of the Civil Rights movement, 'cos these soldiers were never going back to be discriminated against again. None of us were.

공민권운동은 그러한 자원병들이 받은 충격에서 시작되었다고 생각한다. 그들은 두 번 다시 차별당하는 대상으로 돌아갈 수 없었으니까. 우리 중 누군가 한 사람으로, 말이다.

그리고 그 충격은 개개인에 의한 산발적인 항의에서 '흑인'이라는 정체성을 공유하는 이들의 집단적이면서 체계적인 항의로 발전했다. 로자 파크스의 몽고메리 버스 보이콧 사건(1955), "나에게는 꿈이 있습니다"라는 구절로 잘 알려진 마틴 루서 킹 주니어 목사의 연설(1963), 그리고 선거권을 쟁취하기 위해 셀마에서 일어난 '피의 일요일' 사건과 대행진(1965). 흑인 공민권운동은 유럽 전선에서 일어난 흑인들의 정체성 각성(정확히는 이 같은 사회적 정체성의 창조)에서 시작되었다.

귀환병으로서 게이와 레즈비언

또 하나 흥미로운 사실은 LGBTQ+ 해방운동의 계기 중 하나도 흑인 공민권운동과 마찬가지로 제2차 세계대전이라는 점이다.

길기는 하지만 제롬 폴렌(Jerome Pohlen)의 『LGBT 히스토리북: 절대 포기하지 않은 사람들의 100년에 걸친 싸움(LGBTヒストリーブック: 絶対諦めなかった人々の100年の闘い)』*에서 인용해 보겠다.

다른 사건들과 비교하더라도 제2차 세계대전이 미국의 현대 게이 인권운동의 계기라는 사실은 부정할 수 없다. 제2차 세계 대전 동안 남자는 1600만 명이, 여자는 35만 명이 미군에서 복무했다. 대부분 전쟁을 계기로 난생처음 고향을 떠났다. 파병은 수

* 원제는 『Gay and Lesbian History for Kids』.

많은 게이와 레즈비언 병사들에게 자신과 같은 사람들을 만나는 기회와 그들끼리 공유하는 감정을 마주하는 자유를 주었다.

전쟁 직전, 미국심리학회는 군 수뇌부에게 신병을 대상으로 동성애 테스트를 진행하도록 건의했다. 하지만 당시 육군부는 게이든 아니든 더 많은 병사를 필요로 했다. 따라서 입대자들이 받은 질문은 "여자를 좋아하는가?(Do you like girls?)" 하나뿐이었다. 이 질문에는 게이든 스트레이트든 '네'라고 대답해도 거짓말이라고 볼 수 없었다(여성 병사는 이러한 선별 과정에서 제외되었다).

전쟁이 치러진 5년간 입대를 거부당한 게이 남성은 5000명도 채 되지 않았다.

"어마어마하게 많은 게이를 알고 있지만, 게이가 군인이 될 수 없다고 생각하는 사람은 한 명도, 딱 한 명 예외가 있기는 한데, 아무튼 없었다." 육군이었던 척 롤런드는 과거를 회상하며 말했다. "국가가 중대한 위기에 빠졌는데 게이라서 안 된다느니 그런 어처구니없는 규정을 들먹이며 우리가 나라를 위해 희생할 권리를 빼앗는 일은 전혀 없었다." 히틀러가 자행한 동성애자 탄압을 알게 된 게이들은 자신도 게이라는 이유로 입대를 자원하기도 했다.

한편 미국 내에서는 200만 명에 이르는 여성이 산업현장에 투입되었다. 항공기를 만들고 선박이며 폭탄이며 지프를 조립했다. 공장에서 일할 때는 머리카락이 길면 위험하므로 여자들이 머리를 짧게 자르고 슬랙스를 입어도 누구 하나 문제 삼지 않았다. 1930년대만 해도 이단 취급받고 꺼림칙하게 여겨지기 일 쑤였는데 말이다. 그렇게 항구도시와 공업도시에서 레즈비언 바가 번영을 맞았다.

전쟁이 끝나고, 게이와 레즈비언 군인들이 새로운 관점과 함께 미국으로 돌아왔다. 그들은 주로 샌프란시스코, 뉴욕, 로스앤젤레스, 샌디에이고에 있는 항구를 통해 돌아와 군인 신분을 내려놓았다. 그리고 그곳에 정착하기로 한다. 누군가에게는 슬프게도 그것 말고는 다른 선택지가 없었다.[5]

어떤가, 완전히 같지 않은가?

게다가 돌아온 게이와 레즈비언 병사들은 흑인 귀환병과 마찬가지로 미국 본토에 만연해 있던 '차별'과 맞닥뜨렸다. 더 많은 병사를 필요로 하던 펜타곤(미국 국방부)은 전쟁이 끝나자 병력의 과잉 공급으로 인해 골머리를 앓기 시작했다. 마침 동성애자라는 사실은 써먹기 좋은 전역 사유였다. 그들 그녀들은 불필요해졌다. 만 명에 가까운 병사가 '불명예 전역'이라는 딱지를 달고 쫓겨났다.

불명예 전역을 하게 되면 제대군인 지원법의 혜택을 받을 수 없다. 주택 융자나 복학을 위한 학자금 대출도 받을 수 없다. 그뿐만 아니라 사지 멀쩡히 돌아오더라도 '불명예 전역'이라는 사실이 알려지면 직장에서 문전박대당했다. 게다가 펜타곤은 전역 사유를 기업이나 사업장을 운영하는 고용주가 열람할 수 있도록 공개하고 있었다.

'정체성 정치'의 등장

여기서 '작용 반작용'이라는 운동법칙이 나타난다. 흑인 병사들은 '흑인'이라는 사실과 민주주의를 위해 싸운 '병사'라는 사실에 긍지(프라이드)를 갖는 동시에 자기 자신을 범주화한다. 동성애자들도 자신이 동성애자임을 받아들이기 시작한다. 그렇게 해야만 펜타곤을 상대로 차별을 그만두라거나 평등하게 대하라고 주장할 수 있었기 때문이다. 투쟁에서 커밍아웃은 필수적이었다. 에이즈 사태와 맞닥뜨린 수많은 에이즈 환자와 HIV 양성자가 커밍아웃을 결심한 것과 마찬가지다. '침묵은 죽음'이었다.[6]

정체성 이야기를 하자면 유대인도 빼놓을 수 없다. 뉴욕 맨해튼에 있는 유대인 커뮤니티 센터에는 다음과 같은 문구가 걸려 있다.

WE MUST ALWAYS TAKE SIDES.
NEUTRALITY HELPS THE OPPRESSOR.
NEVER THE VICTIM.
매번 어디에 붙을지 결정해야 한다.
중립은 압제자를 돕는다.
희생자를 돕는 일은 결코 없다.

나치 독일에 의한 홀로코스트 체험을 바탕으로 폭력, 탄압, 차

벌에 관해 끊임없이 썼으며 1986년에 노벨평화상을 받은 유대인 작가 엘리 비젤(Elie Wiesel)이 한 말이다. 뒤따르는 문장은 다음과 같다.

SILENCE ENCOURAGES THE TORMENTOR.
NEVER THE TORMENTED.
침묵은 학대하는 자를 고무한다.
학대당하는 자를 고무하는 일은 결코 없다.

그렇게 역사 속에 '정체성 정치'가 등장한다. 당시만 해도 정체성 정치가 지닌 폐해를 규탄하는 사람은 한 명도 없었다. 이후 흑인과 성소수자의 공민권운동이 전개된 양상을 살펴보면, 그 시점 그곳에서 정체성 정치가 꼭 필요했다는 사실은 부정할 수 없다. 에이즈 사태에서도 환자와 양성자의 정체성, 즉 당사자라는 사실을 받아들이는 것이 중요했다. 이외에 에이즈와 맞서 싸울 방법은 없었다.

정체성 정치가 문제시되기 시작한 것은 정체성 정치가 마치 보편적이고 본질적인 것처럼 힘을 가지게 되면서부터다. 이는 앞서 말했듯이 개인의 어떠한 '정체성'이 절대 변하지 않는 요소이자 자신만의 본질적이면서 전체적인 요소라고 믿었기 때문이다. 자신이 절대적이라고 믿는 정체성을 지키기 위해 대척점에 놓인 정체성을 상대로 '주도권 싸움(마운팅)'에 몰두했기 때문이

191

기도 하다.

게이였으며 에이즈로 사망한 철학자 미셸 푸코는 이렇게 말했다.

주체성, 정체성, 개성과 같은 것은 1960년대 이후부터 어떤 중요한 정치적 문제를 구성하고 있다고 여겨진다. 정체성과 주체성을 정치적 요인과 사회적 요인에 좌우되지 않는 본질적이면서 자연적인 요소로 간주하는 것은 무척 위험한 일이라고 생각한다.[7]

이쯤에서 일의 순서를 생각해 보려고 한다.

'나'라고 하는 정체성은 단독으로 성립 가능하며 본질적인 무언가를 존재 기반으로 삼고 있다는 사고방식을 본질주의 (essentialism)라고 한다. 반면 '나'라는 정체성도 시대적 배경과 더불어 다양한 요소가 겹치고 얽히는 상호작용을 통해 만들어진 다는 사고방식을 구성주의 또는 구축주의(constructionism)라고 한다.

'게이' 혹은 '레즈비언'은 본질적인 것인가, 아니면 구축되는 것인가. 제2차 세계대전 당시 '흑인'이 미국 본토와 유럽 전선에서(영국과 독일에서도) 같은 존재가 아니었다는 사실을 기억한다면 '게이'도 에도시대 일본과 고대 그리스 등에서 각각 다른 개념이었다는 사실을 알 수 있을 것이다. 즉 '게이'라는 개념도 구축되는 셈이다.

다만 오늘날 일본인의 사고 체계 속에는 '자신이 게이라는 사실은 왠지 모르게 본질적이고 절대 변하지 않으며 자기 내부에 있는 무척이나 중요한 무언가와 어떻게든 이어져 있는 것이자 지울 수 없는 숙명적인 것'처럼 자리 잡았다. 맨 처음 '자신'을 자각할 때는 대부분 그런 식으로 느끼고 생각하기 마련이다. 그것이 일반적인 순서다. 이후 '자신'이라는 것의 정체성이 본질론적으로 확립되어 간다. 다만 그 과정에서 이 '어떻게든' 자체도 구축된 감각일지 모른다는 생각이 들기 시작한다.

그렇게 사람들은 본질주의를 끈질기게 생각한 다음 구축주의로 옮겨 갔다. 처음부터 본질주의를 건너뛰고 구축주의에 중심축을 둔 사람은 거의 없(을 것이)다.

앞서 순서라고 말한 것은, 우리가 먼저 정체성을 확립하지 않는 한 정체성 정치를 비평적으로 지양할 수 없다고 생각해서다. 그리고 앞 장에서 보여 준 것처럼 정체성에 관해 끈질기게 생각한 다음 구축주의에 다다르면 우리는 '주어'도 '목적어'도 될 수 있고 위치에 얽매이지 않는 정체성을 자유롭게 구사할 수 있을 것이다. 그때 비로소 정체성 간 충돌에 의한 '주도권 쟁탈'이 아닌, 각자의 정체성이 동등하다는 사실을 인정하고 상호작용하는 진정한 '평등'이 이루어질 것이다.

다만 앞 장에서 한 지적을 다시 언급하자면 "마이너리티를 위한 정체성 정치는 메이저리티의 정체성을 해체하는 데에는 이르지 못했으며 오히려 메이저리티에게 '비마이너리티'라는 새로운 무기를 쥐여 주었다. 메이저리티가 펼치는 '비마이너리티의 정치' 앞에서 마이너리티를 지키기 위한 정체성 정치는 압도적인 권력의 (본질적이면서 구축적인) 차이에 의해 힘없이 무너지고 만다. 결국 원래 목표대로 메이저리티를 해체하는 대신 칼끝을 돌려 마이너리티의 정체성을 고정시키는 방향으로 나아갔다". 이것이 바로 현재 상황이다.

'비마이너리티의 정치'라는 반동

구체적인 사례를 살펴보자.

'게이'에 맞서 '스트레이트(이성애자)'의 존재를 재인식하려는 사고방식 자체는 새롭지 않다. 애당초 '이성애(hetero-sexuality)'는 '동성애(homo-sexuality)'의 발견에 따라 발명된 개념이다. '동성애'라는 단어가 없었던 시대에 '이성애'는 초기 설정이었고 의식조차 되지 않았다. 굳이 말로 표현할 필요가 없었다.

그러던 것이 에이즈와 싸우기 위해 게이들이 모습을 드러내고 '게이 프라이드(Gay Pride)'를 외치기 시작한 1980년대 후반이 되자 오로지 그에 대항하기 위해 만들어진 듯한 '스트레이트 프라이드(Straight Pride)' 운동이 나타났다. 마치 '흑인의 목숨도 소중하다(Black Lives Matter)'에 대한 반발만을 위해 '모든 목숨은 소중하다(All Lives Matter)'라는 마운팅이 이루어진 것처럼. 이는 '(백인의 목숨도 소중하니까) 모든 목숨은 소중하다'라는 논리를 휘둘러 BLM을 상대화하고 없애려는 운동이었다.

1988년에는 공화당 소속인 버몬트 주의원이 '스트레이트 프라이드 데이' 제정을 건의했다. 1991년 3월에는 매사추세츠대학교 애머스트캠퍼스에서 보수파 학생 50여 명에 의해 '스트레이트 프라이드' 집회가 열렸다. 《뉴욕타임스》에 따르면 항의하기 위해 이 집회를 둘러싼 학생의 수는 그 열 배였다고 한다.

이러한 일은 지금도 되풀이되고 있다. 보수주의 풀뿌리 운동인 '티 파티 운동(Tea Party movement)'을 비롯해 트럼프주의가 대두된 지금은 KKK 등 '화이트 프라이드'를 외치는 백인우월주의와도 결탁하고 있다. 2021년 1월 6일 미국 국회의사당 습격 사건을 주도한 '프라우드 보이스(Proud Boys)'라는 단체도 그 일파다.

LGBTQ+ 인권운동 과정에서 획득해 온 '프라이드(긍지)'라는 키워드는 '정체성의 확립'과 연결된다.

1998년 당시 대통령이었던 빌 클린턴은 스톤월 항쟁이 일어난 6월을 '프라이드 먼스(Pride Month)'로 지정하는 대통령령을 발포했다. 2009년에는 버락 오바마가 6월을 'LGBT 프라이드 먼스'로 지정하는 성명을 발표했다.[8]

'(L이나 G나 B나 T나 Q 등으로 존재한다는 사실에) 자긍심을 갖자고 외치는 달'인 프라이드 먼스는 왜 필요할까? 그것은 오랫동안 LGBTQ+(이전에는 흑인이나 여성과 같은 사회적 소수자)가 '자신이 자신으로 존재하는 것', 다시 말해 자신이 발을 디디고 서 있는 '정체성'을 하찮고 보잘것없다며 부정당했기 때문이다. 그들은 부정당한, 더 나아가 (근거도 없으면서 천부적인 속성인 것처럼) 경멸당한 자신의 정체성을 되찾아야 했다. 아니, 원래 없는 것 취급당했으니 처음부터 만들어 나가야 했다. 그것도 '자부심'을 갖고.

스톤월 항쟁 50주년을 맞이한 2019년, '이성애자라는 사실은 훌륭하다(It's Great to be Straight)'라는 슬로건을 내세우는 '완전 행복하고 즐거운 미국(Super Happy Fun America)'이라는 단체가 보스턴시를 상대로 성소수자의 상징인 무지개 깃발과 동등하게 취급할 것을 요구하며 시청 건물에 '스트레이트 프라이드' 깃발 게양을 신청했다가 거절당했다. 깃발 게양은 거절당했지만 '스트레이트 커뮤니티의 다양한 역사와 문화와 공헌을 축복하기 위한' 보스턴 스트레이트 프라이드 퍼레이드는 예정대로 8월 31일에 개최되었다.[9]

'다양한 역사와 문화와 공헌을 축복'한다는 것은 게이 프라이드의 목적을 설명하는 전형적인 어구나 마찬가지이므로, 그들이 게이 프라이드의 취지를 뒤집어서 농담으로 전락시키고 있다는 사실을 알 수 있다. 참가자는 200여 명이었지만, 퍼레이드에 항의하는 성소수자와 앨라이(ally)[10]로 이루어진 카운터(대항자)는 1000명을 훌쩍 넘겼다. 스트레이트 프라이드의 선두에 선, 가톨릭이자 게이이자 대안 우파의 아이돌적인 존재인 마일로 야노풀로스(Milo Yiannopoulos)는 LGBTQ에 S(스트레이트)를 추가하라고 외쳤다고 한다. 이 또한 '모든 목숨은 소중하다'와 같은 논법이다.

보스턴은 2004년 미국 최초로 동성혼을 합법화한 매사추세츠주의 주도다. 교외에는 하버드대학교와 매사추세츠공과대학교 등 명문대가 늘어서 있으며, 자유주의적인 분위기를 띠고 있다. 그런 곳에서 스트레이트 프라이드 퍼레이드를 개최한 것은 정치적 자유주의자들의 정체성 정치를 조롱하기 위해서다. 주최자 중 한 사람인 마크 사하디(Mark Sahady)는 자신의 페이스북에 이렇게 썼다. "그들의 눈에는 모든 것이 정체성에 좌우된다. 그곳에서는 희생자로 분류되거나 압제자로 분류되거나 둘 중 하나다." "만약 희생자라는 지위를 얻으면 자기 자신을 축복할 자격이 생기며, 압제자라는 지위에 놓인 이들이 멋대로 행동하기를 기대하면 된다."

《워싱턴포스트》에 따르면 또 다른 주최자 존 휴고(John Hugo)도 다음과 같이 말했다. "매사추세츠주의 게이 커뮤니티 지원을 비판하면 증오 발언이라는 부당한 꼬리표가 붙는다. 그 탓에 우리는 탄압하는 다수파인 것처럼 여겨진다." "우리는 관용을 원한다. LGBTQ 커뮤니티뿐만 아니라 모든 사람에 대한 관용 말이다." 그것 말고는 할 말이 없나 싶을 정도로 비슷한 패턴의 논리를 되풀이하고 있다.

'교체 가능한 정체성'이 갖는 자신감

정체성 정치를 전복하려는 그들의 시도가 어디까지가 진심인지는 알 수 없지만, 그들을 향한 반론은 게이 커뮤니티뿐만이 아니라 스트레이트 커뮤니티에서도 나왔다.

건강과 동기 부여에 관해 쓰는 작가 제임스 펠(James Fell)이 자신의 페이스북과 트위터에 다음과 같은 글을 올린 것이다.

나는 스트레이트다. 나는 내가 스트레이트라서 좋다. 스트레이트라서 좋은 가장 큰 이유는 내 성적 지향을 이유로 편견에 노출된 적이 한 번도 없기 때문이다. 내가 고른 사람과 결혼할 권리를 얻기 위해 싸울 필요가 없기 때문이다. 내가 하룻밤을 보내고 싶은 상대가 마음에 들지 않는다는 이유로 다른 사람에게 구타당하거나 살해당할 걱정을 할 필요가 없기 때문이다. 가족과 친구와 지인 들의 반응을 겁내거나 걱정하면서 스트레이트라고 커밍아웃하지 못하고 벽장 안에 틀어박힐 필요가 없기 때문이다.

스트레이트라는 사실로 욕을 먹은 적이 없기 때문이다. 스트레이트라는 이유로 지옥 불에나 타 버리라고 위협당한 적이 없기 때문이다. 스트레이트를 교정하기 위해 나를 가두고 고문하는 시설이 하나도 없기 때문이다. 단지 스트레이트라는 이유로 사형을 내리는 나라가 없기 때문이다.

스트레이트인 내게는, 무언가를 갈구하며 싸우거나 무언가에 반대하며 발버둥 치지 않으면 안 되는 그 무언가가, 한 번도 없었기 때문이다. 그러므로 내게는 프라이드를 가져야 하는 이유가 하나도 없다. 내가 가진 이 특권에 감사하는가? 당연하다. 하지만 프라이드? 무슨 말인지 모르겠다.

한 가지 확신할 수 있는 것은, 이 행사의 이름이 잘못되었다는 사실이다. '스트레이트 프라이드 퍼레이드'가 아니다. '나는 개쓰레기 호모포비아' 퍼레이드, 그렇게 불려야 할 것이다.

이 글을 읽은 나는 이것이야말로 교체 가능한 정체성이 가질 수 있는 유연함이라고 생각했다. 글쓴이는 자신의 정체성에 대해 자신감을 갖고 있다. 그러므로 자신이 주어가 된다는 사실을 잘 알고 있으며, 동시에 목적어가 되는 일에도 자유롭게 유연하게 대응하고 있다. 어쩌면 정체성 정치로 인한 폐해를 극복하는 법은 여기에 있지 않을까.

'게이스러운 생각'으로 인한 호모포비아

이 글은 눈 깜짝할 사이 퍼져 나갔으며 〈어벤져스〉와 〈캡틴 아메리카〉에 출연한 배우 크리스 에번스(Chris Evans)가 "게이 프라이드와 스트레이트 프라이드가 같은 것이라는 의견은 잘못되었다. 어디가 다른지 모르겠다는 사람은 이 글을 읽어 보기를 바란다" 하고 자신의 트위터에서 언급하면서 CNN 등에서 뉴스화되기도 했다. 남동생이자 배우인 스콧 에번스가 게이인 것도 있어서 예전부터 LGBTQ+ 커뮤니티에 지원을 아끼지 않았던 그는 '스트레이트 프라이드 퍼레이드' 주최 측에 다음과 같이 신랄한 트윗을 남겼다.

와우! 이렇게 쿨한 단체가 있는 줄은 몰랐네! 마침 좋은 생각이 났는데 말이야 '스트레이트 프라이드 퍼레이드' 대신에 이건 어때? '자신의 감정과 어떻게 마주해야 하는지 어릴 때 아무도 가르쳐 주지 않아서 자신의 게이스러운 생각을 호모포비아처럼 행동하면서 필사적으로 숨기는' 퍼레이드 말이야.[11]

이 글은 감정이 격해진 나머지 오히려 마운트 포지션을 따내려는 것처럼 보이기도 하지만.

여담이지만 '게이스러운 생각이 오히려 그 사람을 호모포비아로 만든다'라는 크리스 에번스의 지적은 실험을 통해 실제로 증명되었으며, 미국에서는 거의 상식으로 자리 잡았다.

1996년 미국의 학회지 《이상심리학 저널(Journal of Abnormal

Psychology)》에는 '동성애 혐오(호모포비아)'에 관한 조지아 대학교의 실험 결과가 소개되었다.[12]

간단히 설명하자면, 실험은 이성애자를 자처하는 남학생 64명을 대상으로 실시되었다. 연구진은 그들을 동성애를 대놓고 혐오하는(호모포비아) 집단과 동성애에 대해 별생각 없다는 집단으로 나누었다. 무엇을 어떻게 조사했느냐, 그들의 성기에 계측기를 장착한 다음 양쪽 집단 모두에게 동일한 게이 포르노 비디오를 보여 준 것이다(어마어마한 실험이지 않은가).

그러자 두 집단의 발기율에 분명한 차이가 나타났다. 호모포비아 집단 중 80%에게서 눈에 띄는 발기가 관찰되었는데, 영상이 시작된 지 겨우 1분 만에 성기의 둘레가 평균 1센티미터 커졌다. 4분이 지난 시점에서는 평균 1.2센티미터 커졌다.

반면 호모포빅한 생각을 지니지 않은 학생 가운데 발기가 관찰된 것은 30%. 게다가 영상이 시작된 지 4분이 지난 뒤에도 성기의 둘레는 평균 5밀리미터 증가에 그쳤다.

즉 호모포빅한 사람일수록 사실 남몰래 호모섹슈얼한 욕망을 품고 있는 셈이다.

이러한 마운팅식 정체성 정치에 대한 반동은 다양한 분야에서 유머와 같은 형태로 분출되고 있다. 미국 흑인들이 겪은 고난의 역사에서 교훈을 얻자는 의미로 1970년대부터 퍼진 '흑인 역사의 달(Black History Month)'에 대항해 백인이라는 사실에 집착하는 보수 세력이 미국 의회를 상대로 '백인 역사의 달(White

History Month)'을 제정할 것을 요구했다. 3월 8일 '국제 여성의 날(International Women's Day)'에 대항해 인터넷에서 '국제 남성의 날(International Men's Day)'을 검색하는 사람은 3월에 특히 많으며, 그 수도 최근 10년간 해마다 증가하고 있다.

LGBTQ+

8장

밀레니얼세대에서
Z세대로

열일곱 살의 프라이드 퍼레이드

1998년에 태어나 2016년 열일곱 살이 된 외동딸 알리사가 6월 마지막 일요일에 열리는 뉴욕 프라이드 퍼레이드를 걷고 싶대, 하고 친구인 준코가 말했다. 과거 저널리스트였던 그녀는 나보다 먼저 뉴욕에 와서 살기 시작했다. 나는 그녀의 딸인 알리사가 태어날 때는 물론 자라는 과정도 옆에서 빠짐없이 지켜봤다. "오, 대단한데? 그런데 왜?" 그렇게 묻자 준코는 "내 주변에 게이 친구들이 많아서 그런 거 아닐까?" 하고 답했다. "그리고 그 아이, 리버럴이거든." 당시 미국에서는 여러 신청서에서 성별 기입란을 없애자는 움직임이 화제가 되었는데, 이와 관련해 미국인인 아버지가 "(서류의 양식을 변경하는 과정에서) 우리가 내는 세금이 쓸데없이 낭비되겠군" 하고 중얼거리는 것을 지나치지 않고 "하지만 그걸 바라는 사람 중에 아빠보다 세금을 많이 내는 사람이 있을지도 모르잖아" 하고 지적했다고.

여러모로 똑똑한 아이였던 알리사는 어떤 그룹에서 행진할지

고민했다. 결국 알리사가 선택한 그룹은 '총을 반대하는 게이들(Gays Against Guns)'이었다. 퍼레이드 직전이었던 6월 12일, 플로리다주 올랜도에 있는 게이 나이트클럽 '펄스(PULSE)'에서 벌어진 총기 난사 사건으로 인해 범인을 포함한 50명이 사망하고 53명이 중경상을 입은 지 얼마 지나지 않은 무렵이었다.

나도 아시아계 에이즈 환자 및 HIV 양성자 지원 단체 'APICHA'와 매년 퍼레이드에 참가하고 있었다. 6월 말의 맨해튼은 맑은 날이 많은데, 그날도 구름 한 점 없이 맑았던 것으로 기억한다.

얼마 뒤 준코가 "알리사가 이런 걸 썼어"라며 에세이 한 편을 보내 주었다. 허락을 받고 여기에 옮겨 본다.

I lie down flat on the sweltering, sticky, tar-covered New York City street, right in the middle of Fifth Avenue between 27th and 28th Streets. My eyes squint as I look up into the beaming sun, past the soaring buildings; the sun makes a halo around them. In my seventeen years as a New Yorker, I never thought I would observe the city from this angle: New Yorkers tend to look up as far as their ambitions will take them, but my participation in today's Pride Parade demands I lie down for a cause.

5번 애비뉴 27번가와 28번가 사이, 끈적하게 들러붙는 타르로 뒤덮인 뉴욕 거리에 나는 드러눕는다. 빽빽이 들어선 빌딩 숲 사이로 내리쬐는 태양을 올려다보고 있자니 눈이 가늘어진다. 빌딩 주변에 빛의 고리가 생긴다. 뉴요커로 살아온 17년 동안, 이

각도에서 이 도시를 보게 되리라고는 상상도 하지 않았다. 뉴요커들은 대체로 자신의 야망이 나아가듯이 머나먼 곳을 비스듬히 올려다보려고 한다. 하지만 오늘 프라이드 퍼레이드에 참가한 나는 대의를 위해 이렇게 드러눕는다.

I used to dislike parades. They bring back unpleasant memories from my childhood: the dull sweaty ache in my palms after long hours of my parents clenching them with fear of losing me, the feeling of sinking behind the barricade of people—what were we even here to look at? The exhaustion after sobbing when my parents refused to buy me the gleaming firetruck red candy apple because of "cavities and germs", resulting in tears smearing my facepaint. My clothes would collect grime from getting knocked around by strangers. When I got older, parades just meant that it would take twenty minutes longer to go anywhere.

예전에는 퍼레이드가 싫었다. 어릴 적의 유쾌하지 않은 추억으로 나를 끌고 가니까. 나를 잃어버리지 않으려는 부모님이 몇 시간이고 꽉 쥔 탓에 감각이 둔해진 데다가 땀으로 젖은 손, 사람들로 이루어진 바리케이드 뒤에서 바닥으로 잠기는 듯한 감각…… 우리는 무엇을 보기 위해 이런 곳에 있는 걸까. '충치와 세균'을 이유로 사 주지 않은, 반짝이는 소방차처럼 새빨간 사과 사탕 때문에 울다 지친 내 얼굴은 눈물에 번진 페이스페인팅으로 엉망이었다. 여기저기서 낯선 사람과 부딪히다 보니 옷도 완전히 더러워져 있었다. 조금 더 자라고 나서도 퍼레이드는 어딘가로 가는 데 쓸데없이 20분이나 걸리는 행위에 지나지 않았다.

But here I am at New York City's Pride Parade, marching with my mother in the "Gays Against Guns" group. It is June 26th, barely two weeks after the tragic Orlando nightclub shooting. Every few minutes, we stop and lie down in the middle of the road for a moment of silence; this brings awareness to the violence a gun can bring about within seconds. I get back up on my feet with my fellow protesters. We collect our signs and keep marching. "The NRA has got to go!" we chant. The crowd cheers as we continue.

하지만 지금은 뉴욕에서 열리는 프라이드 퍼레이드에 있다. 엄마와 함께 '총을 반대하는 게이들'이라는 그룹으로. 오늘은 6월 26일, 올랜도에 있는 나이트클럽에서 총기 난사 사건이 벌어진 지 고작 2주가 지났다. 몇 분에 한 번씩 우리는 도로 한가운데에 멈춰 선 다음 누워서 묵념한다. 몇 초라는 짧은 시간 만에 총이 얼마나 많은 폭력을 가져오는지 알리고 보여 주기 위한 행동이다. 항의하는 다른 사람들과 함께 나는 일어서서 현수막을 손에 들고 행진을 계속한다. 우리가 "NRA는 없어져라!" 하고 외칠 때마다 길가에 모인 사람들에게서 환호성이 터져 나왔다.[1]

What prompted me to march, despite disliking parades as a child? I have been on a quest to take advantage of my city before I leave for college and explore the vast opportunities available. I had already experienced Central Park's Japan Day Festival, eaten at Brooklyn's Smorgasburg Festival, visited Chelsea's art galleries, attended the Natural History Museum's science conventions, and toured the Lower East Side's tenements.

무엇이 우리를 행진하게 했는가. 어릴 적만 해도 퍼레이드가 싫었는데. 대학교 진학으로 내가 나고 자란 도시를 떠나기 전에 나는 이 도시 곳곳에 있는 이점을 활용해 다양한 기회를 시험해 보려고 한다. 센트럴파크에서 열린 재팬 데이 페스티벌에도 나 갔고, 브루클린에서 열린 '스모가스버그'[2]를 돌아다니며 다양한 음식을 즐겼고, 첼시에 있는 갤러리를 둘러보고, 자연사박물관 에서 개최된 과학회의에 참석하고, 로어 이스트 사이드의 역사 적인 테너먼트 투어도 신청했다.[3]

However, there was one thing remaining on my list: be a part of history and make an impact on my city. When my mother told me of her participation in the parade, I begged her to let me walk with her. Her eyebrows shot up and her eyes widened with surprise and delight. I knew that participating for a cause I hold dear would both help me make a difference and fulfill this goal. While marching in the parade couldn't resurrect all of the shootings' victims, at least I could stand up for them and fight for what is right. This parade did both—it celebrated gay rights and fought for gun control.

다만 내 리스트에는 아직 한 가지가 남아 있었다. 역사의 일부가 되어 이 도시에 임팩트를 남기는 것. 엄마가 올해 퍼레이드에 참가한다고 했을 때, 나도 같이 걷게 해 달라고 부탁했다. 엄마의 눈썹이 살짝 올라가고 두 눈이 동그래졌다. 깜짝 놀라며 기뻐했다. 내가 중요하다고 생각하는 뜻을 위해 퍼레이드에 참가하는 일은, 현재 상태에 무언가 변화를 가져오고 목표를 달성하는 데 도움을 줄 것이다. 사람들과 함께 행진한다고 해서 총기 난사 사건의 희생자들이 되살아나지는 않는다. 하지만 적어도 그들을 위해 일어서고 올바른 일을 위해 싸울 수는 있다. 이 퍼레이드에서는 두 가지 모두 이룰 수 있었다. 게이 인권을 축복하고 총기 규제를 위해 싸우는 것이다.

As my mother and I march down Fifth Avenue, I am struck by the quintessence of New York. People of various ages, races, and other identifying factors coming together to march for one cause, recognizing all identities. Fifth Avenue becomes more like a literal melting pot than a figurative one in the scorching June heat. It is a refreshing change to see the usually aloof, black-clad New Yorkers dressed up in rainbows to show community spirit. I smile immediately when I see someone wave Japanese and

American flags—reminders of the personal identity that gives me pride. A feeling of empowerment comes over me as I realize the positive change I am capable of bringing.

엄마와 함께 5번 애비뉴를 따라 내려가면서 나는 뉴욕의 뉴욕다운 점에 감동한다. 다양한 연령대, 다양한 인종, 그 외 다양한 정체성이 하나 되어 서로의 정체성을 모두 인정하면서 한 가지 대의를 위해 행진하는 것이다. 6월의 찌는 듯한 열기 속에서 5번 애비뉴는 비유가 아니라 문자 그대로 멜팅 포트가 된다. 평소에는 무뚝뚝하고 검은색으로 온몸을 감싼 뉴요커들이 무지개색 옷을 두르고 커뮤니티의 정신을 표현하는 모습을 보고 있자니 마음이 개운해지는 듯하다. 누군가가 일본과 미국 국기를 흔들고 있다. 우리의 얼굴에 미소가 떠오른다. 나 자신의 정체성을 떠올리게 하는 것, 프라이드를 주는 것. 스스로 가져온 긍정적인 변화를 자각하자 온몸에 힘이 넘쳐 나는 느낌이 들었다.

Not realizing that lying down was part of the march, I foolishly wore my favorite white shorts. By the end I have tar smears all over. When I was younger, this would have bothered me—but today, this serves as a reminder for when I stood up—or rather, lay down—for what is right.

행진 도중 바닥에 누워야 한다는 사실도 모르고 바보같이 제일 좋아하는 하얀 반바지를 입고 갔다. 행진을 마치고 나니 온몸이 타르로 더러워져 있었다. 더 어릴 때였다면 이 일로 기분이상했을 것이다. 하지만 오늘은 그것이야말로 내가 올바른 일을 위해 일어선, 아니 누운 것을 기념할 수 있는 증거였다.

뉴욕 LGBTQ+ 프라이드 퍼레이드에는 몇 년 전부터 스트레이트(이성애자)도 많이 참가하고 있다. LGBTQ+를 상대로 우위를 차지하기 위해 '스트레이트 프라이드'를 내세우는 장이 아니라, 성적 지향의 차이와 젠더 및 아이덴티티의 차이는 그대로 두면서도 각자의 지평은 단차 없이 자유롭게 오고 갈 수 있는 '평등'의 장으로서.

스톤월 항쟁을 기리기 위해 처음 시작되었을 때만 해도 퍼레이드에는 '게이'만이(다시 말해 트랜스젠더, 드래그 퀸, 레즈비언, 게이 남성들만이) 참가했다. 그것은 분명 정체성의 대항이었다. 하지만 스톤월 항쟁 25주년(1994년) 즈음을 기점으로 퍼레이드의 분위기가 바뀌기 시작했다. 퍼레이드 참가자가 LGBTQ+의 입장에 공감하는 부모와 친구, 더 나아가 지인으로 확대되었으며, 그들은 '앨라이(조력자, 지원군, 동지)'라고 불리게 되었다. 길가에서 응원하는 수십만 명을 포함하면 전체 인구에서의 비율과 마찬가지로 스트레이트를 자처하는 사람이 압도적으로 많을 것이다. 다만 이때 LGBTQ+와 스트레이트의 혼재는 굳이 '평등한 지평'으로 비유하자면 홋카이도 사람과 규슈 사람처럼 서로 다른 존재들이 홋카이도 사람과 규슈 사람처럼 같은 인간으로서 하나의 '뜻'을 실현하기 위해 한곳에 모이는 것과 같이 '일반적인 일'로 자리 잡고 있다.

알리사는 이후 아이비리그에 있는 명문대를 졸업했으며 코로나가 한창이던 2020년 대기업에 취직했는데 입사 전에 주어지는 연수 기간 반년 동안 비영리 봉사 단체에서 일할 만큼 훌륭한 여성으로 성장했다. 알리사에게 LGBTQ+와 스트레이트인 (혹은 그렇게 여겨지는) 자신의 관계성은 정체성의 차이는 있더라도 그 차이를 뛰어넘어 평등한 것이다. 자리가 바뀌어도 개의치 않는 것이다.

엘런의 커밍아웃

알리사는 이른바 'Z세대'로 분류되는 나이다.[4] '세대'라는 말이 흔히 쓰이고 있는데, 세대론으로 설명 가능한 사람은 눈에 띄기는 해도 수적으로 그리 많지는 않다. 따라서 세대론을 구체적인 개개인에 꿰맞추려는 시도는 찜찜함만 남긴 채 실패로 돌아가기 마련이다. 하지만 다른 세대와 구분되는 '차이'의 징조는 분명히 그곳에 존재한다.

Z세대 이전에 '밀레니얼세대'가 있었다. Z세대의 싹은 사실 1990년대에서 찾을 수 있다.

1990년대는 유럽과 미국의 LGBTQ+를 둘러싸고 다양한 지각변동이 일어난 시기이기도 하다. 2장 '에이즈의 반격'과 4장 중

213

'알타 보이의 변신'에서도 말했듯이 길거리뿐만 아니라 연극, 영화, 텔레비전 등 곳곳에서 '게이'를 의도적으로 노출하기 시작했다. 미국 내 미디어 제작자며 편성자며 기획자들은 일제히 '게이'를 시대적인 '대세'로, 한창 무르익은 '기회'로, 동시에 사람들의 관심을 끌어당길 '돈 되는 것'으로 취급했다.

정치도 이에 발맞추었다. 빌 클린턴이 대통령에 취임한 해인 1993년(내가 뉴욕으로 부임한 해이기도 하다) 게이와 레즈비언을 비롯한 성소수자의 인권 개선 문제가 사실상 미국 정치사 최초로 정치 현안에 포함되었다. 오픈리 게이를 대사로 지명했으며,[5] 연방정부 관련 민간 기업을 대상으로 성적 지향에 따른 고용차별을 금지하는 대통령령을 발포했다.[6] 다만 선거공약이었던 '동성애자의 미군 복무 허용'은 의회와 여론의 반발로 인해 성적 지향이나 성정체성을 밝히지 않으면 군에서 복무할 수 있다는 '묻지도 말하지도 말라(Don't ask, Don't tell, DADT)' 제도로 후퇴해(1993), 오히려 더 많은 제대를 초래했다.[7] 또한 비슷한 시기 뜨거운 감자로 떠오른 동성혼 합법화를 향한 첫 번째 물결은 결혼을 이성 커플로 한정하는 '결혼보호법(Defense of Marriage Act, DOMA)'을 통과시키는(1996) 백래시를 일으켰다.

공화당과 민주당이 벌이는 일진일퇴의 접전을 지켜보던 나는 엄청난 시대에 미국 땅을 밟았다는 사실이 느껴져 내심 흥분되었다.

1997년(알리사가 태어나기 일 년 전이다) 미국 사회에서 또 하나 '게이'를 둘러싼 '사건'이 벌어졌다. 자신의 이름이자 작중 주인공의 이름이기도 한 〈엘런(Ellen)〉이라는 인기 시트콤의 주연 엘런 디제너러스(Ellen DeGeneres)가 4월 14일 자 《타임》을 통해 레즈비언임을 커밍아웃한 데 이어, 4월 30일에 방영된 〈엘런〉에서도 주인공 캐릭터인 엘런 모건이 커밍아웃한 것이다.

당시 신문과 잡지에 실린 예고를 보고 미국 전역에서 게이와 레즈비언들이 텔레비전 앞에 삼삼오오 모여 감상회 겸 파티를 여는 일대 현상이 뉴스를 타기도 했다.

그날 방영된 'the Puppy Episode'(강아지처럼 아기자기하면서 싱그러운 에피소드. 말하자면 '청춘 이야기 편'이랄까)에서 엘런이 상대역인 로라 던(Laura Dern)에게 "난 게이야!(I'm gay!)" 하고 명랑하게 말했을 때, 미국 드라마 사상 최다 기록인 4200만 명의 시청자가 일제히 "오오!" 하고 쾌재를 외친 듯했다. 내 주변의 게이와 레즈비언 친구들은 와인과 맥주를 한 손에 든 채 자리를 박차고 뛰어오르거나 손뼉을 쳤다. 서로 끌어안고 눈물을 터뜨리는 이들도 있었다. 미국 텔레비전 방송 사상 최초로 주인공이 스스로, 당당히, 그러면서도 과장하지 않고 게이임을 커밍아웃한 순간이었다. 미국의 미디어가 그간 들러붙어 있던 것을 떨쳐 낸 순간처럼 보이기도 했다.

"맞아, 난 게이야." 《타임》을 통해 커밍아웃한 엘런 디제너러스. '게이'는 넓은 의미로 레즈비언도 포함하는 단어다. (《타임(TIME)》 1997년 4월 14일, Vol. 149 No. 15)

한편 비슷한 시기 일본에서는 과거 '쇼치쿠(松竹)* 누벨바그의 기수'라고 불렸으며 리버럴한 성향의 소유자인 오시마 나기사(大島 渚)가 동성애를 소재로 시대물을 찍는다는 사실이 화제가 되었다. 하지만 오시마가 뇌출혈을 일으켜 영화 촬영은 잠시 중단되었다. 오시마의 몸 상태가 회복되기를 기다렸다가 1999년 말 겨우 완성해 선보인 작품이 시바 료타로(司馬 遼太郎)의 단편소설을 원작으로, 슈도를 둘러싸고 에도 막부 말기 신센구미(新選組)** 내부에서 벌어진 치정 사건과 질서의 교란을 그린 〈고하토(御法度)〉였다.

〈전장의 크리스마스(Merry Christmas, Mr. Lawrence)〉(1983) 이후 처음으로 오시마 나기사(감독), 기타노 다케시(北野 武, 히지카타 도시조 역), 사카모토 류이치(坂本 龍一, 음악) 트리오가 부활한 데다가 '요즘 해외에서 유행'인 '동성애'를 다루는 것도 있어 오시마 본인부터 쇼치쿠, 가도카와, BS아사히 등 제작 및 배급 관련자들은 입을 모아 이 작품이 서구에서 높은 평가를 받으리라 전망했다. 하지만 〈고하토〉는 일본 내에서 블루리본상, 마이니치예술상, 문화청 우수영화상, 일본아카데미상 신인상, 요도가와나가하루상 등을 연이어 수상했으나, 해외에서는 칸 영화제를 비롯해 거의 무시당하다시피 했다. 일본의 평론가들은 그 이유를 외국인이 이해하기 힘든 시대적 배경과 신센구미라는 집

---

* 일본의 영화 제작 및 배급사.

** 1863년 창설된 준군사 조직. 신분을 따지지 않고 모집한 대원들을 통솔하기 위해 내부 규율이 매우 엄격했다.

단에서 찾았지만, 이는 사실과 다르다. 〈고하토〉는 주인공인 동성애자 가노 소자부로(마쓰다 류헤이)를 사회(신센구미)를 어지럽히는 '아름다운 괴물'로 그리고, 그에게 들러붙은 것을 다른 유형의 아름다움(이성애자로서의 '올바른 아름다움')을 지닌 오키타 소지(다케다 신지)가 베어 냄으로써 본래의 '올바름(이성애 남성 중심 사회)'으로 돌려놓는다는 서사를 직조했다.

마지막에 히지카타가 중얼거린다. "소자부로 녀석, 남자들과 놀아나는 사이 괴물에 썬 거겠지." 이 영화의 지향성이 당시 서구에서 일어난 게이 운동과 정반대라는 사실을 알아차리지 못한 것은 오시마나 제작진의 책임이라기보다 그 무렵 일본 사회에 만연한 정보 쇄국 때문이었다. 일본에서 보기에는 '그렇게' 다루어도 별문제 없었지만 '오늘날 해외에서 유행'인 '동성애'는 '그렇게' 다룰 수 있는 문제가 아니었다. 들러붙어 있던 것을 떼어 내는 방법이 잘못되었다. '그런 시대는 진작에 지났지'만 일본 사회가 그것을 말하기 시작한 것은 20년 가까이 지나고 난 뒤였다.

서구 영화계가 이 작품을 비난하는 대신 '무시'로 일관한 것은 문화가 다른 사회(혹은 난해한 동양 선진국)에 대한 예의가 아니었을까. 오시마는 영화가 개봉된 지 13여 년이 지난 2013년 1월 생을 마감했다. 유작인 〈고하토〉의 실패 원인은 아마도 모르는 채로.

한편 미국에서는 엘런이 커밍아웃하는 '대사건' 이후 게이 운동의 방향성은 그대로 유지된다. 당시 20세 전후였던 세대가 사회의 중심 구성원인 40대가 된 2013년에는 '친한 친구, 가족, 친척 중에 LGBT가 있다'라고 응답한 사람이 처음으로 과반수인 57%에 달했다. 미국이라는 나라의 규모를 고려했을 때 이는 주목할 만한 숫자다. 게다가 동성혼을 지지하는 사람도 55%에 달해 (둘 다 CNN 조사) 2년 뒤인 2015년 미국은 동성혼을 합법화했다.

퀴어한 여자들이 주도한 BLM

Z세대가 태어나기 전, 〈엘런〉을 비롯해 1990년대에 벌어진 일련의 사건을 목격한 밀레니얼세대가 21세기 들어 중앙 무대로 나오기 시작했다. 그들 그녀들이 BLM 운동과 프라이드 퍼레이드 사이에 나타나는 친화성의 토대를 마련했다.

2012년 2월, 트레이본 마틴(Trayvon Martin) 살인 사건[8]이 벌어졌다. 무방비한 흑인 소년을 사살한 가해자에게 무죄 평결이 내려지자 이듬해인 2013년 BLM 운동이 들고일어났다. BLM 운동은 자신을 '블랙 페미니스트'라고 자처하는 세 명의 아프리카계 여성, 1983년생 패트리스 쿨러스(Patrisse Cullors), 1981년생 얼리샤 가자(Alicia Garza), 1984년생 오펄 토메티(Opal Tometi)의 호소로 시작되었다. 하나같이 밀레니얼세대에 속하는 젊은이들이다.

패트리스와 얼리샤 두 사람은 '퀴어'임을 커밍아웃한 퀴어 활동가이기도 하다. 패트리스는 2016년 젠더 논컨포밍(기존의 젠더 규범으로 정의할 수 없음)[9]이자 마찬가지로 퀴어를 자처하는 자나야 칸(Janaya Khan)과 결혼했다. 얼리샤는 2008년 트랜스 남성인 말라카이 가자(Malachi Garza)와 결혼해 가자라는 성을 쓰고 있다.

그때까지 흑인 차별에 대한 저항운동은 젠더 불평등이나 성적 부자유에 눈길도 주지 않았고, 오히려 그것들을 적대하기라도 하듯이 인종차별에만 초점을 맞췄다. 가족의 연을 중시하며 경건한 기독교 교회를 주축으로 하는 아프리카계 미국인 커뮤니티의 문화적 배경이 영향을 미쳤을 것이다. 전통적인 흑인 인권운동은 오래전부터 동성애를 꺼렸으며, 오픈리 게이 활동가와 트랜스젠더 활동가의 입을 막아 왔다. LGBTQ+ 해방운동조차 선봉장이었던 (푸에르토리코계 미국인) 실비아 리베라(Sylvia Livera)와 (아프리카계 미국인) 마샤 P. 존슨(Marsha P. Johnson)을 비롯한 트랜스 여성의 도움을 많이 받았음에도 그녀들을 정당하게 평가하고 기념한 것은 20세기도 막바지에 접어든, 앞서 설명한 스톤월 항쟁 25주년인 1994년 무렵이 되어서다.

흑인이자 레즈비언이자 페미니스트였던 오드리 로드(Audre Lorde)는 1960년대 정치 상황을 다음과 같이 이야기했다.

The existence of Black lesbian and gay people were not even

allowed to cross the public consciousness of Black America.

흑인 레즈비언과 게이라는 존재는 미국 내 흑인 커뮤니티에 속한 사람들의 의식을 스치는 것조차 용납되지 않았다.[10]

커밍아웃하고 당당하게 자신의 공민권을 요구하는 흑인 게이와 레즈비언에게 1960년대는 '살아가는 지침을 주는 시대가 아니라 새로운 수갑과 족쇄의 시대'였다는 것이다.

하지만 BLM 운동은 달랐다. 흑인 페미니스트를 자처하는 밀레니얼세대 아프리카계 여성들이 시작한 운동은 당당한 우머니즘(womanism)[11]과 퀴어니스(queerness)가 뒷받침하는 움직임이었다.

레인보우 플래그가 춤추는 연대

2009년부터 2017년에 걸친 오바마 정권을 지나오면서 미국에서는 월 스트리트 점령 시위[12]를 비롯해 다양한 정치운동에서 레인보우 플래그를 볼 수 있게 되었다. 맨해튼에서 열린 월 스트리트 점령 시위를 취재하던 나는 두 달 동안 '점거'된 다운타운 주코티 공원에서 한 무리의 고등학생 남녀를 만났다. 주말마다 업타운에서부터 온다고 했다. 그중 한 사람은 머리카락을 무지개색으로 물들이고는 "이건 우리가 사는 시대의 문제니까 수업이 없을 때마다 여기 와서 공부하고 있어요" 하고 말하며 시원스럽게 웃었다. 트레이본 마틴을 추모하는 플로리다의 고등학생들도 현지에서 수업을 보이콧하는 형태로 시위를 시작했으며, 그때까지 이어지고 있던 월 스트리트 점령 시위와도 연계해 항의 활동을 추진했다. 미국 도시에 사는 젊은이들에게 정치참여와 사회참여는 일상의 일부였다. 2017년 트럼프 정권이 수립된 뒤로는 트럼프가 무언가 문제를 일으킬 때마다 맨해튼 5번 애비뉴에 있는 트럼프 타워 앞에서 젊은이들의 시위가 되풀이되었는데, 그곳에도 레인보우 플래그는 빠지지 않았다. 시위대를 구성하는 인종이나 나이대는 다양하며, 그 전까지만 해도 사회운동에 거의 얼굴을 비치지 않았던 일본인을 포함한 아시아계와 중학생인 아이들도 적지 않다. 밀레니얼세대가 주도하는 운동에 Z세대가 속속 호응하기 시작한 것이다. 그리고 2020년 '조지 플로이드 사건'을 목격한 Z세대는 자기 일처럼 분노했다.

조지 플로이드(George Floyd)는 5월 25일 미국 미네소타주 미니애폴리스에서 위조지폐를 사용했다는 혐의로[13] 백인 경찰 데릭 쇼빈(Derek Chauvin)에게 무릎으로 목을 압박당해 사망한 48세 흑인 남성이다. 지나가던 사람이 그가 숨을 거두는 8분 43초를 촬영해 유튜브에 올리면서 전 세계를 충격에 빠뜨렸다. 그것은 인간이 실제로 죽어 가는, 심지어 "숨을 못 쉬겠어(I can't breathe)"라는 당사자의 고통스러운 내레이션이 담긴 리얼타임 다큐멘터리였다.

222

이때였다. BLM 운동은 '#BlackLivesMatter'라는 해시태그와 함께 '흑인'들의 운동에서 모든 인종의 운동으로 발전했다. 미국 전역으로 퍼진 시위 물결에 합류한 그들 그녀들은 백인이고 아프리카계고 라틴계고 아시아계고, 게이이고 레즈비언이고 바이섹슈얼이고 트랜스젠더고 퀴어고 스트레이트였다. 기독교 교회를 주축으로 하는 흑인 커뮤니티의 문화적 울타리를 뛰어넘어 모두가 '주어'로서 힘을 합쳤다.

알리사의 생각처럼 그것이 원래 '앨라이'가 갖는 의미다. 시간대는 다소 어긋나지만, 프라이드 퍼레이드와 BLM 운동은 그렇게 서서히 겹치고 있다.

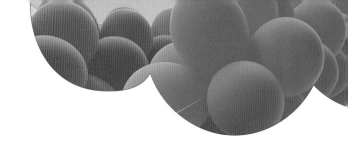

LGBTQ+

부록 1

월드 프라이드,
뉴욕 프라이드 마치
2019 후기

항쟁 50주년인 2019년을 기념하기 위해 2018년 12월 31일 마돈나는 이곳(스톤월 인)에서 서
프라이즈 연말 라이브를 진행했다. 프라이드 마치로부터 일 년 반 뒤에 트럼프를 꺾고 대통령
이 되는 조 바이든 부부도 50주년을 축하하기 위해 이곳에 들렀다. 전 세계 LGBTQ+의 성지
는 그리니치빌리지 중심부에 있다.

사상 최다 규모인 500만 명이 뉴욕에 모여

1969년 6월 28일 새벽, 맨해튼 그리니치빌리지의 게이 바 '스톤월 인(Stonewall Inn)'을 경찰이 급습하면서 현대 게이 인권운동(앞에서도 썼지만 당시 '게이'는 다양한 성소수자를 대표하는 호칭이었다)의 효시가 되는 '스톤월 항쟁'이 발발했다. 곧바로 다음 해부터 스톤월 항쟁을 기리고 인권 해방을 외치는 정치적인 집회와 시위행진이 추진되었다. 그로부터 50년이 지나고, LGBTQ+ 인권을 기념하는 '프라이드 이벤트'를 개최하는 나라와 지역은 세계 50여 곳으로 늘어났다. 도시 단위로 따지면 수백 곳에 이른다. 대부분 미국과 마찬가지로 6월에 개최하지만, 일본은 장마 때문에 6월은 피하는 추세다. 도쿄, 삿포로, 나고야, 오사카, 후쿠오카 등에서 개최된다.

민주주의 선진국에서는 정치적인 행진의 분위기가 꽤 많이 바뀌었는데, 그간 획득해 온 결혼이나 고용 분야 평등과 인권 회복을 축하하는 '축제'의 요소가 강해졌다. 한편 러시아나 아프리카

국가는 LGBTQ+ 운동에 참여하기만 해도 폭행 내지는 살해당할 위험이 있으며, 정부 당국이나 극우 자경단의 방해를 받는 일도 잦다. 민주주의국가라 하더라도 성소수자, 특히 트랜스젠더를 향한 폭행이나 차별 사례는 여전히 빈발하고 있으며, 최근에는 반동적인 정치 조류 속에서 오히려 심해지는 경향까지 나타나고 있어, 트럼프 정권하 미국에서는 '축제'를 치를 겨를이 없는 트랜스젠더들의 정치적인 행진이 독립적이면서 지금까지와 다른 형태로 이루어지기도 했다(6장 중 '트럼프라는 재난, 트랜스라는 수난' 참고).

이러한 상황 속에서 스톤월 항쟁 50주년(Stonewall 50)을 맞이하는 2019년 뉴욕에는 6월 마지막 일요일에 열리는 '월드 프라이드'와 '뉴욕 프라이드 마치'에 참여하기 위해 당초 예상한 300만 명을 웃도는 500만 명이 미국 내외에서 찾아왔다.

물론 모두 '프라이드' 때문에 온 관광객은 아니겠지만, 6월의 맨해튼은 여느 해보다 특히 **게이스러웠다**. 그간 다운타운에 집중되어 있던 LGBTQ+ 프렌들리의 상징인 무지개색도 이번에는 미드타운과 업타운까지 넘쳐흘렀다. 오늘날 미국 내 LGBTQ+ 커뮤니티의 잠재 구매력(핑크 머니)은 연간 9170억 달러에 이른다고 한다. 이는 일본의 국가 예산(일반회계)과 맞먹는 액수다.

길거리뿐만이 아니다. 그 유명한 구강청결제 '리스테린'의 용기가 무지개색으로 바뀌고, 일본에도 진출한 프리미엄 버거 브랜드 '쉐이크쉑'은 무지개색 스프링클을 뿌린 '프라이드 쉐이크쉑' 메뉴를 내놓았다. 레스토랑 메뉴판에서도 '러브 샐러드'니 '레인보우 샌드위치'니 하는 이름을 흔히 볼 수 있게 되었다. 랄프 로렌과 마이클 코어스는 무지개를 테마로 하는 아우터와 이너를 디자인해 선보였다. 이러한 현상을 지켜보던 영국 신문《가디언》은 '무지개색 자본주의에 영혼을 판 프라이드(Pride has sold its soul to rainbow-branded capitalism)'라는 평론을 실었다.

다만 격동의 역사를 거쳐 온 LGBTQ+ 커뮤니티는 마냥 들떠 있지만은 않았다. 이때다 싶어 핑크 머니만 노리는 브랜드에 반격을 날릴 만한 리서치 능력을 쌓았는데, 예를 들어 세계 최대 LGBTQ+ 인권 단체 '휴먼 라이츠 캠페인(HRC)'은 고용 다양성이나 복리후생과 같은 데이터를 기반으로 각 기업이 LGBTQ+에 얼마나 평등한지 보여 주는 '기업평등지수(Corporate Equality Index)'를 산출해 매년 발표하고 있다.

'프라이드 마케팅'과 관련해 높은 평가를 받는 미국 이케아는 평소의 파란색 쇼핑백 대신 무지개색 쇼핑백을 3달러 99센트에 판매하고 그 수익을 교육 프로그램용으로 HRC 기금에 기부했다.

이케아 쇼핑백도 무지개색으로.
수익은 HRC 기금에 기부되었다.

229

미국의 대형 소매업체인 '타깃'은 90개 품목을 프라이드 버전으로 새롭게 선보였으며, 교육 현장에서 LGBTQ+ 차별을 없애기 위해 노력하는 'GLSEN'(371쪽 참고)에 10만 달러를 기부했다. 미국의 통신 기업인 'AT&T'는 오랫동안 협력 관계를 유지하고 있는 LGBTQ+ 청소년 자살 방지 단체 '트레버 프로젝트(The Trevor Project)'에 텍스트와 차트를 활용한 상담 프로그램을 제공하고 더 나아가 100만 달러 이상을 기부했다.

이처럼 차별 반대와 인권을 향한 투쟁은 수많은 분야에서 지금까지도 이어지고 있다. 나는 미국으로 건너온 1993년부터 거의 매년 뉴욕에서 열리는 프라이드 이벤트를 취재했으며 참가도 했다. '스톤월 항쟁 25주년'이었던 1994년에도 어마어마한 규모를 자랑했지만, 50주년을 맞이한 '뉴욕 프라이드 마치 2019'는 '월드 프라이드 2019'가 함께 개최되면서 규모 면에서 25주년을 훨씬 웃도는 사회적인 이벤트로 거듭났다. 그것은 곧 차별의 시대, 차별과 에이즈로 인한 이중고의 시대, 가시화의 시대 등을 거쳐 이해와 수용이 확대되는 과정이었다. 이것만은 잊지 않았으면 한다. '굳이 커밍아웃하지 않아도 되는 좋은 사회'는 굳이 커밍아웃한 사람들이 만들어 온 것이라는 역사를. 시대는 저절로 나아가지 않는다. 누군가 시대를 민 사람들이 있었다. 세계는 그런 그들 그녀들에 의해 느리게나마 확실히 바뀌어 왔다. 그 결과(혹은 중간보고)의 한 자락을 스톤월 항쟁 50주년 기념 이벤트 사진으로 되짚어 본다.

2019년 6월 마지막 일요일 맨해튼 5번 애비뉴에서 열린 원조 '프라이드 마치'의 축제 분위기
와 달리 이틀 전인 금요일 브루클린에서는 비장함이 감돌았다. 트럼프 정권에 의한 '트랜스젠
더의 수난'에 대항하기 위해 대규모 정치 집회와 '퀴어 리버레이션 마치(Queer Liberation
March)'가 열린 것이다. 'Black Trans Women's Lives Matter'라는 구호가 눈에 띈다.
2020년 5월에 일어난 조지 플로이드 사건으로 BLM 운동은 미국 전체의, 모든 인종의 운동
으로 확대되었지만, 인종과 젠더 양쪽 면에서 소수자인 흑인 트랜스 여성에 대한 차별과 학대
와 폭력은 훨씬 예전부터 문제시되었다. 퀴어 리버레이션 마치는 코로나 사태로 집회를 자제
하는 추세였던 2020년에도 1만 5000명을 모으며 지금까지 이어지고 있다.

부록 1 월드 프라이드, 뉴욕 프라이드 마치 2019 후기

'프라이드 먼스'인 6월 뉴욕에서는 공공시설 역시 관련 이벤트를 잔뜩 개최한다. 메트로폴리탄미술관에서는 게이와 트랜스젠더의 독특한 문화 양식인 '캠프(CAMP)' 전시회(사진 위)가, 뉴욕 공립도서관에서는 스톤월 항쟁 50년사와 게이 시인 월트 휘트먼(Walt Whitman)을 다룬 전시회(사진 아래)가 열렸다.

'월드 프라이드'의 개막식은 우피 골드버그가 사회를 보는 가운데 NBA 팀 브루클린 네츠의
홈구장인 바클리스 센터에서 개최되었다.
시에라(사진 맨 아래)도 거의 훈도시 차림(?)으로 파워풀한 무대를 펼쳤다.

부록 1 월드 프라이드, 뉴욕 프라이드 마치 2019 후기

개막식 첫 무대는 「True Colors」의 신디 로퍼!

1. 뉴욕 지하철에도 무지개색 하트 마크가 붙었다. 메트로폴리탄교통공사(MTA)는 교통 패스에 해당하는 메트로 카드에도 무지개색 카드를 마련해 두었다.

2. 지하철을 타고 가다가 폴라로이드에서 일하는 레즈비언 커플을 만났다. 개막식을 보고 돌아가는 길이라고.

3. 프라이드 마치 전날 밤, 게이 바 스톤월 인은 가게 안에 채 들어가지 못한 사람들이 거리까지 흘러넘칠 정도였다. 사실 프라이드 마치 앞뒤로 일주일간은 쭉 이런 상태였다. 50년 전 6월 28일 새벽부터 7월 3일까지 이어진 폭동(Stonewall Riot)은 지금은 반란(Rebellion) 혹은 봉기(Uprising)로도 불린다. 마피아가 운영하던 해당 바는 사실 사건이 일어나고 얼마 지나지 않아 문을 닫았고, 건물은 두 가게로 나뉘어 각각 운영되었다. 1987년 둘 중 한 가게에 다시 '스톤월'이라는 이름을 붙이고 게이 바 영업을 시작했지만 1989년 문을 닫았다. 이때만 해도 1969년 당시의 인테리어 등은 전혀 남아 있지 않았다. 1990년에는 또 다른 사람이 옆 가게(현재 주소)에서 영업을 시작해 레스토랑을 갖추거나 2층을 디스코장으로 만드는 등 다양한 시도에 나섰다. 지금과 같은 바 형태를 갖추기 시작한 것은 현재 주인으로 바뀐 2006년부터다. 그때 가게 이름도 '스톤월 인'으로 되돌아갔다. 가게 안에 들어가면 당시 사진과 신문 스크랩 등이 액자로 장식되어 있다.

1, 2. 타임스스퀘어도 무지개 일색. LGBTQ+에 친화적인 기업으로 유명한 리바이스는 '함께 자랑스러워하자(PROUD TOGETHER)'라는 문구(사진 왼쪽)를 내걸었으며, 런던에 본사를 둔 국제 금융 그룹 바클레이즈도 무지개색 전광판에 '프라이드를 축하합니다(Barclays celebrates Pride)'라는 문구(사진 오른쪽)를 띄웠다.

3. 스톤월 인 앞에 있는 작고 세모난 공원은 '크리스토퍼 파크'라고 불린다. 공원에는 '스톤월 국립 기념비' 외에도 유명 조각가 조지 시걸(George Segal)의 작품이자 남자 두 명과 여자 두 명의 석고상으로 이루어진 〈게이 리버레이션(Gay Liberation)〉이 있다.

스톤월 인이 있는 크리스토퍼 스트리트에서 동쪽으로 한 블록 더 가면 짧은 '게이 스트리트 (Gay Street)'와 엇갈린다. 표지판 맨 위에 있는 것이 그 이름. 프라이드 먼스에 발맞춰 게이 스트리트 표지판 아래에 다양한 SOGI(Sexual Orientation and Gender Identity)가 거리 이름처럼 걸렸다. 과거 일본의 한 교수는 뉴욕을 소개하는 자신의 저서에서 게이 스트리트를 두고 "게이 거리까지 존재한다"라며 비아냥거렸다. 이 '게이'는 사실 LGBTQ+와는 아무 관계도 없으며 18세기 이곳에 살던 '게이' 일가에서 유래한 것으로 여겨진다.

부록 1 월드 프라이드, 뉴욕 프라이드 마치 2019 후기

1. 스톤월 인 앞에서 관광객을 인터뷰하는 핀란드 방송국. 프라이드 먼스를 취재하기 위해 세계 각국에서 다양한 매체가 뉴욕을 찾아왔다. 지금은 전 세계 30여 개국으로 퍼진 '결혼의 평등(동성혼의 합법화, 법제화)'도 시작은 이곳에서 일어난 봉기였으니까.

2. '프라이드 마치'를 한 시간 반 앞둔 오전 10시 반, 행진 시작 지점 근처에서는 매년 그렇듯이 반LGBTQ+로 악명 높은 웨스트버러 침례교회 교인들이 '죄의 대가는 죽음' '신은 게이를 증오한다' '지옥이 기다린다'와 같은 혐오 표현이 적힌 플래카드를 들고 있었다. 지나가던 사람들은 그들에게 "작작 해!" "돌아가! 여기는 뉴욕이란 말이야" 하고 비난을 퍼부었다.

1. 695개 단체에서 평소의 다섯 배인 15만 명이 참가한 2019년 프라이드 마치에서도 레즈비언 오토바이 클럽 '다이크스 온 바이크스(Dykes on Bikes)'가 선두에 섰다. 이들 역시 지난해의 두 배인 오토바이 200대로 참가했다. 이들이 처음 퍼레이드를 선도한 것은 1976년에 열린 샌프란시스코 프라이드였다. 이후 '다이크스 온 바이크스'가 행진의 포문을 여는 흐름은 미국 각지의 프라이드 퍼레이드뿐만 아니라 다른 나라로도 퍼져 멜버른, 파리, 런던, 토론토, 밴쿠버, 시드니, 취리히, 텔아비브, 그리스에서도 그녀들이 커다란 엔진 소리를 울리며 앞장서고 있다.
2. 출발 신호는 5번 애비뉴 21번가에서 터뜨리는 무지개색 종이 꽃가루.
3. 뒤에서 손을 들고 있는 이들은 이 행사에 참여하기 위해 시카고에서 온 고등학생 그룹. 뉴욕 프라이드 마치의 묘미 중 하나는 길가에 늘어선 사람들이 보내는 커다란 성원이다. 2001년 유엔 에이즈 특별총회가 겹쳐 함께 행진한, 전 산케이신문 뉴욕 지국장 미야타 가즈오는 100만 명은 족히 될 듯한 갤러리들이 행진하는 사람들을 "마치 뉴욕 양키스의 우승 퍼레이드를 걷는 선수가 된 기분"으로 만들어 준다는 명언을 남겼다.

1. 오토바이에 탄 채 무지개색 우산을 들고 있다.
2. 사람도 개도 온통 레인보우.
3. 레즈비언 참가자 중에는 아이들을 데리고 온 사람도 많았다.
4. 92세를 맞이한 참가자. 이제 전체 구간을 행진할 수가 없어 요즘은 길가에서 깃발을 흔들고 있다고.

1부 사랑과 차별과

저만치 멀리까지 이어진 행렬. 이때만 해도 정오에 시작된 행진이 열두 시간 넘게 이어지리라고는 아무도 예상하지 못했다(물론 어렴풋이 불안을 느끼던 사람은 있었다).

부록 1 월드 프라이드, 뉴욕 프라이드 마치 2019 후기

1. 프라이드 퍼레이드의 상징과도 같은 무지개색 풍선 행렬도 '50'이라는 숫자를 앞세웠다.
2. 매년 퍼레이드에서는 LGBTQ+ 권익 향상에 기여한 사람을 '그랜드 마셜(Grand Marshal)'로 선정한다. 올해는 스톤월 항쟁의 계기를 만든 트랜스 여성 활동가 마샤 P. 존슨과 실비아 리베라(둘 다 지금은 고인)의 이름도 있었다.

1. 스톤월 항쟁 직후 처음으로 결성된 본격적인 정치단체 '게이 해방 전선(Gay Liberation Front)'의 초창기 멤버들. 1970년 3000명 이상이 모여 5번 애비뉴에서 센트럴파크로 향한 최초의 스톤월 항쟁 기념집회와 행진은 이들을 중심으로 이루어졌다.
2. 성소수자를 대상으로 자살 예방 프로그램을 제공하는 단체 '트레버 프로젝트'도 그랜드 마셜에 선정되었다.

243

1. 행렬 앞쪽에는 그해 가장 큰 정치적 과제를 상징하는 단체가 선다. 올해의 주요 과제 중 하나는 역시 '트랜스젠더 차별'이었다. 가로 현수막에 적힌 문구는 '우리는 지워지지 않는다'.
2. 세계 각국의 LGBTQ+ 프라이드 조직을 연계하는 '인터프라이드(InterPride)'도 2019년 '월드 프라이드'를 성공시킨 주역이었다.

1. 길가에서 프리허그를 제공하는 '마마'. 행진하던 참가자들은 그녀에게 달려가 포옹을 받았다.
2. 스톤월 항쟁 50주년은 트럼프 정권 아래 개최되었다. 길가에서 파도처럼 밀려드는 성원 사이에는 '트럼프와 펜스는 당장 그만두라' 같은 정치적인 메시지도 섞여 있었다. 미국인은 정치에 관한 이야기를 꺼리지 않으며, 정치를 떠나서는 인권운동을 말할 수 없다. 특히 뉴요커는 8할 이상이 트럼프를 싫어한다. 부동산업자였던 트럼프가 어떤 비겁한 수를 써서 그 자리까지 올라갔는지 낱낱이 알고 있기 때문이다.

1 2

245

퍼레이드의 명물은 역시 형형색색의 드래그 퀸.

246

부록 1 월드 프라이드, 뉴욕 프라이드 마치 2019 후기

길가를 경호하는 여성 경찰관의 가슴에도 무지개 배지가. 뉴욕 경찰(NYPD)에도 LGBTQ+ 경찰관 단체 'GOAL(Gay Officers Action League)'의 뉴욕 지부가 있다(13장 중 '조직화하는 당사자들' 참고). 그들이 제복 차림으로 퍼레이드에 참가하게 된 것은 최근 20년 사이 일이다. 2019년 마침내 뉴욕 경찰이 스톤월 항쟁의 원인이었던 당시 LGBTQ+ 커뮤니티에 대한 일상적인 차별과 폭력을 공식적으로 사과한 것도 LGBTQ+ 경찰관들의 노력 덕분이었다. 다만 GOAL의 눈길이 닿지 않는 곳에서는 지금도 트랜스젠더 커뮤니티에 대한 경찰의 뿌리 깊은 폭력이 은밀히 이어지고 있다.

1. 뉴욕의 6월 말은 후덥지근하다. 이날은 습도가 낮아 비교적 버틸 만했지만, 다운타운 14번 가를 지날 때쯤이면 매년 근처 교회 사람들이 퍼레이드 참가자에게 물을 나눠 준다. 덕분에 살 것 같네요.

2. 가죽 애호가 단체도 행진한다. 가죽 하면 무서운 사람을 떠올리기 쉽지만 그들은 자신이 '개'라고 주장한다.

3. 유럽 LGBTQ+의 성지인 암스테르담에서도 대규모로 참가했다. 암스테르담은 4년에 한 번 씩 열리는 세계 최대 규모의 LGBTQ+ 스포츠 대회 '게이 게임스'의 1998년 개최지이기도 하다. 2022년에는 홍콩에서 개최될 예정이었지만, 중국공산당이 2020년부터 민주파 세력을 일제히 잡아들이는 등 민주주의와 자유를 지키기 위해 저항하는 홍콩 시민에 대한 탄압을 강화하기 시작했다. 인권운동의 상징이기도 한 게이 게임스의 미래는 홍콩 시민에게 주어진 표현의 자유와 평등의 미래이기도 하다.

249

뉴욕 주지사 앤드루 쿠오모(Andrew Cuomo)가 손을 흔들고 있다. 이때만 해도 이듬해 닥쳐올 신종 코로나바이러스의 위세를 예측한 사람도, 코로나 사태 속에서 쿠오모가 어떤 수완을 발휘할지 더 나아가 요양 시설 사망자 수 축소 발표와 성희롱 스캔들에 휘말릴지 예상한 사람도 없었다. 미디어를 통해 대대적으로 다루어지는 이 퍼레이드에는 매년 유명 정치인이 참가해 유권자들에게 자신이 LGBTQ+에 호의적이라는 사실을 어필한다. 매회 뉴욕 시장과 시의회 의원도 행진한다. 37세라는 나이에 게이 최초로 대통령 선거 후보로 나섰던 피트 부

티지지(Pete Buttigieg, 바이든 정권에서 교통부 장관으로 취임)도 행진할 것이라는 전망이 있었는데, 그는 이틀 전까지 뉴욕에 머무르고 있었으나 고향인 인디애나주 사우스벤트에서 일어난 백인 경찰에 의한 흑인 남성 사살 사건을 처리하기 위해 돌아갔다. 지금은 트럼프의 개인 변호사로서 만년을 먹칠한 전 뉴욕 시장 루돌프 줄리아니도 과거에는 환하게 웃으며 퍼레이드를 걸었다. 공화당 소속 정치인도 뉴욕에서는 LGBTQ+ 유권자를 얕봤다가는 정치생명을 이어 갈 수 없다.

1. 일본에서도 도쿄 레인보우 프라이드(TRP) 멤버 200명이 찾아왔다. 퍼레이드는 대체로 해가 지기 시작하는 저녁 8시 무렵(서머타임 때문에 실제로는 7시)에는 끝나는데, TRP는 오후 6시까지 집합하기로 되어 있었다. 하지만 아무리 기다려도 출발할 기미가 보이지 않았다. "슬슬 가 볼까요" 하고 언론 배포용 사진을 찍고 나서도 세 시간 넘게 그 자리에 머물렀다.

2. 본격적으로 움직이기 시작한 것은 오후 10시. 주위는 완전히 어두워졌다. 뉴욕에 사는 일본인들도 TRP가 참가한다는 소식을 듣고 낮부터 모였지만, 기다리다 지쳐 돌아간 사람도 많았다.

1

2

1부 사랑과 차별과

1. 밤 10시에 움직였지만 실제로 출발한 것은 밤 11시. 엠파이어스테이트빌딩을 수놓는 무지개색 조명이 아름답다.
2. 늦은 시간까지도 쌩쌩한 젊은 사람들.
3. 몇 블록 걷자 TRP가 큰돈을 들여 빌린 2층짜리 현수막 버스가 합류했다. 이 버스에서 기다리고 있던 스태프들은 심심해서 혼났을 거라며 동정의 대상이 되었다.

부록 1 월드 프라이드, 뉴욕 프라이드 마치 2019 후기

1. 지붕이 없는 2층에는 비눗방울을 대량으로 만들어 내는 장치까지 마련해 두었다. 한낮의 햇살 아래였더라면 무지개색으로 빛나는 비눗방울이 얼마나 아름다웠을까. 아쉬울 따름이다.
2. 일본의 동성혼 소송 지원 단체 '결혼의 자유를 모든 사람에게(Marriage for All Japan)'도 참가했다. 이 유카타 차림을 몇 시간 전까지 길가에 넘쳐 나던 뉴요커들에게도 보여 주고 싶었는데.

다음에는 꼭 밝을 때 행진했으면 좋겠다. TRP 뒤에는 몇 개 단체만 남아 있었고, 밤 11시부터 시작된 행진은 5번 애비뉴에서 크리스토퍼 스트리트로 우회전하고 7번 애비뉴에서 또 우회 전해서 종착점인 22번가에 도착한 오전 1시 무렵에야 끝났다. 그다음 우리는 십수 명을 모아 24시간 영업하는 코리아타운에서 불고기와 맥주를 먹고 헤어졌다. 그러고 보니 출발을 기다 리느라 저녁부터 거의 아무것도 먹지 못했다. 뉴욕의 프라이드 퍼레이드가 처음인 사람들에 게 '양키스 우승 퍼레이드의 황홀경'을 느끼게 해 주고 싶었는데, 작은 아쉬움이 남았다.

버스 2층에서 당당하게 깃발을 흔드는 모습.

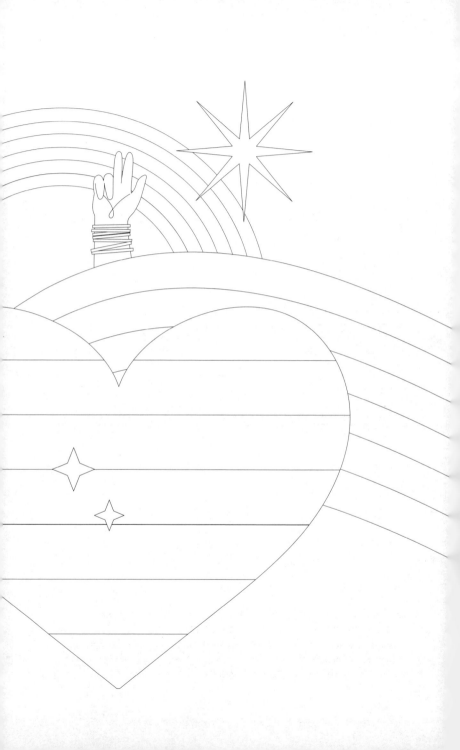

2부

우정과
LGBTQ+

침잠하는
우리의 정체

LGBTQ+

9장

'남과 여' 그리고
'공과 사' (1)

남자들의 입맞춤, 여자들의 키스

사회주의국가에서 처음으로 개최된 제22회 모스크바 올림픽은 전년도인 1979년 12월에 발발한 소련의 아프가니스탄 침공[1]에 항의하는 미국과 이에 동조하는 일본 등이 줄줄이 보이콧하면서 '스포츠와 정치'의 관계를 생각해 보는 대회가 되었다. 그에 비하면 별것 아닌 이야기 같겠지만, 문화의 세계화에서 무척이나 흥미로운 사건이 있다. 이 대회를 경계로 소련 남자 선수들이 경기 직후 서로 끌어안고 키스하는 일이 사라진 것이다.

당시 소련 남자들은 사람들 앞에서도 서로 키스를 나누고는 했는데, 서구에서는 이를 '사회주의 형제의 입맞춤(Socialist fraternal kiss)'이라고 불렀다. 보통은 양 볼에 세 번씩 번갈아 키스하고, 친한 사이일 경우 입술에 키스한다. 사회주의를 향한, 그리고 동성애를 향한 조롱의 의미가 담긴 표현이었을 것이다.[2]

가장 유명한 키스는 지금도 베를린장벽에 남아 있는 '브레즈

263

네프(전 소련공산당 서기장)와 호네커(전 동독 국가평의회 의장)의 포옹과 입맞춤'이라는 벽화다. 이 벽화는 1979년 독일민주공화국(동독) 건국 30주년 기념식에서 촬영된 사진을 바탕으로 1990년에 그려졌다. '사회주의와 동성애를 향한 혐오와 조롱'을 동시에 보여 주며 하단에는 '신이시여, 내가 이 치명적인 사랑을 이겨 내고 살아남게 도와주소서'라는 설명이 독일어와 러시아어로 쓰여 있다.[3]

　문제는 당시 소련권 국가 선수들의 키스다. 소련은 체조가 강한 나라인 만큼 체조팀이 텔레비전에 자주 나왔다. 그중에서도 특히 인기 있었던 스타는 알렉산드르 디트야틴이라는 (미화된 내 기억 속에서는) 미남 선수로, 모스크바 올림픽에서는 (다른 체조 강국이 결장하기는 했으나) 전체 여덟 개 종목에 출전해 모두 메달을 획득하면서 올림픽 역사상 전무후무한 기록을 세웠다. 금메달만 해도 개인종합 등에서 세 개나 되었다. 스무 살을 갓 넘긴 꽃미남이 경기가 끝날 때마다, 혹은 동료 선수가 경기를 끝낼 때마다 서로 끌어안고 입술과 입술을 맞대며 키스하는 것이다. 보이스 러브(Boys Love, 이하 BL) 팬이 본다면 좋아서 기절할 만한 장면이었다.
　그런데 그것이 없어졌다.

　제2차 세계대전 당시 미국의 흑인 병사들이 유럽 전선이라는 '다른 세계'를 만나 '노예가 아닌 흑인'으로서 해방운동을 자각한

베를린 장벽에 남아 있는 브레즈네프와 호네커의 '열렬한 입맞춤'.
ⓒ 야마가타 신야

9장 '남과 여' 그리고 '공과 사' (1)

것처럼, 자신 이외의 게이를 처음으로 만난 게이 병사들이 종전 후 돌아간 항구도시에 이전과는 다른 게이 타운이 조성된 것처럼, 올림픽을 계기로 바깥 세계와 접촉한 자국 문화는 다른 시선을 얻으면서 '의미'가 완전히 바뀌었다. 세계의 시선이랄까, 서구의 시선을 접한 소련 선수들에게 '형제의 키스'는 성적인 행동으로 그 의미가 바뀌었다. 그래서 중계방송에서 갑자기 그들의 포옹과 키스가 사라진 것이다.

앞서 이야기한 '본질주의'와 '구축주의'에 비추어 설명하자면 '흑인'도 '게이'도 '키스'도 (우리가 사로잡히기 쉬운) 그 의미는 전부 본질적인 것이 아니라 대부분 사회적인 배경에 따라 (본질적인 것처럼) '구축'된 셈이다.

1988년 서울 올림픽에서도 비슷한 일이 있었다. 그때까지만 해도 한국에서는 젊은 남자들이 서로 손을 잡고 거리를 걷는 모습을 어렵지 않게 볼 수 있었다. 하지만 전 세계의 눈이 한국으로 쏠리면서(혹은 쏠린다고 의식하면서) 이러한 풍습은 도시를 중심으로 빠르게 사라졌다. 남자끼리 손을 잡는 행위에 (서구의 문맥에 따른) 성적인 의미가 덧씌워진 것이다.

반대로 1990년대 초 (소련 붕괴로 인해 버터 수출이 막혀 파산 직전에 이른) 쿠바를 취재하러 갔을 때는 아바나 공항을 나서자마자 온갖 남자들이 내게 윙크를 하는 통에 '어라?' 싶었던 적이 있다. 윙크가 곧 인사라는 사실을 알아차리기까지는 한나

절 정도 걸렸지만, 북아프리카와 서남아시아에서는 지금도 남자끼리 사이좋게 손을 잡고 걷는 모습이 이상하지 않다. 만나고 헤어질 때도 아무렇지 않게 볼에 키스한다. 반면 남녀가 손을 잡거나 악수하거나 키스하는 것은 이슬람 문화권에서는 세속화된 국가가 아닌 이상 지금도 금기시되고 있으며, 범죄에 해당할 때도 있다.

그 연장선에서 부도덕한 행위를 저질러 일족의 명예를 더럽혔다는 이유로 가족 중 남자들이 딸이나 아내를 죽이는 '명예살인'이라는 관습도 존재한다.

그런데 지금까지 이야기한 현상은 '여성 간'에는 거의 일어나지 않는 듯하다. 남자인 내 눈에는 잘 보이지 않는 부분도 있겠지만, 여자들은 지금도 거리에서 당당히 손을 잡고 서로 끌어안는다. 키스하더라도 경악스러운 시선을 받는 일은 적을 것이다. 어째서일까?

서구 사회에서는 이를 '여성의 성은 유동적'이라는 '성적 유동성(sexual fluidity)'으로 설명하기도 한다. 이러한 논리는 남성도 10대 때는 성적 대상이 유동적이니 하는 주장과 마찬가지로 과학적으로 검증하기는 힘들지만, 일반적으로 통용되는 '성적 지향(sexual orientation)은 절대 변하지 않으며 자신이 선택할 수 없다'라는 생각과 대립하는 개념으로서 다양하게 논의되고 있다.

비이성애라는 초기 설정

2015년 11월 영국 일간지《텔레그래프》에 에식스대학교 심리학부에서 발표한 연구[4] 결과가 실렸다. 무척 흥미로운 기사다.[5]

[표제]

Women are either bisexual or gay but 'never straight'

여자는 양성애자이거나 동성애자일 뿐, 이성애자는 아니다.

[리드]

A study has found that most women who say they are straight are in fact aroused by videos of both naked men and naked women

이성애자를 자처하는 여성 대부분이 실제로는 남녀 모두의 누드 비디오에서 성적 흥분을 느낀다는 사실이 연구를 통해 밝혀졌다.

[본문]

Most women are either bisexual or gay but "never straight", a study suggests.

여성 대부분은 바이섹슈얼(양성애자)이거나 호모섹슈얼(동성애자)이지, 헤테로섹슈얼(이성애자)은 아니라는 가설이 제시되었다.

Research has found that though lesbians are much more attracted to the female form, most women who say they are straight are in fact aroused by videos of both naked men and naked women.

연구에 따르면 레즈비언은 같은 여자에게서 훨씬 많은 매력을 느끼지만, 자신이 이성애자라고 믿는 여자 대다수는 사실 남자와 여자의 누드 비디오 양쪽 모두에서 성적 흥분을 느낀다고 한다.

The study, led by Dr Gerulf Rieger from the Department of Psychology at the University of Essex, involved 345 women whose responses to being shown videos of naked men and women were analysed.

에식스대학교 심리학부 제럴프 리거 박사의 지도로 진행된 해당 연구에서는 여성 345명을 대상으로 남녀의 누드 비디오를 보여 주었을 때 어떻게 반응하는지 분석했다.

The results, which were based on elements such as whether their pupils dilated in response to sexual stimuli, showed that 82% of the women tested were aroused by both sexes.

성적 자극에 반응하는 동공 확장 등의 요소를 기반으로 분석한 결과, 피험자의 82%가 양성 모두에 성적 흥분을 보인 것으로 나타났다.

Meanwhile of the women who identified as straight, 74% were strongly sexually aroused by videos of both attractive men and attractive women.

한편 자신이 이성애자라고 믿는 여자만 놓고 살펴보면, 그중 74%가 매력적인 남성과 매력적인 여성 양쪽 모두의 비디오에서 강한 성적 흥분을 느꼈다.

This was in contrast to lesbians, who showed much stronger sexual responses to women than to men.

이는 남자보다 여자에게서 훨씬 강한 성적 흥분을 느낀 레즈비언의 반응과 대조적이다.

The researchers said lesbians were the most like men in their responses because it is usually men who show distinct sexual responses to their favourite sex.

연구진에 의하면 레즈비언의 반응은 남자의 반응과 비슷하다고 한다. 자신이 좋아하는 성별에 대해 훨씬 커다란 성적 반응을 보이는 것은 대체로 남성이기 때문이다.

Dr Rieger said: "Even though the majority of women identify as straight, our research clearly demonstrates that when it comes to what turns them on, they are either bisexual or gay, but never straight."

리거 박사는 "여자들 대부분이 자신을 이성애자라고 생각하지만, 성적 흥분을 일으키는 요소를 놓고 살펴보면 그녀들은 바이섹슈얼이나 게이지 스트레이트라고는 할 수 없다"라고 말했다.

Dr Rieger also said his study showed that lesbians who may dress in a more masculine way may not have more masculine behaviours.

또한 리거 박사는 남들보다 남성적으로 입는 레즈비언이 무조건 남들보다 남성적으로 행동하는 것은 아니라는 사실도 알아냈다고 전했다.

"Although some lesbians were more masculine in their sexual arousal, and others were more masculine in their behaviours, there was no indication that these were the same women," he said.

"성적 흥분과 관련해 남자에 가까운 반응을 보이는 레즈비언이 있다. 그리고 옷차림과 행동이 남성적인 레즈비언이 있다. 하지만 이들이 꼭 동일 인물인 것은 아니다."

"This shows us that how women appear in public does not mean that we know anything about their sexual role preferences."

271

"이번 연구 결과를 통해 알 수 있는 것은 남들 앞에서 어떻게 보이는지만으로 여성의 성적 역할의 기호를 파악할 수는 없다는 사실이다."

이 논문의 정확성을 판단하려면 리거 박사의 다른 연구도 자세히 살펴보아야 하겠지만, 일단 여기서는 여성이 성적으로 유동적이라기보다 범성적(pansexual, 팬섹슈얼)이라고 말하려는 것이 아닐까 생각한다. 즉 여성은 원래 남녀 양쪽에 끌린다는 의미다. '유동적'이라고 하면 오해하기 쉬운데 사실 동시에 여러 젠더나 섹스의 소유자를 사랑하는 것이 아니라(물론 한 번에 여러 명을 만나는 사람도 있겠지만) 그때그때 이쪽에 치우쳤다가 저쪽에 치우쳤다가 한다는 것이다. 시간 축에 따라 살펴보자면 성적으로 '유동적'이라는 것은 '범성적'인 존재 방식을 기반으로 그때그때 달라지는 표현형일지도 모른다.

그나저나 여자들은 왜 그리도 '범성적'으로 보일까. 아니, 손을 잡거나 어깨를 맞대거나 한 이불에 들어가는 등 '범성적'인 것을 숨기지 않고 표현할 수 있을까. 이 질문에 대한 답을 찾으려면 남녀 간의 육체적, 물리적 시스템의 차이(본질적인 차이)에 더해 여성을 둘러싼 사회문화적 차이(구축적인 차이)도 고려해야 하겠지만, 이에 관해서는 여성 연구자 당사자의 목소리에 귀를 기울여 보고 싶다.

부재중인 여자들

게이가 주요 인물로 등장하는 드라마나 영화나 소설을 보면 그의 '고민'에 공감하는 든든한 조력자(혹은 단순한 불평 상대)와 같은 여자가 짝을 지어 나오기 일쑤다. 이 또한 ('주인공은 늘 남자'라는 성차별적인 비즈니스 모델과 합쳐져서) 하나의 스테레오타입으로 자리 잡았는데, 성소수자를 향한 지지와 지원이 여자들을 중심으로 퍼져 나가는 것도 앞서 말했듯이 친밀함을 '범성적'으로 표현하는 데 거부감이 적은 경향과 관련 있을지도 모른다.

이러한 표현의 자유로움은 어디서 오는 것일까? 배려심, 보호본능, 높은 공감 능력 등 이른바 '모성'적이라고 여겨지는 요소에서 원인을 찾는 설명은 이미 곳곳에 존재한다. 여성에게는 그러한 종류의 '터부'에 대한 사회적 제약이 거의 없다는 사실이나 사회규범과의 유대가 느슨하다는 점도 관련 있을지도 모른다.

돌이켜 보면 여성은 늘 사회규범에서 제외되고 소외되었다. 남성 간 동성애를 범죄로 보는 국가와 문화권에서도 여성 간 동성애는 묵인했다. 예를 들어 17세기부터 19세기까지 잉글랜드에서는 '이상 성교'에 대해 사형까지도 내렸다. 당시 '이상 성교'는 동성 간 성관계뿐만 아니라 '생식'과 무관한 모든 성행위를 망라했다. 금방 연상 가능한 구강성교와 항문성교는 물론이고 피임과 임신중지까지 포함되었다. 이러한 비생식 성교를 향한 공격은 19세기 후반 도시의 공업화에 의해 더욱 거세졌다.

노동은 가정(사적인 장소)을 기반으로 한 것에서 공장(공적인 장소)을 기반으로 한 것으로 바뀌고, 남녀의 사회적 역할(공적인 젠더 역할)도 한층 뚜렷이 나뉘었다. 과학 분야에서는 복부외과 수술의 진보가 여성의 수태 시스템을 해명하는 수준에 이르렀다. 생리학적으로나 심리학적으로나 섹슈얼리티의 개념에 변화가 찾아온 것이다.

다윈의 진화론(『종의 기원』은 1859년 11월 24일 출판되었다)도 영향을 미쳤겠지만, 공업화로 인한 중산계급의 출산율 저하는 '인종적 자살 행위'로 여겨졌으며 더 나아가서는 대영제국을 몰락시키는 주범으로 몰렸다. 오늘날 일본이 '저출산 문제'로 골머리를 앓는 것과 비슷하다. 이에 따라 '이상 성교(생식을 목적으로 하지 않는 섹스)'는 가정과 사회, 양쪽 모두에 대한 위협으로 인식되기 시작했다. 결국 19세기 영국에서도 21세기 일본에서도 여자들은 '아이 낳는 기계'가 되어 '집' 안에 가두어지게 되었다.

1885년 '이상 성교'를 규정한 형법에서 동성애 조항이 독립되었다. 영국 상류층 남자들 사이에서 젊은 남창을 대상으로 하는 매춘이 횡행하면서 '라부셰르 수정법(Labouchère Amendment)'이라고 불리는 수정 조항이 삽입된 것이다. 이에 따라 '생식을 목적으로 하지 않는 섹스' 중에서도 동성 간 성행위는 사람들 앞은 물론이고 사적인 장소에서도 처벌 대상이 되었다.

이 악명 높은 수정법으로 인해 영국 사회에는 밀고와 협박이 만연했다. 오스카 와일드가 앨프리드 더글러스 경(Lord Alfred Douglas)과의 외설 행위로 재판에 넘겨진(1895년) 것도 이 수정법 때문이었다. 1930년대 영국 퍼블릭 스쿨을 무대로 한 〈어나더 컨트리(Another Country)〉[6]의 주인공 가이 베넷은 냉전시대 초기 소련의 스파이였던 영국 외교관 가이 버제스(Guy Burgess, 1911~1963)를 모델로 한다. 작품에선 이 수정법으로 인한 영국에서의 동성애 탄압을 호모섹슈얼인 주인공이 스파이가 된 동기의 중추에 두었다.

라부셰르 수정법이 폐지된 것은 20세기도 후반에 접어든 1967년이었다.

다만 이때 '동성애'는 법적으로나 연구 대상으로서나 남성 동성애를 가리켰다. 레즈비언은 사회적으로 거의 논의조차 되지 않았다. 당시 페미니스트의 주요 과제도 매춘과 성병과 여성참정권(20세기 초반에 일어난 서프러제트 운동은 5장에서 소개한 바 있다)이었으며, 동성애는 '부르주아의 퇴폐적인 취미'로나 여겨졌다.

범죄시되지 않으면 좋은 것 아니냐고 말하는 사람도 있을 것이다. 하지만 이는 곧 여성의 사회적인 부재를 의미하기도 했다. 그녀들은 사회가 아닌 '집' 안에만 존재했다. 죄를 저지르는 (자격이 있는) 것은 사회의 주어인 남성이지, 그가 소유한 '집' 안에

놓인 부속물에 불과한 여성은 직접 범죄를 저지르는 주체조차
될 수 없었다.

사적인 존재인 여성에게 공적인 장소에서의 책임인 죄까지 물
으면 불쌍하니까, 그런 '달갑잖은 호의' 내지는 '진퇴양난의 상
황'. 배려라는 이름으로 포장해 삼등칸 좌석을 주고는(지붕이라
도 있으니 다행인 건가) 다른 칸으로 넘어오지 못하도록 하는 상
황은 오늘날에도 흔히 볼 수 있다.

여성을 낮잡아 보거나 애당초 없었던 존재처럼 못 본 체하는
태도가 어디서 시작되었는지를 생각해 보면 기록상으로 '가장
오래된' 축에 속하는 성경부터가 그렇지 않나 싶다. 어떻게 보면
성경은 예수 그리스도와 열두 제자가 펼치는 남자들만의 로드
무비랄까, 로드 스토리라고 할 수 있다. 즉 거의 남자들에 의해
진행되는 호모소설(386쪽 참고)한 이야기인 셈이다.

구약성경에는 혈통을 설명하는 대목도 있어 주요 인물인 이브
(하와)를 비롯해 여자가 40명 정도 나오지만, 신약성경으로 들
어가면 20명 정도밖에 등장하지 않는다(내가 얼추 세어 보았을
뿐이라 정확하지 않을 수 있으나 적다는 것만은 분명하다). 게
다가 '내가 조사한 바'에 따르면 20명 중에서도 5명까지는 전부
이름이 '마리아'다. 성모마리아, 막달라 마리아, 그냥 마리아 등
등. '마리아' 외에는 이름조차 없는 여자가 10명 정도 있는데, 그
나마도 이야기나 편지 속에만 등장하는, 즉 2차 정보로만 제시되
는 여자가 많다. 200명 넘는 사람이 등장하는 장대한 이야기 속

에서 여자는 그뿐이다. 나머지는 전부 남자다.

　역사의 주어가 '(백인 이성애자) 남성이었다'라는 사실은 앞에서도 이야기했는데, 성경의 시대만 해도 주어는 소위 말하는 '백인'이 아니라 유대인이나 아랍인 남성이었다. 하지만 문명의 주축이 점점 서구로 이동하면서 주어 자리는 코카시안(코카서스계) 백인 남성에게 넘어갔다. 그 과정에서 그리스도까지 백인인 것처럼 그려졌다. 즉 성모마리아도 백인이 아니었고, 애당초 성경 속 여자들은 모두 무대 바깥에 있었다.

'사'가 '공'에게 항의하다

　여자들은 사회성을 부여받지 못했다. 여자들은 사적인 영역 안에서만 살 수 있었다. 여자들은 공(公)을 향해 발언할 수 없었다. 드물게 예외는 있지만, 부족과 국가의 탄생에서 이어지는 '부권제'와 '가부장제'라는 구속적인 프레임 속에서 여자는 '인간(MAN)'이 아니었다. 대략적이나마 그렇게 살펴보고 나면 그녀들이 자신의 '비사회성'을 자각하자 그것이 단숨에 '사회성'으로 점프한 이유를 알 것도 같다. '개인적인 것이 곧 정치적인 것'이라는 모토가 페미니즘에서 나온 것도, 흑인 해방운동의 계기 중 하나가 앨라배마주 몽고메리에서 있었던 로자 파크스의 행동이었던 것도 수긍이 간다. 더 나아가서는 스톤월 항쟁을 짊어진 이들이 '사회성'에서 가장 먼 곳에 격리된 드래그 퀸과 레즈비언이었던 것도.

한번 '사회'를 자각하고 나면 여자들은 래디컬해질 수밖에 없었다. 그렇다면 남자들은 어땠을까. 그들은 처음부터 '사'와 '공' 두 가지 모두 지니고 있었다. '공'적인 영역에서 난처해지면 '사'적인 영역으로, '사'적인 영역에서 불리해지면 '공'적인 영역으로 도망칠 수 있었다. 어영부영 자기 자신을 속일 수 있었다. "살다 보면 다 그래" "어른이 된다는 것은 참는 법을 배우는 것이지" "그게 인생이란 거야" 하고 중얼거리면서.

7장에서 제2차 세계대전 당시의 사회상을 인용한 『LGBT 히스토리 북』에 스톤월 항쟁을 먼발치에서 지켜보던 아이비리그 출신 돈 많은 게이 남성이 "잘만 숨어 살고 있었는데!" 하고 화를 냈다는 대목이 있다.[7]

전부 다 잘만 굴러가고 있었어. 우리를 위한 바(bar)도, 우리를 위한 해변도, 우리를 위한 레스토랑도 있다고. 그걸 저 여자들(girls)이 전부 망가뜨렸어.

그렇다, '여자들'이다. 유복한 그는 대기업에서 일하는지 이름난 사무실에서 일하는지는 몰라도 타인에게 내세울 만한 '공'적인 얼굴을 지닌 동시에 '게이인 나'라는 편안한 장소도 손에 넣었다. 두 가지를 오고 가면서 능수능란하게 살아왔다. 그리고 결국에는 '공'도 '사'도 애매하게 처리된다.

사회변혁 앞에서는 남녀가 없지만 때로는 '사회라는 것이 무엇인지 잘 모르는 이들', 앞서 나온 말을 빌리자면 '히스테릭한 여자들'이 계기를 만든다. '사회'를 잘 알고 '무엇이든 다 안다는 얼굴을 한 어른들'은 변혁을 일으킬 수 없다. 그들은 변혁의 필요성을 무시하고 있거나, 느끼지 못하거나, 모르기 때문이다. "사회란 건 말이야 그렇게 간단하지가 않아." 팔짱을 낀 채 설교하는 그들에게 어울리는 단어는 보수일까, 신중함일까, 체념일까.

한편 시간이 아무리 지나도 '공'적인 영역에 발을 들이지 않으려는 집단도 있다. 일본 사회에서는 그러한 집단을 어렵지 않게 발견할 수 있다. 5장에서 일본(도쿄)은 '공'적인 공간에 '사람'이 없다고 지적했다. 있는 것은 '감자'이므로 '사람'을 '사람'으로 생각하지 않는다.

이 같은 사회에서는 그런 차가움을 보정, 보수하듯이 '사'적인 영역이 움직인다. '공'적인 영역에서의 악의(혹은 선의의 부재)를 '사'적인 공간에서 개개인의 선의가 보완하는 것이다.

일본 영화와 미국 영화를 비교할 때마다 느끼는 점이기도 하다. TV 드라마도 그렇고, 일본에는 민사소송이나 행정소송에 관련된 이야기가 드물다. 법정물이라 하면 대부분 형사사건이다. '사'가 '공'을 상대로 항의하거나 싸우는 일이 거의 없다. 한편 미국 사회를 반영하는 미국 영화 중에는 그러한 내용의 작품이 많다.

인권 문제와 관련해서는 에이즈 사태를 소재로 하는 영화 〈필라델피아(Philadelphia)〉(1993)가 감염된 주인공(톰 행크스)을 둘러싼 차별 재판을 그린다. 환경 문제와 관련해서는 지하수 오염 문제를 고발하고 줄리아 로버츠에게 오스카상을 안겨 준 〈에린 브로코비치(Erin Brockovich)〉(2000)와 셰일가스 개발의 이면을 그린 맷 데이먼 주연의 〈프라미스드 랜드(Promised Land)〉(2012)가 있고, 전쟁이나 권력의 부당함을 폭로하는 작품은 이루 헤아릴 수 없을 정도다. 오스카 작품상과 각본상을 받은 〈스포트라이트(Spotlight)〉(2015)는 가톨릭 사제에 의한 아동학대 사건을 뒤쫓는 《보스턴글로브》 기자들의 고군분투를 다뤘으며, 오스카 분장상 등을 받은 〈밤쉘: 세상을 바꾼 폭탄선언(Bombshell)〉(2019)은 폭스뉴스에서 여성 앵커들을 상대로 벌어진 성적 학대를 그리는 한편 '미투(#MeToo)운동'[8]에 영향을 미친 민사소송을 중요한 토대로 삼고 있다.

일본 영화 가운데 비슷한 작품이 금방 떠오르지 않는 이유는 내 공부가 부족한 것도 있겠지만, 그러한 작품 중에서 누구나 알 만한 화제작이 거의 없기 때문은 아닐까. 그 와중에 제2차 아베 신조 정권 아래 벌어진 내각정보조사실의 미디어 조작을 소재로 한 영화 〈신문기자(新聞記者)〉(2019)가 진보 미디어의 극찬을 받는 현상이 일어났다. 그만큼 드문 일이다.

그 대신 일본 영화는 진지하게, 차분하게, 담담하게 '사(私)'의 세계를 그린다.

그러한 영화 가운데 손에 꼽을 만한 작품이 있다. 이마이즈미 리키야(今泉 力哉) 감독, 미야자와 히오(宮沢 氷魚) 주연의 〈히즈 (His)〉다. 첫 만남으로부터 13년에 걸쳐 두 청년의 동성애 관계를 그린 영화다. 무척이나 좋은 영화다. 그리고 무척이나 중요한 문제를 부각한다.

281

LGBTQ+

10장

'남과 여' 그리고
'공과 사' (2)

영화 〈히즈〉, 개인적인 선의의 역할

　영화 〈히즈〉는 원래 남고생들인 '슌(이가와 슌)'과 '나기사(히비노 나기사)'의 연애를 그린 드라마로 나고야테레비(名古屋テレビ)에서 2019년 4월부터 5화에 걸쳐 방영되었다고 한다. 드라마판은 보지 않았지만, 영화판은 드라마판 이후 대학교 졸업을 앞둔 슌에게 나기사가 갑자기 "우리 헤어질까" 하고 말하는 장면으로 시작한다. 함께 아침을 맞이한 두 사람이 서로 스웨터를 주고받는 아름다운 장면 바로 뒤에 나오는 이 대사는 헤이안시대의 '키누기누의 작별(後朝の別れ)'[1]을 떠올리게 한다.

　하지만 그렇게 헤어진 채로 살아가면 영화는 끝나 버린다. 영화 〈히즈〉는 몇 년 뒤 도쿄에서 떨어진 산골 마을에서 홀로 자급자족하며 살아가는 슌을 비춘다. 뒤이어 회사에 다니는 동안 게이라는 소문에 시달리던 슌의 회상 장면이 나오는 것으로 보아 사람들의 시선을 견디다 못한 그가 반쯤 도망치듯이 산골 마을로 이사 왔다는 사실을 짐작할 수 있다. 그런 슌 앞에 갑자기 나기사가 여섯 살 난 딸 소라를 데리고 나타났다. "잠깐만 여기서 지낼게" 그렇게 말하면서.

소라의 나이로 짐작건대 '키누기누의 작별'로부터 7~8년은 지났을 것이다. 멋대로 사라졌다가 멋대로 다시 나타나고, 게다가 여자와 결혼해서 아이까지 만들지를 않나. "왜 이제 와서……." 나는 미야자와 히오가 연기하는 슌을 향해 "안 돼, 안 된다고. 당장 돌려보내!" 하고 격렬하게 텔레파시를 보냈지만, 그랬다가는 또 영화가 끝나 버린다.

미래가 아니라 과거에 잠깐 스친 행복한 순간에만 희망이 있는 것처럼 느껴지는 나이(시대, 사회)가 있다. 산속에 틀어박힌 슌이 그랬다. 그래서 그는 망설임 끝에 '과거'와 다시 지내 보기로 한다. 그것이 추억 속 행복이자 '과거형으로 쓰인 희망'일지라도.

슌에게, 그리고 관객에게 나기사의 변덕은 소라의 천진난만함으로 상쇄된다. 하지만 기묘한 관계에 놓인 세 사람의 생활은 어딘지 모르게 아슬아슬하다. 사실 나기사는 소라의 친권을 둘러싸고 아내인 레이나와 이혼 조정 중이었다. 두 사람의 위태로운 갈등과 재판으로 향하는 과정이 보조 플롯으로 나란히 전개된다(이때 레이나는 나기사의 변덕을 상대화하는 식으로 그려지다 보니 꽤 가엾게 느껴진다). 한편 마을에 슌과 나기사 두 사람의 관계가 알려진다. 멋쩍은 침묵과 거리감.

여기서부터 이야기는 기승전결 중 '전'으로 접어든다. 슌과 친하게 지내던 나이 든 사냥꾼 오가타가 갑자기 숨을 거둔다. 오가타는 슌이 게이라는 소문이 마을에 떠돌자 그에게 사냥을 권하고는 산속에서 우뚝 멈춰 서서 "누가 누굴 좋아하든 그건 그 사람 마음이다. 네 맘대로 살면 돼" 하고 말해 준 사람이었다.

오가타의 장례식장에서 거나하게 취한 마을 사람이 나기사에게 "너희들 남자끼리 사귀는 거냐?" 하고 묻는다. 나기사는 아니라고 답하고는 가벼운 웃음으로 넘기지만, 감정이 북받쳐 오른 슌은 자리에서 일어나 "여러분, 제 말 좀 들어 주실 수 있을까요?" 하고 다짜고짜 커밍아웃한다.

"저는 히비노 나기사를 사랑합니다."

긴장감이 흐르고, 관객인 나까지 조마조마해진다. 어색한 분위기를 건져 내듯이 네기시 도시에(根岸 季衣)가 연기하는 할머니가 말한다. "이 나이 되니까 남자든 여자든 아무 상관이 없어. 어느 쪽이든 좋다고." 장례식장은 웃음바다가 되고, 마을 사람들은 두 사람을 받아들인다. 그뿐만이 아니다. 같은 할머니가 슌에게 오래 살아, 하고 격려하는 대목도 있었다. 영화를 보던 나는 하나둘 떠오르는 기억에 눈물이 그렁그렁해졌다.

이것이 영화 〈히즈〉의 핵심이다. 누가 부모로 적합한지를 놓고 다투는 나기사와 레이나의 이혼 재판에서도 양쪽 변호사 간의 날 선 공방을 가로막은 것은 나기사가 꺼낸 사죄의 말이었다.

이때도 인간으로서의, 사적인, 개개인의 생각이 그 자리를 구하는 것이다.

'사'에서 '공'으로 향하는 회로

사회와 관련된 다양한 역경을 그리면서도 목에 핏대를 세워가며 주장하거나 비난하는 대신 조용하고 담담하게 관객 하나하나의 마음에 스며들 듯이 자취를 남긴다. 이를 위해 영화적인 표현 속 다양한 역경은 등장인물 개개인의 선심에 의해 보답받거나 구원받거나 위로받는다. 비극이나 난관은 사적인 영역 안에서 개인의 선의에 의해 회수된다.

거기까지 생각하자 또 다른 일본 영화가 떠올랐다. 가와세 나오미(河瀬 直美) 감독의 〈앙: 단팥 인생 이야기(あん)〉(2015)라는 영화다. 나가세 마사토시(永瀬 正敏)가 연기하는 도라야키* 가게 주인은 맛있는 팥소를 만들지 못하는 탓에 손님이 오지 않아 고민인데, 그런 그의 앞에 키키 키린(樹木 希林)이 연기하는 할머니가 일자리를 구하기 위해 찾아왔다가 누구나 반할 만한 팥소 만드는 법을 전수한다는 이야기다.

벚꽃이 아름다운 풍경으로 시작하는 이야기는 담담히, 그러

---

* 팬케이크와 비슷한 밀가루 반죽 두 쪽 사이에 팥소를 넣은 일본 전통 디저트.

면서도 착실히 진행된다. 흔한 요리 영화인가 싶을 때쯤, 맨 처음 잠깐 나온 할머니의 변형된 손가락이 복선이었다는 사실이 밝혀진다. 그녀는 가게에서 그리 멀지 않은 나병, 즉 한센병 환자를 위한 시설(구 격리 시설)에서 출근하고 있었던 것이다. 사실이 알려지자 가게는 손님의 발걸음이 뚝 끊긴다.

이 영화도 여운이 남는 명작이다. 손님이 줄자 할머니는 아르바이트를 그만두고 '시설'로 돌아간다. 영화는 '세간'의 편견과 몰이해를 상대로 직접 맞서지 않는다. 가게 주인이 말없이 분노하는 표정, 그리고 단골이었던 여중생(키키 키린의 손녀가 연기했다)과 함께 '시설'에 찾아가 할머니와 다시 만나는 장면이 한센병을 둘러싼 '차별'과 '안타까움'을 회수한다. 그리고 〈히즈〉와 마찬가지로 관객들의 가슴속에 조그만 씨앗을 살짝 놓아두며 막을 내린다.

여기서 한 가지 궁금한 점이 생긴다. 한 사람 한 사람의 가슴 깊숙한 곳에 조용히 놓인 그 '씨앗'이 '사(私)'라는 토양에서 싹을 틔우는 것은 언제일까? 사적인 영역에서 발휘되는 선의가 사회라는 공적인 영역에서 의지로 발전하는 일이 과연 존재하기는 할까?

더 나아가 보자면 "이 나이 되니까 남자든 여자든 아무 상관이 없어. 어느 쪽이든 좋다고" 하고 말해 주던 친절한 사람들은 슌과 나기사가 동성혼을 요구하더라도 그들의 편에 서서 사회제도를 개혁하기 위한 서명운동이니 시위니 재판에 나서 줄까? 키키 키린이 연기한 할머니와 같은 이들의 억울함을 풀어 주기 위해 한센병 환자 차별 문제 해결에 나서 줄까?

오스카상을 받은 영화 〈필라델피아〉에서 에이즈로 비쩍 마른 톰 행크스가 덴절 워싱턴과 함께 법정에서 처절하게 맞서 싸워 승리를 얻어 낸 것은 그 비극이, 정치의 부재로 인해 수많은 사람이 쓰러져 나가던 그 참상이 사적인 영역에서 발휘되는 개인적인 선의만으로는 회수할 수 없는 규모와 종류였기 때문이다. 그래서 판사가 톰 행크스의 손을 들어 주자 영화를 보던 관객들까지 환호성을 외쳤다.

그렇다면 관객들의 환호성과 〈히즈〉나 〈앙〉에서 느껴지는 절절한 감동은 무엇이 어떻게 다를까? 동성애 차별과 한센병 차별은 개인적인 선의만으로 회수 가능한 종류라는 것일까? 아니면 개인적인 선의로 회수할 수 있는 부분과 회수할 수 없는 부분이 있다는 것일까? 일본 영화는 전자에 강하고 할리우드는 후자를 주로 그린다는 의미일까?

게이 신부의 이름을 딴 거리

나는 이러한 차이가 '사'적인 영역과 '공'적인 영역 사이에 회로가 있느냐 없느냐에 달려 있다고 생각한다. 25년 가까이 뉴욕에서 지낸 탓에 나는 어쩌면 미국화된 방법론에 감화되었는지도 모른다. 그렇다 하더라도 '공'의 행위 역시 때로는 무척이나('사'

적인 영역에서 나도 모르게 눈물이 글썽해지는 아름다움과는 또 다른 종류지만) 아름다운 행위라고 생각한다. 다만 그러한 종류의 행위는 일본에서 보기 드물다.

개인적인 선의와 배려와 경의를 개인의 수준에서 멈추지 않고 집단의 선의와 배려와 '공동'의 경의로 다시금 표현하는 일, 그것이 곧 '사'에서 '공'으로의 전위(轉位)다. 영웅을 기리기 위해 거리나 다리에 그들의 이름을 붙이는 풍습에 대해서는 앞에서도 언급했다.

9·11 테러 당시, 무너진 세계무역센터에서 첫 번째 희생자로 인정된 사람은 남들보다 먼저 사고 현장으로 달려간 마이클 저지(Mychal F. Judge) 신부였다. 뉴욕 소방서에는 화재나 사고로 인한 희생자를 추도하기 위해 사제가 복무한다. 저지 신부는 유해와 콘크리트 파편이 굴러다니는 거리에서 기도를 드린 다음 지휘 본부가 설치된 제1세계무역센터 로비로 발걸음을 재촉했다. 그곳에서도 구급대, 부상자, 그리고 사망자를 위해 기도하던 오전 9시 59분, 옆에 있던 제2세계무역센터가 갑자기 무너지기 시작했다.

커다란 철근이며 돌덩이가 제1세계무역센터 로비로도 쏟아져 내려 대기하고 있던 지휘 요원들을 덮쳤다. 신부도 그중 한 사람이었다. 신부는 죽기 직전까지도 큰 소리로 기도를 멈추지 않았다고 한다. "주여, 이 재앙을 어서 끝내 주시옵소서! 부탁입니다, 지금 당장!(Jesus, please end this right now! God, please end this!)"[2]

저지 신부는 동성애자였다. 당시 소방본부장이었던 토마스 폰 에센(Thomas Von Essen)은 이렇게 말했다.

소방관 조합에 있을 때부터 그의 호모섹슈얼리티는 알고 있었다. 나는 잠자코 있었지만 5년 전 본부장이 되었을 때 그가 먼저 말을 꺼냈다. 그 일로 종종 웃고 떠들었는데. 내게는 별것 아니었지만 다른 소방관들에게는 쉽게 받아들이기 힘든 문제였을 것이다. 내게 그는 남들과 조금 다르면서 마음이 따뜻하고 올곧은 남자였다. 게이라는 사실은 어떤 상황에서든 아무런 상관이 없는 일이었다.[3]

2002년 뉴욕시는 신부가 살고 있던 웨스트 31번가 일부를 '마이컬 저지 신부 길(Father Mychal F. Judge street)'로 개명하고 허드슨강을 다니는 통근 페리 중 한 척에도 '마이컬 저지 신부'호라는 세례명을 부여했다.

이러한 사례는 이미 하나의 제도로서 서구 사회에 뿌리내린 듯하다. 사적인 공간(영역)과 공적인 공간(영역) 양쪽에서 실현하려는 사람들의 마음. 우리는 그 노력을 아름답다고 여긴다.

거리나 다리에 고인의 이름을 붙여 기리는 사회적인 문화. 맨해튼 웨스트 31번가 일부는
'마이컬 저지 신부 길'이 되었다.
ⓒ오타니 아키히토

10장 '남과 여' 그리고 '공과 사' (2)

경례를 통한 전위

다음과 같은 일화도 소셜미디어상에서 큰 화제가 되었다.[4]

2020년 2월 6일 안디 버나브(Andi Bernabe)는 열여덟 번째 생일을 맞이했다. 여느 때처럼 등교한 그를 한 친구가 합창실로 데려갔다. 합창실 문을 열자 기다리고 있던 친구들이 생일 축하 노래를 부르기 시작했다. 그뿐만 아니라 친구 29명이 십시일반 모은 300달러를 그에게 건넸다. 그 돈은 2년 전 트랜스젠더(FtM, 여성에서 남성으로 전환) 사실을 커밍아웃한 그가 정식으로 이름을 변경하는 절차를 밟기 위해 텍사스주에 내야 하는 신청 비용이었다. 열여덟 살 생일을 맞이해 성인이 된 그는 그날부로 개명 신청이 가능해진 것이다. 반 친구들은 개명 신청이 통과되었을 때 그가 갖게 될 새 이름이 적힌 모형 증명서를 손수 만들고 29명의 사인을 담아 선물하기도 했다. 안디는 기쁜 나머지 자리에 주저앉아 펑펑 울었다.[5]

반 친구들은 평소에도 그에 대한 배려와 마음 씀씀이를 보여주었을 것이다. 하지만 그것만으로는 충분하지 않다고 느끼게 만든 원천은 무엇일까? 습관? 교육? 아마 둘 다일 것이다. '사'와 '공' 사이에 회로만 이어져 있으면 이러한 발상은 그리 어려운 것이 아니다.

좀 더 아무렇지 않은 듯 '사'를 '공'으로 전위시키는 표현도 있다. 미국의 장수 드라마 중 일본에서도 방영된 〈Law & Order: 성범죄전담반〉 시리즈가 있다. 시즌 19의 18화는 '군인 정신(원제는 'Service')'이라는 에피소드다. 미국에서 2018년 8월에 방영된 이 에피소드는 매춘부를 강간해 중상을 입힌 혐의로 기소된 세 군인의 이야기를 다룬다.

그들 중 한 사람은 젊고 성관계 경험이 없었는데 그 사실로 놀림당하기 싫다는 이유만으로 처음에는 자신이 강간했다고 진술한다. 하지만 피해자 매춘부의 증언을 통해 진짜 범인은 세 사람 중 가장 서열이 높은 중사라는 사실이 밝혀진다. 증언을 보강하려면 세 번째 군인이자 목격자인 하사가 나서야 하지만, 하사는 상관인 중사의 범행을 증언하려 들지 않는다. 그렇게 하면 법정에서 증언의 신빙성을 따지기 위해 왜 그 자리에서 상관과 함께 강간에 관여하지 않았느냐고 물어볼 것이 분명했기 때문이다. 그 질문을 받았을 때 하사는 자신이 '트랜스 남성'이라는 사실도 증언해야만 했다.

이때 원제인 'Service'라는 단어가 열쇠가 된다. 여기서는 '병역'이나 '군무'로 쓰였지만, 원래 '봉사'와 '헌신'이라는 의미도 있다. 설정상 배경은 오바마 정권 시대다. 트랜스젠더도 진단서를 제출하면 군대에 복무할 수 있었다. 그 역시 한 점 거짓 없이 하사라는 자리에 올랐다. 국가에 봉사하기 위해서다. 하지만 동료와 부하들에게는 트랜스젠더라는 사실을 알리지 않았다. 그래서 법정에서 증언했을 때 지금까지의 (사실을 털어놓지 않았다는 의미에서의) '거짓말'이 밝혀져 동료와 부하들의 신뢰를 잃고 자신이 '천직'이라고 믿고 있었던 '서비스'에 종사할 수 없게 될까 봐 두려워한 것이다.

조사관은 정의를 실천하는 것이야말로 국민에 대한 '서비스'라며 그를 설득한다. 결국 그는 증언대에 서서 자신이 트랜스젠더라는 사실을 밝히고 상관인 중사의 범행을 증언한다.

여기까지만 보면 철저히 하사의 '사'적인 갈등과 정의를 둘러싼 생각을 그린 드라마지만, 마지막에 모든 것이 '공'으로 승화되는 장면이 있다. 용기와 정의를 발휘해 증언한 하사가 법정을 나설 때, 재판의 행방을 지켜보던 부하 병사들이 방청석에서 일어나 하사를 향해 일제히 경례한 것이다.

경례란 군인에게 가장 공적인 행위 중 하나다. 공적인 상태의 군인은 군대를 상징한다. 즉 국가가 그곳에 있다. 군인들과 동시에 국가가 그를 향해 경례한 것이다.

한순간에 모든 것을 구원하는 전위를 아름답게 그려 내는 이 연출은 훌륭하다고밖에 할 말이 없다.

어른으로 살아간다는 것

교육이나 습관 등 문화적 배경이 다른 일본인의 눈에는 이러한 행동이 거창해 보일지도 모른다. 작위적으로 느껴질 우려도 있다. 안디의 반 친구들이 준비한 깜짝 선물 같은 아이디어도 일본의 평범한 학교생활에서는 나올 수 있을지 모르겠다. 나온다고 하더라도 다들 찬성할까? 애당초 그러한 일을 누가 어떻게 제안할까? 학급회의 시간에? 아니면 방과 후 비밀스러운 모임에서?

　일본에도 비슷한 에피소드는 있다. 노구치 히데요(野口 英世)*의 화상으로 인한 왼손 유착을 치료하기 위해 소학교 선생님과 같은 반 학생들이 수술비를 모았다는 이야기다. 노구치는 이 일을 계기로 의사를 꿈꾸게 되었다고. 메이지(明治) 25년, 1892년에 있었던 일이다. 그러므로 비슷한 일은 오늘날 일본 역시 (내가 모를 뿐) 어딘가에서 일어나고 있을지도 모른다. 말을 꺼낸 사람이 책임을 져야 하니 꽤 많은 용기가 필요하겠지만.

　내가 아는 미국은 그러한 일이 일상적으로 일어나도록 노력하고 있었다. 다양한 곳, 다양한 상황에서 자신의 마음을 어떻게든 공적인 형태로 표출하려는 의사가 자주 보인다. '정의'와 '공정'을 실현하는 용기도 권장된다. 어릴 적부터 일상생활에서 공적인 행위와 공적인 의논을 권장하다 보니 어른이 된 다음 미국과 일본의 차이는 한층 더 벌어진다.

* '일본의 슈바이처'로 불리는 세균학자로 노벨상 후보에 오른 적이 있으며 2004년부터 2024년까지 천 엔권 지폐의 모델이었다.

'공적인 의논'이라고 해도 그렇게 대단한 것은 아니다. 간단히 말해 공적인 공간에서 자신의 목소리를 내는 것이다. 교실에서 손을 들고 말한다거나. 물론 남들 앞에서 말하기가 힘든 아이도 있다. 공부를 못해서 답을 말할 수 없는 아이도 있다. 하지만 무엇을 어떻게 생각하는지 물어보면 꽤 많은 아이가 질문한 어른이 멋쩍어질 만큼 거침없이 말을 이어 나간다(이런 아이들이 어른이 되어 그동안 입을 다물고 있던 일본의 신입 어른들과 글로벌 비즈니스의 장에서 맞붙는 것이다. 어지간해서 일본인은 이길 수 없다. 그 차이가 오늘날 미일 외교와 무역협정에 반영되는 것은 아닐까).

교실뿐만이 아니다. 거리나 역이나 지하철에서, 즉 공적인 공간에서 낯선 타인이 어쩌다가 목소리를 낸다. 부딪히고서 "아, 죄송합니다(Sorry)" 하고 사과하거나 "실례합니다(Excuse me), 잠깐 지나갈게요" 하고 말한다. 이것은 이미 자리 잡은 습관이다. 상대방은 통 속에 든 감자가 아니다. 이러한 행동은 성숙한 시민이 지녀야 할 태도로 장려된다. 곳곳에서 "그 가방 멋진데! 어디서 샀어?" 하는 대화가 시작된다고 앞에서 썼는데, 그런 점에서는 도쿄보다 오사카의 분위기에 가까운 것 같다. 도쿄는 인구의 45%가 이방인이고 지방 출신(게다가 젊은 사람이 많다)이다 보니 다들 촌뜨기처럼 보이지 않으려고, 빈틈을 보이지 않으려고 필요 이상으로 긴장한 채 허리를 곧추세우고 있는지도 모른다. 하지만 '공적인 의논'은 의외로 '거리에서 모르는 사람에게 말을 거는' 수준의 여유에서 시작된다고 생각한다.

그렇게 '공의 영역'에서 쓰이는 언어에 익숙해지지 않으면 더 나아가 '공적인 의논'을 나누는 인간들이 귀찮아지기 마련이다. 외국인이라면 어쩔 수 없다고 체념이라도 하지만, 같은 일본인이라면 '여기가 미국이냐!' 하고 핀잔을 주고 싶어진다. 핀잔만 주는 정도라면 웃으며 넘어갈 수 있지만, 그것이 몇 번이고 되풀이되면 결국 그 사람은 사적인 영역의 '조화'를 어지럽히는 방해꾼이 된다.

이러한 사태를 피하기 위해 일본에서는 "일을 크게 키우지 말자고요" "좋은 게 좋은 거 아닙니까" "다들 어른이니까 둥글게 갑시다" 하고 수습하는 사람이 무조건 나타난다. 그리고 '일본에서는' '서구에서는' 하며 사회의 부조리를 비교하고 알리려고 하면 곧바로 데와노가미(出羽守)*라는 말을 들으며 기피 대상이 된다 (어떻게 보면 그들도 '일본에서는 그러면 안 돼'라는 리버스 데와노가미라고 볼 수 있지만).

제언이라는 성향

돌이켜 보면 나는 유치원 때부터 손을 드는 일과 목소리를 내는 일을 그다지 겁내지 않는 아이였다. 어쩌다 그런 성격이었던

* 무슨 일이 있을 때마다 해외나 다른 업계의 사정을 들며 비교하는 사람을 비꼬는 말. '데와(出羽)'는 '~에서는'이라는 조사에 발음이 같은 한자를 붙인 것.

것 같다. 선생님이나 선배들 앞에서도 주눅 들지 않아서 대학교 기숙사에 들어가고 나서는 건방지다는 이유로 얼굴을 스물세 방이나 맞기도 했다. 당시 헌법 9조*의 영향을 받아 말도 안 될 정도로 완고한 평화주의자였던 나는 맞는 내내 입을 꾹 다문 채 손 한 번 올리지 않고 무저항을 견지했다. 다음 날 퉁퉁 부은 얼굴을 보고 깜짝 놀라기는 했지만, 친해진 지 얼마 되지 않은 나카가미 겐지(中上 健次)**의 얼굴이 떠올라 실실 웃음이 나왔다. 정작 때린 사람은 내 얼굴에 겁을 먹었는지 슬금슬금 도망친 것을 보면 헌법 9조 작전은 효과적이었던 모양이다. 여기에 겁이 많으면 할 수 없는 신문기자라는 직업에 따른 훈련과 습관, 뉴욕의 터프한 생활이 더해져 지금의 내가 있다. 터프하기는 해도 뉴욕이라는 곳에 금방 스며들 수 있었던 것은 무슨 일이든 간에 말로 결판내는 언어 환경이 내 성격과 잘 맞았기 때문은 아닐까. 이 책을 쓰고 있는 것은 그러한 나다. 그리고 문장이라는 것은 쉽사리 걷어내기 힘든 성격적인 성향을 두르기 마련이다.

말이 사적인 영역에 머물지 않고 '타인'이 편재(遍在)하는 '공'을 향해 내뱉어진다. 제언(提言)이란 스스로 '사'를 떠나는 말을 가리킨다. 한편 "일을 더 키우지 말고 우리끼리 평화롭게 매듭짓자" "그게 바로 '조화'를 해치지 않으면서 어른스럽고 평화로운

---

* 전쟁을 포기하고 정식 군대를 가지지 않겠다고 선언하는 조항으로 일본에 군대 대신 자위대(自衛隊)가 있는 이유이기도 하다.

** 일본의 소설가. 검색을 통해 그의 사진을 확인할 수 있다.

2부 우정과 LGBTQ+

해결법이잖아” “우리는 한 팀이니까” “이럴 때일수록 힘을 합쳐야지” “같은 나라 사람끼리” 하는 인력이 작용한다. 과거에 ‘공’은 천황이자, 막부이자, 메이지 정부이자, 쇼와 군벌이자, 더 나아가서는 사적인 공간에 해당하는 집의 가부장이었다. ‘공’은 불가침의 영역이었으며, 그 영역에서 혹은 그 영역을 향해 제언하기만 해도 참수나 동네조리나 의절을 당하고 관련된 사람들까지 내쳐졌다. 이는 뿌리 깊은 현상이다. 그러는 사이 대중들은 학습된 무기력함에 빠져 사적으로 구제를 바랄 수 없게 되더라도 ‘어쩔 수 없는 일’이라며 넘어간다. 이러한 행동 양식이 사회적으로 성숙한 사람의 자세로 스며든다. 포기하는 것이 어른의 처세술로 자리 잡는다. 그다음에는 누가 시키지 않아도 자신과 이질적인, 공적인 언어를 발하려는 이들을 나서서 억압하기 시작한다. 그리고 부정한다. 그래도 꺾이지 않으면 자기들과는 관계없는 사람이라며 따돌리거나 애당초 없던 존재처럼 취급한다. 그렇게 공적인 영역과 사회 내부에서 돌아가는 순환형 자동 억압 장치가 완성된다. ‘공’이 존재하지 않는 집단에서 집단의 부정을 바로잡으려는 ‘내부고발’은 ‘고자질’이 된다. ‘사’에서 ‘공’으로 향하는 회로가 연결되지 않으면 전부 개인적인 불평으로 여겨지고 마는 것이다. 내부고발자는 ‘고자질이나 하는 비겁한 인간’이 된다. “그것을 왜 굳이 법으로 지켜 주어야 하는가? 역차별이고 특권이다” 하는 식으로 흘러간다.

극단적으로 말하자면 미국 사회에서 어른이 된다는 것은 ‘공적인 공간'에서 자신의 목소리를 내는 것이고, 일본 사회에서는 반대로 목소리를 내지 않는 것이라고 볼 수 있다.

과거 학원에서 일본 문학을 가르치다가 『만요슈(万葉集)』*에 실린 가키모토노 히토마로(柿本 人麻呂)의 시를 발견했다.

갈대밭과 / 벼 이삭의 나라는 / 신의 뜻을 / 거스르지 않는 나라 / 그러나 / 나는 제언한다
(갈대밭과 벼 이삭의 나라인 이 나라는 신의 뜻을 따르고 좀처럼 반박하지 않지만 나는 언어로 표현할 것이다)

당나라로 향하는 사신을 떠나보내며 쓴 이 시에서 '제언'은 사신의 무사를 신이 좌우하는 운명에 맡기지 않고 히토마로를 비롯한 사람들의 바람으로 이루려는 언어를 가리킨다. 아스카(飛鳥)시대**에 쓰인 시다 보니 지금과는 문맥이 약간 다르지만 '공=신(神)'을 향한 '사=히토마로'의 선언으로 본다면 꽤 흥미롭다.

* 일본에서 가장 오래된 시가집으로 8세기에 편찬되었으며 4500수 넘는 시가 실려 있다.
** 593~710년. 당시 우리나라는 삼국시대 후기에서 통일신라시대였다.

2부 우정과 LGBTQ+

당신을 지키는 방법

〈히즈〉는 사적인 영역을 그린 이야기이면서도 〈앙〉과 마찬가지로 아름다운 영화다(도입부의 '키누기누의 작별' 장면은 헤이안 시대를 떠올리게 하는 동시에 〈브로크백 마운틴〉 중 잭의 본가 장면에서 이어지는 탁월한 오마주다). 또한 나는 안디를 위해 300달러를 모은 반 친구들의 행동을 아름답다고 생각한다. 트랜스젠더라는 사실을 커밍아웃함으로써 정의를 실현한 하사의 행동을 아름답다고 생각한다.

안디와 반 친구들 이야기가 나온 김에 또 하나 영화를 소개하려고 한다. 2016년에 제작된 〈칼랑코에의 꽃(カランコエの花)〉인데, 일본의 한 고등학교를 무대로 레즈비언을 다루는 영화다. 한창 감수성이 예민한 시기인 고등학교 2학년 수업 도중 선생님이 갑자기 LGBT에 관한 이야기를 꺼낸다. 그것도 그 반에서만. "사람을 좋아하는 것은 감정의 문제"이고 "사랑에 성별은 상관없다". 갑자기 왜 그런 수업을 한 걸까? 학생들은 자기 반에 LGBT인 학생이 있기 때문은 아닐까 의심한다. 상황은 남학생을 중심으로 '범인 찾기'의 양상을 띠기 시작한다.

칼랑코에의 꽃말은 '당신을 지킨다'라고 한다. 하지만 이 영화는 레즈비언인 학생을 '특별 수업'을 통해 '공'적인 장에서 '지키려고' 한 선생님의 실패에서 시작한다. 이 영화는 레즈비언인 학생을 지키지 못한 '사(私)'들의 미숙함과 비참함을 고스란히 보여 준다. 거기서부터는 '그러면 안 되는데' 싶은 일의 연속이다. 선생님은 무지의 선의를 앞세워 느닷없이 LGBT 수업을 시작하고, 레즈비언인 학생의 짝사랑 상대는 그녀를 지킨다는 이유로 "(그녀는) 레즈비언 같은 게 아냐!"라고 말한다.

그래서인지 이 영화에 대해 인터넷에 올라오는 감상도 '사실 그녀는 레즈비언이 아니다' '사랑에 푹 빠져 자기도 모르는 사이에 사랑 이야기를 꺼내고 마는, 어디서나 볼 수 있는 평범한 고등학교 2학년이다' '주변에서 레즈비언이라는 틀에 억지로 꿰맞춘 탓에 사랑에 실패했다'라는 주장으로 흐르기 일쑤다.

맞다, 맨 앞에서 다룬 '비(非)게이화'다. '레즈비언 영화가 아니라 인간의 보편적인 사랑 이야기'라는 바로 그 영화다. 그녀는 레즈비언이 아니고, 레즈비언이 아니니 정상이라는 것이다. 물론 앞 장에서 언급한 에식스대학교 심리학부의 연구처럼 '여성은 원래 범성적(팬섹슈얼)'이라는 논의는 성립한다. 하지만 그 것은 '비레즈비언화'와는 다르다. '레즈비언이어도 상관없다'에 가깝다.

'인터넷에 넘쳐 나는 감상'의 출처인 영화 스포일러 사이트의 결론은 다음과 같다. "〈칼랑코에의 꽃〉이라는 작품을 감상할 때는 'LGBT 영화'로 접근하는 대신 잘 만든 청춘영화를 보는 마음가짐으로 소년 소녀들의 표정과 감정을 섬세하게 읽어 내고 하나하나 음미할 것을 추천한다."

그러한 해석을 유도하는 것은 영화로서 성공적인 일일까? 이 영화는 2017년, 국제 성소수자 영화제인 '제26회 레인보우 릴 도쿄'에서 그랑프리를 수상하는 등 이미 많은 상을 받았는데 말이다.

나는 당신입니다

이미 '미국화'된 나의 예상에 따르면 이러한 영화는 대개 여학생 몇 명이 벌떡 일어나서는 '범인 찾기'에 혈안인 유치한 남학생들을 향해 "나도 레즈비언이야" "나도" "그래서 뭐? 문제라도 있어?" 하고 따지면서 끝나기 마련이다. 이는 미투운동과도 비슷하다. 실제 당사자는 물론이고, 당사자가 아니더라도 자신의 내면에서 호응하는 부분을 의식화해서 당사자와 하나 되는 우정과 연대를 보여 주는 것이다. '나도 당신입니다' 그리고 '당신은 나입니다'. 그것은 '앨라이'의 궁극적인 형태다. 미국과 유럽의 텔레비전 드라마나 영화에서는 그러한 청춘물을 흔히 볼 수 있다.

그런데 여기서 다음과 같은 의문이 샘솟는다. '우정과 연대'를 표현하는 행위라고 해도 그것은 '청춘'에 흔히 있는 실수일까? 레즈비어니즘을 의식한 적도 없는 사람이 "나도 레즈비언이야" 하고 가볍게 말하는 것은 '성적 지향은 태어날 때부터 정해지며 평생 바뀌지 않는다'라는 (동성애를 긍정하기 위해 인용되어 온) 정설에 반하는 기만일까?

'성적 지향'은 아마 그렇게 쉽게 바뀌지는 않을 것이다. 여기에 자신이 게이라면 '게이', 레즈비언이라면 '레즈비언' 하는 식으로 성정체성을 뒤집어씌우면 자신이 보기에도 고정된 사실의 표명처럼 느껴진다.

그런데 한편으로는 '성의 그러데이션'이라든지 '젠더 스펙트럼'이라는 개념도 있다. 성적 지향을 예로 들자면 호모섹슈얼과 헤테로섹슈얼 사이에 이원론(바이너리)으로는 다 담지 못하는 아날로그한 연속선이 그어져 있다는 개념이다. 우리는 그 선 어딘가에 있다. 선 위에서 자신의 위치(성정체성)를 이원론에 기반한 단어로, 혹은 핀포인트를 가리키는 기표(시니피에)로 고정하고 있다. 하지만 최근에는 그러한 이원론이나 고정에 얽매이지 않는, 얽매이고 싶지 않은 '논바이너리(non-binary)'와 '논컨포밍(non-conforming)' 혹은 '팬섹슈얼(pansexual)'이라는 개념이 나와서 이를 자처하는 사람도 늘고 있다.

최근 텔레비전 드라마나 할리우드 영화 등의 캐스팅과 관련해 트랜스젠더 역할은 트랜스젠더 배우가 연기해야 하고, 게이나 레즈비언 역할도 당사자 배우가 연기해야 한다는 주장이 늘어나고 있다. 한편 게이 역할을 맡은 스트레이트 배우가 이 같은 비판과 맞닥뜨리자 "내가 100% 스트레이트라고 누가 확신할 수 있는가?" 하고 대꾸한 일이 기사화되기도 했다. 이럴 때는 어떻게 대응해야 할까?

몹시 어려운 문제다. 베트남전쟁 당시 사이공의 한 술집을 무대로 한 뮤지컬 〈미스 사이공〉(1989~)이 런던 웨스트엔드에서 뉴욕 브로드웨이로 진출했을 때, 베트남 사람 역할은 아시아인이 연기해야 한다는 주장이 제기되었다. 이로 인한 논쟁은 5장에서 언급한 '짐 크로'라는 흑인 차별 문제에서 파생되었다.[6] 백인이 얼굴을 까맣게 칠하고(블랙페이스) '흑인'을 연기하는 '민스트럴 쇼(minstrel show)'에서 나타나는 차별 문제다. 다만 '아시아인'이라고는 해도 주인공인 베트남 소녀 킴 역할을 처음에는 필리핀 여배우가 맡았다는 사실을 알고 나면 아시아인인 우리의 관점에서는 '그것도 좀 이상하지 않나' 싶어진다. 게다가 필리핀과 베트남이라는 이원론에서 벗어나 '혼혈'이라는 논바이너리까지 고려하면 그 경계는 더욱 애매해진다.

흑인은 흑인이, 아시아인은 아시아인이 연기해야 한다는 주장은 사실 정체성이 아니라 '고용' 문제에 기반했다. 숫자상으로도 백인이 지배적인 쇼 비즈니스 세계에서 인종적 마이너리티의 고용 기회를 조금이라도 균등하게 하려는 호소였다. 여기에 젠더 편향(gender bias) 문제가 얽히면서 '슈퍼맨'에 대응해 '슈퍼걸'이 등장하고 '007 시리즈'에 흑인 남성, 더 나아가 흑인 여성이 캐스팅되었다.

이러한 맥락에서 트랜스젠더 역할은 트랜스젠더를 자인하는 사람이 연기하는 것이 가장 좋고 그렇게 해야 한다고 (그것이 불가능하다면 적어도 트랜스 여성 역할은 여배우가, 트랜스 남성 역할은 남배우가 연기해야 한다고) 생각하지만, 그렇다면 게이나 레즈비언 배우는 스트레이트 역할을 맡을 수 없게 된다. 한편

젠더 스펙트럼과 논바이너리 이론에서는 스트레이트 배우가 자기 내면에 있는 게이도(度)를 끌어올려 게이를 연기하는 것과 게이 연기자가 자기 내면에 있는 스트레이트도(度)를 끌어올려 스트레이트를 연기하는 것이 가능할 경우 그 연기가 뛰어난지 어색한지, 현실감 넘치는지 피상적인지만 놓고 따지면 된다. 물론 시청자와 관객이 이처럼 논바이너리한 상태를 이해할 수 있느냐도 문제겠지만.

성정체성은 스트레이트지만 성적 지향은 몇 퍼센트 정도 게이에 가까운 사람도 적지 않다. 반대도 마찬가지다. 게다가 일본 사회 곳곳에서 볼 수 있는 호모소셜한 관계는 젠더 스펙트럼으로만 설명할 수 있을 것 같다.

그렇게 생각하면 지금까지 박쥐 취급을 받은 '바이섹슈얼'이나 'MSM'이라는 개념(지금까지 이 책에서 언급한 적 없는 묘한 카테고리로 뒤에서 자세히 이야기할 것이다)이 LGBTQ+ 가운데 'Q+'나 '논바이너리'와 같은 상태로 이어지면서 또 다른 가능성을 보여 줄 수 있을 것 같다.

여성은 물론이고 '스트레이트 남성' 중에서도 이 '중간 영역'에 겁 없이 발을 들이밀거나 들이민 발에 관해 거침없이 이야기하는 사람이 늘고 있다. 그것은 궁극적으로 '나는 당신입니다'라는 표명과 밑바탕에서 통하는 우정과 연대의 문제, 당신과 나의 '자리가 바뀔 가능성'의 문제로 나아갈지도 모른다는 예감이 든다. 과거 푸코가 『동성애와 생존의 미학(同性愛と生存の美学)』에

서 말한 "동성애란 우정의 문제"는 어쩌면 이를 예언한 것이 아닐까.

11장

남성스러움의 변모

커밍아웃을 한다는 것

"동성애를 둘러싼 다양한 전개가 향하는 곳은 결국 우정이라는 문제"라는 푸코의 주장은 여러 가지 의미를 내포하는 한편 1970년대에서 1980년대 사이 게이 인권운동 초창기에 느낄 수 있었던 어딘지 모르게 목가적인 울림을 지니고 있다. 하지만 실제로 에이즈 사태가 한창이던 1980년대, 나는 병에 맞서 필사적으로 싸우는 게이 커뮤니티와 그들을 향해 손을 내미는 레즈비언 커뮤니티 사이에 어른거리는 우정과 연대를 멀리 일본에서 지켜보면서, 지구상의 어떤 집단이 이만큼 에이즈와 장렬하게 싸울 수 있을까 감개무량한 마음이 들었다. 그런 의미에서 에이즈 바이러스라고 불린 HIV가 맨 처음 게이 커뮤니티를 덮친 것은, 오해를 무릅쓰고 말하자면 인류의 요행이라는 생각까지 들었다. 이중, 삼중의 차별 속에서 끊임없이 상처 입고 살해당하면서도 그들 그녀들은 인류 전체를 대신해 HIV와 전쟁을 치르고 있었는지도 모른다.

내가 미국에서 살기 시작한 1990년대, 뉴욕 에이즈 치료 최전선에서 활약하던 거점 병원 중 하나가 그리니치빌리지의 세인트 빈센트 병원[1]이었다. 하루는 그곳에서 일하던 내과 의사 데이비드가 여기는 미국의 모든 성소수자 의사와 간호사가 지원하기라도 하는 것처럼 몰려들어서 스트레이트는 출세할 수 없다고 농담처럼 말했다. 나도 따라 웃기는 했지만 마냥 농담이 아니라는 사실은 알고 있었다.

당시에는 자신이 게이라는 사실을 밝히면 다른 게이와 레즈비언들이 믿기 힘들 만큼 친절하게 대해 주었다. 머나먼 타국에서 와서 짧은 영어를 주워섬기는 촌뜨기를 향한 뉴요커의 배려도 큰 비중을 차지하겠지만. 이 사람을 만나 봐, 이걸 보면 도움이 될 거야, 파티에 가자, 같이 밥 먹자 하고 권유를 받는 사이 교우 관계의 범위가 점점 넓어졌다. 그것은 하나의 커뮤니티인 동시에, 에이즈 사태에 치이고 치여 만들어진 게토 같은 친밀감을 주었으며, 항상 '공적인 공간'을 지향한다는 점에서 일본에서는 경험할 수 없었던 묘한 '동지' 의식을 느끼게 했다.

1993년 10월 캐나다 총선거를 취재하려고 수도인 오타와에 머물렀을 때도(내가 근무하던 뉴욕 지국은 아메리카 대륙 전체를 담당했다) 외국 선거는 처음이라 무엇부터 시작해야 좋을지 헤매던 나를, 친구 소개로 만난 존 핼럼(John Hallum)이라는 게이 남성이 성심성의껏 도와주었다. 오스트레일리아에서 캐나다로 이주해 고등학교 교사로 일하다가 이제 막 조기 퇴직한 그는 나를 데리고 돌아다니며 정부나 정당에서 일하는 게이들을 소개해 주었고, 당시 쟁점이었던 퀘벡주 독립 문제와 재정 적자 문제에 관해 차근차근 알려 주었다. 개표일 밤에는 존의 집에 모인 게이 친구들이 나를 둘러싸고 캐나다 정세를 하나하나 설명했다. 휘몰아치는 영어에 현기증을 느끼면서도 '게이 네트워크는 대단해' 하고 새삼 감탄한 기억이 난다. 취재 내용을 바탕으로 캐나다 총선거를 망라하는 장문의 해설 기사를 써서 보내자 당시 담당 국 차장이 "너 정치 기사도 쓸 줄 알았구나" 하고 칭찬했다. 그 사실을 들은 존은 "이게 바로 게이 파워지" 하고 뿌듯해했다. 나보다 스무 살은 더 많은 그는 이후로도 게이 문화를 알려 주고, 번역 작업을 돕는 등 뉴욕과 일본을 오가던 내게 30년 가까이 멘토가 되어 주었다. 덧붙여서 택시에서 똑바로 가 달라고 영어로 말할 때 '고 스트레이트(Go straight)'가 아니라 '고 게일리 포워드(Go gaily forward)'라고 말해야 한다고 가르쳐 준 사람도 그였다. '스트레이트'는 오기로라도 말하지 않는다. '활기차게(gaily) 전진'하는 것이다.

물론 게이와 레즈비언이라고 해서 전부 친절한 것은 아니다. 성격 나쁘고 짜증 나는 사람도 세간과 비슷한 만큼 존재한다. 인종차별자도 있고 범죄자도 있다. 다만 사람들이 늘 친절하려고 노력하던 시대가 있었고, 나는 운이 좋아 마침 그 자리에 존재할 수 있었던 것뿐이리라. 그러한 시대를 먼저 접한 것은 행운이 아니었을까.

어떤 수난이 기다리는지 알면서도 커밍아웃하는 것은, 인간이

거짓말을 견딜 수 없도록 만들어졌기 때문이라고 생각한다. 한 가지 거짓말을 하면 그 거짓말을 수습하기 위해 한 가지 거짓말을 더 해야 한다. 거짓말과 거짓말의 아귀를 맞추기 위해 또 다른 거짓말을 한다. 그렇게 거짓말에 거짓말이 더해져서 무엇이 거짓말이었는지, 누구에게 어떤 거짓말을 했는지 혼란스러워진다. 이는 곧 스트레스로 이어진다. 건강에 나쁘다. 건강보다 눈앞의 즐거움이 중요하다는 사람도 있지만, 지금은 그런 이야기를 하는 것이 아니다. 그 거짓말에는 진실을 말하지 않는다는 소극적인 거짓말도 포함되어 있어 한층 복잡하고 성가시다. 아침밥 논법(ご飯論法)*이나 허수아비 논법**을 자신의 궤변을 자각하면서 구사하다 보면 정신이 이상해지는 것과 마찬가지다. 이상해지지 않는 사람도 있는 모양이지만.

'대의'를 위한 커밍아웃도 있다. '대의'라고 하면 거창하게 들리지만, 무언가 의미 있는 일이나 이유를 찾아 커밍아웃의 탄력으로 삼는 것이다. 앞서 몇 번이나 언급했듯이 에이즈와 맞서기 위해, 차별과 싸우기 위해, 불의를 규탄하기 위해, 괴롭힘당하는 반 친구를 지키기 위해 커밍아웃하기도 한다.

내가 어머니에게 정식으로 커밍아웃한 것은 두 번째 남자 친구가 생겨서였다. 다카히로가 샌프란시스코로 이사한 지 2년이

* 아침밥을 먹었느냐는 질문에 '(쌀밥은) 안 먹었다'라고 답하는 식으로 논점을 교묘하게 피하는 수법.

** 상대방의 주장을 약점이 많은 주장으로 슬쩍 왜곡한 다음 그것을 공격하는 수법.

지나고 어학연수차 뉴욕으로 온 오키나와 청년이었다. 같이 산다는 사실을 그가 쉬쉬해야 한다는 것이 참을 수 없었다. 대의라기보다는 '소의' 같지만.

둘이서 잠시 일본에 돌아갔을 때 집으로 데려가 소개했다. 아버지는 세상을 떠나고 없었다. 어머니는 이미 알고 있는 눈치였다. 어머니란 그런 존재인가 보다. 어머니는 그를 무척 소중히 대해 주었다. 침실은 따로 준비해 두었는데, 그것은 왜였을까. 돌이켜 보면 남동생 부부가 묵고 갈 때도 마찬가지였으니 우리 집의, 아니면 외가의 오랜 관습인지도 모른다.

빅 리그의 커밍아웃

1980년대부터 1990년대에 걸쳐 에이즈 사태라는 '대의'를 경험하면서 미국 사회에서는 대량의 커밍아웃 운동이 성과를 맺기 시작한다. 호모섹슈얼이라는 성적 지향과 트랜스젠더라는 성정체성의 발견은 헤테로섹슈얼과 시스젠더 두 가지 아이덴티티에 대한 반사와 발견으로 이어졌다. 이는 드디어 사회 대부분을 차지하는 일반 대중 수준까지 내려오기 시작했다.

이때 성소수자 해방 문제는 성 다수자 해방 문제와 동등한 가치를 띤다. 다만 여기서 한 가지 간과한 것이 있다는 사실이 나중에 일어나는 '비마이너리티의 정치'를 통해 밝혀지는데, 이는

7장 '아이덴티티의 탄생과 정치'[2]에서 다루었다.

커밍아웃은 그렇게 자신을 향한 행위에서 사회에 대한 행위로 변해 갔다.

성적 메이저리티의 상징인 '남성' 스포츠 세계에서 그것은 극적이면서 감동적이기까지 한 '사건'이었다.

2001년 3월, 미국 4대 프로스포츠[3] 중 하나인 MLB 시즌 개막일을 맞아 시카고 컵스가 이후 연례행사로 자리 잡는 '게이 데이(Gay Day)'를 시작한 것이다. 정확한 명칭은 'Out at Ballpark'. 번역하기 까다로운 말인데, 미국의 프로야구 경기장은 공원처럼 조성되어 있어 '볼파크'라고 불린다. 거기서 '아웃'이라는 것은 말 그대로 구장을 나간다는 의미와 함께 '아웃 게이(out gay)'라는 의미를 지닌다. '아웃 게이'는 이미 커밍아웃을 마친 '오픈리 게이'와 같은 말이다.

덧붙여서 '게이 데이'는 게이 바가 하나도 없는 지역에서 평범한 바나 펍 등이 날짜를 정해 LGBTQ+가 모일 수 있도록 장소를 제공하는 날을 가리킨다. 밤일 경우 '게이 나이트'다. '게이 데이'는 1991년 6월(프라이드 먼스다) 플로리다주 올랜도에 있는 디즈니 월드에 '가시화'를 목표로 하는 게이와 레즈비언 3000명이 빨간 티셔츠 차림으로 모이는 이벤트로 이어졌다.

왜 하필 디즈니 월드일까. 게이나 레즈비언이라는 이유로 괴롭힘당하고 우울해하던 어린 시절 누리지 못했던 (디즈니로 상징되는) 행복과 즐거움을 아웃 게이인 지금 되찾자는 의미다. 동시에 미국인에게 신혼여행지로 사랑받는 디즈니 월드에서 게이 커플, 게이 가족으로서 '신혼여행'을 다시 쓰자는 의미도 있다.

원래는 디즈니 월드 운영 측과 아무 관련이 없는 게이 커뮤니티 내 자체 이벤트였지만, 4년 뒤인 1995년에는 미국 전역에서 만여 명이 모일 만큼 규모가 커져, 처음에는 성가시다고 여기던 디즈니도 점차 협조적으로 변했다. 2010년에는 엿새간 진행되는 '게이 데이즈(Gay Days)'로 성장해 풀 파티부터 비즈니스 전시회, 각종 회의, 게이 가족의 아이들을 위한 행사까지 열리면서 15만여 명이 모이는 일대 축제가 되었다.

시카고 컵스의 '게이 데이'도 그렇게 시작되었다. 맨 처음 아이디어를 낸 사람은 LGBTQ+ 신문 《시카고프리프레스》의 광고영업팀 사원인 빌 구브루드(Bill Gubrud)였다. 컵스의 팬이었던 그가 광고주와 독자들을 대상으로 한 폭넓은 홍보를 통해 개막전 단체석 티켓 2000장을 구매한 다음 구단을 상대로 해당 이벤트에 대한 협력을 요청한 것이다.

이미 디즈니 월드를 비롯한 각종 테마파크에서 '게이 데이'가 성공을 거두고 있다는 사실을 알고 있던 컵스에게도 그 제안은 커다란 비즈니스 기회였다. 새로운 팬층을 확보하기 위한 프로모션으로나 미국 프로스포츠계 1호 '게이 데이'로나 사회에 큰 임팩트를 남길 것이 분명했다. 당시 미국에서 게이에 대한 인식은 (특히 시카고 같은 대도시권에서는) 편견을 드러내는 쪽이 오히려 터부였으므로 미디어도 호의적이었다. 게다가 홈구장인 리글리 필드는 시카고의 유명한 게이 단지인 보이스타운과 가까웠다. 그렇게 컵스는 최초로 게이 신문에 광고를 낸 남성 프로스포츠 팀이 되었다.

이후 명칭이 '아웃 앳 리글리(Out at Wrigley)'로 바뀐 해당 이벤트는 인권 문제와 관련해 미디어에서도 대대적으로 다루어졌다. 시카고에서는 지금도 LGBTQ+ 야구팬을 위한 단체석을 마련하고, 경기 시작 전에 진행되는 국가 제창과 시구를 게이나 레즈비언 콘테스트 우승자에게 맡긴다. 컵스는 시카고에서 열리는 프라이드 퍼레이드에 랩핑 버스를 보내는 등 LGBTQ+ 커뮤니티에 대한 지원을 아끼지 않는다.

MLB에는 총 30개 구단이 있는데, 이후 대부분 구단이 컵스의 뒤를 따라 게이 데이(혹은 '프라이드 나이트'라는 이름으로) 이벤트를 시작했다.

미국 남자아이들에게(여자아이들에게도) 동경의 대상인 MLB 선수들이 이러한 활동을 공적으로 지원하는 것은 그 사이에 섞인 LGBTQ+ 아이들, 혹은 LGBTQ+가 아닌 아이들에게도 적지 않은 영향을 미칠 것이라는 사실쯤은 금방 상상할 수 있을 것이다. 그것만으로 차별과 편견이 없어지는 것은 아니지만.

LGBTQ+ 청소년의 자살이 사회문제로 떠오른 2011년에는 다양한 분야의 유명인들과 함께 MLB 구단도 유튜브 채널에 '곧 괜찮아질 거야(It Gets Better)' 하고 위로하는 영상을 올렸다. 그중에는 당시 구로다 히로키(黒田 博樹) 투수가 속한 LA 다저스도 있었고, 구로다 역시 젊은 게이와 레즈비언을 향해 영어로 메시지를 남겼다. 아마 구단이나 팀 동료의 지시였겠지만, 구로다가 줄곧 일본에 있었더라면 이 같은 기회는 누리지 못했을 것이다.

시카고 컵스의 공동 구단주 중 한 사람은 오픈리 레즈비언 변호사인 로라 M. 리케츠(Laura M. Ricketts)다. 그녀는 성소수자 인권 단체인 '람다 리걸(Lambda Legal)'의 이사를 맡고 있으며 진보적인 정치활동가이기도 하다. 그리고 LGBTQ+ 커뮤니티에서 처음으로 나온 메이저리그 구단주였다.

2009년 그녀가 소유권을 획득하기 전까지만 해도 프로스포츠 팀 오너 가운데 성소수자라는 사실을 커밍아웃한 사람은 한 명도 없었다. 여기서도 남성보다 여성 동성애자가 앞섰다. 아직 남성 중심 사회인데 (혹은 그렇기에) 공적인 커밍아웃에서는 여성이 두드러진다.

덧붙여서 MLB에서 게이라는 사실을 커밍아웃한 현역 선수는 아직 한 명도 없다(은퇴한 다음 커밍아웃한 선수는 있다). MLB 역사상 적어도 세 명 이상의 선수가 성적 지향을 이유로 방출되었다고 여겨지지만, 모두 공식적으로 인정된 적은 없다. 애당초 스포츠와 동성애에 관한 조사 자체가 1990년대가 되도록 한 번도 이루어지지 않았다.

아이덴티티의 개척자들

MLB와 같이 사회적으로 큰 영향력을 지닌 집단이 LGBTQ+ 소년 소녀들에게 성적 다양성의 수용 모델을 제시한다. 이러한 흐름은 저절로 만들어진 것이 아니다.

비슷한 시기 마찬가지로 남자아이들의 롤 모델인 '미국 보이스카우트 연맹'에서도 게이 대원과 리더를 인정하느냐를 놓고 커다란 논쟁이 일어났다. 연맹을 둘로 나눈 이 논쟁 과정에서 연맹의 자문 위원이었던 영화감독 스티븐 스필버그(Steven Spielberg)가 반동성애적인 연맹 규칙에 항의하는 의미로 자문위원 자리를 내려놓고, 인텔을 비롯한 대기업이 잇따라 지원을 중단했다. 결국 연맹은 2013년 청소년 동성애자의 가입을 인정했으며, 2015년 7월 27일에는 성인 동성애자가 리더나 직원을 맡는 것을 금지하는 규칙도 폐지하기로 하고 그날 발효시켰다.

1990년대부터 2000년대까지 비슷한 일이 미국 사회 각 방면에서 우후죽순 일어났다. 그곳에는 자기 자신을 '드러내'면서까지 상대방에게 승인을 '요구'하는, 아이덴티티의 개척자들이 존재했다.

당시 가장 유명한 LGBTQ+ 프로스포츠 선수는 저서 『나 자신으로 존재하기(Being Myself)』를 통해 레즈비언이라는 사실을 밝힌 체코슬로바키아 출신 테니스 선수 마르티나 나브라틸로바(Martina Navratilova)였다. 1980년대까지 사반세기에 걸쳐 여자 테니스계에 군림한 전설적인 선수 빌리 진 킹(Billie Jean King)⁴도 빼놓을 수 없다. 이들보다 앞서 1970년대에 커밍아웃했으며 1968년 멕시코 올림픽에 출전한 육상 10종 경기 선수 톰 와델(Tom Waddell)⁵도 있다.

하지만 프로스포츠계의 진정한 커밍아웃 러시는 2012년 런던 올림픽에서 일본을 꺾고 금메달을 목에 건 미국 여자 축구 대표팀 선수 메건 러피노(Megan Rapinoe)에서 시작되었다고 해도 과언이 아니다. 1985년생인 그녀의 뒤를 이어 여자 축구계에서는 대표팀 내 최다득점자인 애비 웜백(Abigail Wambach)을 비롯해 여러 선수의 커밍아웃이 잇따랐다. 미국 여자 축구 대표팀은 2019년 FIFA 여자 월드컵에서도 우승했는데, 주장인 러피노는 반LGBTQ+, 반페미니즘 노선을 따르던 당시 트럼프 정권에 항의하는 의미로 우승팀의 관례인 백악관 방문을 거부한다고 발언해 우레와 같은 박수를(보수 진영에서는 격렬한 비난을) 받았다.

러피노는 2020년 10월 30일, 미국 여자프로농구(WNBA) 시애틀 스톰에서 가드로 활약하는 수 버드(Sue Bird)와 결혼을 발표했다. 바닷가에서 결혼반지를 주고받는 두 사람의 사진이 버드의 인스타그램에 올라온 것이다. 두 사람은 2016년 가을부터 사귀고 있다고 ESPN 기사⁶를 통해 밝히기도 했다.

남자 중에는 2013년 축구 선수인 로비 로저스(Robbie Rogers)가, 미국 4대 프로스포츠계에서는 농구(NBA) 선수인 제이슨 콜

린스(Jason Collins)가 현역 선수 최초로 커밍아웃했다.

마찬가지로 4대 프로스포츠인 미식축구(NFL)에서는 미주리대학교의 디펜시브 엔드(DE)이자 오픈리 게이인 마이클 샘(Michael Sam)이 2014년 드래프트를 통해 세인트루이스 램스에 입단했다. 이를 계기로 '여러 현역 선수가 동시에 커밍아웃할 준비를 하고 있다'라는 소문도 흘러나왔다. 당시 나도 대체 어떤 뉴스가 될까 기대했지만, 아무리 시간이 지나도 커밍아웃하는 사람은 없었다. 하지만 그로부터 7년이 지난 2021년 6월 21일, 라스베이거스 레이더스의 디펜시브 엔드인 칼 나십(Carl Nassib)이 현역 프로미식축구 선수 최초로 커밍아웃했다.[7]

남성 스포츠, 특히 신체적인 접촉을 동반하는 콘택트 스포츠 세계는 '남성스러움'의 속박이 강하고 팬들의 반응도 중요하다. 이는 기업에서 나오는 막대한 후원금이나 앞으로의 인생 설계와도 연관된다. 만에 하나라도 부와 명예를 잃을 위험은 피하고 싶은 것이 인간이다. 그러한 '속박'이 오랫동안 선수들의 커밍아웃을 가로막았다.

하지만 그 프로미식축구계도 2011년 파업 당시 성적 지향에 따른 차별에서 선수를 보호하는 포괄적 노동협약을 맺었으며, 여러 선수와 경영자가 자신에게 게이 형제가 있다는 사실을 카메라 앞에서 밝히고 LGBTQ+ 커뮤니티에 대한 지지를 드러냈다. 휴스턴 오일러스(Houston Oliers)는 팀원 가운데 이름을 밝히지 않는 게이 선수가 두 명 있다는 사실이 알려져도 동료 선수들이 '아무 문제 없다'라고 반응했으며, 지역 내 프라이드 이벤트에 기부하고 LGBTQ+ 혐오적인 트래시 토크와 욕설에 벌금을 매겼다.

(커밍아웃할 수 없는) 게이 선수와 팬을 배려해 게이가 아닌 선수와 경영자 들이 차별과 편견이 없는 환경을 가꿔 왔다. 그 사이 고등학교나 대학교처럼 젊은 선수들이 포진한 아마추어 스포츠 세계에서는 미식축구, 레슬링, 럭비 등의 종목에서도 많은 커밍아웃이 이루어지게 되었다. 나십이 1993년 4월생이니 그야말로 여기서 말하는 젊은 세대 중 한 사람이다.

변모하는 '남성스러움', 새로운 세대가 가져온 그 전조에서는 팬의 수용도도 바뀌고 스폰서의 인식도 바뀌고, 사회 자체가 바뀐다.

이언 소프의 고뇌

2000년, 2004년 올림픽에서 남자 400미터 자유형 등에 출전해 금메달 다섯 개를 획득한 오스트레일리아의 수영 선수 이언 소프(Ian Thorpe)는 은퇴한 지 8년 뒤인 2014년, 서른한 살이 될 때까지 게이라는 사실을 꼭꼭 숨겼다. 그것도 원인 중 하나였으리라. 그는 오랫동안 우울증으로 힘들어했다.

나는 내가 아니라고 끊임없이 거짓말하는 일은 왜 그렇게까지 우리를 괴롭게 할까.

우리는 자의식이 만들어지는 과정에서 '나는 무엇인가'를 다양한 형태로 끊임없이 질문한다. 그리고 그것은 내 선에서 매듭지을 수 있는 문제가 아니다. '나는 무엇인가'라는 질문은 '내가 무엇인지 알아낸' 다음에는 '그러한 나 자신을 인정받고 싶다'라는 인정욕구와 짝을 이루기 때문이다.

사람은 혼자서는 살 수 없다. 이 명제는 물리적으로 혼자 살아갈 수 없는 생물로서의 연약함을 의미하는 동시에 타자의 시선에 비추어지는 과정에서 형성되는 자아를 스스로 인정하지 않는 한 (이른바) '인간성'을 획득할 수 없다는 뜻이기도 하다. 늑대손에서 자란 소녀조차 늑대들에 의한 인정이 필요했던 것처럼.

즉 커밍아웃도 자신이 무엇인지 표명하는 것에 앞서, 타자에 의한 인정을 목적으로 하는 행위인 셈이다. 부정당하거나 거부당하기 위해 커밍아웃하는 사람은 없다.

이때 종종 이상한 일이 벌어진다. 부정이나 거부를 두려워한 나머지 주객전도가 일어나는 것이다. '나는 무엇인가'라는 질문의 답을 찾기 전에 부정이나 거절을 당하지 않을 만한 자기 자신의 모습을 준비해 둔다. 인정욕구 그 자체가 목적이 되어 진정한 자신의 아이덴티티를 깨닫기도 전에 '인정받을 수 있는 자신'을 만들어 내고, 굳게 믿는다.

2012년에 출간된 이언 소프의 자서전 『This Is Me』에서 그는 "여기서 분명히 밝히겠다. 나는 동성애자가 아니다. 과거에 사귄 사람도 모두 여자였다. 나는 여자에게 끌리고 아이들을 좋

이언 소프, 『This Is Me: The Autobiography』, Simon & Schuster, 2013.

11장 남성스러움의 변모

아하고 언젠가 가정을 꾸릴 생각이다"라고 썼다. "남들이 (멋대로 게이라고) 단정 지은 성적 지향이 사실과 다르다는 것을 알게 되었을 때 어떤 기분인지 나는 너무도 잘 안다. 나는 나 자신이 누구인지 깨닫기도 전에 게이라고 불린 것이다." 하지만 그것은 거짓말이었다. 반대로 '자신이 게이라는 사실을 자기 자신에게 알리기 전에' 타자에게서 게이라고 불려 괴로워한 것이다.

자신을 받아들이는 첫 발짝으로 '게이'라는 정체성을 스스로 인정한 소프는 현재 오스트레일리아에서 젊은이들의 고민에 손을 내미는 활동을 이어 가고 있다.

존 커리에서 애덤 리펀으로

이쯤에서 현대 남자 피겨스케이팅의 선구자인 존 커리(John Curry)를 언급하지 않을 수 없다.

에이즈와의 싸움이 한창이었던 1996년, 캐나다 에드먼턴에서 열린 세계 피겨스케이팅 선수권 대회 갈라쇼에서 오픈리 게이인 미국의 메달리스트 루디 갈린도(Rudy Galindo)가 온몸을 검은 벨벳으로 감싸고 목둘레를 크고 빨간 리본으로 빙 두른 차림으로 나타났을 때를 지금도 또렷이 기억한다.

선명한 레드리본은 에이즈 추모의 상징이다. 갈린도의 연기는 그의 형과 코치들을 비롯해 에이즈로 스러진 이들에게 바치는 것이었다. 그 기나긴 목록에는 2년 전에 세상을 떠난 존 커리도 포함되어 있었다.

1949년 9월 영국 버밍엄에서 태어난 커리는 1970년대에는 인스브루크 동계올림픽에 출전해 영국에 금메달을 안겨 준 20대 최전성기를 보냈고, 1980년대에는 프로로 전향하면서 원숙기를 맞이했다. 그 20년이 어떤 시대였는가, 에이즈의 시대였다고 앞서 여러 번 언급했다. 사람은 자신이 살아가는 시대와 장소에서 도망칠 수 없다.

존 커리는 어릴 적 댄서가 되고 싶었다. 하지만 공장을 운영하던 아버지는 그의 꿈을 인정하지 않았다. 그 대신 "아이스스케이트는 괜찮았다. 그것은 스포츠였으니까(I was allowed to ice-skate. Because it was a sport. They thought it was ok)".

그러한 갈등 속에서 펼쳐진 그의 삶은 〈디 아이스 킹(The Ice King)〉(2018)이라는 다큐멘터리 영화로 만들어졌다.

'빙상의 누레예프'*라고 불리며 남자 피겨스케이팅을 예술과 결합했다는 찬사를 받은 그도 처음에는 '남성스러움'의 속박에 괴로워했다. 당시 남자 피겨스케이팅에서는 팔이나 스핀을 사용

---

* 소련 출신의 발레 무용가 루돌프 누레예프.

하는 행위는 금기시되었고, 우아함도 필요 없다고 여겨졌다. "스케이팅을 배우기 시작할 무렵, 내가 팔을 치켜들면서 연기를 마치면 코치가 내 팔을 잡고 몸에 붙였다. (중략) 아니면 나를 때렸다. 문자 그대로 때렸다. 더 굴욕적이었던 것은 의사에게 끌려갔을 때였다. 마치 무언가를 치료하지 않으면 안 되는 것처럼." 다른 코치는 그가 절대 성공하지 못할 것이라고 장담했다. "스케이터로서도, 남자로서도."[8]

당시 피겨계에서 그의 연기는 너무 화려하고 독특한 나머지 도발적이기까지 했다. 그리고 인스브루크에서 금메달을 딴 직후, 한 인터뷰 기사가 실렸다. 기사에서 그는 (오프 더 레코드였다고 하지만) 자신이 게이라는 사실에 관해서도 이야기했다. 그것은 커밍아웃이라기보다 타인에 의한 아우팅(동성애자라는 사실이 폭로되는 것)이었다.

당시 언론은 커리의 스케이팅에서 나타나는 혁신성이나 예술성을 논하기보다 그의 성적 지향에 주목했다. 호기심에 찬 수많은 눈이 그를 향했다. 뉴욕에서 '스톤월 항쟁'이 일어난 지 7년밖에 지나지 않은 시기였다. 1970년대 게이 커뮤니티는 영웅을 원했다. 하지만 그의 뒤를 이어 게이임을 커밍아웃하는 선수는 스포츠계 전체를 통틀어 하나도 없었다.

당시 스포츠계에서 커밍아웃한 유명 선수는 1920년(!) 윔블던 남자 단식에서 우승한 빌 틸든(Bill Tilden), 앞에서 이야기한 육상 10종 경기 선수 톰 와델, 그리고 현역 은퇴 이후인 1975년 프로미식축구 선수 최초로 커밍아웃해 화제가 된 데이비드 코페이 (David Kopay)로 고작 세 명뿐이었다.

이 아우팅에 따라(영화 〈디 아이스 킹〉에서 그는 게이라는 사실을 부정하거나 부끄러워하는 마음은 없었다며 웃었지만) 어떤 신문은 '게이의 벽을 깨부쉈다(Broke Gay Barrier)'라는 헤드라인으로 그를 치켜세우는 한편 어떤 신문은 '무언가에 씐 영웅 (The Haunted Hero)'이라고 그를 형용했다. "My 'Gay' Tag"라는 말과 함께. 커리는 어딜 가든 '게이라는 꼬리표'가 '씐 영웅'이 된 것이다. 하지만 전 세계에서 그의 커밍아웃에 대한 감사와 칭찬의 편지가 날아들었는데, 보낸 사람 중에는 엘튼 존(Elton John)[*]도 있었다. 많은 성소수자가 이 게이 금메달리스트를 진정한 '영웅'으로 여기며 남몰래 용기를 얻었을 것이다.

커리는 가장 순수했던 남성 스케이터로 평가받는다. 그가 빙상에 남긴 발자취는 솔로와 앙상블 할 것 없이 지금까지도 널리 회자되며, 그의 업적은 이후에 나온 걸출한 프로 선수들에 의해 이어져 내려오고 있다.

영화 〈디 아이스 킹〉에는 커리가 니진스키[**]의 작품인 〈목신의 오후〉를 추는 장면이 짤막하게 나온다. 동성애 관계였던 댜길

[*] 록 장르에 기반을 둔 영국의 싱어송라이터로 1976년 양성애자라고 밝힌 데 이어 1992년 동성애자라고 재차 커밍아웃했다.

[**] 러시아의 발레 무용수 바츨라프 니진스키. 중력의 영향을 받지 않는 듯한 도약력으로도 유명하다.

레프*와 함께 비밀리에 만든 니진스키만의 독특한 안무가 그와 같은 옷을 걸친 커리의 목신 속에서 되살아나 순간 소름이 돋았던 기억이 난다.

커리는 1987년 HIV 양성 판정을 받은 데 이어 1991년 에이즈에 걸렸다. 항HIV 치료법으로 효과적인 칵테일 요법이 시행되는 1995년을 기다리지 못하고, 1994년 마흔네 살이라는 나이에 목숨을 잃었다.

영화에는 나오지 않지만 마지막까지 그를 간호한 사람은 한때 연인이었던 배우 앨런 베이츠(Alan Bates)였다. 베이츠는 당시 여배우와 결혼한 유부남이면서도 커리와 2년간 열애를 이어 갔다. 커리가 에이즈로 힘들어한다는 사실을 알게 된 베이츠는 서둘러 그의 곁으로 달려가 마지막까지 그를 돌봤다. 커리는 베이츠의 품속에서 숨을 거두었다고 한다.

그로부터 24년 뒤 2018년 평창 동계올림픽에서는 자랑스러운 모습으로 메달을 목에 건 애덤 리펀(Adam Rippon)과 에릭 래드퍼드(Eric Radford)의 사진이 트위터에 올라왔다.[9]

미국 국가대표인 리펀은 팀 단체전에서 동메달을 땄고, 캐나다 국가대표인 래드퍼드는 페어 프리스케이팅에서 금메달을 땄

---

* 러시아의 발레 프로듀서 세르게이 댜길레프. 20세기 가장 영향력 있는 발레단 '발레 뤼스'를 창단했다.

2부 우정과 LGBTQ+

'게이라는 지긋지긋한 꼬리표'는 자랑스러운 얼굴로 메달을 걸고 찍은 래드퍼드(오른쪽)와 리펀의 사진으로 반전되었다. 평창 동계올림픽에서.
ⓒ Eric Radford

다. 두 사람이 함께 사진을 찍은 데에는 이유가 있다. 미국의 조니 위어(Johnny Weir)도 올림픽 출전 경험이 있는 오픈리 게이지만, 남성 운동선수 가운데 동계올림픽 메달 시상대에 선 오픈리 게이는 이들 두 사람이 처음이었기 때문이다.

이 트윗에는 '#olympics' '#pride' '#outandproud' '#medalists' 같은 해시태그가 달려 있었는데 그중에서 '대표자'라는 의미인 '#represent' 뒤에는 무지개색 깃발 이모티콘이 붙어 있었다. 레인보우 플래그는 LGBTQ+를 비롯한 성소수자의 상징이다. 존 커리에게 '씌어 있던' 게이라는 꼬리표는 이제야 '#outandproud(커밍아웃을 통해 자긍심을 갖게 된)' 사람들을 상징하는 꼬리표가되었다.

트윗에 달린 5000여 개 댓글 중에는 빌리 진 킹이 남긴 것도 있었다. 1960년대부터 1980년대까지 여자 테니스계에 군림한 여왕이자 이후 레즈비언이라고 커밍아웃한 그녀는 두 사람에게 "젊은 세대뿐만 아니라 이전 세대인 우리에게도 큰 영감을 주었다"라고 썼다.

리펀은 2021년 2월, 오랜 연인이던 핀란드인 남성 유시페카 카얄라(Jussi-Pekka Kajaala)와 결혼을 발표했다.

그런데 일본 LGBTQ+ 운동선수는 좀처럼 언급되지 않는 이유는 무엇일까? 미국 잡지 《애드버킷(The Advocate)》[10]이 피겨스케이팅 선수인 스구리 후미에(村主 章枝)의 바이섹슈얼리티를 다룰 때도 일본 언론은 잠잠하기만 했다. 일본 스포츠계가 순수

2부 우정과 LGBTQ+

하게 헤테로섹슈얼과 시스젠더로 이루어진 세계인 것은 결코 아니다.

2021년 6월 20일 전 일본 여자 축구 국가대표이자 미국 여자프로축구리그(NWSL) 워싱턴 스피릿에서 뛰었던 요코야마 구미(橫山 久美) 선수가 '요코야마, 커밍아웃합니다'라는 유튜브 영상을 통해 자신이 트랜스젠더라는 사실을 밝혔다.[11] 독일과 미국 생활을 거치면서 슬슬 밝혀도 되지 않을까 생각했다고. "최근 일본에서도 LGBTQ라는 단어가 널리 쓰이고 다양한 곳에서 다루어지기 시작했는데, 나 같은 사람들이 목소리를 내지 않으면 앞으로 발전할 수 없을 것 같았다." 그러자 한창 올림픽으로 뜨겁던 7월 29일 《도쿄신문》 석간 1면 머리기사로 일본 여자 축구 국가대표팀에 속해 있던 다른 세 선수가 트랜스 남성으로서 LGBTQ+를 알리는 활동에 나선다는 특종이 실렸다('전 여자 축구 국대 3인, 은퇴 후 남성으로: 영상을 통해 트랜스젠더에 관해 알릴 것').[12]

도쿄 올림픽은 주최 측의 연이은 차별 발언과 졸속 운영이 만천하에 드러나며 혼란스러운 대회가 된 한편, 세계 각국에서 온 운동선수들이 메달 획득 등을 계기로 LGBTQ+를 커밍아웃하거나 이미 커밍아웃한 선수들이 다시금 자기 생각을 밝히면서 다양성과 반차별을 호소하는 일대 글로벌 이벤트와도 같았다. 여기서도 '사'와 '공'을 연결하는 이들, 바깥 세계를 아는 이들이 목소리를 내기 시작한 것이다. 조류는 일본에서도 천천히, 하지만 분명히 바뀌고 있다.

호모포비아
인 더 밴드

미국 연극계의 음유시인

2020년 전 세계는 신종 코로나바이러스 공포에 떨어야 했다. 감염자는 기하급수적으로 늘어났으며, 앞 장에서 NBA 최초로 커밍아웃한 선수로 소개한 제이슨 콜린스도 파트너와 함께 코로나에 감염되었다는 사실이 기사화되었다. 3월 초 뉴욕에 갔다가 NBA 브루클린 네츠의 '프라이드 나이트(앞 장에서 설명한 '게이 나이트'와 마찬가지로 LGBTQ+ 팬을 위한 이벤트 시합이다)' 경기장에서 감염된 것으로 보인다고 했다. 전 세계 대도시가 문을 걸어 잠갔으며, 코로나의 마수는 관객을 받을 수 없게 된 연극계로도 뻗어 나갔다.

이러한 상황 속에서 3월 24일에는 '미국 연극계의 음유시인'이라고 불린 테런스 맥널리(Terrence McNally)까지 코로나 합병증을 치료하기 위해 향한 플로리다의 한 병원에서 숨을 거두었다.

맥널리는 60년 가까이 미국과 영국 등에서 활약한 오픈리 게이 극작가로, 그만큼 브로드웨이에 게이 역할을 많이 등장시킨 사람도 없었다. 연극계의 아카데미상이라고 불리는 토니상의 단골손님이자, 마누엘 푸이그(Manuel Puig) 원작의 〈거미여인의 키스(Kiss Of the Spider Woman)〉(1992)와 E. L. 닥터로(E. L. Doctorow) 원작의 〈래그타임(Ragtime)〉(1996)으로 최우수 뮤지컬 각본상을, 에이즈 시대를 살아가는 게이 남성들의 우정을 그린 〈사랑! 용기! 연민!(Love! Valour! Compassion!)〉(1994)과 은퇴한 성악가 마리아 칼스(Maria Callas)의 공개수업을 통해 그녀의 인생을 되짚어 보는 〈마스터 클래스(Master Class)〉(1995)로는 최우수 작품상을 받았다. 2019년에는 공로상을 받은 중진이기도 하다.

81세로 고령이기도 했지만 2001년 폐암에 걸린 뒤로 만성 호흡기 질환을 앓고 있던 상황에 코로나까지 덮쳤다. 그는 2003년 공연 프로듀서이자 비영리 에이즈 지원 단체의 인권 변호사였던 톰 커다히(Tom Kirdahy)와 버몬트주에서 시민결합을 맺은 뒤로 함께 살고 있었다. 2010년 워싱턴 D.C.에서 동성혼이 인정되자 그곳에서 결혼했으며, 2015년 미국 연방 대법원의 판결로 미국 전역에서 동성혼이 법제화되자 뉴욕에서 다시 결혼 서약을 맺었다.

1990년대 말 맥널리에게 인터뷰를 요청한 적이 있다. 나는 〈사랑! 용기! 연민!〉을 보고 그의 팬이 되었다. 5번 애비뉴 중에서도 워싱턴 스퀘어 공원 근처에 있는 그의 집에 들어서자 온화한 신사는 차분한 분위기의 서재에서 연극에 관해, 정치에 관해, 그리고 그가 살아온 시대에서 눈앞이 어지러울 만큼 휙휙 변하던 게이로 존재한다는 것의 의미를 내게 말해 주었다.

맥널리는 1938년 11월 플로리다주에서 태어났다. 부모님이 운영하던 해변의 바 레스토랑이 허리케인으로 무너지자 뉴욕으로 이사했고, 이후 텍사스주 코퍼스크리스티에서 어린 시절을 보냈다(이 도시의 이름 'Corpus Christi'는 라틴어로 그리스도의 몸, 즉 '성체'를 뜻한다. 수십 년이 지난 1997년 그는 그리스도와 열두 제자를 오늘날 코퍼스크리스티에 사는 호모섹슈얼한 집단으로 묘사한 문제작 〈코퍼스 크리스티〉를 발표한다).

각본을 쓰기 시작한 것은 뉴욕 컬럼비아대학교에 장학생으로 입학하고 나서부터다. 그즈음 배우 양성소 '액터스 스튜디오(The Actors Studio)'의 창립자인 엘리아 카잔(Elia Kazan)[1]과 친해졌는데, 그의 소개로 존 스타인벡(John Steinbeck)[2]과도 알고 지내면서 일가의 세계 일주 크루즈 여행을 따라가거나 아이들의 가정교사 일을 맡았다고 한다.

아직 학생이었던 1959년에는 『누가 버지니아 울프를 두려워하랴』(1962)의 작가이자 열 살 연상인 에드워드 올비(Edward Albee)와도 친해져 4년간 한집에 살았다. 『누가 버지니아 울프를 두려워하랴』는 사실 그들의 관계를 헤테로섹슈얼 부부로 치환한 것이 아니냐는 이야기도 있다. 다시 말해 불평불만으로 가득 찬 관계였다. 맥널리는 올비가 자신의 성적 지향을 숨기는 것이 마음에 들지 않았다. "연극 초연 날이나 신문기자들이 주변을 에워쌀 때면 나는 투명인간이 되었다. 무언가 잘못되었다는 사실은 알고 있었다. 평생 그렇게 살 수 없다는 것도." 두 사람은 결국 헤어진다.

다음으로 사귄 사람은 세 살 연상인 브로드웨이 배우 로버트 드리바스(Robert Drivas)였다. 그 무렵 데뷔작인 〈그리고 한밤중에 부딪히는 것들(And Things That Go Bump in the Night)〉(1965)이 브로드웨이에서 상연된다. 무언가를 겁내며 지하실에서 생활하는 가족을 그린 근미래 디스토피아 연극으로, 여기에도 바이섹슈얼과 크로스드레서(cross-dresser)* 간의 로맨스가 담겨 있다. 하지만, 아니 그렇기에 평론가의 반응은 차가웠다. 타블로이드 신문 《뉴스데이(Newsday)》는 "추악하고 도착적인 악취미"라고 썼으며 한 평론가는 "부모는 그가 요람에 있는 동안 질식사시켰어야 했다"라고 말하기까지 했다. 연극은 3주 만에 막을 내렸다. 맥널리는 자신의 작품이 '올비의 남자 친구가 쓴 것'으로나 여겨진다는 사실을 알고 있었다. 시대의 '호모포비아'가 작품 그 자체의 평가를 휘덮은 것이다.

시대마다 동성애 혐오가 미국의 연극계와 영화계를 어떻게 가로막았는지는 다큐멘터리 영화 〈셀룰로이드 클로짓(Celluloid Closet)〉(1995)을 통해 낱낱이 알 수 있다. '액트 업(ACT UP)'[3] 소

* 일반적으로 이성이 입는다고 여겨지는 의복을 입는 사람.

속 활동가이기도 한 비토 루소(Vito Russo)의 조사를 원작으로 하는 이 영화는 눈이 확 트이는 듯한 역작이다. 할리우드 영화를 중심으로 100편 넘는 작품이 도마 위에 오르는데, 〈미드나잇 익스프레스(Midnight Express)〉(1978)에서 원작에 있던 호모섹슈얼한 장면이 미묘하게 잘려 나가고 〈지난 여름 갑자기(Suddenly, Last Summer)〉(1959)와 〈양들의 침묵(The Silence Of The Lambs)〉(1991)에서 동성애자 캐릭터가 갈가리 찢기거나 사살당하는 배경을 분석한다. 이성애 규범 사회는 그렇게 '일탈자'를 지우면서 사회의 질서와 가정의 질서를 되찾는다. 그렇다, 8장에서 오시마 나기사의 〈고하토〉를 통해 지적한 동성애 혐오적 클리셰인 것이다.

북엔드의 양쪽

맥널리는 헤어진 뒤로도 십여 년간 계속 친구로 지내던 로버트 드리바스를 1986년에, 드리바스 이후 오랜 기간 파트너 관계를 유지한 열일곱 살 연하 극작가 게리 보나소트(Gary Bonasorte)를 2000년에 에이즈로 떠나보냈다.

〈사랑! 용기! 연민!〉은 그러한 에이즈의 시대였던 1990년대 초, 뉴욕 북쪽 교외에서 두 시간 정도 걸리는 호숫가 별장을 무대로 여덟 명의 게이가 세 번에 걸쳐 여름날의 주말을 보내는 이야기다.

별장 주인은 브로드웨이에서 성공한 안무가 그레고리다. 중년인 그레고리에게는 젊고 잘생긴 연인 보비가 있는데, 그는 눈이 보이지 않으며 법률사무소에서 일한다. 그리고 하나둘 별장에 들어서는 손님들. 14년째 사귀고 있는 비즈니스 컨설턴트 여피(yuppie)[4] 커플인 아서와 페리, '여성스러운' 말투가 특징적인 뮤지컬 마니아 패션 디자이너 버즈, 신경질적인 영국인 존과 그가 이번 여름을 함께 보낼 섹스 파트너 라몬, 존의 쌍둥이 동생이지만 그와 달리 상냥한 제임스까지.

젊고 싱그러운 육체를 자랑하는 라몬은 별장에 도착하자마자 자신과 나이대가 비슷한 보비를 유혹하려 든다. 그레고리는 보비가 유혹에 넘어가지는 않을까 전전긍긍하는 한편 안무가로서 자신의 재능이 바닥나고 있는 건 아닐까 고민에 빠진다. 버즈는 말 대신 뮤지컬 넘버로 대화하는 분위기 메이커지만, 사실 HIV 양성 판정을 받았으며 지역 내 에이즈 클리닉에서 봉사활동도 하고 있다. 버즈는 연인을 찾는 일에 지쳐 연애를 포기했다고 말한다. 하지만 결국에는 존의 쌍둥이 동생인 제임스와 사귀게 된다.

제임스는 형과 달리 누구에게나 상냥하고 번뜩이는 기지로 가득 차 있지만, 항상 자신을 비하하는 구석이 있다. 그런 그가 버즈의 마음을 받아들인다. 하지만 제임스 역시 에이즈를 앓고 있으며 그 병세는 버즈보다 더 심각하다. 두 사람은 머지않아 죽음이 자신들을 갈라놓을 것이라는 사실을 알고 있다.

〈사랑! 용기! 연민!〉은 에이즈의 시대 밑바닥에 깔린 비극을 품고 있으면서도 그렇기에 오히려 생의 찬가로 가득 찬, 여덟 명의 게이가 자아내는 드라마다.

'여덟 명의 게이가 자아내는 드라마'. 그렇다, 〈사랑! 용기! 연민!〉은 마찬가지로 여덟 명의 게이(와 스트레이트라는 설정인 한 남자)가 펼치는 연극 〈보이즈 인 더 밴드(The Boys in the Band)〉에 대한 답가이자 북엔드의 또 다른 한쪽이다.

테런스 맥널리 이야기를 길게 한 것은 그가 에이즈 시대를 배경으로 쓴 〈사랑! 용기! 연민!〉(1994)과 그보다 훨씬 이전 시대를 살아간 뉴욕의 게이들을 그린 마트 크롤리(Mart Crowley)의 문제작 〈보이즈 인 더 밴드〉(1968)를 비교하면서 호모포비아의 차이를 논하기 위해서다. 각본가인 마트 크롤리는 테런스 맥널리보다 세 살 더 많다. 그 역시 게이였다. 다만 크롤리는 여배우인 내털리 우드(Natalie Wood)[5]의 매니저가 되기 위해 할리우드로 이사했으므로 뉴욕에 살던 맥널리와는 면식이 없었다. 〈보이즈 인 더 밴드〉가 오프브로드웨이에서 초연된 1968년 4월 15일은 '스톤월 항쟁'이 일어나기 1년 하고도 2개월 반 전이었다. 당시 연출을 맡은 로버트 무어(Robert Moore)도 게이였다.

원제인 'The Boys in the Band'는 일본에서 '한밤중의 파티(真夜中のパーティー)'로 번역되었는데, 이는 누구의 솜씨일까. '한밤중'은 이 연극의 성격을 가장 잘 표현하는 단어다. 참고로 원제는 영화 〈스타 탄생(A Star Is Born)〉(1954)*에서 이성을 잃은 에

---

* 원작은 1937년 개봉한 동명의 뮤지컬 영화. 1954년, 1976년, 2018년에 리메이크되었는데 2018년판은 우리나라에서 〈스타 이즈 본〉이라는 제목으로 알려졌다.

스더(무려 주디 갈런드!)를 향한 파트너 노먼 메인의 대사 "너 자신 그리고 밴드 동료들을 위해 노래하는 거야(You're singing for yourself and the boys in the band)"에서 따온 것이다. 같은 밴드(무리, 집단, 인연)에 속한 동료들. 이것은 그런 동료들의 이야기다.

이 작품은 1970년 윌리엄 프리드킨(William Friedkin) 감독에 의해 영화화되었고 일본에서도 아오이 요지(靑井 陽治)의 번역을 거쳐 PARCO 극장에서 여러 번 상연되었으므로 많이들 알 것이다.

〈보이즈 인 더 밴드〉의 무대는 녹음이 우거진 호숫가 별장과는 반대로 찌는 듯이 무더운 한여름의 뉴욕, 어퍼 이스트 사이드에 있는 마이클의 아파트다. 그곳에 해럴드의 생일을 축하하기 위해 게이 친구들이 모인다. 가톨릭인 마이클은 도널드라는 남자 연인이 있으면서도 아직 자신의 성적 지향을 받아들이지 못했다. 해럴드는 그런 마이클을 향해 끊임없이 빈정거린다. 에머리는 '여성스러운' 말투로 쉴 새 없이 떠들어 대고, 수학 교사인 행크와 패션 포토그래퍼인 랠리는 사귀는 사이지만 랠리의 바람기 때문에 냉전 중이다. 버나드는 에머리와 친한 아프리카계다. 여기에 해럴드의 생일 선물로 준비한, 젊고 탄탄한 몸매를 자랑하지만 맹한 구석이 있는 남창 '카우보이'가 찾아온다. 그렇게 여덟 명의 게이가 왁자지껄 떠드는 사이 예상치 못한 침입자가 문을 두드린다. 마이클의 대학 시절 룸메이트이자 '스트레이트인 앨런'이었다. 아무것도 모르는 앨런 앞에서 마이클은 모두가 게이라는 사실을 숨겨 본다. 문제는 에머리다. 파티가 무르익자 에머리는 자기도 모르는 사이 평소 말투가 나오고 만다. 자포자기한 에머리는 대놓고 '게이스러운' 말투를 쓰기 시작하고, 그를 불쾌하게 여긴 앨런과 주먹다짐을 벌이면서 파티는 아수라장이 된다. 그리고 어떤 게임이 시작된다.

그 게임은 정말로 사랑한, 혹은 사랑하는 사람에게 전화를 걸어 자신의 사랑을 고백할 수 있는지를 놓고 겨루는 것이었다. 통화 연결음이 잦아들면 각자의 과거와 인생이 드러난다. 그리고 '스트레이트인 앨런'의 전화를 받는 사람은……?

이 작품이 그리는 것은 맥널리의 데뷔작 〈그리고 한밤중에 부딪히는 것들〉(1965)에 쏟아진 혹평과 일맥상통하는, 1960년대라는 시대를 살아가는 각자의 (내부에 깃든) 호모포비아, 동성애 혐오다. 그러한 호모포비아를 당사자 스스로 떠안도록 강요하던 '시대로서의 호모포비아'다.

초연 당시 이 무대에는 여러 비판이 뒤따랐다. 하나는 동성애를 정면으로 그린 작품이라면 피할 수 없는, 호모포빅한 이성애 규범 사회의 혐오감 표출이었다. 다른 하나는 반대편, 즉 게이 커뮤니티 당사자들의 작품 자체에 대한 불만이었다. 이 작품이, 혹은 마이클로 상징되는 등장인물들이 자기부정적인 호모포비아를 나쁘게만 표현한다는 비판이었다. "그렇게까지 심하게 묘사할 필요는 없잖아" 하는 것이다.

도망칠 곳도 빠져나갈 곳도 없이 언제 올지 모르는 스톤월 항쟁을 기다리는, '한밤중'처럼 깜깜한 시대였다.

크롤리가 설정한 마이클의 아파트 자체가 하나의 커다란 벽장이다. 무대에 놓인 '현관문' 너머 '바깥'은 연극이 끝날 때까지 보일 듯하면서 보이지 않는다. 숨 막히는 폐쇄 공간이다.

하지만 북엔드의 또 다른 끝, 맥널리의 〈사랑! 용기! 연민!〉(1994)은 호수와 숲으로 연결되어 있다. 이 작품에 등장하는 여덟 명의 게이는, 눈이 보이지 않는 보비는 특히, 별장 주변에 흘러넘치는 자연을 진심으로 즐긴다. 비극의 예감이 떠돌기는 하지만 혐오는 바깥 공기로 정화되고 여덟 명의 주위는 환하게 빛난다.

죽은 자들, 산 자들

〈보이즈 인 더 밴드〉는 흥행 면에서 성공을 거두었지만(영화판도 거의 같은 캐스팅으로 제작되었다) 등장한 연기자 여덟 명 중 실제 게이였던 다섯 명은 마지막까지 벽장에서 나오지 않았다.

그리고 1986년 '카우보이' 역할을 맡은 로버트 라 투르노(Robert La Tourneaux)가 마흔네 살에 에이즈로 죽는다. 1988년에는 해럴드 역할을 맡은 레너드 프레이(Leonard Frey)가 마흔아홉 살에 에이즈로 죽는다. 1992년에는 도널드 역할을 맡은 프레더릭 콤스(Frederick Combs)가 쉰여섯 살에, 랠리 역할을 맡

은 키스 프렌티스(Keith Prentice)가 쉰두 살에 에이즈로 죽는
다. 그리고 주인공인 마이클 역할을 맡은 케네스 넬슨(Kenneth
Nelson)도 예순세 살이 되던 해인 1993년 에이즈로 죽는다. 게이
였던 다섯 명 모두 죽은 것이다.

더 이야기하자면 연출가인 로버트 무어도 1984년 에이즈로 죽
었다. 프로듀서인 리처드 바(Richard Barr)도 1989년 에이즈로
죽었다. 가장 게이스러운 캐릭터였던 에머리 역할을 맡은 클리
프 고먼(Cliff Gorman)은 스트레이트였는데, 죽어 가는 '카우보
이' 로버트 라 투르노를 부인과 함께 마지막까지 간호해 주었다
고 한다.

맥널리의 〈사랑! 용기! 연민!〉에도 게이 연기자가 많이 출연했
다. 그중에서도 버즈 역할을 맡은 배우는 뮤지컬 〈라카지〉를 리
메이크한 미국 영화 〈버드케이지(The Birdcage)〉(1996)의 주연
이기도 한 그 유명한 네이선 레인(Nathan Lane)이었다. 모두 오
픈리 게이다. 1994년에는 누구도 벽장 속에 틀어박혀 있지 않았
다. 스톤월 항쟁(1969)이 '한밤중'을 걷어 낸 것이다. 그 여명 뒤
에는 에이즈라는 또 다른 그림자가 기다리고 있었지만.

에이즈로 점철된 1980년대는 이중, 삼중의 호모포비아로 둘러
싸인 시대였다. 수많은 스티그마가 벽장 문을 밖에서 안에서 굳
게 걸어 잠갔다. 벽장에서 나오지 못한다고 해도 어쩔 수 없었다.
하지만 그러한 상황에서도 문을 열고 나오는 사람은 있었다. 목

숨을 걸어서라도, 인생을 걸어서라도, 사회적인 문제는 사회적으로 결판을 내지 않으면 안 되었기 때문이다. 개인적인 영역에서의 투쟁은 다툼으로 그친다. 사회적인 영역으로 나와서 투쟁할 때 비로소 역사에 발자취를 남기는 것이다.

〈보이즈 인 더 밴드〉는 초연 50주년을 맞이한 2018년 브로드웨이에서 재연되었다.

마이클 역의 짐 파슨스(Jim Parsons), 도널드 역의 맷 보머(Matt Bomer), 해럴드 역의 재커리 퀸토(Zachary Quinto), 랠리 역의 앤드루 래널스(Andrew Rannells), 카우보이 역의 찰리 카버(Charlie Carver), 앨런 역의 브라이언 허치슨(Brian Hutchison), 버나드 역의 마이클 벤저민 워싱턴(Michael Benjamin Washington), 에머리 역의 로빈 데헤수스(Robin de Jesús), 행크 역의 턱 왓킨스(Tuc Watkins).

하나같이 떳떳한 오픈리 게이 배우들이다. '성적 지향의 그러데이션'이라고는 해도 이 작품만은 스트레이트 배우가 연기할 수 없었다. 이 작품에서 전하려는 것은 50년 전의 음울한 호모포비아를 '현재의 막막함'이 아니라 '시대의 비참함'으로 당당하게 인정하자는, 사회 전체를 향한 메시지였기 때문이다.

이 작품은 2019년 토니상 시상식에서 최우수 리바이벌(재공연) 작품상을 받았다. 지금은 연극판 캐스팅을 그대로 가져온 동명의 영화를 넷플릭스에서 볼 수 있다. 각본가인 마트 크롤리가 영화판 각본 작업에 참여했으며 카메오로도 출연했다. 그리고 영화판은 48년 전 프리드킨이 감독한 버전과 달리 마이클이 여명을 향해 내달리는 장면으로 막을 내린다. 그 끝에 스톤월 항쟁에서 비롯한 미래가 기다린다는 사실을, 지금의 우리는 알고 있다.

크롤리는 기묘하게도 맥널리가 사망한 2020년 3월, 뉴욕에서 심부전으로 숨을 거두었다. 당시 여든네 살이었다.

〈보이즈 인 더 밴드〉는 2020년 7월부터 코로나의 영향으로 관객 수를 반 넘게 제한해 시부야의 분카무라(Bunkamura)* 내 시어터 코쿤 등에서 '보이즈 인 더 밴드: 한밤중의 파티'라는 제목으로 재연되었다. 원래 아오이 요지가 옮긴 대본도 내가 새롭게 번역했다.

연출을 맡은 시라이 아키라(白井晃)는 이렇게 말했다. "초연 이후 50년이 지나는 동안 사회가 성소수자를 대하는 모습이 얼마나 변했는지 생각해 보는 의미에서도 중요한 작품이 될 것이다. 미국과 비교했을 때 일본은 아직 갈 길이 먼데, 다양한 마이너리티와 사회 간의 관계를 고민하는 의미에서도 지금 이 시대에 필요한 작품이라고 생각한다. 출연자들과 논의를 거듭하고 이 작품을 일본에서 재상연하는 의미를 생각하면서 창작하려고 한다."

* 일본어로 '문화의 마을(文化村)'이라는 뜻으로 콘서트장, 극장, 미술관 등을 갖춘 대형 복합 문화 시설이다.

12장 호모포비아 인 더 밴드

나는 제작 자체에는 직접 참여하지 않았지만 최종 리허설을 볼 기회가 있었다.

2020년 일본판 해럴드는 스즈키 고스케(鈴木 浩介)*가 맡았다. 해럴드는 이 연극의 또 다른 주축과 같은 존재다. 원작에서는 레너드 프레이가, 50여 년 뒤에 나온 연극과 영화판에서는 재커리 퀸토가 맡은 어려운 역할이다. 미국판 해럴드가 그저 께름칙하기만 했다면, 스즈키가 연기하는 해럴드는 마음속 깊숙한 곳에 지닌 상냥함이 조금씩 엿보이는 남자였다. 의도된 연기인지 아니면 스즈키의 실제 성격이 배어 나온 것인지, 자가격리로 인해 연출가와 배우를 실제로 만날 수 없었던 나로서는 확인할 길이 없었다. 다만 자기혐오(동성애 혐오)로 점철되어 있던 연극이 '초연 이후 50년이 지나는' 동안 조금씩 '변화'한 것처럼, 스즈키가 연기한 해럴드가 상냥한 사람 쪽으로 살짝 기운 것에서도 50년 전에는 없었던 희미한 '여명'을 엿본 듯한 기분이 든다.

* 1974년생 배우로 감초 역할을 맡는 일이 많다. 드라마 〈라이어 게임〉에서 후쿠나가 유지를 연기했다. 아내는 배우인 오쓰카 지히로(大塚 千弘).

LGBTQ+

13장

We Are
Everywhere!

백인, 남성, 동성애자의 시점

내가 어설프게나마 어떻게든 '게이에 관해' 생각해 보려고 마음먹은 것은 1980년대 에이즈 사태를 다루는 뉴스를 접한 뒤였다. 사회학과 철학은 물론 젠더 이론에 관해서도 전문 지식이 없는 일개 신문기자였던 내 교과서는 매일 쏟아져 나오는 뉴스, 그리고 저널리즘을 기반으로 한 텍스트와 영상이었다. 그것도 영어로 된.

당시 에이즈 관련 보도는 영어로 된 정보가 우선이었으며, 백인 기자의 시점 혹은 백인 남성 동성애자 기자의 시점에서 전달되었다. 에이즈에 관한 기록 중 역사에 남을 역작인 『그리고 밴드는 계속 연주한다(And The Band Played On)』(1987)도 유대계 미국인이자 게이 저널리스트인 랜디 실츠[1]가 썼고, 내가 영어 번역에 뛰어들게 된 계기이자 처음으로 옮긴 책도 백인 남성 동성애자 운동선수가 주인공인 소설 『프런트 러너』(1974)였다. 이 작품은 게이 소설로는 처음으로 《뉴욕타임스》에서 선정한 베스트

셀러 목록에 올랐다. 다만 작가는 저널리스트 경험이 있는 퍼트리샤 넬 워런(Patricia Nell Warren)이라는 백인 '여성' 동성애자였지만.

단적으로 말해 '쓰다'라는 행위와 '보도하다'라는 행위는 권력을 만들어 내는 일이라고 할 수 있으므로 그것을 맡는 사람이 주로 '백인'이고 '남성'인 것은 (닭이 먼저냐 달걀이 먼저냐 하는 이야기는 차치하고) 당연한 순서다. 내 '교과서'는 그렇게 백인 영어와 그 언어로 표현되는 정보에 뒤따르는 권력을 두르고 있었다.

애당초 영어 자체가 전 세계에서도 권력으로 1, 2위를 다투는 언어다. 게다가 나는 1993년 뉴욕에 오고 나서부터 24시간 내내 그러한 영어로 된 정보에 둘러싸여 있었다. 자연히 내 정보는 '권력이 강한' 쪽으로 기울게 되었다. 아니, 솔직히 말하자면 당시에는 그러한 사실을 거의 의식하지 않았다. 오히려 '게이에 관한 것'을 손에 넣으면서 상대적으로 '권력이 약한' 쪽, 더 나아가 '권력에 반(反)하는' 정보와 논리를 획득했다는 감각이 우세했다.

'백인' '남성' '이성애자'의 논리로 둘러싸인 세계에서 그중 하나인 '이성애'의 굴레를 벗기만 해도 지금까지 '권력'의 렌즈를 통해 본 것과 이렇게나 다른 광경이 펼쳐지다니. 그것은 겉보기로도 그렇고 상대적으로도 그렇고 이성애 규범성이라는 권력에 대항하는, 동성애라는 비권력적이면서 반권력적인 정보였다. 메이저리티 대 마이너리티의 구조, 그리고 후자를 기반으로 하는 정체성의 획득까지.

백인 규범성과 남성 규범성이라는 남은 두 가지 권력을 향한 대항은 의식적이었는지 무의식적이었는지 당분간 미뤄도 되는 문제처럼 느껴졌다.

그 개방감과 해방감은 뉴욕에 오기 전 『프런트 러너』를 번역할 때부터 내 안에 싹텄다. 1980년대 후반, 1986~1987년 즈음부터 번역하기 시작한 『프런트 러너』는 허구이기는 해도 나에게는 1960년대부터 1970년대까지 미국 육상계를 역사적으로 재인식하는 작업이기도 했다. 스포츠를 주제로 한 제11장에서도 이야기했듯이 트랙 앤드 필드(육상) 세계도 남성성과 젠더 격차의 지배 아래 놓여 있었다. 그곳에서는 남성 동성애를 긍정적으로 그리는 것이 곧 남성 이성애라는 '남성스러움'의 권력에 대한 반발과 공격이었다.

이를 기반으로 삼고(라기보다 그 외에 아무런 기반이 없는 채로) 나는 뉴욕행 비행기에 몸을 실었다.

미국에서는 아버지 부시의 공화당 정권을 무너뜨린 빌 클린턴의 시대가 막을 올렸다. 이 시대의 주요 과제 중 하나는 그때까지 이어지던 동성애자의 입대 제한 문제였다. 대통령 선거 당시 클린턴은 주요 공약 중 하나로 취임하자마자 동성애자의 군 복무 제한 규칙을 없애 동성애자든 양성애자든, 즉 L과 G와 B가 (이때는 T, 즉 트랜스젠더에 관한 이야기는 논의조차 되지 못했다) 군인으로서 국가에 공헌할 수 있도록 할 것이라고 큰소리쳤다. 클린턴은 이 문제를 대통령이 전권을 쥐고 발포하는 '대통령령'으로 처리할 수 있다고 생각했다. 하지만 상황은 마냥 순순히 흘러가지 않았다. 군 수뇌부와 의회에서 반대한 것이다. 특히 의회는 공화당은 물론이고 집권 여당인 민주당에서도 적지 않은 의원이 반발했다.

1990년대 전반은 '동성혼' 따위 꿈도 꿀 수 없는 시대였다. 세상 사람들의 눈에 게이와 레즈비언은 여전히 '이상한 녀석들'이었다. 결국 클린턴 정권은 이듬해인 1994년 2월 '묻지도 말하지도 말라(Don't ask, Don't tell)'라는 이상한 타협안을 법으로 성립시키기에 이른다. 이는 성소수자 군인에 한해 자신의 성적 지향이나 성 정체성을 밝히지 못하게 하는, 즉 '침묵'이라는 '거짓말'을 강요하는 법이었다. 입만 다물고 있으면 얼마든지 군인으로서 복무할 수 있다면서.

1994년은 스톤월 항쟁 25주년이라는 점에서도 기념적인 해였다. 그때까지 어떻게 해서 항쟁이 일어났는지, 누가 거기에 있었는지 '정설'이라고 주장하는 이야기는 있었지만 어딘지 모르게 도시 전설 같은 부분도 섞여 있어서 자세한 내용은 불분명했다. 실제로 현장에 있었고 항쟁에도 참여해 '스톤월 베테랑'이라고 불리는 사람들을 찾아내고 그들 그녀들로부터 당시 자초지종을 듣는 일도 이 25주년을 계기로 다시금 시작되었다. 그 과정에서 스톤월 항쟁은 드래그 퀸과 트랜스젠더와 레즈비언의 '반란'이었다는 사실이 재조명되었다.

결론적으로 '백인' '남성' '동성애자'들은 권리 획득을 위한 '봉기'의 전면에 서 있지는 않았다. 다만 한번 돌아가기 시작한 톱니바퀴의 동력 대부분은 압도적인 지위와 자본을 축적한 '백인' '남성' '동성애자'와 그들의 앨라이가 제공했다. 이는 세계 곳곳에서 제기되는 인권 문제가 압도적인 지위와 자본을 축적한 서구 백인 사회에 의해 받아들여지고 나서야 다음 차원으로 나아가는 현상과 비슷하다.

동성애자의 인권 문제가 처음으로 주류 언론에서 다루어진 것도 백인 남성이 진행하는 뉴스에서였다. 1972년 민주당 전당대회에서 동성애자 인권 문제를 의제로 올리자 '미국의 양심'이라고 불리던 TV 저널리스트 월터 크롱카이트(Walter Cronkite)가 자신이 진행하는 'CBS 이브닝 뉴스'에서 "동성애에 관한 정치 강령이 오늘 밤 처음으로 진지하게 논의되었다. 이는 앞으로 다가올 일들의 중요한 선구자가 될지도 모른다"라고 소개했다. 이후 그는 같은 방송에서 게이와 레즈비언 문제를 주기적으로 다루게 된다.

목소리를 높이는 GLAAD

1990년대 미국 사회에서는 게이 관련 뉴스가 하루에도 몇 건씩 CNN과 3대 지상파 뉴스 채널(NBC, CBS, ABC)을 통해 다루어졌다. 게이나 레즈비언을 노린 폭력 사건, 차별, 동성애 혐오를 숨기지 않는 종교 지도자와 스포츠 선수와 유명인에 대한 거센 항의, 아이들에게 성적 다양성 문제를 어떻게 가르칠지, 의절당하는 게이 소년들이 갈 곳, 텔레비전이나 영화에서 성소수자를 그리는 방식, 동성 커플을 위한 금융 상품, 양자 결연, 대리모 출산, 심지어 게이 펭귄에 이르기까지…… 그리고 들불처럼 번지는 에이즈와 홀로 남겨진 파트너의 비극. 클롱카이트의 보도로부터 20여 년이 지났다. '게이'는 그야말로 '인권의 시대'에 걸맞은 '대세' 테마가 되었다.

각자의 목소리가 맞부딪치는 상황 속, LGBTQ+ 측에서 중요한 역할을 맡은 단체 중 하나가 'GLAAD'였다. '중상모략과 싸우는 게이 & 레즈비언 동맹(The Gay & Lesbian Alliance Against Defamation)'의 줄임말인 이 단체는 1985년 에이즈와 게이 커뮤니티에 관해 편견으로 가득 찬 보도를 쏟아 내던《뉴욕포스트》에 항의하기 위해 만들어졌다.

1985년. 그렇다, 1장에서 다룬 록 허드슨이 죽은 해다.

그해 4월 21일, 에이즈 시대를 강렬하게 그린 래리 크레이머의 희곡「노멀 하트」가 상연된다.

6월 25일, 록 허드슨이 에이즈에 걸렸다는 사실이 발표된다.

9월 9일, 뉴욕시 당국이 HIV 양성 판정을 받은 초등학교 2학년 학생의 등교를 허가하자 퀸스 지구 내 초등학교 학부모들이 등교 거부에 나선다.

10월 2일, 록 허드슨이 사망한다.

10월 5일, 뉴욕시 교육감이 모든 교실에 소독용 알코올 솜을 상비할 것을 통지한다.

10월 25일, 뉴욕주가 게이 사우나와 섹스 클럽을 모두 폐쇄할 것을 요청한다.

그리고 12월 15일, 미국인 중 37%가 게이에 대해 '전보다 호감도가 낮아졌다'라고 답한 여론조사가 발표된다. 에이즈가 직격한 게이 커뮤니티에 대해 '가엾다고 생각한다'라고 답한 사람은 2%에 불과했다. 이러한 상황에서 《뉴욕포스트》는 허드슨의 죽음과 게이를 둘러싸고 중상모략에 가까운 보도를 이어 가고 있었다. 혹은 그러한 보도로 인해 게이에 대한 동정적인 여론이 쑥 들어갔는지도 모른다.

11월 14일, 편파적인 보도에 대항하지 않으면 안 된다는 위기감을 느낀 저널리스트와 작가들이 모인다. 그중에는 앞 장에서 소개한 『셀룰로이드 클로짓』의 저자 비토 루소도 있었다(그 또한 그해 HIV 감염 판정을 받았다). 12월, 그들의 호소로 《뉴욕포스트》 사옥 앞에서 이루어진 항의 시위에 1000여 명이 모인다. 이것이 GLAAD의 첫걸음이었다.

이를 계기로 게이 커뮤니티에 의한 신문, 잡지, 텔레비전, 영화 등에 대한 감시가 공적으로 조직화하기 시작한다.

1987년(루소와 크레이머가 'ACT UP'을 세우고 뮤지컬 〈코러스 라인〉의 연출과 안무 창작을 맡은 마이클 베넷이 에이즈로 죽은 해다), GLAAD의 미디어 프로젝트팀에 속한 세 사람이 게이 관련 뉴스를 정당하게 다룰 것을 요구하며《뉴욕타임스》편집국에 면담을 요청했다. 2월 23일, 그들은 타임스스퀘어 근처에 있는 본사 편집국에서 편집장 막스 프랑켈(Max Frankel)을 비롯해 국내부, 뉴욕대도시권역부, 과학부 부장을 앞에 두고《뉴욕타임스》가 게이 관련 뉴스를 다루는 빈도가 얼마나 낮은지, 중요한 뉴스에서 게이의 관점이 어떻게 무시되고 있는지 구체적인 기사를 예로 들며 설득했다. 그리고 당시《뉴욕타임스》가 기사에서 동성애자를 가리킬 때 사용하던 '호모섹슈얼'이라는 단어와 '게이'라는 단어가 어떻게 다른지 조목조목 설명하고, 앞으로는 '게이'라는 단어를 써 달라고 요청했다.

지금도 '호모섹슈얼이라는 단어는 원래 정신의학, 심리학 용어로 그 차가운 어감이 싫었다'라는 설명을 종종 볼 수 있지만, 이 문제는 성적 지향 중 하나를 가리킬 뿐인 단순 형용사 '호모섹슈얼' 대신 '성'에서 시작해 사회적으로나 정치적으로 확장된 정체성을 수용하는 '게이'라는 단어를 사용함으로써 정체성 정치를 획득한다는 문맥에서 고려해야 한다.

《뉴욕타임스》는 그들의 요청을 받아들였으며, 바뀐 편집 방침은 AP통신을 비롯해 다른 신문사와 방송국으로도 빠르게 번졌다. 이 일을 계기로《뉴욕타임스》도 게이 친화적인 방향으로 기울었고, 그에 비례해 게이나 레즈비언이라는 사실을 밝히는 직원도 부쩍 늘어났다. 동성혼이 중요한 법적 과제였던 2001년에는 게이 커플인 독자로부터 자신들의 '결혼(당시에는 시민결합이었다)' 소식을 사교면(결혼을 알리는 구역이 있다)에 실어 줄수 있느냐는 문의를 받았을 때 'NO'라고 답했지만, 시대의 흐름덕분인지 이듬해인 2002년 9월에는 상황이 180도 바뀌어 게재가가능해졌다. 9·11 테러가 벌어진 지 1년이 지나, 사랑하는 사람과의 시간이 얼마나 소중한지 미국 사회 곳곳에 스며들던 무렵이었다. 그럴 때 미디어가 사회에 제공하는 '확인'과 '인정'의 의미에 나는 새삼스럽게 감동했다.

돈을 움직이는 시스템

GLAAD는 이후로도 정력적으로 대항 활동을 이어 갔으며, 로스앤젤레스 지부는 영화산업의 LGBTQ+ 묘사를 개선하기 위해 영화 관련 기업과 제휴 관계를 맺는다. 이 외에도 텔레비전드라마, 연극, 음악, 기업 홍보 및 광고, 스포츠, 종교, 비디오게임, 온라인 미디어 등에 대해서도 모니터링 활동을 추진하는 한편 1990년부터는 각 분야에서 LGBTQ+ 인권 향상에 이바지한법인, 개인, 콘텐츠를 기리는 'GLAAD 미디어 어워드(GLAAD Media Awards)'를 뉴욕, 로스앤젤레스, 샌프란시스코의 여러 지역에서 개최하고 있다. 제1회는 7개 부문 후보자 34명 규모로 조그맣게 열렸지만, 이후에는 유명 할리우드 스타가 사회자와 시상자를 맡고 영어 미디어뿐만 아니라 스페인어 미디어도 대상으로 하는 40개 부문과 특별공로상에서 10개 부문이 만들어지는 등 미국 전역에 중계되는 일대 시상식이 되었다. 30회를 맞이한 2019년에는 제이지(JAY-Z), 비욘세, 세라 제시카 파커(Sarah Jessica Parker) 등이 시상자를 맡고 마돈나가 '변혁의 지지자상 (Advocate for Change Award)'을 받았다.

그나저나 '공적인 영역'의 다양한 논리에 맞서 '공적인 영역'에서 나온 다양한 저항의 논리를 이렇게까지 신속하게 조직화하는 1980년대 게이 커뮤니티의 에너지는 볼 때마다 놀랍다. 그 조직이 힘을 갖는 데 필요한 자금이 금방 모이는 것도.

미국은 1980년대 레이거노믹스(Reaganomics)를 배경으로 거품경제를 경험했고 당시 일본 총리였던 미야자와 기이치(宮澤 喜一)는 그러한 미국을 가리켜 '머니게임의 나라'라고 지적했다.[2] 하지만 미국은 오늘날 자본주의 사회에서 무언가에 추진력을 더하고 싶을 때 돈(금융)이야말로 가장 큰 힘이 된다는 사실을 알기 쉽게 보여 준 나라이기도 하다. 나는 미국의 교육을 체험하지는 않았지만, 어린이도 학생도 사회인도 어떠한 일을 추진하기에 앞서 '어떻게 해야 가장 큰 효과를 얻을 수 있을까' '이를 실현하려면 어떻게 돈을 움직여야 할까' 하는 것을 먼저 고민하는 실천주의와 실용주의의 중요성은 어릴 적부터 학교와 가정에서 이루어지는 교육을 통해 인격 형성 과정에 새겨진 것이 아닐까 생각한다.

기부 문화도 그렇다. '일본 펀드레이징 협회(Japan Fundraising

Association)'에서 발간한 「기부백서」(2017)에 따르면 미국의 개인 기부액은 연간 30조 엔에 이른다. 한편 일본은 7700억 엔이다. GDP 대비 기부액 비율을 놓고 보더라도 미국은 1.44%이고 일본은 0.14%로 열 배 넘게 차이가 난다. 일본보다 인구가 적은 영국도 총액이 1조 5000억 엔, GDP 대비 기부액 비율은 0.54%다. 이웃 나라인 한국은 인구가 5200만 명인데도 불구하고 GDP 대비 기부액 비율은 영국과 맞먹는 0.5%이고 총액도 일본과 비슷한 6700억 엔이다.

미국에서 기부는 부유층의 전유물이 아니라, 어떠한 종류든 자선사업에 기부하는 가구가 전체의 90%에 이른다고 한다.

창립 30주년을 앞둔 2018년, GLAAD의 연간 예산은 기업과 개인의 기부로 1700만 달러 가까이(1달러를 100엔으로 환산할 때 17억 엔), 이벤트를 통한 수입으로 150만 달러(1억 5000만 엔)가 모여 총 2000만 달러(20억 엔)에 달했다. 같은 해 지출은 인건비 425만 달러(4억 2500만 엔)를 비롯해 총 1000만 달러(10억 엔)에 이르는 거대한 규모를 자랑했다.[3]

다만 미국의 기부 문화는 '체크북 액티비즘(checkbook activism)'이라는 단어를 만들어 냈다. 수표(check)만 술술 써서 기부하면 대기업도 부자도 손쉽게 사회적 대의 달성을 위한 활동(activism)에 참여한 듯한 기분을 느낄 수 있다고 비꼬는 말이다. 이 무렵 '기업의 사회적 책임(CSR)'이라는 말이 나오고 그것을 공익 연계 마케팅과 같은 전략으로 이용하려는 움직임이 활발해지기는 했다. 상대방의 생각이 그러하다면 이쪽에서도 그것을 얼마든지 이용해 주겠다는, 게이 커뮤니티의 강단도 이 시기에 길러진 것이다.

특히 유명한 것이 '핑크 머니'라는 개념이다. 나치 강제수용소에 수감된 남성 동성애자에게는 유대인에게 '다윗의 별' 와펜이 붙은 것처럼 '핑크 트라이앵글(삼각형)' 와펜이 붙었는데, 이에 따라 분홍색(정확히는 보라색과 분홍색의 중간)이 게이의 프라이드를 나타내는 상징색이 되었다. 게이 커뮤니티에서 구매력을 과시하기 위해 자신이 쓴 지폐에 보란 듯이 분홍색 표지를 남긴 것도, 핑크 머니가 지닌 힘을 배경으로 기부금을 모은 것도 1990년대였다. 게이 친화적인 기업의 제품에 대해서는 적극적인 구매로 '충성심'을 어필하고, 게이 차별적인 기업은 끝까지 보이콧하는 미디어 전략의 전통도 이어지고 있었다.[4] 그것은 개개인의 커밍아웃과 연동되는 또 하나의 가시화 운동이었다.

조직화하는 당사자들

뉴욕 경찰(NYPD) 내부에 게이 경찰관 단체 'GOAL(Gay Officers Action League)'이 만들어진 것은 스톤월 항쟁에서 경찰이 게이 커뮤니티를 적대한 지 13년이 지난 1982년이었다. 창립자는 당시 경찰학교 교사였던 아일랜드계 미국인 찰스 코크런(Charles Cochrane) 경사. 경찰 내부에는 이미 히스패닉, 아이리시, 아프리카계 경찰 모임이 있었고, 오픈리 게이였던 코크런은 성소수자를 대상으로 유사한 인적 네트워크를 만들고 싶었다. 그는 제복 차림으로 강의실에 들어서자마자 자리에서 일어나는 신입 경찰관들을 향해 "게이 경찰관을 위한 친목 모임을 만들려고 하는데, 혹시 관심 있는 사람?" 하고 물었다.[5]

당시 신입 경찰관으로서 그곳에 있었던 에드거 로드리게스(Edgar Rodriguez)는 이렇게 회상했다. "교실은 조용해졌다. 뒤에서 킥킥 웃는 소리가 희미하게 들렸다." 동시에 "심장이 두근두근 뛰는 것이 느껴졌다". 왜냐하면 그는 "벽장 깊숙이 틀어박힌 채 살고 있었으니까. 처음에는 숨어 있는 게이들을 찾아내 해고하기 위한 함정이라고 생각했다". 당연히 "나는 손을 들지 않았다".

같은 날, 함께 수업을 듣던 여자 신입 경찰관이 다가와 "게이 경찰관 모임은 어디로 가야 해?" 하고 로드리게스에게 물었다고 한다. "거긴 왜?" 하고 묻자 그녀의 대답은 "나 레즈비언이거든". 1980년대 동성애 혐오가 만연해 있던 뉴욕 경찰에서 GOAL은 그렇게 첫 발짝을 뗐고, GOAL은 바로 다음에 열린 게이 프라이드 퍼레이드에 참가했다.[6]

덧붙여서 '손을 들지 않은' 로드리게스는 14년 뒤인 1996년 GOAL 회장이 되었다. 그리고 몇 년에 걸쳐 제복 차림으로 프라이드 퍼레이드에 참가하는 것을 불허하던 뉴욕 경찰을 상대로 차별 소송을 제기해 허가를 받아 냈다. 1996년 6월 말에 열린 퍼레이드에서 GOAL 소속 게이와 레즈비언 경찰관들은 사상 처음 공식적으로 짙은 남색 제복을 입고 뉴욕 경찰 마칭 밴드와 함께 당당하게 5번 애비뉴를 행진했다. 이는 미국 전역에서 큰 화제가 되었다.

나도 이 GOAL을 취재해 전부터 칼럼을 연재하던 일본의 게이 잡지 《바디(Badi)》에 인터뷰 기사 등을 실은 적이 있다. 당시 뉴욕 중심의 대도시권에 거주하는 일본인은 6만여 명으로 추정되었는데, 이에 따라 뉴욕에서는 일본어로 된 주간 신문도 발행되고 있었다. 그중 하나인 《요미우리아메리카》에서도 GOAL의 행진을 기사화했다. 하지만 표제를 본 나는 눈을 의심할 수밖에 없었다. '우리는 경찰이기 전에 게이랍니다.' 의미를 알 수 없는 '여성스러운' 말투.

뉴욕에 있어도 일본어 커뮤니티는 여전했다. 나는 《요미우리아메리카》 편집부에 전화해 "어떤 의도로 여성스러운 말투를 썼습니까?" 하고 공손하게 물었다. 편집장은 조롱하거나 차별할 의도는 없었다며 진심을 담아 사과했지만, 나한테 사과한들 무슨 소용인가. 그래서 마지막으로 기회가 되면 이 일화를 동성애 혐오의 실제 사례로 쓸 것이라고 전한 뒤 전화를 끊었다. 편집장과는 나중에 같은 홋카이도 출신이라는 사실을 알게 되어 친해졌지만, 기사를 둘러싼 일화는 이렇게 동성애 혐오의 실제 사례로 지면에 남게 되었다.

외설 그 너머

당시 일본에서 프라이드 퍼레이드는 한때의 유행이나 성에 관한 행사로 여겨졌다. 신문에 실린 사진과 뉴스에 나오는 영상은 팬티 차림으로 성기를 덜렁거리는 남자나 진하게 화장한 드래그 퀸(뿐)[7]이었고, 퍼레이드는 난잡한 파티인 것처럼 소개되었다. 나도 뉴욕에 오기 전에는 그런 줄로만 알고 있었다.

하지만 아니었다.

가장 먼저 눈에 띈 것은 '피플래그(PFLAG)'[8]라는 단체였다. 맑게 갠 유월 하늘 아래 '자랑스러운 게이 아들, 딸입니다' '나는 게이 아들, 딸을 둔 자랑스러운 부모입니다'라고 적힌 플래카드를 든 어머니와 아버지들이 자신의 자식들과 함께 만면에 미소를 띤 채 길가를 향해 손을 흔든다. 관중은 우레와 같은 박수로 그들을 축복한다. 그 광경은 충격적일 만큼 아름다웠다.

피플래그는 게이 아들을 둔 한 어머니의 활동에서 시작되었다. 1972년 6월, 당시에는 아직 '뉴욕 크리스토퍼 스트리트 해방의 날 행진(New York's Christopher Street Liberation Day March)'이라고 불리던 프라이드 퍼레이드에 아들인 모티와 함께 참가한 진 맨퍼드(Jeanne Manford)는 행진 도중 게이와 레즈비언들에게 둘러싸인다. "우리 부모님도 당신 같았으면 좋을 텐데" "우리 부모님을 설득해 주세요" 하는 애원에 지원 단체 설립을 결심했다고. 맨퍼드는 1973년 3월 11일 그리니치빌리지에 있는 메트로폴리탄두에인 연합감리교회(지금은 '더 빌리지 교회'로 바뀌었다)에서 첫 번째 공식 모임을 갖는다. 참가자는 약 스무 명. 그들의 활동은 입에서 입으로 퍼져 미국 전역에 알려졌고, 그 입소문이 한데 모여 1980년 'Parents FLAG'라는 이름으로 교육기관이나 커뮤니티에 정보를 제공하기 시작했다.

이후 명칭을 '레즈비언 및 게이의 부모와 친구들(Parents and Friends of Lesbians and Gays)'의 머리글자를 따 'PFLAG'로 정했으며, 1993년에는 가족을 더해 '레즈비언 및 게이의 부모와 가족과 친구들(Parents, Families and Friends of Lesbians and Gays)' 'P-FLAG'로 변경했다. 그리고 2014년에는 LGBTQ+ 모두를 포용하기 위해 머리글자 방식을 그만두고 간단히 'PFLAG'만 남겼다. 게이나 트랜스젠더라는 이유로 의절당하는 소년 소녀들이 사회 문제로 떠오르는 와중에 가족을 대상으로 한 지원과 계도에 힘쓰고 있으며, 400개 지부와 회원 수 20만 명을 자랑하는 미국 최대 '가족' 단체다.

고령자를 위한 단체 '세이지(sage)'⁹도 있다. 젊은 스태프와 자원봉사자들은 나이 든 사람이 탄 휠체어를 밀어 주거나 그들을 전세 버스에 태워 천천히 나아간다. 고난의 시대를 살아 낸 LGBTQ+ 선배들을 향해 "땡큐!" 하는 성원이 쏟아져 나온다. 그리고 아낌없는 박수갈채와 "아이 러브 유!"의 홍수.

세이지는 1978년 뉴욕에서 만들어졌다. HIV나 노숙인 문제와 같은 의료 및 주거 분야부터 일상적인 취미와 디지털 교육에 이르기까지 노인들의 '가족' 역할을 자처하며 LGBTQ+ 커뮤니티에서 일어나는 고령자 문제 전반을 다루는 단체다. 2020년 코로나 사태로 인해 활동 범위가 크게 제한되었지만, 브루클린에서는 뉴욕 주택개발공사(HDC) 등과 손잡고 145세대 아파트 '스톤월 하우스' 건립에 나섰으며 630제곱미터 규모의 커뮤니티 센터도 문을 열 예정이다.

'글리센(GLSEN)'은 1990년 목사들이 조직한 단체다. 피플래그와 마찬가지로 처음에는 '게이와 레즈비언, 스트레이트를 위한 교육 네트워크(Gay, Lesbian and Straight Education Network)'의 머리글자를 딴 명칭이었지만, 게이와 레즈비언에 국한하지 않게 되면서 머리글자를 버리고 '글리센'만 남겼다. LGBTQ+ 청소년에게 교육 현장에서의 안전한 일상만큼 중요한 것은 없다. 이를 실현하려면 교육자의 이해와 연대가 필요하다. 글리센은 교육 현장에서 나타나는 따돌림과 차별 실태를 조사하고, LGBTQ+를 지지하는 교육자를 양성하고, 학생들 스스로 리더십을 기를 수 있는 활동을 추진한다.

활동 중에는 1995년부터 시작된 '침묵의 날(Day of Silence)'도 있다. 매일 차별과 폭력의 두려움에 떨고 있는 LGBTQ+ 친구들이 강요당하는 침묵을 공유하고 이해하기 위해 학생들이 4월 중 정해진 하루 동안 침묵을 유지할 것을 맹세하고 실행에 옮기는 날이다. 이날 학생들은 '침묵의 날' 마스크를 쓰고 참여 사실을 드러내기도 한다. 그러나 정말 중요한 것은 '침묵' 자체가 아니라

371

그 '침묵'을 깨는 순간이다. 다음 날 학생들은 집회를 열거나 논의에 참여하거나 시위에 나서거나 정치인 또는 담당 공무원에게 LGBTQ+ 관련 환경 개선을 촉구하는 전화를 걸고 메일과 편지를 보내면서 활동을 이어 간다. '침묵의 날'은 2008년 미국 전체를 통틀어 8000개 학교에서 학생 수십만 명이 참여하는 활동이 되었다.

참으로 미국스러운 운동이다. 하지만 여기서 그 'Z세대'가 태어났다고 생각하면 '대단한 일을 오랫동안 해 왔구나' 하고 감탄만 나온다. 뉴욕 중심부에 있는 글리센 본부에 가면 누구나 가져갈 수 있도록 네 종류 배지가 쌓여 있다. 트랜스젠더와 퀘스처닝*이 어떤 대명사를 사용해야 좋을지 함께 고민하기 위해 '나를 표현하는 대명사는(MY PRONOUNS ARE)'이라는 질문에 대한 답으로 'SHE, HER, HERS(그녀)' 'HE, HIM, HIS(그)' 'THEY, THEM, THIERS(성별 구별이 없는 단수 및 복수 대명사)'라고 적힌 배지, 그리고 자신이 불리고 싶은 호칭을 골라서 보여 줄 수 있도록 '빈칸'인 배지를 준비해 둔 것이다.

덧붙여서 3인칭 단수 및 복수 대명사 'They'는 '그'도 '그녀'도 아닌 논바이너리나 X-젠더 사이에서 선호되지만, 단수형에서도 'are'와 같은 복수 동사가 쓰인다는 점에서 입에 잘 붙지 않는다는 사람이 많다. 이것도 익숙함의 문제인데 'You'는 한 사람을 가

---

* LGBTQ+ 중 Q(Questioning)에 해당하며, 자신의 성정체성과 성적 지향에 관해 끊임없이 질문하는 사람.

2부 우정과 LGBTQ+

자신이 불리고 싶은 대명사를 배지로 표현하는 시도가 시작되었다.
ⓒ 기타마루 유지

13장 We Are Everywhere!

리키든 여러 사람을 가리키든 'are'가 쓰이는 것과 같다고 생각하면 된다. 이미 유럽과 미국 미디어에서는 기본 3인칭 대명사를 'He(그)'도 'She(그녀)'도 아닌 'They'로 통일하자는 움직임도 나오기 시작했다. 지나치게 'PC(정치적 올바름)'하다는 비판도 있지만 시간이 지나면 마땅히 있어야 할 곳에 자리 잡을 것이다.

우리는 어디에나 있다

이러한 사회단체는 일일이 다 언급할 수 없을 만큼 많다. 검사나 변호사 등 법조인의 조직, 대학교 교직원 단체, 소방관 단체, 금융계나 항공업계나 첨단산업 기업 내 그룹까지. 물론 언론계에도 1990년 'NLGJA(미국 레즈비언과 게이 언론인 협회)'라는 단체가 생겼다. 워싱턴 D.C.에 본부를 두고 있으며 언론인, 언론인을 지망하는 학생, 커뮤니케이션 전문가 등으로 구성된다. NLGJA 역시 약칭은 그대로 두는 대신 정식 명칭은 'LGBTQ 언론인 협회(The Association of LGBTQ Journalists)'로 변경했다. 미디어를 대상으로 올바른 LGBTQ 용어집을 제공하고 언론인 지망생에 대한 교육활동 등을 진행했지만, 인터넷의 확산에 따른 지방 언론의 쇠퇴와 2008년 9월 리먼 사태로 인한 언론인 대량 해고가 겹쳐 회원 수가 줄어들었다. 다만 게이 친화적으로 거듭난 《뉴욕타임스》의 사례에서 알 수 있듯이 오늘날 언론계에서 LGBTQ+ 인권 문제는 주류 과제로 자리 잡았으며 구석구석 공유되고 있다. 이러한 흐름은 뉴욕이나 시카고 등 대도시에 있는 대형 서점에 LGBTQ+ 코너가 따로 마련되면서 개인이 운영하던 LGBTQ+ 전문 서점이 사라져 간 2000년대의 역사와도 관련이 있다.

2003년 9월 일본에 잠시 귀국해 삿포로에 갔을 때 제7회 '레인보우 마치 삿포로'가 개최되었다.

일본의 첫 번째 성소수자 퍼레이드는 게이 잡지 《아돈(アドン)》의 창간호 편집자이자 쇼와시대부터 문자 그대로 고군분투하며 게이 인권 활동을 이어 오던 미나미 데이시로(南 定四郎, 1931~)가 개최했다. 그는 1994년 6월 스톤월 항쟁 25주년 기념 뉴욕 퍼레이드에 참가해 큰 자극을 받았고, 일본으로 돌아간 지 두 달 뒤인 8월 도쿄에서 퍼레이드를 열었다. 삿포로에서는 그로부터 2년 뒤 처음으로 개최되어 거의 매년 열리고 있다.

맑게 갠 초가을 낮이었다. 나도 수많은 참가자 사이에 섞여 삿포로 시내를 행진하고 오도리(大通) 공원에서 열린 개회식에 참석했다. 개회식에서는 당시 삿포로 시장이었던 우에다 후미오(上田 文雄)가 단상에 올라 "삿포로는 성소수자인 여러분을 환영합니다!" 하고 말했다.

주변에서 개회사를 듣고 있던 참가자 대부분이 자기도 모르게 눈물을 흘리기 시작했다. 순간 무슨 일이 일어났나 놀란 나도 곧 알아차렸다. 대통령 선거 후보자부터 연방 의원, 시장까지 빠짐없이 참가해 만면에 미소를 띤 채 길가에서 손을 흔드는 뉴욕의 퍼레이드에서는 당연하기만 하던 정치인이나 유명인의 지원과 환영의 말이 일본, 그중에서도 삿포로에 있는 이들에게는 태어나서 처음으로 듣는 공적인 수용의 말이었던 것이다. 그뿐만 아니라 그때까지 일본 역사에서 유례를 찾을 수 없었던, 게이 커뮤니티 그 자체에 대한 지원을 표명하는 정치적 연설이기도 했다. 벽장 문을 열고 나오고 나서도 가슴 한구석에 불안과 두려움을 안고 있던 젊은 레즈비언과 게이들에게는 몸이 떨릴 만큼 감격스러운 체험이었을 것이다.

그들 그녀들의 눈물은, 일본 신문에서는 박스 기사 정도로 스포츠신문이나 텔레비전 뉴스에서는 별난 구경거리로 다루어지는 서구 프라이드 퍼레이드에서 '프라이드'가 어떤 의미를 지니고 있는지, 그리고 스트레이트 사회는 어떻게 변화할 것인지 역사적인 흐름을 따라 제대로 전하고 싶다는 내 바람을 한층 단단하게 다져 주었다.

이날 단상에 선 우에다 후미오는 3선까지 시장을 지낸 뒤 2015년에 퇴임해 변호사 겸 시민활동가로 돌아갔으며 지금은 '결혼의 자유를 모든 사람에게' 집단 소송(동성혼 재판)의 홋카이도 소송에서 삿포로 변호인단 중 한 사람으로 활약하고 있다. 삿포로 외에도 도쿄와 오사카 등 네 개 지방법원에 같은 소송이 제기되었는데 2021년 3월 17일 가장 먼저 삿포로지방법원의 다케베 도모코(武部 知子) 판사가 동성혼을 인정하지 않는 것은 (아직 의견이 분분한 '혼인은 양성의 합의만을 기반으로 성립'한다는 헌법 24조나 행복 추구권을 규정하는 헌법 13조와는 관계없이) 법 앞에 모든 사람이 평등하다는 헌법 14조를 위반한다며 '사실상 원고 승소'라는 놀라운 판결을 내렸다.

　퍼레이드는 이후 오사카(2006~)나 나고야(2012~) 등에서도 열리기 시작했다. 다양한 도시에서 다양한 지역에서 '눈에 보이는 존재'가 되려는 새로운 노력이 싹트고 있다.

　한편 저만치 앞서 나가는 미국에서는 성소수자의 정치운동과 정치활동이 시위부터 선거, 로비 활동에 이르기까지 광범위하게 영향을 미치고 있다. 이제는 '백인' '남성' '동성애자'의 재력이나 동력에 의존하지 않고 각 분야에서 독자적으로 진행하는 추세다.

　2020년은 미국 대통령 선거의 해였지만 동시에 양원 선거부터 주지사 선거에 이르기까지 모든 선거가 치러진 해이기도 했다. LGBTQ+의 목소리를 정치계에 알리기 위해 1991년 '게이와 레즈비언 승리 기금(Gay & Lesbian Victory Fund)'이라는 선거활동 지원 단체가 세워졌다. 지금은 'LGBTQ 승리 기금(LGBTQ Victory Fund)'이라고 불린다. 일반적으로 '빅토리 펀드'라고 하면 이 단체를 가리킨다.[10]

　1991년 당시 미국 주의회와 연방의회를 다 합쳐도 게이나 레즈비언이라는 사실을 커밍아웃한 의원은 50명이 채 되지 않았다. 우선은 선거를 통해 정치나 사법 등 공직자 세계에 대표자를 가능한 한 많이 보내야 했다. 미국은 의원 외에도 검사, 판사, 보안관, 감사관도 지역 선거로 뽑는다.

사실 이러한 활동을 먼저 시작한 단체가 있었다. 여성 공직 후보를 당선시키기 위해 1985년에 만들어진 정치단체 '에밀리스 리스트(EMILY's List)'다. 'EMILY'는 'Early Money Is Like Yeast'의 줄임말이다. 즉 선거 초기에 투입되는 자금은 이스트처럼 빵을 크게 부풀게 해서 여성들의 굶주림을 해결한다는 의미다. 이 아이디어를 기반으로 게이와 레즈비언 활동가들이 곳곳에서 기부금을 모아 다양한 LGBTQ+ 후보를 공인하고 지원하는 운동이 빅토리 펀드, 승리 기금이었다.

퍼져 나가는 무지갯빛 파도

1991년에는 시애틀 시의회 의원 후보인 셰리 해리스(Sherry Harris)가 빅토리 펀드 최초로 공천을 받았다. 당시 빅토리 펀드의 기부 회원은 181명뿐이었지만 해리스는 24년간 연임한 의원을 꺾고 레즈비언이면서 아프리카계 미국인 최초로 시의회 의원에 당선되었다.

이듬해인 1992년에는 기부금이 총 12명의 후보를 위한 26만 3000달러(당시 환율로 환산했을 때 약 3400만 엔)로 늘어났다. 2000년 선거에서는 공천 후보 51명 중 58%에 해당하는 30명이 당선되었다. 그중에는 보수적인 성향이 강한 남부 조지아주에서 레즈비언 최초로 주의회 의원에 당선된 칼라 드레너(Karla Drenner)도 있었다.

오바마가 당선된 2008년에는 공천한 111명 중 78명이 당선되면서 70%라는 당선율을 자랑했다. 트럼프가 당선된 2016년 선거에서는 공천한 135명 중 87명이 당선되었다. 오리건주에서는 바이섹슈얼을 공언하는 케이트 브라운(Kate Brown)이 LGBTQ+ 후보 중 처음으로 주지사 자리에 올랐다.

2018년 중간선거에서는 '레인보우 웨이브(무지갯빛 파도)'가 휘몰아쳤다. 펀드는 최다 인원인 274명을 공천하고 200만 달러(당시 환율로 약 2억 2000만 엔)를 투입했으며, 그 결과 64%에 해당하는 174명이 당선되었다. 콜로라도주에서는 게이 최초로 재러드 폴리스(Jared Polis)가 주지사 자리에 올랐다. 펀드에서 공천하지 않은 LGBTQ+ 후보도 포함하면 432명이 입후보해서 244명이 당선되었다.

이 '무지갯빛 파도'는 2020년에 한층 더 거대해졌다. 델라웨어주 상원의원 선거에서 처음으로 당선된 밀레니얼세대인 세라 맥브라이드(Sarah Mcbride)는 미국 최초 트랜스젠더 주 상원의원이 되었다. 아메리카 원주민인 치카소족의 후손 중 처음으로 캔자스주 하원의원에 당선된 스테퍼니 바이어스(Stephanie Byers)도 캔자스주 최초 트랜스젠더 주의회 의원이다. 그녀는 30년간 목사로 일했는데 2018년에는 앞서 이야기한 글리센에서 올해의 최우수 교육자상을 받았다. 오클라호마주에서는 논바이너리인 몰리 터너(Molly Turner)가 주의회 의원에 당선되었다. 캔자스와 오클라호마는 트럼프가 우세한 '붉은 주(州)'다.

2020년에는 빅토리 펀드가 파악한 것만으로도 2018년 중간선거보다 40% 많은 1006명이 LGBTQ+ 커뮤니티에서 입후보했으며, 당선자 수도 336명(2022년 중간선거는 무려 466명)에 달했다. 그중 트랜스젠더는 34명이고 동시에 주의회 의원인 사람도 8명이나 된다.

그리고 지금까지 미국 50개 주를 통틀어 선거로 뽑힌 오픈리 LGBTQ+ 공직자가 한 명도 없었던 곳은 사우스다코타, 하와이, 미시시피 3개 주뿐이었지만, 2020년 선거에서 아시아계 게이인 에이드리언 탐(Adrian Tam)이 주 하원의원에 당선되면서 하와이는 이 '불명예' 목록에서 빠지게 되었다.

2020년 선거 당시 출구 조사에 따르면 투표자 가운데 자신은 'LGBT다'라고 답한 사람이 7~8%로 증가했다. 2018년 선거까지는 대체로 3~5%였다가 2020년 들어 투표율이 높아진 것이다.

LGBTQ+ 유권자는 반트럼프가 압도적이었다. 취임 직후 백악관 웹사이트에서 에이즈와 성소수자를 위한 페이지를 삭제하고 트랜스젠더의 군 복무를 금지한 '트럼프의 4년'에 위기감을 느낀 성소수자와 앨라이 유권자들이 대거 투표소로 밀어닥쳤다. 이러한 현상이 바이든에게 승리를 가져다주었을지도 모른다고《워싱턴포스트》는 분석했다.[11]

선거판에서도 LGBTQ+ 파워의 가시화가 진행되고 있다. 다만 전체 인구 중 LGBTQ+ 비율이 5%라고 해도 미국 전체를 통틀어 선거로 뽑힌 공직자의 LGBTQ+ 비율은 2020년 선거 이후에도

0.3%에 불과하다. 하지만 1990년대 게이 인권운동을 알리는 슬로건이었던 '우리는 어디에나 있다(We Are Everywhere!)'는 어느덧 모두의 앞에 놓인 현실이 되었다.

14장

호모소셜,
호모섹슈얼,
MSM

호모소셜한 체험

'우리는 어디에나 있다'지만 나는 일본에서 나와 같은 게이를 만난 적이 없었다. 이는 청소년기 게이 남성이 늘 하는 말이다. 자신을 포함해 커밍아웃하는 사람이 드문 데다가 사람을 만날 기회 자체가 적기 때문이다. 아니, 그것보다도 나는 일본에서 주어지는 게이 남성 관련 정보 대부분에 대해 나 자신과의 동일성을 느끼지 못했다. '그 정보'를 구현한 것이 '게이'라면 나는 게이가 아니었다.

앞서 이야기했듯이 나는 어떤 일에든 적극적이었고, 나보다 위에 있는 사람이라고 해서 숙이고 들어가는 일이 싫었고, 그래서 때로는 건방지다는 말을 들었고, 올바르지 않다고 생각하는 일에 대해서는 올바르지 않다고 딱 잘라 말하는 아이였다. 소학교 시절 유행하던 도지 볼(피구)에서는 상대방이 던지는 공은 온몸을 던져 받아 내거나 주우러 가는 아이였다. 나중에 '도지 볼'에서 '도지'가 영어로 '(공으로부터) 몸을 피하다'라는 뜻인

'dodge'라는 사실을 알게 되었을 때는 게임에 임하는 내 자세가 근본부터 잘못되었구나 하는 생각에 아찔해질 정도였다. 그래서 일본 사회보다 뉴욕 사회가 잘 맞았는지도 모른다. 뉴욕은 상대적으로 자기 생각을 표현하지 않는 일본 사회보다 살기 편했다. 몸을 피하지 않아도 되는 사회처럼 느껴진 것이다.

'게이' 이야기로 돌아가자면, 중학생이 된 나는 사춘기를 맞았지만 남자를 성적 대상으로 자위한 적은 없었다. 여자 친구를 사귀기도 했다. 다만 그때도 여자 친구와의 데이트를 제쳐 두고 남자들끼리 놀러 다니는 것을 좋아했다(나쁜 남자였다). 당시 나는 (나중에 알게 된 단어로 표현하자면) 호모섹슈얼이라기보다 호모소셜이었던 것 같다.

'호모소셜(homosocial)'은 미국의 퀴어 이론가 이브 세지윅 (Eve Sedgwick)의 저서 『남자들의 유대: 영국 문학과 호모소셜한 욕망(男同士の絆: イギリス文学とホモソーシャルな欲望)』(우에하라 사나에 옮김, 나고야대학출판회, 2001)[1]으로 유명해진 개념이다. 호모소셜한 관계성, 즉 호모소셜리티는 운동부 학생들에게서 흔히 보이는 남자들만의(Homo-) 사회적인 연결과 유대 (sociality)를 가리키며, 종종 여성 혐오(미소지니)와 동성애 혐오(호모포비아)를 동반한다. 이러한 남자들 사이의 관계에서 여자는 서로의 유대감을 확인하기 위해 화폐처럼 교환되는 존재이며, 세지윅은 "두 남자가 한 여자를 사랑할 때, 남자들은 자신의 욕망이 향하는 대상이라고 생각하는 여자를 신경 쓰는 것 이상으

로 서로를 신경 쓴다"라고 지적했다. 호모소셜리티가 여성을 지배하는 가부장제를 구성한다고 말하는 것은 바로 이 때문이다.

중학생이고 고등학생이었던 내가 그런 분석을 할 수 있었을 리도 없지만, 호모소셜한 내가 여자를 싫어했느냐고 하면 그렇지는 않았다. 나는 나 자신이 남자라는 사실을 강하게 의식하고 있었고, 늘 다른 사람을 지켜야 한다고 생각했다. 자기만족에 불과한 '보호' 대상에는 여자는 물론 '여성스러운' 남자도 포함되어 있었다. 나는 어쩌다가 체력을 타고난 덕분에 다카히로처럼 '오카마'라고 불리며 괴롭힘당한 적도 없었다. 내 주변에는 늘 여자가 있었고 사이좋게 이야기하거나 어울려 놀기도 했다('나는 흑인 친구가 많다'라는 논리[2]처럼 들리지만 그럴 의도는 없다).

다만 남자 친구들과 함께 있을 때가 더 좋았다. 왜인지는 모르겠지만, 그냥 그랬다.

그렇다면 세지윅이 지적한 대로 호모포빅(동성애를 병적으로 혐오하는 경향)이었을까. 사실 호모섹슈얼이라는 것 자체를 몰랐다. 아니, 그러고 보면 중고등학생 무렵 미시마 유키오의『가면의 고백(仮面の告白)』(1949)을 읽고, 혹은『오후의 예항(午後の曳航)』(1963)을 읽고 작품 속 주인공이 욕망을 품는 대상(남성스러운 마차꾼이나 선원)이 내게 아무런 자극을 주지 않는다는 사실은 알고 있었다. 나는 그곳에 그려지는 '사내 냄새'에 조금도 욕정을 품지 않았던 것이다. 오히려 이해할 수 없었다. 내 감동의 대상은 그 전에 읽은 헤르만 헤세의『수레바퀴 아래서(Unterm

Rad)』(1906)가 그리는 세계이고 나쓰메 소세키(夏目 漱石)의 『마음(こゝろ)』(1914) 속 '선생님'과 'K'의 관계이고 아리시마 다케오(有島 武郎)가 기다 긴지로(木田 金次郎)*를 모델로 쓴 『태어나는 고뇌(生れ出づる悩み)』(1918) 속 '그대'를 향한 갈등이었다. 더 나아가서는 미시마 다음에 읽은 오에 겐자부로(大江 健三郎) 초기 작품 속 주인공들의 표현 저편에 성적인 시선을 품은 위험한 우정까지. 그러고 보면 미시마의 『금색(禁色)』(1951)에 등장하는 미청년 미나미 유이치(南 悠一)는 꿈에 나온 적도 있었다. 중학교를 졸업한 뒤에는 삿포로에 있는 고등학교까지 증기기관차로 등교했는데(당시 홋카이도는 전동화가 더디었다) 통학 열차라는 새로운 공간에는 중간에 타는 새로운 친구가 있었다. 믿기 힘들 만큼 아름다운 녀석이어서 나는 미나미 유이치가 실제로 존재한다면 저렇게 생기지 않았을까 상상했다. 딱히 사랑에 빠진 것은 아니었지만 열차에 올라타는 그의 얼굴을 바라볼 때마다 기분이 좋았다. 왜인지는 모르겠지만, 그냥 그랬다. 고등학교 2, 3학년 때는 (내가 다니던 학교는 번화가인 스스키노와 가까웠기 때문에) 종종 거나하게 취한 채 예쁜 후배와 키스하기도 했다. 그 키스는 나쁘지 않았다. 이는 꽤 성적이었지만.

이후 나는 부모님의 품을 떠나 도쿄에 있는 대학교에 다니며

* 자유분방한 화풍으로 홋카이도의 자연을 그린 화가. 그림을 배운 뒤 고향으로 돌아가 어업에 종사했으나 친하게 지내던 아리시마가 죽은 뒤 본격적으로 화가의 길을 걷기 시작했다.

(라기보다 아르바이트와 독서와 음주에 빠져) 기숙사 생활을 보냈다. 남자만 100명 넘게 생활하는 공간에서 나는 나를 잘 따르는 후배 하나와 술김에 키스뿐만 아니라 섹스까지 했다. 부끄럽지만 그것이 첫 '동성애' 행위였다. 그 후배를 향한 마음이 우정인지 애정인지, 당시의 나는 갈피를 잡지 못했다. 헤세도 소세키도 아리시마도 우정을 이유로 섹스를 하지는(그리지는) 않았다. 하지만 우정에서 우러나온 그 섹스에서 나는 더없이 만족감을 느꼈다. 고등학교 때 사귀었다가 함께 도쿄로 상경한 여자 친구들과의 성적 관계도 드문드문 이어지고 있었지만, 동성 후배와 섹스하고 나니 오히려 거추장스럽게 느껴졌다. 우정과 애정이 뒤섞인 듯한 남자들 간의 관계는 귀찮은 것도 없고 훨씬 마음 편했다. 그것은 고등학교 시절 동아리에서 느낀 남자들 간의, 선후배 간의 허물없는 관계였다. 하지만 이러한 관계성은 일본어로 된 호모섹슈얼 관련 정보와 맞지 않았다. 사춘기에 잠깐 스쳐 지나가는 착각일 뿐이며 '진짜 호모섹슈얼'이 아니라는 것이다. '진짜 호모섹슈얼'은 ('쇼와'스러운 여러 텍스트에 스테레오타입으로 그려진 모습에 따르면) '음울하고 약해 빠진 데다가 시기와 질투와 거짓말로 가득 찬, 남자가 되려다 만 변태 성도착자'였다. 미시마의 『금색』 속 '르동'[3]에 대한 묘사처럼. '호모'란 그런 존재였다. 그런 꼬리표가 붙어 있었다. '호모'들은 항상 그렇게 그려지는 존재였고, 주어로서 자기 자신에 관해 이야기할 자격도 없었다. '호모'에게는 정체성이 없었던 것이다. 있는 것이라고는 성적 지향을 가리키는 호칭뿐이었다.

389

호모섹슈얼의 발견

　도쿄로 상경한 지 얼마 되지 않은 열아홉 살 무렵, 같은 대학교에 다니던 중학교 친구의 권유로 긴자에서 일하던 호스티스가 스폰서의 도움을 받아 나카노(中野)에 개업한 스낵바에서 바텐더 아르바이트를 한 적이 있다. 바텐더라고 해 봐야 칵테일을 만들 줄 아는 것도 아니고 그저 바 카운터 너머에 서 있다가 술을 따라 주는 직원에 불과했지만. 가게에는 마담이 긴자에 있을 때부터 알고 지내던 유명 기업 사장이나 중역이 찾아와 젊었던 나를 귀여워했는데, 가게 문을 닫고 나면 늦게까지 영업하는 식당에서 초밥이나 덴푸라*를 (집으로 돌아가는 차편까지 지원해 주면서) 사 주기도 했다. 몇 번은 마담도 같이 신주쿠 니초메에 있는 바에 간 적이 있다. 그 시간까지 여는 가게는 그런 곳뿐이었는지, 아니면 유흥에 익숙한 어른은 2차, 3차를 전전한 끝에 그런 곳으로 흘러 들어가기 마련인지, 가는 곳은 으레 정해져 있었다. 바 카운터만 놓인 어둡고 작은 가게에서 넥타이를 맨 수트 차림에 짧은 머리카락을 포마드로 고정한 마스터 다카시가 재잘거리는 여자 말투로 주문을 받는 곳이었다.

　재미있는 가게였지만, 옆에 앉은 손님들과 이런저런 이야기를 나누면서도(돌이켜 보면 호스티스 같은 여자 손님도 많았으니 순수한 게이 바는 아니었을 것이다) 굳이 내 발로 오고 싶은 곳

---

* 일본식 튀김 요리. 덴푸라 전문점은 초밥 전문점 못지않게 가격대가 높다.

은 아니라고 생각했다. 바 카운터 너머 벽 선반에는 가요곡(歌謠曲)**이 담긴 EP 레코드판이 커버 없이 층층이 쌓여 있고 한 곡이 끝날 때마다 마스터는 뒤돌아서서 다음 레코드판을 찾는다. 한 곡 분량, 약 3분마다 이루어지는 그 신경증적인 선곡 행위와 손님이 신청하면 어떤 곡이든 단번에 찾아내는 기술이 인상적이어서 '게이 바' 경험을 즐길 때가 아니었다. 지금도 그의 탁성은 얼마든지 머릿속에 떠올릴 수 있다.

물론 '오고 싶다'라는 생각이 들 만한 가게는 찾으면 얼마든지 있었겠지만, 나는 오히려 골든가이(ゴールデン街)***에 있는 단골 가게인 '무슈(無酒)'라는 바에서 당시 친해진 나카가미 겐지[4]를 비롯해 다른 사람들과 문학에 관해 토론하는 쪽이 재미있었다. 나카가미는 종종 니초메에 있는 다른 가게로 나를 데려갔지만, 그곳에도 내 욕망의 대상은 없었다. 나는 고등학교 시절의 연장과도 같은 '우정'에 욕정하고 있었던 것이다.

그 무렵 『프런트 러너』를 만났다. 스물한 살이었다. 긴자의 한 빌딩 3층에 있었던 '예나(JENA)'라는 영어 원서 전문 서점 출구 근처를 지나다(입구는 엘리베이터였고 출구는 계단이었다) 평대에 쌓인 페이퍼백에 눈길이 갔다. 표지에는 긴 금발을 한 젊은 남자가 걸터앉아 있고 연상으로 보이는 코치가 등 뒤에 선 라커

** 서양 현대 음악의 영향을 받아 1900년대 초중반에 유행한 일본 대중음악을 통칭하는 단어로 J-POP의 모태라고 볼 수 있다.

*** 신주쿠에 있는 술집 골목으로 낮은 목조 건물로 된 술집 200여 개가 밀집해 있다.

14장 호모소설, 호모섹슈얼, MSM

룸이 그려져 있었다. 아는 사람이 보면 한눈에 알 만한, 무척이나 '게이'한 표지였다. 나는 그 책을 샀다. 책에는 헤세와 소세키와 아리시마의 뒷이야기가 펼쳐져 있었다. 주인공인 젊은 중거리 주자 빌리 사이브(Billy Sive)는 말한다. "난 사랑하는 사람이랑만 자."

나는 처음으로 믿을 만한 동성애자를 찾았다고 생각했다. 그가 게이라면 나도 게이라고 말하지 않으면 안 된다고, 그때 처음으로 생각한 것이다. 지금 돌이켜 보면 나는 그와 나 자신을 동일시하고 싶었는지도 모른다. 야무지고 순수하면서 한편으로는 고집이 센 젊은이였지만.

어떤 사람은 게이 남성이 평생에 걸쳐 평균 세 자릿수에 이르는 상대와 섹스한다고 단언한다. 어떤 사람은 스트레이트 남성보다 게이 남성이 훨씬 문란하다는 말을 퍼뜨린다. 게이들은 핫텐바(ハッテン場)*를 끊을 수 없어 동성혼은 무리라는 게이도 있다.

한 사람 한 사람이 완전히 다른 '게이 남성'을 체현하고 있다. 이러한 상황에서 내가 '게이에 관해' 대단한 사람인 양 이야기하는 것을 보고 다른 게이 남성들은 자신의 '주어'를 빼앗겼다고 느낄지도 모른다. 게이인 내가 게이를 논하는 일이 박탈감으로 이어진다면 게이인 내가 레즈비언을, 바이섹슈얼을, 트랜스젠더를 논해서 박탈감을 불러일으킨다 한들 어쩔 수 없을 것이다. 인

---

* 남성 동성애자가 하룻밤 상대를 찾기 위해 모이는 장소.

2부 우정과 LGBTQ+

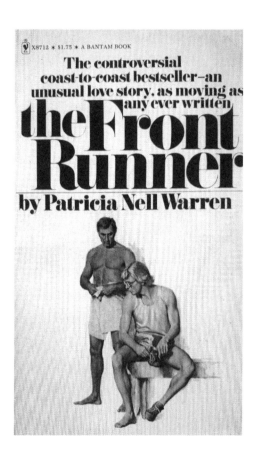

퍼트리샤 넬 워런(Patricia Nell Warren), 『프런트 러너(The Front Runner)』,
밴텀프레스(Bantam Press), 1975.

14장 호모소셜, 호모섹슈얼, MSM

간은 자기 자신 이외의 다른 존재를 대변할 수 없다. 나는 그들 그녀들의 대변인이 될 수 없다. 'LGBTQ+'로 한데 묶어서 논할 때 나는, 감히 말하자면 역사 속에서 아무 이유 없이 주어를 빼앗긴 것에 대한 '굴욕감'만을 대변할 뿐이다. 그리고 그 '굴욕감'과 '박탈감'을 통해 자기 안에 있는 '게이에 관한 것'을 끝까지 고민하다 보면 L에 관해, B에 관해, T에 관해, 그리고 다른 것에 관해서도 통용되는 무언가를 얻을 수 있을 것이다. 'LGBTQ+'란 그렇게 발견한 공통 항목을 거름 삼아 한데 섞이더라도 녹아서 사라지지 않는 우정, 그리고 교차하는 연대를 소환하는 암호일지도 모른다. 그것은 항간에서 말하는 차이를 인식하기 위한 '교차성(intersectionality)'과 함께 '교차(intersection)'를 실마리 삼아 시작되는 연대의 힌트를 가져다줄 것이다.

'경파'란 무엇인가?

우정에 욕정했다니, 내 젊은 시절을 아는 친구들이 봤다가는 "그렇게 멋있는 게 아니었잖아" 하고 지적할 것 같으니 조금 덧붙여야겠다.

내가 한 말을 뒤집는 것 같지만, 나는 우정의 모든 부분에서 욕정을 느끼는 것이 아니다. 우정을 느끼는 대상 중에서도 매우 작은 집합에, 매우 특이한 무언가가 방아쇠가 되어, 매우 드문 상황에만 성애적으로 강하게 끌린다. 이때 '우정에 욕정하는' 것인지

'욕정을 우정으로 둔갑시키는' 것인지는 제쳐 두고, 세지윅이 정의한 '호모소셜리티'와 다르면서 (혹은 같은 종류이면서) 한층 더 성적인 방향으로 나아간 '호모소셜리티'는 어쩌면 우리가 생각하는 것 이상으로 주변에 널리 퍼져 있는 것은 아닐까.

모리 오가이(森 鷗外)의 소설 『비타 섹슈얼리스(ヰタ・セクスアリス)』(1909)에서 주인공인 가네이 시즈카(金井 湛)는 독일어를 가르치는 사립학교에서 기숙사 생활을 하던 무렵을 회상한다. 그는 열한 살이라는 나이에 "처음으로 남색이라는 말을 들었"을 뿐만 아니라 "손을 잡"고 "서로 볼을 비볐"다. "자기보다 나이 많은 남자"로부터 "너는 몸집이 작으니 이 안에 들어와서 같이 자자"라는 말을 듣기도 했다. 그는 이러한 것들을 일반적인 경험인 양 이야기한다. 그리고 열세 살이 되어 도쿄 영어학교에 들어갔더니 "학생들 사이에 연파와 경파가 있었"다는 것이다.

다소 길지만 '연파(軟派)'와 '경파(硬派)'에 관해 인용해 보겠다.

연파는 예의 이상한 그림[5]을 보는 치들이다. 그 무렵 세책가(貰冊家)는 책을 세로로 높게 쌓아 올린 궤짝을 행각승처럼 등에 걸머지고 돌아다녔다. 그 짐의 토대가 되는 상자에는 서랍이 달려 있다. 이 서랍이 예의 이상한 그림을 넣어 두는 곳이었다. 개중에는 세책가에서 빌리는 대신 그러한 그림책을 소장하는 사람도 있었다. 경파는 이상한 그림 따위 보지 않는다. 대신 히라타 산고로(平田 三五郎)라는 소년의 이야기를 쓴 필사본[6]이 있어서 그것을 서로 뺏어 가면서 읽었다. 가고시마에 있는 기숙사 중에는 매년 새해 첫 책으로 이 책을 읽는다는 곳도 있다.

앞머리를 내린 산고로와 바치빈(鉢鬢)* 머리를 한 그의 의형사이 사랑의 역사를 그린 책으로, 질투가 있다. 삼각관계가 있다. 마지막에는 두 사람이 잇따라 전사했던 것으로 기억한다. 여기에도 삽화가 있는데 보기 거북한 부분[7]은 그려져 있지 않았다.

연파는 수적인 면에서 우세했다. 왜냐하면 경파는 규슈인을 중심으로 하기 때문이다. 당시 요비몬(予備門)**에는 가고시마 사람이 적었기 때문에 규슈인이라고 해 봐야 사가(佐賀)와 구마모토(熊本) 사람이었다. 여기에 일부 야마구치(山口) 사람이 더해진다. 그 외에는 주고쿠(中国) 일대부터 도호쿠(東北)까지, 죄다 연파다.

그러한 주제에 경파는 본색이 서생이고, 연파는 다소 켕기는 구석이 있는 듯했다. 남색 버선에 고쿠라바카마(小倉袴)***는 경파의 차림새인데 연파도 그 흉내를 내고 있다. 다만 연파는 같은 옷을 입어도 소매를 걷는 일이 드물다. 어깨를 들먹이는 일이 드물다. 지팡이를 들고 있어도 지팡이가 가늘다. 휴일을 맞아 밖에 나갈 때는 슬쩍 비단옷으로 갈아입고 흰색 버선을 신거나 한다.

* 에도시대에 유행한 머리 모양으로 정수리 부분을 밀고 옆머리를 뒤로 모아서 묶는다. 아직 성인이 되지 않은 슈도는 앞머리를 내렸다. 영화 〈고하토〉에도 소자부로의 앞머리를 두고 실랑이를 벌이는 장면이 있다.

** 도쿄대학교의 예비 교육기관이었던 다이가쿠요비몬(大学予備門).

*** 세로줄 무늬가 촘촘한 면직물인 고쿠라오리(小倉織)로 만든 일본식 하의.

2부 우정과 LGBTQ+

그 흰색 버선을 신은 발은 어디로 향하는가. 시바(芝), 아사쿠사(浅草)의 활 놀이터, 네즈(根津), 요시와라(吉原), 시나가와(品川) 등에 있는 못된 곳[8]이다. 평소 남색 버선을 신고 밖에 나가도 연파는 주로 동네 목욕탕에 갔다. 경파도 목욕탕에 가기는 하지만, 가더라도 2층에는 올라가지 않는다. 연파는 2층을 바라보고 간다. 2층에는 항상 여자가 있었다. 그 무렵 서생 중에는 이러한 목욕탕 여자와 부부의 연을 맺은 사람도 있었다. 하숙집 딸보다야 당연히 훨씬 수준이 낮다.

즉 오늘날에는 '헌팅(ナンパ)하다'라는 동사로만 쓰이는 '연파'[****]는 에도의 흔적이 남은 메이지시대에는 여색(女色)파, 소위 말하는 '날라리' 층이었다. 그리고 '경파'는 지금이야 '거친 사내 집단'이라는 의미로만 쓰이지만(그러고 보면 나도 중학생 때는 친한 친구들과 함께 남자 다섯이서 굽 높은 나막신에 검은 교복 차림으로 거리를 활보했다), 원래는 남색(男色)파를 가리키던 말이었다. 이는 오늘날 말하는 '호모소셜리티'의 연장선에 있었다. 이들 '경파'의 기반이 된 것은 에도시대 중기 『하가쿠레(葉隱)』[9]에 그려진 '무사도'와 '슈도'였다. 따라서 경파는 여색을 천하다고 비난하며 미소년에게 접근해 남색 관계를 맺었다.

[****] 일본어로 '헌팅'을 뜻하는 '난파'는 '연파'의 독음과 발음이 같다.

14장 호모소셜, 호모섹슈얼, MSM

우정과 애정 사이

덧붙여서 『비타 섹슈얼리스』가 발표된 1909년(메이지 42년) 열 살이었던 또 다른 문호, 가와바타 야스나리(川端 康成)는 열여덟 살부터 오사카 부립 이바라키 중학교*에 들어가 기숙사 생활을 시작한다. 다이쇼시대**였다. 이때 한방을 쓰던 후배 '기요노(清野)'와의 '사랑'을 1948년부터 1949년까지 6회에 걸쳐 잡지에 연재한 「소년(少年)」[10]이라는 단편에서 회고하고 있다.

네 손가락을, 손을, 팔을, 가슴을, 볼을, 눈꺼풀을, 혀를, 이를, 다리를 애착했다.

나는 너를 사랑했다. 너도 나를 사랑했으리라. (중략)

나는 언제든 할 것 없이 너의 팔과 입술이 허락되었다. 허락한 너는 순진해서 부모에게 안기는 것 정도로 생각했으리라. (중략) 하지만 받아들인 나는 너만큼 순진하지 않았다. (중략)

하지만 또다시 후배를 찾아 떠돌아다니는 선배의 세계 밑바닥으로 들어가고 싶지 않았던, 혹은 들어갈 수 없었던 나는 우리의 세계에서 최대한도까지 너의 육체를 즐기고 싶어서 무의식 속에서 이런저런 새로운 방법을 찾아냈다. (중략)

하지만 혀나 다리와 살갗 아래는 얼마나 다를까. 그저 겁 많은

---

* 지금의 오사카 부립 이바라키 고등학교.

** 1912년부터 1926년까지.

내 본성이 간신히 나를 막은 것은 아닐까 하고 스스로 책망했다.

정작 가와바타는 집필 당시인 쇼와 24년, 회고를 갈무리하면서 "중학교 기숙사에는 어떤 사정이 있더라도 자제를 보내서는 안 된다고 세상 모든 학부형에게 충고하고 싶다"라고 쓰지만.

메이지, 다이쇼, 쇼와 초기에 걸쳐 여색을 천시해야 하는 것으로 깎아내리는 일을 목적으로 하든 하지 않든 일본에 슈도와 남색이 여전히 존재했던 것은 분명하다. 동성 간의 욕망은 동서양할 것 없이 기원전부터 수많은 기록을 통해 남아 있으며 문명과 문화에 상관없이 모든 곳에 편재해 있다.

여기서 자연스럽게 떠오르는 의문이 있다. 왜 무사도는 슈도를 즐기는 동기 부여를 위해 군이 여색을 천시해야 하는 것으로 깎아내려야 했을까. '여색은 천하다'라는 생각이 남색으로 향하는 것을 가속할 수는 있겠지만, 가속이 아니라 욕동 그 자체를 시동(始動)할 수 있는지는 잘 모르겠다. 욕동은 그러한 '생각'에 의해 발동되는 것일까? 이 책에서 종종 이야기했듯이 나는 자신의 욕동이 발동된 계기가 무엇인지 나중에 돌이켜 보는 과정을 통해 알게 되었지만, 왜 그것이 계기가 되었는지는 모른다. 욕동을 초래하는 (지극히 개인적인) 특정 아름다움(이라고 여겨지는 것)은 왜 존재할까?

그래서 나는 앞뒤 관계가 바뀌었다고 생각한다. 동성을 향한 욕동이 먼저 존재했고 그것을 정당화하고 정상화하기 위해 '여

399

색은 천하다'라는 이유를 붙인다. 왜냐하면 '연파는 수적인 면에서 우세'했으니까. 열세인 경파는 자기 나름대로 대항 가능한 이론으로 무장할 필요가 있었다. '우세'인 것에 이론화는 필요 없다. 메이저리티가 자기 자신을 규정할 필요가 없는 것처럼. 이성애가 '이성애'라는 이름을 가질 필요조차 없었던 것처럼.『하가쿠레』속 '슈도' 역시 소수파였기 때문에 글로 남겨져야 했을 것이다.

여기서 내가 말하고 싶은 것은, 동성을 향한 욕망은 남자든 여자든 (앞에서 제시한 것처럼) 오늘날 문명과 문화의 규범성 안에서 간신히 표면화된 것 이상으로, (보편적이라고까지는 말할 수 없지만) 수적으로나 양적으로나 훨씬 많이 존재할지도 모른다는 가설이다(내 안에서는 거의 사실이지만).『하가쿠레』속 호모소셜리티도 동성을 향한 욕망에 솔직해질 수만 있으면 '여색을 천하게' 여기는 미소지니 없이도 존재 가능할 것이다.

축구 경기에서 골을 넣은 선수가 환희와 흥분에 휩싸인 나머지 다른 선수와 키스하는 모습을 종종 볼 수 있다. 이처럼 반쯤 절정에 달해 트랜스 상태에 빠지면 흥분의 발로가 동성을 향하기도 한다. 개중에는 갑작스러운 키스에 버럭 화를 내는 선수도 있지만, 이때 화를 내는 이유는 사회규범을 '위반'했다고 느끼는 외적인 요인 때문이지 내부에서 저절로 일어나는 분노 때문은 아닌 것 같다는 생각이 든다.

애당초 우정과 사랑 사이 어디쯤 경계선을 그을 수 있을까? 마사오카 시키가 나쓰메 소세키에게 품은 감정*, 그리고 미야자와 겐지가 호사카 가나이(保阪 嘉内)에게 품은 감정**······. 덧붙여서 '우정' '친구'라는 단어는 메이지시대에 수입된 번역어다.

프랑스어에서는 친구도 연인도 똑같이 '아미'다. 남자는 'ami', 여자는 'amie'다. 모두 라틴어로 사랑을 뜻하는 '아모르(amor)'에서 파생된 말이다. 마찬가지로 라틴어를 기반으로 하는 스페인어의 '아미고(amigo)'도 어원이 같다.

영어로 친구를 의미하는 'friend'는 고대 영어에서 'freond'였는데 동사형은 '사랑하다'라는 뜻을 지닌 'freon'이었다.

우정도 애정도, 친구도 연인도 근원을 되짚어 올라가면 결국 하나다. 이는 우정과 애정이 맞닿아 있다는 사실을 보여 준다. 경계선은 다양한 문맥에 따라 훗날에 그인 것이다.

기숙사나 교도소나 병영 생활관과 같이 동성만 있는 폐쇄 공간에서 '횡행'한다고 여겨지는 동성 간 성행위와 연애 감정을, 우리는 오랫동안 '유사 연애'이자 '대상 행동'이라고 배웠다. 이는 동성 간의 감정은 우정이고, 성욕을 동반하는 연애와는 다르다는 인식을 기반으로 한다. 성욕은 육체적인 욕구로서 발생할 수밖에 없으므로 주변에 동성만 있으면 어쩔 수 없이 대체품으로

* 동갑인 두 사람은 스물세 살에 처음 만나 마사오카가 숨을 거둘 때까지 우정을 이어 갔다. '소세키'라는 호도 마사오카가 쓰던 필명 중 하나를 물려받은 것이다.

** 미야자와의 대표작 『은하철도의 밤(銀河鉄道の夜)』에서 주인공의 친구인 캄파넬라의 모델이 호사카라는 이야기가 있다.

나마 동성을 향한다는 식이다. 그리고 이러한 '일시적'이면서 '특수'한 환경에 속하는 성적 욕망은 '정상적'인 '본래' 환경으로 돌아가면 사라진다는 것이다. 이는 사실일까?

오스기 사카에(大杉 栄)[11] 역시 『속 옥중기(続獄中記)』(1919) 앞머리에서 '짐승의 사랑(畜生恋)'이라는 제목으로 형무소에서 있었던 경험을 풀어냈다.

실제로는 다들 꽤 사이가 좋다. 하지만 그 안에서도 여느 곳과 마찬가지로 싸움이 벌어진다. 때로는 살상 사태에 이르기도 한다. 하지만 싸움의 원인은 다른 정직한 사람들처럼 이해타산 문제가 아니다. 대부분 복잡한 사랑 문제가 얽혀 있다.

남들보다 얼굴이 조금 해사한 남자가 들어오기라도 하면 다들 한껏 들떠서 추어올린다. 생판 신입이라고 해도 감방이나 공장의 세세한 규칙에 헤맬 필요가 없다. 툭하면 시끄러울 만큼 친절하고 꼼꼼하게 알려 준다. 감싸도 준다. 고작 그것만으로도 다들 기뻐서 어쩔 줄 모른다.

이렇게 다들 젊은 남자가 답례로 보내는 부드러운 눈길에서 무엇과도 바꿀 수 없는 기쁨을 나누는 동안에는 아무 일도 없다. 하지만 그것만으로는 만족할 수 없는 남자가 나온다. 그 눈길을 독점하려는 남자가 나온다. 평화가 무너진다. 수감자 사이에서 벌어지는 싸움은 대부분 직간접적으로 이 독점욕에서 비롯한다. 창살 밖 정직한 사람들의 치정 싸움과 다를 바 없다.

어떤 감옥의 수감자 사이든 이러한 종류의 색정은 꽤 맹렬한 모양이다.

말은 이렇게 해도 수감자 특유의 변태성욕이 결코 아니다. 여자라고는 찾아볼 수 없는 남자 기숙사라면 어디에나 있는 일이다. 실제로 나는 육군유년학교에서 충용한 햇병아리 군인들이 퇴학의 위험을 무릅쓰고 이 변태성욕에 맹렬히 빠지는 것을 보았다. 말하기 부끄러울 따름이지만, 나도 그중 한 사람이었다.

이는 "수감자 특유의 변태성욕이 결코 아니"라 젊은 "남자 기숙사라면 어디에나 있는" "변태성욕"이라고 오스기 사카에는 말한다. 그리고 자기 자신도 "그중 한 사람"이었다고 털어놓는 것이다.

애인이라는 이름의 신성한 친구

오스트리아의 민속학자 프리드리히 S. 크라우스(Friedrich Salomon Krauss, 1859~1938)는 『일본인의 성생활(日本人の性生活)』(야스다 이치로 옮김, 세이도샤, 2000)에서 다음과 같이 일본인 익명 정치인의 보고를 소개한다.

사무라이의 낡은 생각은 약해지는 일 없이 남몰래 명맥을 이어 오고 있다. 그 생각의 주요 지지자는 예나 지금이나 군인 계급이다. 나는 군대에 만연한 동성애에 관해 장교와 종종 이야기

403

를 나누고는 했다. 개개인은 인정하고 싶지 않을 테지만, 병사나 장교 사이에서 소년애가 널리 퍼져 있다는 사실은 다른 것을 통해 입증되었다. 피상적인 관찰자조차 우리 일반인보다 일본 병사들 사이에 훨씬 많은 정분이 쌓여 서로 우호적으로 사귀는 것에 깜짝 놀랄 것이다. (중략)

일본 병사들은 평상시 친구와 손을 잡고 다니고 친밀한 인연을 맺는 것처럼 전시(戰時)에도 그리한다. 우리는 이렇게 말할 수 있다. 동성애적인 관계 속 역사 깊은 사무라이 정신이 1868년 전에는 유례를 찾아볼 수 없을 만큼 훌륭하게 만주(Mandschurei) 전장에서 되살아났다고. 몇몇 장교는 내게 병사 간의 연애 감정부터 자신이 목숨을 걸고 싸운 이야기, 한 병사가 시시각각 죽음이 닥쳐오는 곳에서 자유의지에 따라 자신의 몸을 희생한 이야기를 들려주었다. 이것은 단순한 전투 정신이나 죽음을 대수롭지 않게 여기는 마음(이는 일본 병사만의 미덕이지만)의 발로가 아니라, 다른 병사에 대한 격렬한 연애 감정에서 우러나온 것이다. 그리고 이 군대는 애국심 때문에 자신을 희생하는 사람만 있는 것도 아니고, 병사라는 사명감 때문에 죽음을 감수하는 사람만 있는 것도 아니고, 사랑하는 친구를 지키고 사랑에 목숨 바치는 병사를 보유하고 있다는 사실을 행운이라고 여겨도 좋을 것이다.

이 익명 정치인의 지적은 제쳐 놓더라도 이러한 현상은 '일본 병사만의 이상한 특징'이 아니라 전 세계 다양한 문화권에 산재하는 경향이라는 사실은 조금만 조사해도 알 수 있다. 노벨문학상 수상 작가이기도 한 프랑스 소설가 앙드레 지드(André Gide, 1869~1951)는 그러한 관계성을 포함해 동성애 그 자체를 필사적으로 옹호하는 대화 형식의 소설『코리동(Corydon)』을 1924년에 발표했다.

『코리동』은 일본 신초샤(新潮社)에서 1950년부터 1951년까지 출간한『앙드레 지드 전집(アンドレ・ジイド全集)』(총 16권) 중 4권『배덕자(背德者)』에 이부키 다케히코(伊吹武彦) 번역본으로 실려 있다. 그로부터 70년이나 지났지만, 일본에서 동성애에 관한 논의가 본격적으로 이루어지기 시작한 지금『코리동』은 문고본 등으로 다시 출간되었으면 하는 작품 중 하나다.

동성애의 역사와 각 사회에서의 위치를 논하는『코리동』은 지드가 직접 이야기하는 '서장'에 따르면 1911년 익명으로 고작 12부를 출간했으며, 1920년에는 일부 가필한 판본을 역시나 익명으로 21부 찍어 냈다고 한다. 프랑스혁명을 거치면서 동성애자를 사형에 처하는 형법은 없어졌어도 공공질서와 도덕을 해친다는 이유로 곳곳에서 억압받던 시대였다. 지드가 1924년 최종판 서문에서 "친구들은 이 얇은 책이 나를 망칠 것이라고 계속해서 말한다"라고 쓴 대로, NRF 출판사를 통해 이 책을 실명으로 발표한 뒤 그는 프랑스 사회의 비난을 한 몸에 받았다. 하지만 지드가 사망하기 일 년 전인 1950년,『코리동』은 미국에서도 출판되었다. 일본에서도 전집에 수록되는 형식으로 출판되었다.

『코리동』은 '나'와 오랜만에 만난 친구 '코리동'의 대화로 이루어진다. '나'는 성격이 모나고 비뚤어진 인터뷰어다. 그러한 '나'를 상대로 의사인 코리동이 자연주의자로서, 역사가이자 시인이자 철학자로서 자신의 주장을 뒷받침하는 다양한 증거 문헌을 들이밀면서 기원전 5세기 페리클레스 시대 그리스부터 르네상스 시대 이탈리아, 셰익스피어 시대 영국에 이르기까지 수준 높은 문화와 예술을 자랑하는 문명에는 동성애가 널리 존재했다는 사실을 논증한다.

참고로 '코리동'이라는 이름은 기원전 1세기 고대 로마 시인 베르길리우스(Vergilius)가 쓴 『목가』 제2편에 나오는 미소년 알렉시를 사랑한 양치기 청년 코리동에서 따온 것으로 보인다.

논쟁도 막바지에 다다를 무렵 코리동이 『플루타르코스 영웅전』을 인용하면서 반박하는 장면이 있다.

"들리는 말에 따르면 테베의 신성 부대는 고르기다스가 편성했으며 정예병 300명으로 구성된다고 한다. 훈련비와 유지비는 국가가 지급한다. …… 사람들의 말에 따르면 이 부대는 서로 사랑하는 연인 150쌍으로 이루어져 있다고 한다. 그 이유에 대해 팜메네스가 재미있는 말을 남겼다: 병사는 연인 곁에 두어야 한다. 서로 사랑하는 이들로 이루어진 부대는 흩트리거나 무너뜨리기 힘들다. 무슨 일이 생겼을 때 사랑에 빠진 자는 연인을 지키고, 사랑받는 자는 연인이 보는 앞에서 자존심을 지켜야 하므로 부대원들은 어떠한 위험도 마다하지 않기 때문이다' 여기에 비추어 보면," 하고 코리동이 말을 이었다. "테베인에게 불명예란 무엇이었는지 알 수 있지. 플루타르코스는 이렇게 썼어. '인간은 눈앞에 있는 타인보다 눈앞에 없어도 나를 사랑해 주는 사람을 두려워한다. 만약 그것이 사실이라면 앞서 한 이야기에 이상한 점이라고는 하나도 없다' 어떤가, 고개가 절로 끄덕여지는 명언이지 않나." (중략)

그는 계속해서 읽어 내려갔다. "'실제로 한 병사는 적에게 패해 목숨이 오고 가는 순간, 제발 자신의 가슴을 찔러 달라고 애원했다: 연인이 내 시체를 발견했을 때 도망가는 등 뒤를 찔렸다는 사실에 부끄러워하지 않아도 되도록.' 그리고 헤라클레스의 총애를 받은 이올라오스가 헤라클레스를 물심양면 도우며 그와 함께 싸웠다는 이야기도 있지. (중략) 아리스토텔레스는 당시 서로 사랑하던 남자들이 이올라오스의 무덤 앞에서 가약을 맺는 일이 많았다고 썼다. 그렇게 치면 이 부대에 신성 부대라는 이름이 붙은 것도 플라톤이 한 말인 '연인이란 그 안에서 신성한 무언가를 느낄 수 있는 친구다' 그 밑바탕에 있는 사상에 따른 것은 아닐까. 내게는 꽤 그럴듯한 이야기처럼 느껴지는데.

'테베의 신성 부대는 무적이었지만 카이로네이아 전투에서 결국 패배했다. 전투가 끝난 뒤 적국인 마케도니아의 왕 필리포스는 살육이 휩쓸고 지나간 들판을 바라보다가 신성 부대원 300명의 시체가 널브러진 곳에서 발길을 멈췄다. 모두 가슴을 창으로 찔린 채였다. 창과 시체가 뒤엉켜 산더미를 이루고 있었다. 필리포스는 놀라서 할 말을 잃었다. 신성 부대는 서로 사랑하는 연인으로 이루어졌다는 사실을 들은 그는 자기도 모르게 눈물을 흘리고는 이렇게 외쳤다: 누구보다 강한 이들이 불명예스럽게 죽었다고 생각하는 사람이 있다면 그는 비참한 죽음을 맞이하리라.'"

동서양을 뛰어넘어 더 나아가 1800년에 이르는 시간을 뛰어넘어, 호응과 공명을 불러일으키는 군대(라는 생명을 좌우하는 일대 사건)에서 이 '다른 병사를 향한 격렬한 애정' '서로 사랑하는 남자'라는 관계성은 과연 어떤 의미를 지닐까.
코리동은 이어서 말한다.

위라니슴이 없는 시대와 장소가 곧 예술이 없는 시대이자 예술이 없는 장소라고 나는 딱 잘라 말하고 싶다.

'위라니슴(uranisme)'[12]이란 동성애 연구의 선구자인 칼 하인리히 울리히(Karl Heinrich Ulrichs, 1825~1895)가 명명한 개념으로 지드나 동시대 작가인 마르셀 프루스트(Marcel Proust)도 인용했으며, 당시 프랑스에서는 남성 동성애를 가리키는 말로 쓰였다.*
다만 코리동은 남성 동성애의 '정상'성과 '남성'성을 설명하려

* 우리나라에서는 독일어 발음을 따른 '우라니즘(uranism)'이 주로 쓰인다.

다가 아테네가 쇠락한 이유를 그리스인이 연무장에 드나들지 않게 되어서, 즉 남성성을 중시하는 위라니슴이 이성애에 패했기 때문이라고 말한다. 심지어 "이성애와 더불어 그 자연적인 보충물, 즉 여성 혐오가 이겼다"라고도 말한다. 코리동은 덧붙인다. "여성 숭배는 위라니슴 덕분이다" "여성 숭배는 위라니슴을 뒤따라 일어난다" "여자가 한층 더 폭넓게 욕망의 대상이 되면 여자는 이전만큼 숭배되지 않을 것이다".

이는 앞서 이야기한 일본의 '연파'와 '경파'를 뒤집은 것과 같은 논법이다. 헌팅하는 남자에게 '여자'는 단순한 욕망의 대상이기에 오히려 가볍게 여겨지고, 경파인 남자에게는 육욕의 대상에서 멀어지는 만큼 '여신'(과 같은 것)이 된다, 이렇게도 고쳐 쓸 수 있을까?

예술성에 관한 코리동의 주장 역시 오늘날에도 흔히 들을 수 있는 "게이들은 하나같이 예술 감각이 뛰어나고 미적 센스가 있지" 하는 오해와 크게 다를 것 없을지도 모른다.

자기장의 교란으로서 동성애

그런데 코리동이 말하는 『플루타르코스 영웅전』 속 전사들과 청일전쟁 당시 장교가 목격한 병사들은 서로 섹스까지 하는 사이였을까? 직접적인 언급은 없지만, 경험에 비추어 보든 인용한 텍스트의 언어 외적인 뉘앙스로 파악하든 그들의 관계성은 육체적으로 이어져 있었기에 강했을 것이다. 그렇다면 그들은 '호모섹슈얼'이었을까?

  장황하게 시대를 넘나들면서 우정이 얽힌 성애의 다양한 사례를 들었는데, 슬슬 '호모섹슈얼, 바이섹슈얼, 헤테로섹슈얼'이라는 단어를 단순히 성적 지향의 화살표(동성을 향하느냐, 양성을 향하느냐, 이성을 향하느냐) 간 차이를 나타내는 형용사로 쓸 것인지 아니면 그것을 성정체성으로서 받아들일 때 쓸 것인지, 어느 쪽이냐에 따라 문맥이 미묘하게, 하지만 실질적으로는 꽤 바뀐다는 사실을 눈치챘을 것이다.
  예를 들어 "그 녀석 호모라던데" 하고 말할 때의 '호모'와 "나 호모야" 하고 말할 때의 '호모'는 같은 것처럼 들려도 어감이 미묘하게 다르다. 둘 다 멸칭이기는 하지만 전자의 '호모'는 동성을 향하는 성적 지향이라는 방향성만을 가리키며 그것을 비하하고 있다. 반면 후자의 '호모'는 성적 지향에 대한 자기 인식 위에 자신의 정체성을 덧씌우고 그렇게 만들어진 삶의 방식을 (해학적이기는 해도) 선언하는 뉘앙스가 있다. 이는 6장과 7장에서 설명한 '정체성 정치'로 어렵지 않게 이어진다.
  이러한 차이를 의식한 다음 코리동이 말하는 『플루타르코스 영웅전』 속 전사들과 청일전쟁 당시 장교가 목격한 병사들이 '호모섹슈얼'이었는지 다시금 질문해 보면, 그것은 정체성으로서의 호모섹슈얼은 아니었을 것이다. 그 시대, 그 상황에서 정체성 정치나 연대는 필요하지 않았고, 있었던 것은 서로에게 끌리는 솔

직한 욕동뿐이었다. 그걸로 충분했다. 즉 그들의 호모섹슈얼리
티는 정체성이라기보다 당시 상황에서 성애적인 욕동이 동성에
게 향했다는 사실, 즉 화살표 끝이 가리키는 방향이었다. 어디까
지나 객관적인 설명에 지나지 않지만.

하지만 당시에도 스티그마(사회적인 낙인)는 있었다. 그 스티
그마는 동성 간의 육체관계에 붙여졌다. 그래서 관계에서 육체
성을 배제하는 움직임이 나타난 것이다. 코리동의 인용을 다시
옮겨 보겠다.

> 필리포스는 놀라서 할 말을 잃었다. 신성 부대는 서로 사랑하
> 는 연인으로 이루어졌다는 사실을 들은 그는 자기도 모르게 눈
> 물을 흘리고는 이렇게 외쳤다. "누구보다 강한 이들이 불명예스
> 럽게 죽었다고 생각하는 사람이 있다면 그는 비참한 죽음을 맞
> 이하리라."

여기서 '불명예'는 '육체관계'를 가리킨다. 따라서 육체적인 욕
동(성애가 향하는 방향으로서의 호모섹슈얼리티)이라는 요소
보다도 우정이나 우애(호모소셜리티)와 같은 요소가 강조된다.
하지만 그것이 욕동이 향하는 방향으로서의 '호모섹슈얼'이라는
사실은 분명하다.

성정체성을 가리키는 '호모섹슈얼'이 아니라 성적 지향을 가
리키는 '호모섹슈얼'은 행위로서 존재한다. 그 행위의 존재 방식

411

은 '잠깐 스쳐 지나가는 것'이라기보다 '그때그때 달라지는 것'이라고 표현하는 쪽이 더 적확하다. 성적 지향은 나침반이 남쪽을 가리키는 현상처럼 변하지 않는다고 여겨지기 마련이지만, 나침반도 자기장이 흐트러지면 다른 방향을 가리킨다. 이는 '잘못'이 아니라 그때그때 자기장에 충실하면서 정확한 '상황에 따른 변위'다.

앞에서 "세지윅이 정의한 '호모소셜리티'와 다르면서 (혹은 같은 종류이면서) 한층 더 성적인 방향으로 나아간 '호모소셜리티'는 어쩌면 우리가 생각하는 것 이상으로 주변에 널리 퍼져 있는 것은 아닐까"라고 적었다. 세지윅이 말하는 '호모소셜리티'는 그곳에서 일어나는 '호모섹슈얼한 욕망'을 잠깐 스쳐 지나가는 '실수'로 치부하고 멀리함으로써 이성애 규범성이 지배하는 사회 속에서 '정상'을 유지할 수 있다. 하지만 그 '호모섹슈얼한 욕망'을 그때그때 상황에 충실한 '변위'라고 생각하면 자신의 성정체성과 관계없이, 아니 자신의 성정체성은 그대로 두고 호모섹슈얼한 욕망의 화살표를 긍정할 수 있지 않을까. 왜 긍정해야 하는가? 부정은 호모포비아로 향하기 때문이다. 그리고 그 호모포비아는 자신을 둘러싼 자기장의 교란을 부정하고 자가 중독적인 고통으로 귀결되기 때문이다. 그때그때 상황에 따른 변위는 지금까지 줄곧 이야기한 것처럼 누구든 간에 살면서 몇 번은, 어떤 사람은 꽤 자주 겪는다. 따라서 그로 인해 괴로워하는 것은 자신과 타인 모두를 좀먹는 일이다.

예를 들어 일본 연예계에서 '게이 소재'가 사라지지 않는 것도 연예계를 구성하는 이들이 실제로 호모섹슈얼한 욕망을 특권처럼 누리고 있기 때문은 아닐까 생각한다. 물론 그들 그녀들 중에도 자신에 관해 '게이다' '바이섹슈얼이다' 하고 성적 지향의 방향에 따라 고정적으로 인식하는 사람도 있겠지만, 이성애자를 자인하면서 동성과 성행위를 하는 사람도 적지 않다. 엄밀하게 따지면 그들은 바이섹슈얼조차 아닐지도 모른다. 왜냐하면 그것은 압도적인 외모와 재력과 명성과 재능으로 가득 차 일반 사회와 달리 특이한 자기장이 발생하는 곳에서 볼 수 있는, 어지럽게 흔들리는 성애와 상황에 따른 성적 지향의 변위에 지나지 않기 때문이다.

그리고 그들은 자신의 아이덴티티에 확신이 있다. 외관과 재능 면에서, 동시에 그것들을 기반으로 하는 다양한 상황에서 (피상적이기는 하지만) 특권자이기 때문이다. 그리고 이성과의 섹스에서도 스캔들에 대한 두려움이라는 억제력만 없으면 일반인보다 기회가 풍부할 테니 특권의 장에 대한 젠더라는 장벽도 상대적으로 꽤 낮아진다. 특권의 밑바탕인 육체라는 장벽도. 그렇게 생각하면 연예인이 퀴어한 것은 이상한 일이 아니다.

마찬가지로 일본에 온 서구 남성 모델이 특권을 누리던 시대가 있었다. 내가 뉴욕에 부임하기 전, 1980년대 후반에서 1990년대 초반에 걸쳐 거품경제가 한창이던 도쿄에는 서양인 모델이 적잖이 있었는데 그들은 젊은 사람들의 동경을 한 몸에 받았다.

413

그중에는 게이 남성도 많았다. 그들이 입을 모아 한 말이, 젊은 일본 남자들은 같이 자자는 말에 놀랄 만큼 간단히 고개를 끄덕인다는 것이다. 게이도 아니고, 평범하게 여자 친구와 섹스를 즐기는 일반 남자 대학생들이 서양인 남자 모델의 성적인 유혹을 거짓말처럼 순순히 받아들인다. 친하게 지내던 미국인 모델은 "일본인, 사실 전부 게이 아냐?" 하고 말한 적도 있다.

당시 서구에서 온 모델은 특권층에 속했다. 젊은 일본 남자들은 그들을 자신과 다른 세계에 사는 인간으로 여기고 있었는지도 모른다. 이때 그동안 자신을 둘러싸고 있던 자기장이 흐트러진다. 그래서 그들과의 성행위는 특별한(특권적인) 이세계에서 벌어지는 일이자 실제 일본 사회와는 이어지지 않는 일이라고 착각할 수 있었을 것이다. 그러한 생각 속에서 젠더와 육체의 장벽은, 즉 그동안 지니고 있던 일반적인 성적 지향은 인종의 장벽을 넘을 때 함께 변위했으리라. 동시에 그들이 갖고 있던 '젊음'이라는 자기장 에너지도 영향을 미쳤을 것이다. 젊음에서 우러나오는 자유분방하면서 무질서한 욕동의 자기장. 이 또한 성적인 유혹을 거짓말처럼 순순히 받아들이는 이유가 아니었을까. 그들은 아마 내 친구의 짐작처럼 '전부 게이'는 아닐 것이다. 그러한 정체성을 가질 리도 없다. 성애의 화살표가 마침 그때, 상황에 따라, 여기저기로 흔들리고 있었던 것뿐이리라.

'루빈의 꽃병' 속 대칭성

거기까지 생각하자 에이즈 시대에 발명된 'MSM'이라는 개념이 떠올랐다. '남자와 섹스하는 남자들(Men who have Sex with Men)'이라는 의미다. HIV와 에이즈의 감염을 막기 위해 고안된 이 개념은 게이인지 아닌지 하는 성정체성은 건드리지 않고, 성행동이라는 행위(위험한 행위) 차원에만 초점을 맞춘 호칭이다. 상황에 따른 성적 지향의 변위 운운하는 귀찮은 이야기도 없다. 사실 성행위를 통해 HIV에 걸릴 위험성은 성애의 내실과 아무런 관계가 없다. 성행위 그 자체가 중요하다. 그러므로 예방의 중요성을 알리거나 검사를 받도록 권유하는 대상도 꼭 남성 동성애자일 필요가 없었다. '남자끼리 섹스를 한다'라는 행위에 대한 것이니까.

한편 당시 자신이 게이라고 인정하든 인정하지 않든 남자와 섹스하는 남자들이 있다는 사실은 많은 연구자를 놀라게 했다. 게다가 상습적인 MSM의 HIV 양성률이 높았다. 당시 상황과 시대성도 맞물려서 나는 '게이'라는 정체성을 갖지 않는 그들이 복잡한 사정이야 있겠지만 단순히 '클로짓'인 호모섹슈얼이라고 생각했다. 혹은 호모포비아가 심한 나머지 자신의 호모섹슈얼한 욕망을 인정하지 않는 바이섹슈얼이거나(물론 그런 사람들도 앞서 이야기했듯이 적지 않을 것이다).

이러한 사례를 접할 때마다 떠오르는 것은 연극〈엔젤스 인 아

415

메리카(Angels in America)〉¹³에도 그려진 로이 콘(Roy Cohn, 1927~1986)의 추악한 모습이다.

실존한 연방 검사이자 변호사인 로이 콘은 〈엔젤스 인 아메리카〉의 주요 등장인물 중 하나이기도 하다. 매카시즘 광풍이 불던 시대에는 공산주의자 사냥의 선봉장에 서서 권력을 쥐었고, 이후에는 개인 고문으로서 닉슨(Richard Nixon)과 레이건 뒤에 붙어 미국 정치계를 쥐락펴락했다. 이 무렵 '부동산 왕'이라는 셀프 프로모션으로 두각을 드러내기 시작한 트럼프와 가까워지면서 그에게 "졌다고 인정하지 않는 한 지지 않는다"라는 '인생철학'을 가르쳐 주기도 했다. 덧붙여서 트럼프를 그에게 소개한 사람은 악명 높은 공화당계 정치 로비스트인 로저 스톤(Roger Stone)이었다. 스톤은 트럼프의 러시아 스캔들에 연루되어 2020년 위증죄 등으로 유죄판결을 받았지만, 그해 12월 바로 그 트럼프에 의해 대통령 사면되었다. 그렇게 한 무리에 속한 사람들이다.

로이 콘은 1986년 에이즈 합병증으로 사망했다. 하지만 마지막까지 자신이 에이즈에 걸렸다는 사실도, 동성애자 내지는 MSM이라는 사실도 인정하지 않았다. 자신은 다른 남자들과 성관계를 이어 가면서도 동성애자의 권리 확대는 한결같이 부정하고 심지어 동성애자를 억압하기까지 한 인물이었다. MSM이라는 개념은 이처럼 정체성이 얽힌 가치관을 완전히 배제한 호칭이다.

'동성애처럼 보이는 남자들 간의 관계성'에서 정신적인 부분을 완전히 무시하고 부정한 이 '남자들'의 정체를 당시의 나는 좀처럼 가려내지 못했다. 아니, 이해하지 못했다.

한편 『코리동』이나 메이지시대 병사들 사이에서 보이는 호모소셜한 관계성은 반대로 그 정신성을 강조한 나머지 육체성을 무시한다. 우정이니 충성이니 의리니 인연이니 하는 것들은 마치 'MSM'을 뒤집은 것과 같다. 호모소셜한 관계는 집에서 기다리는 아내를 내팽개치고 남자들끼리 어울려 다니는 관계, 쉬는 날만 되면 가족은 본체만체하고 축구니 술자리니 남자들만의 모임에 열을 다하는 관계에 호칭을 부여했다. 안타깝게도 이상주의자인 코리동의 예상과 달리 '여성 숭배'로는 이어지지 못하고 반대로 '여성 혐오'로 내달리는 관계에 붙는 이름이 되고 말았지만.

'MSM'과 '호모소셜'의 관계는 〈루빈의 꽃병〉 속 '항아리'와 '인간의 옆모습'의 관계와 비슷하다는 생각이 든다. '호모섹슈얼한 욕망'을 축으로 삼고 정신성을 무시했을 때 보이는 것과 육체성을 무시했을 때 보이는 것이 하나로 합쳐진 그림.

호모소셜리티는 친해지고 싶은 남자를 상대로 한 성적인 감정이나 육체관계와 직면하면 어떻게 대처해야 할지 혼란스러워져 패닉 상태에 빠진다. 이때 그것을 부정하면서 호모포비아가 된다.

MSM은 섹스 상대인 남자와의 애정이나 유대를 강요당하면 갑자기 불쾌해지고 불쑥 치밀어오르는 화를 주체할 수 없다. 이때 그것을 부정하면서 '행위자'이기는 하나 정체성은 갖지 않는

마주 보는 두 사람의 옆모습으로 보이는가? 꽃병으로 보이는가? 〈루빈의 꽃병〉

2부 우정과 LGBTQ+

무언가 다른 존재가 된다.

앞에서 자신과 타인을 좀먹는 일이라고 썼지만, 이는 한층 더 나아가 불행한 상태처럼 느껴진다(불행하지 않다고 우기는 사람이야 많겠지만).

여기까지 정리하자 비로소 나는 영화 〈브로크백 마운틴〉에서 히스 레저가 연기하는 주인공 '에니스 델마'의 마음을 이해할 것 같았다.

브로크백 마운틴의 미아

미국에서 남성스러움의 상징으로 손꼽히는 카우보이를 통해, 처음으로 '여성'적이라느니 하는 스테레오타입에서 벗어난 남성 동성애자를 그려 오스카 감독상 등을 받은 (오늘날의 기준에서) 고전인 〈브로크백 마운틴〉은 1963년 여름 와이오밍주 브로크백 마운틴에서 계절 일자리로 양을 치면서 알게 된 에니스 델마와 잭 트위스트(제이크 질런홀)의 20년에 걸친 연애를 그린다. 2006년 영화가 일본에 개봉할 당시 나는 작품의 전체 구조를 LGBT 잡지 《yes》에 기고한 「벽장 속 어둠에서 헤매지 않으려면: 브로크백 마운틴의 안내도」라는 평론에서 소개했다. 다만 지금 와서 다시 읽어 보니 그때 나는 에니스에 관해 완전히 이해하지는 못했던 것 같다(물론 이안 감독과 다른 제작진, 배우 자신

까지도 완전히 언어화해서 이해했느냐고 하면 나로서는 확신할
수 없지만).

그 평론을 여기에 옮겨 보겠다.

벽장 속 어둠에서 헤매지 않으려면:
브로크백 마운틴의 안내도

'사랑이란 자연의 힘', 그 이중성

먼동이 희붐하게 밝아 오는 와이오밍의 산간 도로를 트럭이
달리고, 구스타보 산타올라야의 스틸 현이 차가운 공기를 퉁기
고, 에니스 델마가 늘씬하게 뻗은 다리로 트럭에서 조용히 내려
섰을 때, 그 환희와 비극의 이야기는 그곳에 모두 표현되어 있었
다. 환희는 먼 산에, 비극은 내려선 지면과 맞닿는 일상에, 모든
원인은 불안한 듯 굳게 다물린 에니스의 입술과 그를 감싸는 창
백한 새벽 공기에.
　'Love is a Force of Nature.' 이 영화의 홍보 문구다. '사랑이란
자연의 힘.' 'a force of nature'는 저항할 수 없는 힘, 이유 없이 모
든 것을 휩쓰는 압도적인 힘을 가리킨다. 사랑이란 자연스러우
면서 강력한 생의 물줄기이므로 이견을 내놓아 봐야 무의미하
다는 것이다.
　하지만 여기에는 또 다른 의미가 숨겨져 있다. 이 '브로크백

마운틴'의 중심을 이루는 '사랑'은 항상 산이나 강이나 호수와 같은 '자연' 속에 살아 있다는 사실이다. '사랑이란 자연이 만들어 준 힘.' 그 아득한 브로크백 마운틴이 그들에게 준 힘인 것이다. 사실 그들의 사랑은 자연의 도움 없이는 존재할 수 없었다.

이 문구가 지닌 이중성은 상징적이다. 그리고 원작자인 애니 프루(Annie Proulx), 각본가인 래리 맥머트리(Larry McMurtry)와 다이애나 오사나(Diana Ossana), 감독인 이안(李安, Ang Lee)이 모의한 의도는 노골적일 만큼 분명하다.

에니스 델마와 잭 트위스트의 교류는 대부분(4년 만에 만나 어쩔 수 없이 모텔에서 보낸 하룻밤을 제외하고는) 생기 넘치고 아름다운 산과 나무에 둘러싸인 채 거스르기 힘든 강물의 흐름을 앞에 두고 이루어진다. 반면 그들의 일상은 건조하고 먼지로 자욱한 속세의 일이다. 에니스에게는 교양 없고 소심하면서 늘 무기력한 알마와 온종일 울어 대는 아이들, 그리고 뜻대로 풀리지 않는 일이 있다. 잭에게는 "학습장애로 인해 열다섯 살이 되도록 글자도 제대로 쓰지 못하는 아들"과 오지랖 넓은 장인이 있다. 처음 만났을 때만 해도 귀여웠던 루린은 얼마 지나지 않아 노랗게 탈색한 머리카락을 세우고 담배를 뻑뻑 피워 대는 텍사스 여자로 변하기까지. 게다가 나이 든 부모가 사는 너저분하고 고루한 집이란.

혼란과 바꿔치기를 총동원하는 확신범

　이 시점에서 우리는 그러한 혐오스러운 일상에 대한 반작용으로서 동성애의 배경으로 제시되는 '아름다움'과 '싱그러움'에 저항 한 번 못 하고 끌려간다. 독자와 관객이 동성애자인지 아닌지 하는 문제와 관계없이, 먼지투성이에 기저귀 냄새가 풀풀 풍기고 시도 때도 없이 부부싸움이 벌어지는 말라비틀어진 생활을 고르느냐, 아니면 속세의 모든 고뇌를 벗어던지고 나체로 뛰어드는 맑은 물을 고르느냐 하는 양자택일이 제시된다(그야 누구든 후자를 고르고 싶을 것이다).

　독자와 관객은 가벼운 혼란에 빠진다. 이성애자인 독자와 관객들에게 그때까지는 오히려 동성애가 황량한 성의 사막에서 벌어지는 일이었을 테니까. 동성애가 '일상생활'을 벗어나는 것은 상상할 수 있어도 그것은 '맑고 깨끗한 자연'이 아니라 '만족을 모르는 방탕'으로 '더러운 지옥'으로 떨어져야 했다.

　〈브로크백 마운틴〉이 게이를 둘러싼 고정관념을 깨뜨렸다는 평가를 받는 이유 중 하나도 여기에 있다. 이안을 비롯한 제작진은 이를 위해 '자연의 힘'까지 총동원하면서 가치관의 바꿔치기를 꾀한 것이다.

　관객들은 이제 자신이 동성애를 원하는지, 아름답고 싱그러운 자연을 원하는지, 아니면 양쪽 모두 원하는지, (어쩌면 나도 어딘가 먼 과거에 가슴 한구석이 아릴 만큼 달콤쌉쌀한 계절을 두고 온 것은 아니었을까) 하는 질문에 답을 내릴 틈도 없이 (혹은 그 가벼운 혼란을 즐기면서) 이야기에 빠져든다.

　제작사는 '이 영화는 게이 카우보이의 이야기가 아니라 좀 더 보편적인 사랑 이야기'라고 강조하지만, 이 영화가 '게이'를 선전하는 것이 아니라면 대체 무엇이란 말인가. 아니다, 이는 우파의 문맥에서 나올 법한 주장이다. 이 영화는 '선전'이 아니다. 오명의 대갚음이다. '동성애' 위에 마구 칠해진 역사적, 문화적, 종교적 스티그마를 기꺼이 되돌려준다. 아무것도 모르는 척하는 확신범의 솜씨다.

배경에 놓인 벽장 속 죄업

　하지만 얼마 지나지 않아 우리는 '아름답고' '싱그러'웠던 호모섹슈얼리티가 커다란 원한을 품고 있다는 사실을 알아차린다. 잭이 크로바(휠에서 타이어를 분리할 때 쓰는 쇠막대기)로 살해당했다느니 하는 호모포비아와 게이 배싱(gay bashing) 문제뿐만이 아니다(참고로 원작도 영화도 드러내 놓고 이야기하지 않는 것이 많다. 현실에서 모든 일에 대해 그 속사정까지 낱낱이 듣고 알 수 있는 것이 아니듯이. 우리는 꽤 많은 부분에서 사실이 아닌 해석에 의존해 살아가고 있다).

　그것은 가족의 문제다. 제도가 아닌 관계성으로서.

　에니스는 알마에게서 이혼 통보를 받는다. 잭의 아들은 진작 잊혔다. 두 사람은 남자끼리 가족을 이루는 삶을 바랐지만 에니스가 들려준 아홉 살 무렵의 기억, 남자끼리 산다는 이유로 크로

바로 잔인하게 살해당한 농장주 이야기에 온몸이 묶여 이러지도 저러지도 못한다.

그 모든 일의 배경에는 (동성애자라는 이유로 자신을 숨긴, 혹은 숨길 수밖에 없었던 가상의 공간으로서) 벽장이 있다. 소설과 영화 모두 후반으로 접어들면서 주제를 동성애에서 벽장 문제로 은근슬쩍 옮겨 놓는다.

에니스가 우는 방식은 그 복선이라고 할 수 있다. 그의 마음은 벽장 속에 있었다. 하지만 그것이 벽장이라는 사실조차 몰랐다. 그렇기에 처음으로 왈칵 흘러넘친 눈물을 구토로 착각했고, 잭에게서 '너랑 끝낼 수만 있었어도(I wish I knew how to quit you)!'라는 말을 들었을 때도 "심장 발작인지 타오르는 격정이 넘쳐흐르는 것인지" 알 수 없는 방식으로만 울 수 있었다.

이때 비로소 모든 사태의 원인은 동성애가 아니라 벽장의 죄업(혹은 벽장 속에 틀어박히기를 강요하는 시대의 죄업)에 있다는 사실이 드러난다.

액자식으로 제시되는 네 가지 이미지

사람은 벽장 속에 틀어박혀 있는 한 행복해질 수 없다. 가족을 배반한다. 자신의 마음도 배반한다. 친밀한 사이인 모든 것을 배반하는 셈이다. 그리고 브로크백 마운틴은 그 벽장에 대한 반동이자 더 나아가서는 이상향에 대한 가상의 기억인 동시에 알고 보면 넓고 아늑한 벽장이라는 사실이 암시된다.

잭의 생각에서도 알 수 있다. "잭이 떠올리는 것, 이유도 모르고 끌려가듯이 갈망하는 것은 머나먼 여름날, 브로크백 마운틴에서 그의 등 뒤로 다가온 에니스가 그를 끌어당기고는 아무 말 없이 껴안던 그 시간 자체였다. 두 사람 앞에 공평하게 놓여 있던, 섹스와는 다른 무언가에 대한 굶주림이 채워지던 시간이었다. (중략) 그는 생각했다. 우리는 아직 그곳에서 그다지 멀리 떨어지지 않았을 것이라고. 단지 그것뿐이다. 그것뿐."

이 메시지는 영화에서도 원작에서도 막바지에 이르러서야 형태를 이룬다. 브로크백 마운틴에서 보낸 시간의 증거는 잭의 고향에 있는 그의 방 안, 그중에서도 문자 그대로 벽장 속에 숨어 있었기 때문이다. 나란히 포개어진 두 장의 셔츠로. 그리고 한 번 더, 마지막의 마지막 장면에서 이번에는 에니스가 사는 트레일러 하우스의 벽장 문 안쪽에 붙은 브로크백 마운틴 그림엽서로.

이 영화가 지적인 면을 잃지 않으면서 주제를 힘주어 말하는 것은 바로 그때다. 영화는 마지막 장면에서 마트료시카처럼 아귀가 들어맞도록 정교하게 만들어 액자 틀에 끼운 네 가지 이미지를 제시한다.

하나는 매사에 서툰 에니스가 처음으로 주관을 갖고 위치를 바꿔서 포개 놓은 셔츠와 이어지는 그림엽서 속 행복했던 시간이다. 네모난 벽장이 그것들을 둘러싸고 있다. 그 옆에 있는 창문 너머로 보이는 것은 쌀쌀한 바깥 세계. 마지막은 스크린이라는 액자로 둘러싸인 미국(혹은 다인종 제작진)의, 그 모든 것에 비평적인 현재다.

425

"I swear……" 뒤에 오는 것

〈브로크백 마운틴〉은 이러한 중층적인 구조를 제시하는 한편 잔잔한 웅변과 눌변을 섞어 가며 관객을 향해 중얼거린다. "I swear(맹세할게, 나는)……."

그 뒤에 오는, 아직도 언어가 되지 못한 에니스의 마음을 언어로 표현하는 것은 20년이 지나도록 해결하지 못한 우리의 숙제다. 마지막 장면 속 에니스의 벽장은 벽장이기는 해도 그 문은 우리를 향해 열려 있었기에(본문 중 큰따옴표로 묶인 부분은 원작 소설에서 인용).

영화 속 에니스(애니 프루의 원작은 매우 짧은 작품이다 보니 에니스의 감정선을 파악하는 것은 독자의 몫이다)는 커뮤니케이션이 서툴고 (그렇기에) 남자다운 남자로 그려진다. 여자와의 의사소통은 가능한 한 피하고 싶다. 묵묵히 일하는 모습은 그야말로 우직한 '경파'다. 여자보다는 남자와 어울리는 쪽이 (능숙하다고는 할 수 없지만) 편하다는 타입. 툭하면 '남자는 말보다 행동'이라고 말하는 전형적인 남성상이다.

그런 에니스가 잭을 만난다. 잭은 첫 등장 신에서도, 이어지는 산속 생활에서도 에니스를 향해 보내는 시선에서 게이라는 사실이 은근히 드러난다. 하지만 그의 유혹에 응해 격렬한 성교를 나눈 에니스는 남자들 간의 교제에 딸린 육체관계를 도저히 자기 안에서 소화할 수가 없었다. 따라서 산에서 내려와 잭과 헤어질 때가 되어서도 그것이 슬픔인지 외로움인지 잭과 떨어지고 싶지 않은 연애 감정인지 깨닫지 못하고 혼란스러운 상태에서 구토할 수밖에 없었다.

이번 장에서 설명한 내용에 비추어 보자면, 호모소셜리티밖에 몰랐던 에니스가 남자들 간의 정신적인 유대에 섞인 육체성을 처리하는 과정에서 자가 중독을 일으키는 장면인 셈이다. 호모섹슈얼리티는 부정하고 싶다. 하지만 남자들 간의 우정(이라고 생각하는 것)에 선명하게 들러붙은 이 육욕적인 감정은 대체 무엇일까? 나는 대체 무슨 짓을 하는 걸까? 이건 또 무엇일까?

그 자리에 머무르는 한 그는 불행하다. 그리고 그는 불행한 채로 (혹은 불행을 상대화하기 위해 무언가를 포기하면서) 이 영화의 막을 내리는 것이다.

와이오밍에서 요크셔로

2017년 영국에서는 〈브로크백 마운틴〉에 대한 오마주 내지는 답가라고밖에 생각할 수 없는 영화가 개봉했다.

〈신의 나라(God's Own Country)〉(프랜시스 리 감독, 2017)는 '신의 축복을 받은 땅'이라고 불리는 영국 요크셔의 황량한 시골에서 양과 소를 돌보는 생활을 그린다. 상황은 〈브로크백 마운틴〉과 비슷하다.

주인공이자 농장주의 외동아들인 조니(조시 오코너, Josh

O'Connor)는 에니스와 반대로 남자와 섹스하는 것에 저항감이 없다. 오히려 토할 때까지 술을 마시고 남자와 섹스하면서 그날 그날의 시름을 푼다. 육우 경매 시장에 있는 화장실에서 어쩌다 만난 남자와 섹스한 뒤에는 "커피라도 한잔하지?" 하고 묻는 상대방에게 대답도 웃음도 주지 않고 쌩하니 그 자리를 떠날 뿐이다. 섹스 말고 아무것도 바라지 않는, 혹은 남자들 사이에 섹스 말고 어떤 관계가 존재하는지 모르는 청년이다.

얼마 지나지 않아 그는 뇌경색으로 반신불수가 된 아버지의 뜻에 따라 루마니아 출신 이주 노동자인 게오르그(엘릭 세커리아누, Alec Secareanu)와 함께 일하게 된다. 남자들 간의 관계성에서 '정신성'을 바라지 않는 조니는 게오르그를 '집시'라는 멸칭으로 부르며 마구 대한다. 하지만 양들의 출산기를 맞이해 산에서 두 사람만 생활하기 시작하자 게오르그는 조니를 깔아 눕히더니 "집시라고 부르지 마" 하고 윽박지른다. 그곳에 있는 것은 한 사람의 인간이자 한 사람의 남자였다. 그런 그에 대한 자각이 어떤 의미를 지니는지 모르는 조니는 늘 그랬듯이 게오르그에게 섹스하자고 조른다. 그것 말고는 다른 사람과 소통하는 방법을 몰랐기 때문에.

그때다. 우리는 키스를 거부하며 섹스하던 도중 게오르그를 끌어안은 조니의 표정이 문득 바뀌는 순간을 목격한다. 대단한 연기다. 루틴에 지나지 않던 성교가 '사랑이라고 할 만한 것'으로 덧칠해졌을 때의 얼굴이다. 그리고 정신성을 동반하는 육체(성교)로의 전위를 뚜렷이 보여 준다.

이는 MSM에 지나지 않았던 조니가 간단하게 말해 '게이'가 된 순간이다. 2005년 〈브로크백 마운틴〉으로부터 12년을 뛰어넘어 (미국조차 2015년 들어서야 동성혼이 합법화되었다) 주인공과 마찬가지로 요크셔 출신이자 농장주의 아들인 프랜시스 리 감독은 호모소셜한 관계의 육체성을 받아들이지 못한 에니스의 불행과 MSM이라는 관계에 정신성을 결부한 조니의 행복을 대비시켰다.

그 증거로 〈브로크백 마운틴〉에서는 '호모섹슈얼리티'가 직접적인 단어로 표현된 적이 없는 데 비해 〈신의 나라〉에서는 호모섹슈얼리티를 가리키는 혐오 표현인 '프리크(freak)'와 '패것 (faggot)'이 두 장면에서 등장한다. 처음에는 조니가 게오르그를 야유하는 말로서, 마지막에는 두 사람이 웃으며 서로를 인정하는 장면 속 애정이 담긴 호칭으로서.

1963년에 시작된 에니스와 잭의 관계성에는 그 육체성을 인정하는 '호모섹슈얼리티'가 끼어들 여지는 없었을 것이다(〈브로크백 마운틴〉이 제작된 2000년대 초 미국에서도). 하지만 시간이 지나고 2017년에는 요크셔의 시골에서도 남자들 간의 관계성을 '변태'니 '오카마'니 웃으며 말할 수 있게 되었다. 남자끼리 목장을 꾸린다는, 에니스와 잭이 이루지 못한 '꿈'은 시간과 공간을 뛰어넘어 조니와 게오르그에 의해 실현되었다.

그렇게 생각하면 제12장에서는 더 자세히 다루지 않은 1968년 희곡 「보이즈 인 더 밴드」에 등장하는 '유일한 스트레이트 남성' 이자 게이 남성 여덟 명이 벌이는 생일 파티에 난입한 '앨런'의 정체가 무엇인지도 알 것 같은 느낌이 든다.

LGBTQ+

15장

섹슈얼의
가능성

'어제는 취해서' 증후군

희곡 「보이즈 인 더 밴드」에 대해서는 12장에서 '시대의 동성애 혐오'와 연결 지어 설명했다. 이후 14장에서 호모소셜리티와 MSM에 관해 알아본 지금 희곡 이야기로 되돌아가 보려고 한다. 이 희곡은 일본에서 2020년 7월 재번역을 거쳐 〈보이즈 인 더 밴드: 한밤중의 파티〉로 재상연되고 같은 해 9월 미국에서 제작한 영화판이 넷플릭스를 통해 공개되면서 일본에도 그 내용을 아는 사람이 늘어났다. 일본에서 재상연될 당시 제작사에서 배포한 보도자료에 실린 줄거리는 다음과 같다.

한여름의 뉴욕. 어퍼 이스트 사이드에 있는 마이클의 아파트에서는 게이 친구인 해럴드의 생일 파티 준비가 한창이었다. 친구들이 하나둘 모이고 파티가 시작하려는 무렵, 마이클의 대학교 친구인 앨런이 찾아온다. 유일한 스트레이트인 앨런의 존재는 마이클 일행의 감정에 변화를 가져오고, 분위기가 점점 험악

433

해지는 와중에 파티의 주인공인 해럴드가 나타난다. 파티는 한층 더 삐거덕거리고, 마이클은 억지로 '고백 게임'을 시작한다. 자신이 진심으로 사랑하는, 혹은 사랑했던 상대에게 전화를 걸어 사랑을 고백하는 것이다. 이 게임을 계기로 각자의 과거와 진심이 드러난다.

파티에 모인 이들은 누구에게 전화를 걸고 어떻게 고백할까. 그리고 마이클에게 게이라는 사실을 숨기고 있다며 추궁당하던 앨런은 기어이 수화기를 드는데.

이윽고 파티가 막을 내리고 남자들이 향하는 곳은…….

12장에서 남겨 둔 문제는 바로 '앨런'에 대해서다. 일본 재상연과 관련해 잡지와 인터넷 매체에는 '마이클의 친구인 변호사로 멤버 중 유일한 스트레이트'라는 소개 글도 있다. 하지만 원작 대본에는 '앨런, 30세, 상류층 느낌, 앵글로색슨 계열 외모'라고만 나와 있고, 성적 지향에 관해 '스트레이트'라고는 적혀 있지 않다.

앨런은 주인공 마이클의 대학교 친구로 기숙사 룸메이트이기도 했다. 해럴드의 생일을 맞이해 파티 준비에 여념이 없던 마이클은 졸업 후 워싱턴 D.C.에 사는 앨런의 전화를 받는다. 그는 무척이나 다급한 말투로 "거기로 가도 될까?" 하고 묻는다. 귀를 기울여 보니 수화기 너머에서 흐느끼는 소리가 들린다. 앨런은 대학교 때부터 사귀던 프랜과 결혼했는데, 결혼 생활에 무슨 문제가 생겼는지도 모른다. 하지만 마이클과 전화로 대화하는 사이 마음이 진정되었는지 앨런은 마이클의 아파트에 가기로 한 것을 취소한다. '스트레이트'에 '신경질적이고 융통성 없는' 그가 게이들의 생일 파티에 왔다가는 큰일이 날 것이 분명했다. 마이클은 안도의 한숨을 내쉰다. 하지만 마음이 바뀐 앨런이 아파트에 모습을 드러낸다. '파티'는 혼란에 빠진다. 혼란 끝에 앨런도 그 자리가 게이들의 파티라는 사실을 알게 된다. 그리고 이야기는 전화 게임으로 흘러간다.

마이클은 그동안 담아 두고 있던 의문을 앨런에게 던진다. 대학교 시절, 앨런은 친구였던 저스틴과 관계를 맺지 않았던가? 앨런은 어쩌면 클로짓 게이가 아닐까? 그래서 오늘 밤 클로짓으로 인한 스트레스가 쌓인 끝에 울면서 전화한 것은 아닐까?

마이클 저스틴 말로는 그 우정이라는 게 꽤나 정열적이었다던데.

앨런 무슨 말을 하고 싶은데?

마이클 대학교 시절, 넌 그 녀석이랑 잤어. 몇 번이나.

앨런 말도 안 되는 소리.

마이클 몇 번이나. 첫 번째는 치기 때문에, 두 번째는 헷갈려서. 하지만 몇 번이고 하는 건 좋아하기 때문이라고!

앨런 말도 안 되는 소리!

마이클 아니, 진짜야. 왜냐면 저스틴 스튜어트는 호모섹슈얼이거든. 그 녀석 지금도 가끔 뉴욕에 와. 나한테 전화도 하고. 몇 번인가 그 녀석을 파티에 데려간 적이 있지. 랠리는 개랑 한 번

했어. 나도 한 번 잤고. 그리고 저스틴은 나한테 너랑 있었던 일을 전부 얘기했어.

앨런 지어낸 이야기야.

마이클 넌 저스틴에게 푹 빠져 있었지. 아침부터 밤까지 저스틴 이야기만 해 댈 정도였으니까. 똑같은 일이 오늘도 일어났네? 2층에서 행크에 대해 이야기하기 시작했을 때. 꽤 매력적이니 어쩌니. 또 시작이네, 그 생각밖에 안 들더라.

앨런 매력적이라고 말하는 게 뭐가 이상한데.

마이클 그 두 사람이 있는 2층으로 올라가고 싶지?

앨런 난 행크가 매력적인 사람이라고만 말했어.

마이클 얼마나 더 그렇게 말해야 기분이 풀리는데? 저스틴 때도 그렇게 말하니까 기분이 나아지던? 테니스 잘 치더라, 춤도 잘 춰, 몸이 참 좋네, 취향이 고급스러워, 머리가 좋은 것 같아, 같이 있으면 즐거운 사람이야…… 여자애들은 전부 그에게 푹 빠져 있어, 우리는 정말 좋은 친구 사이인 것 같아!

앨런 우리는…… 우린…… 정말 좋은…… 사이좋은, 친구였어. 그뿐이라고.

마이클 훤히 다 보이거든? 심지어는 프랜 앞에서도 똑같은 말을 하기 시작했지. 얼마나 조마조마했는지 알아? 프랜도 널 보고 뭔가 이상하다고 느끼기 시작했을 거야.

앨런 저스틴은…… 거짓말을 하고 있어. 너한테 한 말은 전부 거짓말이야. 거짓말이라고. 말도 안 되는 거짓말. 나에 대해 없는 말을 지어내서 복수하려고. 그 녀석은 내가 자기를 버렸다는 사실을 용서할 수 없었던 거지. 하지만…… 그것 말고는 방법이 없었어. 끊어 낼 수밖에 없었다고. 그 녀석이 나한테 자기에 관해 털어놓았을 때…… 나더러 연인이 되어 달라고 말했을 때, 나는…… 녀석에게 기분 나쁘다고 말했어…… 불쌍하기 짝이 없다고 말했다고.

마이클 네가 저스틴과의 우정을 저버린 거야, 앨런. 너는 네 안의 진실과 마주하지 못했거든. 그동안 잘해 왔잖아? 같이 자는 내내 그 녀석도 자기를 속이고, 너도 자기를 속이고. 둘 다 여자랑 데이트하면서 자기가 남자라는 사실을 과시하고 서로를 친구라고 부르면서, 얼마나 잘해 왔어? 하지만 저스틴이 자신의 진실과 마주할 수밖에 없게 되었을 때, 넌 거기서 도망쳤어. 너는 그 사실을 받아들일 수 없어서 (마이클, 책상으로 가서 주소록을 집어 든다) 우정과 친구를 모두 부숴 버린 거라고. (중략)

이 수화기를 들고 저스틴에게 전화해. 전화해서 사과해. 그리고 몇 년 전에 말했어야 하는 걸 지금, 그 녀석에게 고백하라고. (마이클, 수화기를 앨런의 눈앞에 들이민다)[1]

연극 도입 부분에서 마이클은 대학교 시절에 있었던 동성 간의 성행위에 "'세상에 어제는 취해서 뭘 한 거야 나' 증후군(The Christ-Was-I-Drunk-Last-Night Syndrome)"이라는 이름을 붙였다. "다들 한 번쯤 그런 적 있잖아. 학교에서 누구랑 자고 다음 날 마주쳤을 때 엉망이 된 얼굴로 '세상에, 어제는 얼마나 취한 거야. 무슨 일이 있었는지 기억이 안 나네!' 하고 말하는 거"(극

중 마이클의 대사).

앨런이 저스틴과 정말 잤는지 어떤지는 관객의 판단에 맡겨진다. 다만 이 장면은 1968년 초연 당시 이성애가 기본값이었던 관객들에게는 무척이나 도발적인 진행이었다. 킨제이 보고서[2]는 발표된 뒤였지만, 미국 사회에서 동성애는 여전히 절대적인 터부였고 입에 올려서는 안 되는 일이었다. 자신의 '학창 시절'을 돌이켜 봤을 때 적지 않은 관객이 실제로 그런 일을 경험했거나 친구에게 들어서 알고 있다 하더라도 '말하지 않는 것이 불문율'이었다. 이 장면은 당시 만연하던 기만을 꼬집었다.

연극은 후반으로 접어들고 아수라장 같았던 전화 게임이 끝난 뒤, 마지막까지 남은 연인 도널드에게 마이클이 툭 내뱉는 유명한 대사가 있다.

Who was it that used to always say, "You show me a happy homosexual, and I'll show you a gay corpse."

누구였더라, 늘 하던 말이 있었어. "행복한 호모를 보여 주면 즐거운 시체를 보여 줄게."

물론 이 말은 일차적으로 '행복한 호모'도 '즐거운 시체'도 존재하지 않는다는 의미다. 한편 'gay'에는 '즐거운'이라는 뜻도 있으므로 '즐거운 시체(gay corpse)'는 문자 그대로 '게이의 시체'를 가리킬 수도 있다. 즉 행복한 호모섹슈얼은 곧 죽은 게이라는 함의다. 게이는 죽어야 비로소 행복해진다, 그런 식으로(도) 여겨지던 시대였다.

성의 풍요, 환상의 도그마

앨런이 (섹스를) 했는지 안 했는지가 이만큼 큰 문제가 되는 것은 '하고 있었는지도 모른다'라는 의혹이 성립하기 때문이다. 그 의혹은 누구에게나 있는 '학창 시절', 주체할 수 없을 만큼 성호르몬이 넘쳐흐르던 바로 그 계절을 장식하는 방탕한 욕동의 기억에서 파생한다. '세상에 어제는 취해서 뭘 한 거야 나' 증후군이 만연하는 것이다. 그렇다면 그때 한 행위는 잠깐의 '실수'였을까? 아니면 기존의 규범적인 정신분석론이 정의하는 대로 이성에게 향했어야 하는 '대상 행동'이었을까?

이 문제도 앞 장에서 이야기한 '자기장의 교란'으로 설명할 수 있을 것이다. 원래 갖고 있던 (스트레이트한) 성적 지향은 그대로 두고 그때그때 자기장의 교란에 충실하게 내 안 어딘가에 숨어 있던 '호모섹슈얼한 욕망'이 실현된다. '그 나이대에 넘쳐흐르는 욕동에 따라 무질서하게 흔들리는 자기장'의 영향도 있을 것이다. 이는 '대체품'도 '실수'도 '스쳐 지나가는 현상'도 아니다. 반대로 동성애자에게는 원래 성적 지향은 그대로 두고 '헤테로섹슈얼한 욕망'이 실현되는 사례가 있을지도 모른다. 그 욕망을 의식의 수준으로 끌어올려서 바이섹슈얼을(혹은 논바이너리나 논컨포밍이나 팬섹슈얼을) 자인하든 자인하지 않든 그것은 이미 정체성의 문제로 올라서기 시작한다.

물론 평생 동성 간 성행위를 한 번도 하지 않는 사람도 많다. 그런 일은 생각도 하지 않거나 심지어 그런 생각을 꺼리는 사람도 있다. 그것이 어떠한 지향 때문인지, 아니면 혐오 때문인지는 그다지 중요하지 않다. 문제는 '하지 않는 사람'이 아니라 '하는 사람'이 있다는 사실이다.

고등학생 시절 술에 취해 서로 키스하던 동성 친구 가운데 이후 '게이'라는 정체성을 가진 사람은 내가 아는 한 나 하나뿐인데, '어제는 취해서' 증후군이 씁쓸한 추억으로 남기는 했어도 다행히 나는 그러한 친구 두세 명과(이후 20대부터 지금까지 몇 명 더) '일선을 넘었'기에 나올 수 있는 돈독한 사이를 유지할 수 있었다. 그것은 이성 간 육체관계와 마찬가지로 처음에는 별것 아닌 사연에서 시작하고, 때로는 위태롭고, 문득 마음속 깊은 곳에서 움찔하는 스릴이 뒤따르는 관계성이었다. 어쩌면 나만의 일방적인 친애였을지도 모른다. 하지만 육체라는 것은 마음과 연결되어 강하게 각인되는 감정의 실체라는 사실은 (서로에게) 분명했다고 생각한다. 그것은 '실수'도 '대체품'도 아닐뿐더러 이성을 향한 욕동과 비슷해 보이지만 종류부터가 다른, 그러면서도 상대방을 제대로 골라서 발동한, '동성'인 사람에 대한 욕동으로서 독립적으로 성립했다. 그래서 나는 그것을 내 성정체성이라고 인식하게 된 것이다.

그런데 '어딘가에 숨어 있는 호모섹슈얼한 욕망'을 보편적인 것으로 전제해도 괜찮을까?

1998년에 발표된 대작『생물학적 풍요: 성적 다양성과 섹슈얼리티의 과학(Biological Exuberance: Animal Homosexuality and Natural Diversity)』[3]이 알려 주는 것은 무엇이 자연이니 무엇이 반자연이니 하는 이원론을 넘어 생물학은 연역의 학문이 아니라 귀납의 학문이라는 논리의 역전이다. 무언가 거창한 도그마(교양)를 기준으로 놓고 '이것은 이상하다' '이것은 자연의 섭리에 반한다' 하고 지적하는 것이 아니라, 지금까지 맞는다고 여기던 사실에 비추어 판단했을 때 '이상한 일' '섭리에 반하는 것처럼 보이는 일'이 있으면 반대로 지금까지 맞는다고 여기던 사실을 수정해야 한다는 것이다.

'LGBT는 종족 보존의 법칙에 위배된다' '생물학의 근간을 거스른다'와 같이 사람들 사이에 지금도 뿌리 깊게 남아 있는 주장에 관해 이 책에서는 포유류, 조류, 파충류, 곤충, 그 외에도 450종이 넘는 생물에게서 무수한 형태의 동성애적 행위가 관찰된다는 사실을 과학적으로 제시한다. 그때까지만 해도 동성애를 주제로 동물의 생태를 총정리한 책은 없었다. 저자인 브루스 배게밀(Bruce Bagemihl)은 2세기 동안 쓰인 동물학 문헌을 모두 뒤져 동물들이 비재생산적, 즉 자손을 만드는 '생식'과 무관한 모든 종류의 성적 행위에 관여해 왔다는 사실을 보여 줬다.

15장 섹슈얼의 가능성

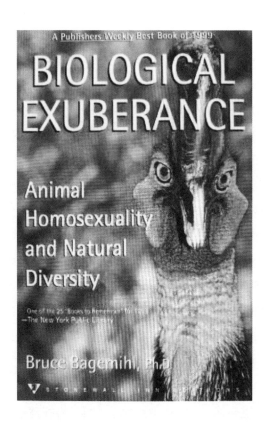

브루스 배게밀, 『생물학적 풍요: 성적 다양성과 섹슈얼리티의 과학』,
스톤월 인 에디션, 2000.

2부 우정과 LGBTQ+

동물계에는 무척이나 다양한 성적, 젠더적 표현형이 나타난다. 동성 간의 성적인 놀이도 있고 구애 행동을 하기도 한다. 섹스는 말할 것도 없고 짝을 이루기도 한다. 더 나아가서는 함께 육아하기도 하는데, 개중에는 이성끼리는 부부관계를 얼마 유지하지 못하고 금방 헤어지면서 동성끼리는 평생 관계를 유지하는 종(種)도 있다. 동물계에 게이와 레즈비언과 트랜스젠더로 구성된 페어, 육아, 성적 플레이가 존재한다는 사실을 보여 줄 뿐만 아니라 이성 간이든 동성 간이든 할 것 없이 강간과 이혼과 자식에 대한 학대가 존재하고, 바람을 피우는 개체가 있는가 하면 반대로 평생 금욕을 일관하는 개체도 있다는 점을 알려 준다.

결국 이 책은 펭귄, 도마뱀, 큰돌고래, 플라밍고, 흡혈박쥐, 기린 등에서 나타나는 수많은 동성 간 성행위 사례를 통해 동물은 이성애적 재생산(생식, 종족 보존) 원리만 따른다는, 오랫동안 진실이라고 여겨지던 '신화'를 깨부수기에 이른다. 생물학자들은 지금까지 이러한 행동을 '실수'나 '대상 행동' 혹은 '비정상' '유사 성행위' '연습'으로 분류했다. 하지만 그것은 그들이 연구 도중에 만들어 낸 덜 마른 도그마에서 연역한 환상에 지나지 않았다. 그 환상 속의 도그마를, 새로운 사실을 귀납함으로써 끊임없이 수정해 나가는 것. 그것이 진정한 생물학이다. 그렇게 하면 우리가(아니면 앨런이? 에니스가?) '학창 시절'이나 '산속이라는 비일상적인 공간'에서 저지른 동성 간의 성적인 행위는 더 이상 '이상'한 '실수'가 아니게 된다. 그 '증후군'을 '질병'이라는 영역에 밀어 넣고 기억나지 않는 척할 필요도 없다.

우리는 그러한 의미에서도 좀 더 다양하게 '섹슈얼'해도 된다. 그렇다기보다 애초부터 '섹슈얼'하다는 것을 인정하지 않는 한 앞으로 나아갈 수 없다.

일탈이라고 여겨지던 우리의 존재 방식 그 각각의 유래, 각각의 상황에 충실한 '사실'을 오히려 지금까지 부족했던, 불비했던, 부전했던, 부덕했던 '공리(公理)'를 메우기 위해 끊임없이 덧붙여 나간다. 주인공은(주어는) 공리가 아니라 우리의 존재 방식이니까.

그렇게 생각하면 인간의 호모소셜리티라는 것은 '어딘가에 숨어 있는 호모섹슈얼한 욕망'을 억압했을 때 삐져나오는, '육체성을 버리고' 보호색을 띠는 호모섹슈얼리티일지도 모른다. '숨어' 있다는 것부터가 억압의 결과이기도 하고. 여기서 또 다른 궁금증이 떠오른다. 어쩌면 '우정'도 애정을 감추기 위한 단어는 아니었을까.

푸코의 '우정'

내가 '호모소셜리티'에 관해 고찰하고 있을 때 이를 논리로 보강해 준 사람이 미셸 푸코였다. 뉴욕에 건너가기 전, 사회부 기자로서 경시청을 드나드는 한편 메구로(目黑)에 있는 아파트에서

기분 전환 삼아 틈틈이 『프런트 러너』를 번역하던 무렵이었다. 푸코는 이미 에이즈로 죽고 없었다. '에이즈로 죽었다'라는 사실이 그를 읽게 된 계기였다. 고등학생 때부터 팬이었던 요시모토 다카아키[4]가 1978년에 방일한 푸코와 대담한[5] 것도 있어서 『감옥의 탄생(監獄の誕生)』(다무라 하지메 옮김, 신초샤, 1977, 원서는 1975년 출간)*부터 읽기 시작했다. 그리고 만난 것이 『동성애와 생존의 미학』(마스다 가즈오 옮김, 데쓰가쿠쇼보, 1987)이었다. 그 책의 결론은 다음과 같았다.

우리는 열심히 동성애자가 되려고 해야 하지, 자신이 동성애를 하는 인간이라고 집요하게 확인할 필요는 없다. 동성애를 둘러싼 다양한 전개가 향하는 곳은 결국 우정이라는 문제다.

이러한 대목도 있다.

길을 가다가 만나고, 눈짓 하나로 상대방을 유혹하고, 서로의 엉덩이에 손을 올리고, 15분 뒤에는 한데 뒤엉켜 성을 만끽한다는, 직접적인 쾌락의 형태로만 동성애를 소개하는 것은 다른 사람들에 대한 배려라고 할 수 있다. 그곳에 있는 것은 동성애가 가진 일종의 말쑥한 이미지이고, 동성애는 불안감을 주는 잠재적인 힘을 (중략) 잃어버렸다.

* 우리나라에는 『감시와 처벌: 감옥의 탄생』으로 번역되었다.

15장 섹슈얼의 가능성

동성애가 사회에 충격을 주는 것은 성적인 부분이 아니라 오히려 사랑이 종횡무진으로 발사되기 때문이라는 것이다.

애정, 친절함, 우정, 의리, 룸메이트, 팀메이트 등이 품게 만드는 모든 불안을 무효화한다. 나는 이러한 일이야말로 동성애를 '당혹스러운 것'으로 만들고 있다고 생각한다. 성행위 그 자체보다도 동성애적인 삶의 방식 쪽이 훨씬 더. (중략) 각각의 인간이 서로 사랑하기 시작하는 것, 문제는 거기에 있다.

새로운 관계를 발견하고 발명하기 위해 자신의 성(섹슈얼리티)을 이용해야 한다고 말하고 싶다. 게이로 존재한다는 것, 그 것은 생성 과정에 있다는 것이자 더 나아가서는 (중략) 동성애자가 될 것이 아니라 열과 성을 다해 게이가 되어야 한다고 덧붙이고 싶다.

푸코와 동성애를 논하기 전까지만 해도 이 사실을 전혀 이해하지 못했던 요시모토 다카아키는 나중에 이렇게 설명한다.

동성애가 사람들을 불안에 빠뜨리는 것은 상식에 맞지 않는 성행위를 상상하게끔 만들기 때문이 아니다. 분리된 개개인이 서로 사랑하기 시작하면서 역사를 통틀어 한 번도 경험한 적 없는 새로운 인간관계가 만들어지기 때문이다. 동성애에 의해, 이미 제도를 이룬 이성애 규범과 가족 위를 가로지르는 결합의 선이 생기면 제도를 뒷받침하는 법이나 규칙이나 습관의 자리에 사랑을 가져오게 된다. 따라서 제도는 동성애에 대해 불안감을 느낀다고 푸코는 지적한다. 푸코가 그리는 동성애의 이미지는 뚜렷해 보인다. 이성애가 짝을 이뤄 가족을 구축하고 아이를 낳고 친족의 범위를 넓히는 식으로 세대와 지역을 뛰어넘어 그물코를 만든다면, 동성애는 뿔뿔이 흩어진 개개인이 사랑이라는 매개만으로 우정의 인연을 맺어 이성애 제도와 직교하는 새로운 인간관계의 그물코를, 촘촘한 격자를 그리며 만든다. 이들이 그리는 격자는 점차 퍼져 나간다. 더 극단적인 상황을 가정하자면, 금욕적인 동성애라는 극기(克己)를 통해 지금으로서는 비현실적으로 느껴지는 인간 존재와 인간관계의 양식을 발명할 수도 있을 것이다. 푸코의 말을 빌리자면 이 같은 '동성애적인 금욕 속을 우리는 나아가야 한다'.[6]

푸코가 말하는 것은 마운팅이 난무하는 지배관계와 완전히 다른, 새로운 관계성에 대한 가능성이다. 가족제도, 가부장제, 국가제도와 같은 기존의 지배 형태에 안주하는 관계, 한쪽이 다른 한쪽에 대해 주도권을 쥐고 있는 관계, 누군가가 다른 누군가를 좌지우지하는 관계라면 동성애든 이성애든 기존의 역사 속 어딘가에 자리할 곳이 있다. 이러한 관계는 사람을 불안하게 만들지 않는다. 수직적인 지배관계는 하나같이 기성 권력을 지탱하는 것, 권력구조 내의 존재에 그치기 때문이다. 그것은 어떠한 장소에 딱 맞게 들어간다. 동시에 우정이 존재하지 않는 성행위도 세상을 불안하게 만들지 않는다. 이 또한 '하거나 당하거나'라는 권력 관계에 딱 맞게 들어가기 때문이다. 혹은 (어디까지나 내 해석일 뿐이지만) 결국 기록되는 일 없이 '스쳐 지나가는' 행위로 사라져 버리기 때문이다.

즉 동성애를 금지하는 것은 섹스가 아니라 서로 사랑하는 것을 금지한다는 말이 된다.

이렇게 푸코의 관심은 '우정'으로 향하는데, 내가 이해할 수 없었던 것은 '금욕적인 동성애라는 극기'라고 요시모토가 강조한 부분이다. 1984년 쉰일곱 살이라는 나이로 타계한 푸코는 자신이 HIV에 걸렸다는 사실을 언제 알았을까. 그것은 이 '금욕'과도 관계가 있을까?

푸코는 1981년 UCLA(캘리포니아대학교 로스앤젤레스캠퍼스)의 초대를 받아 강연한다. 1982년에는 버몬트대학교, 1983년에는 캘리포니아대학교의 본거지인 버클리캠퍼스에서 수많은 청중을 끌어모은다. 그동안 그는 샌프란시스코 게이 신에서 SM 계열 욕탕(사우나 형태의 핫텐바)에 드나든다. 그리고 그곳에서 안전하지 않은 섹스를 즐긴다. 많은 이들이 아직 에이즈의 위험성에 대한 경고를 진지하게 받아들이지 않던 시기였다.

당시 푸코는 SM 행위에 관해 "이전에는 누구도 알지 못했던 쾌락의 새로운 가능성을 무에서부터 창조한 것(the real creation of new possibilities of pleasure, which people had no idea about previously)"이라고 한 게이 신문에서 털어놓았다.[7] 아마 그때 감

염되었을 것이다.

푸코조차 에이즈가 막 퍼지기 시작한 1981년에는 소설가 에드먼드 화이트(Edmund White)와의 대화에서 에이즈를 대수롭지 않게 여기며 비웃었다고. 이후 화이트는《더네이션(The Nation)》에서 당시를 회상했다.[8]

I'd told him about it in 1981 when I was visiting, and he laughed at me and said, 'This is some new piece of American Puritanism. You've dreamed up a disease that punishes only gays and blacks?'

1981년 그를 찾아갔을 때 그것(에이즈)에 관해 이야기했지만, 그는 나를 비웃으며 이렇게 말했다. "미국식 청교도주의의 새로운 버전일 뿐이지. 자네들은 게이와 흑인만 벌하는 병을 만들어내고 있는 것 아닌가."

'우정'을 주제로 하는『동성애와 생존의 미학』은 1981년부터 1984년까지 직간접적으로『성의 역사』[9]를 둘러싸고 이루어진 푸코의 인터뷰를 모은 책이다. 푸코는 죽기 직전 해인 1983년에 입원해 정식으로 HIV 양성이라는 진단을 받을 때까지 적어도 다른 사람에 대한 태도를 보아서는 자신이 에이즈의 위험에 노출되어 있다는 사실을 믿지 않았다고 하니, 그의 '금욕적인 동성애라는 극기'가 에이즈의 영향을 받은 것인지 아닌지 (영향이야 있었겠지만 그 영향이 어느 정도였는지) 나로서는 알 수 없다. 그저 그

15장 섹슈얼의 가능성

'우정'에 관해 좀 더 이야기할 수 있었더라면 하고 생각할 뿐이다.

게이스러운 틱톡

성을 어떻게 받아들일 것인가? 시대의 변화를 보여 주는 사례로서 《뉴욕타임스》에 흥미로운 기사가 실렸다.

2020년 10월 24일 자 기사로 '틱톡에서는 모두가 게이(Everyone Is Gay on TikTok)'라는 표제가 붙은 긴 리포트다.[10]

기사는 첫머리에서 '장밋빛 뺨과 앳된 식스팩'을 지닌 영국의 열일곱 살 틱톡 스타 코너 로빈슨(Connor Robinson)을 다룬다. 100만 명에 이르는 팔로워를 보유한 그가 거의 매일 올리는 영상은 상반신을 탈의한 채 가볍게 춤추는 모습이나 일상 속 한 장면. 어떤 8초짜리 영상에서는 끈적한 힙합에 맞춰 친구인 일라이자 엘리엇(Elijah Elliot)과 런던의 한 호텔 방에서 당장이라도 섹스를 시작할 것처럼 얼굴과 몸을 맞비빈다. 영상은 벽 앞에 서서 닿을 듯이 가까운 거리에서 서로를 바라보는 장면으로 끝난다. 기사에 따르면 코너는 이처럼 성적으로 많은 것을 상상하게 하는 숏폼 비디오를 가리켜 '어떠한 장벽을 부수는 것(break some barriers)'이라고 부른다.

무척이나 야한 영상이지만 코너도 일라이자도 자신이 '헤테로섹슈얼'이라고 주장한다. 팔로워들도 두 사람의 관계가 'gay puppy love(한데 뒤엉켜 노는 강아지를 떠올리게 하는 게이들의 애정 표현. 일본으로 치면 BL, 즉 보이스 러브)'와는 다르다는 사실을 알고 있다. 하지만 최근 틱톡에는 이처럼 소년끼리 애정 표현을 나누는 동영상이 잇따라 올라오고 있으며, 하나같이 높은 조회수를 자랑한다. 2020년 2월에 올라온 코너와 일라이자의 영상은 기사가 쓰인 시점인 10월에는 조회수 220만 건을 기록했고, 불꽃과 하트 이모티콘으로 가득한 댓글 3만 1000개가 달려 있다.

코너의 팔로워는 90% 가까이 여성인 것으로 보이며 기사는 "여자아이들은 멋있는 남자 틱톡커들이 섹슈얼한 행위를 하는 것을 좋아하는 듯하다"라고 말한다.

여기까지라면 지금까지도 흔히 있었던 이야기다. 일본의 BL 붐과 마찬가지로 "뭐야, 잘생긴 헤테로섹슈얼이 팔로워를 모으려고 게이 흉내를 내는 것뿐이잖아!" "우리는 게이가 소재로 이용되는 게 싫어!" 하는 예의 정체성의 '박탈감'도 뒤따르면서.

하지만 이번에는 상황이 조금 다르다.

2장 '에이즈의 반격'에서, 게이 비즈니스가 번성하면서 1990년대 후반 맨해튼 첼시에 생긴 게이 바 'G 라운지'에는 "게이에게 우호적인 젊은 스트레이트 남녀도 게이 친구들과 함께 찾아와 화려한 칵테일과 대화를 즐겼다. 당시 뉴욕의 젊은 스트레이트 사이에서는 게이 친구를 두는 것이 쿨하고 시크한 일"이었다고 소개했다. 그리고 또 하나, 과거 미국의 게이 포르노에는 대체로 게이만 출연했지만 2000년을 기점으로 헤테로섹슈얼인 젊은 포르노 배우도 나오기 시작했다. 이는 문헌을 통해 확인한 내용은 아니고 당시 게이들 사이에서 나온 이야기라 확실하다고는 할 수 없지만, 아무튼 젠더나 섹슈얼리티 아이덴티티를 둘러싼 장벽이 낮아지고 있었던 것만은 분명했다. 디지털세대 중에서도 Y세대, 밀레니얼세대로 넘어갈 즈음에 나타나던 특징이다. 이는 Z세대 들어서 한층 더 가속도가 붙고 있다.

호모포비아의 쇠퇴

사실 밀레니얼세대가 학생이었을 때만 해도 '게이하다(It's so gay)'라는 표현은 미국에서 그다지 좋은 의미가 아니었다. '완전 게이하다'라고 말하는 것은 상대방을 깎아내리고 욕하고 부끄럽게 만드는 것이었다. 그런데 최근 몇 년 사이 '게이하다'라는 말에 담긴 뉘앙스가 바뀌고 있다. 《뉴욕타임스》 기사는 다음과 같이 이어진다(적당히 의역했다).

The youth-oriented social media platform is rife with videos showing ostensibly heterosexual young men spooning in cuddle-puddle formation, cruising each other on the street while walking with their girlfriends, sharing a bed, going in for a kiss, admiring each other's chiseled physiques and engaging in countless other homoerotic situations served up for humor and, ultimately, views.

요즘 젊은 사람들이 좋아하는 소셜미디어는 대외적으로는 헤테로섹슈얼인 젊은 남자들이 포개진 숟가락처럼 딱 붙어서 자거나 여자 친구와 거리를 걷는 남자가 다른 남자를 호시탐탐 노리거나 한 침대를 쓰거나 키스하거나 하는 호모에로틱한 영상으로 넘쳐 나고 있다.

Just look at the hard-partying Sway Boys, who made national headlines this summer for throwing raucous get-togethers at their 7,800-square-foot Bel Air estate in violation of Los Angeles's coronavirus guidelines. Scrolling through the TikTok feeds of the group's physically buff members can feel as if you're witnessing what would happen if the boys of Tiger Beat spent an uninhibited summer in Fire Island Pines. There is a barrage of sweaty half-naked workouts, penis jokes, playful kisses and lollipop sharing.

올여름 로스앤젤레스의 코로나 방역 지침을 어기고 여럿이서 왁자지껄 파티를 벌여 미국 전역에 대대적으로 보도된 젊은 '파티 피플' 모임 '스웨이 보이스(Sway Boys)'의 틱톡 피드를 스크롤하자 땀에 젖은 채 반라로 운동하는 모습부터 페니스 조크, 반쯤 장난스러운 키스, 사탕 빨기 게임이 줄줄이 튀어나왔다. 이는 왕년의 파이어 아일랜드(Fire Island)[11]를 방불케 했다.

"These boys feel like a sign of the times," said Mel Ottenberg, the creative director of Interview magazine, which featured some of the Sway Boys in their underwear for its September issue. "There doesn't seem to be any fear about, 'If I'm too close to my friend in this picture, are people going to think I am gay?' They're too hot and young to be bothered with any of that."

9월 호에서 속옷 차림의 '스웨이 보이스'를 특집으로 다룬《인터뷰》의 편집장 멜 오텐버그(Mel Ottenberg)는 그들이 시대의 상징처럼 느껴졌다고 한다. 그들에게는 '친구들이랑 이렇게 딱 붙어서 사진을 찍으면 게이처럼 보이지 않을까?' 하는 두려움이 없었다. 젊고 핫한 그들은 그런 일 따위 신경 쓸 시간도 없다, 오텐버그는 그렇게 말했다.

As recently as a decade ago, an intimate touch between two young men might have spelled social suicide. But for Gen Z, who grew up in a time when same-sex marriage was never illegal, being called "gay" is not the insult it once was.

고작 10년 전만 해도 두 남자 간의 성적인 접촉은 사회적인 자살 행위였을지도 모른다. 하지만 동성혼이 합법인 시대에 나고 자란 Z세대에게 '게이'라고 불리는 일은 과거만큼 굴욕적이지 않다.

Young men on TikTok feel free to push the envelope of

homosocial behavior "because they've emerged in an era of declining cultural homophobia, even if they don't recognize it as such," said Eric Anderson, a professor of masculinity studies at the University of Winchester in England.

틱톡 속 소년들이 기성의 호모소셜한 행동을 거리낌 없이 펼치는 것은 "호모포비아(동성애 혐오) 문화가 쇠퇴한 시대에 등장했기 때문이다. 그들은 그 사실을 자각하지 못하더라도" 하고 영국 윈체스터대학교 남성학 교수 에릭 앤더슨(Eric Anderson)은 말했다.

By embracing a "softer" side of manliness, they are rebelling against what Mr. Anderson called "the anti-gay, anti-feminine model attributed to the youth cultures of previous generations."

그들은 남성스러움 중에서도 '더 부드러운' 측면을 소중히 여기면서 앤더슨 교수가 말한 것처럼 '이전 세대 젊은 층의 문화에서 특징적으로 나타나던 반(反)게이, 반(反)여성성'에 반기를 드는 것이다.

한 발짝 더 나아가《뉴욕타임스》는 남자의 성행동을 연구하는 런던 로햄턴대학교 사회학 교수 마크 매코맥(Mark McCormack)의 견해를 소개한다. 그에 따르면 호모포비아의 쇠퇴는 그들의 행동을 설명하는 일면에 지나지 않으며, 그들은 딱히 퀴어 아이덴티티를 갖고 놀면서 즐기는 것이 아니라고 한다. 오히려 그들은 다른 사람이 자신을 게이라고 생각할지도 모른다고 느꼈을 때의 불안함을 패러디하고 있다는 것이다.

In other words, pretending to be gay is a form of adolescent rebellion and nonconformity, a way for these young straight men to broadcast how their generation is different from their parents', or even millennials before them.

다시 말해 게이를 가장하는 것은 사춘기에 흔히 볼 수 있는 반항과 반전통주의의 한 형태이며, 자신들이 부모 세대는 물론이고 바로 위에 있는 밀레니얼세대와도 다르다는 것을 표출하는 방식이다.

젊은이의 심리만큼이나 복잡한 독해다. 젊을 때는 다들 그런 걸지도 모른다. 다만 딱 잘라 말할 수 있는 사실은, 오늘날 호모소셜하다는 것은 어떤 세대의 어떤 집단에서는 세지윅이 지적한 것만큼 호모포빅하지는 않다는 점이다. 팔로워 50만 명을 보유한 틱톡커이자 미국 애틀랜타에 사는 열여섯 살 난 소년 포스터 반 리어(Foster Van Lear)는 "새로운 세대는 다들 플루이드(fluid, 성적으로 유동적인 상태)해서 육체적인 것과 호의와 흥미를 내보이는 일에 대해서도 예전보다 덜 주저한다. 그런 일을 받아들이지 못한다니 바보 같다" 하고 말했다. 심지어 그의 어머니이자 50대인 버지니아(Virginia)도 "아무 데도 치우치지 않는 스트레이트한 사람 따위, 요즘 애들한테는 재미없는 사람일 뿐이다" 하고 말했다.

사랑은 패배하나 친절은 승리한다

《뉴욕타임스》기사를 길게 소개했지만, 호의적으로 다루어지는 Z세대 중에도 단지 조회수만을 위해 '게이인 척'하는 사람이나 게이를 패러디 소재로나 여기는 사람이 전혀 없지는 않을 것이다. 내가 말하고 싶은 것은 시대가 바뀌기 시작했다는 사실이다.

겉으로 보기에는 일본과 동아시아에 부는 BL 붐과 비슷하지만 거기에는 기존에 유행하던 마초적인 백인 보이 밴드에서는 찾을 수 없었던, 오늘날 서구권을 강타한 BTS 신드롬 등 아시아계 남자의 인기를 뒷받침하는 '마초이즘에 반하는 남성성'이 지닌 매력의 발견이 있다. 일본에서는 류체루(ryuchell)라는 이성애자 남성 연예인을 들 수 있을 것이다. 어디까지가 셀프 프로듀스의 결과물인지는 알 수 없지만, 설령 연출된 모습이라고 해도 프로듀스의 방향성부터가 지금까지 어떤 남성 연예인의 이성애 규범과 젠더 규범에서도 찾을 수 없을 만큼 혁신적이고 용감하다.* 그뿐만이 아니다. 2021년 들어 일본에서 올라오는 틱톡 영상 중에도 '게이한' 콘텐츠가 점점 늘기 시작했다. 2020년만 해도 눈에

---

* 이후 그는 예능 파트너이자 아내인 페코와 이혼을 발표한다. 두 사람 사이에는 네 살 난 아들이 있었다. 류체루는 사실혼과 다른 '새로운 가족의 형태'를 이루며 페코와 동거를 이어 갈 것이라고 밝혔지만, 이듬해인 2023년 7월 자택에서 사망한 채 발견되었다. 스물일곱 살이었다.

띄지 않던 현상이다.

　마침 영국 일간지 《타임스》에서 '젊은 사람 중 이성에게만 끌린다고 답한 사람은 절반에 지나지 않는다'라는 조사 결과를 기사화했다.[12]
　여론조사 기업 입소스모리(Ipsos Mori)가 영국인 1127명, 미국인 1005명을 대상으로 진행한 이번 조사에 따르면 Z세대에 해당하는 18~24세에서는 영국과 미국 모두 '이성에게만 매력을 느낀다'라고 답한 사람이 50%를 차지했으며, 나머지 50%는 '이성과 동성 모두에게 매력을 느낀다' 혹은 '동성에게만 매력을 느낀다'라고 응답했다. 연령대가 높아질수록 '이성에게만 매력을 느낀다'라고 답한 비율도 높아져서 41~54세에서는 76%, 55~75세에서는 81%로 나타났다. 성적 지향 심리학의 전문가인 캐나다 트렌트대학교 캐런 블레어(Karen Blair) 조교수는 '영국과 미국 모두 요즘 세대는 이성애에 순응해야 한다는 외압이 점점 작아지고 있다(Each recent generation has faced fewer and fewer external pressures to conform to heterosexuality)'라는 사실에서 이유를 찾는다.
　《타임스》는 아래와 같이 썼다.

　Perhaps Alfred Kinsey, a pioneer of research into sexuality, had it right when he wrote in 1948: "Males do not represent two discrete populations, heterosexual and homosexual. The world is not to be divided into sheep and goats. Not all things are black nor all things white."

섹슈얼리티 연구의 선구자인 알프레드 킨제이(「킨제이 보고서」, 438쪽 참고)가 1948년에 다음과 같이 썼을 때, 그는 이미 모든 것을 꿰뚫어 보고 있었다. "남자들은 이성애와 동성애라는 서로 다른 두 가지 집단을 표상하는 것이 아니다. 세계는 양과 염소로 나뉘지 않는다. 모든 것이 흑(黑)인 것은 아니고, 모든 것이 백(白)인 것도 아니다."

젊은 그들 그녀들이 존재하는 방식은 지금까지 세계를 이끌어 온 문화적인 헤테로섹슈얼 규범성의 육체적인 (동시에 그 때문에 정신적이기도 한) 주축을 이미 해체하고 있는지도 모른다.

'스트레이트(헤테로섹슈얼)'라는 (다수파이지만 그 때문에 오히려 애매한) 아이덴티티는 '게이(혹은 레즈비언, 바이섹슈얼, 트랜스젠더)'라는 아이덴티티와 같은 지평에 설 때 비로소 일종의 '해방'을 맞이할 수 있을 것이다. 여기서 '해방'이란 서로 동등한 가치를 지녀서 마음대로 오고 갈 수 있는 요소가 되는 것이다. '주어'와 '목적어'의 자리가 바뀔 수 있다는 가능성, 자유로운 왕래다. 물론 아직은 사고 실험의 수준을 벗어나지 못했지만, 그러한 사유의 지평에서 우리가 더욱 마음 편하고 즐겁게 존재할 수 있다는 것만은 분명하다. '섹슈얼'한 존재가 다다르는 곳이 평안함과 즐거움으로 가득하기를 바랄 따름이다.

다만 아직 남은 문제가 있다.《뉴욕타임스》기사 속 젊은 남자들은 하나같이 잘생겼다는 사실이다. 잘생기지 않았다면 화제가 될 일도 없었을 것이다.

이 책에서 나는 루키즘(lookism)에 대해서는 다루지 않았다. 나부터가 나 나름대로 루키즘에 얽매여 있다고는 적었지만(그 이유는 나조차 알 수 없다는 것도).

푸코가 아무리 마구잡이로 뻗어 나가는 우정과 연애를 논한다 한들, 이상형이나 외모를 둘러싼 호불호는 존재할 수밖에 없다. 속된 말로 '니초메에는 버려지는 쓰레기가 없다(아무리 못생기고 나이 많은 남자라 해도 무조건 섹스 상대를 찾을 수 있다)'라고들 하지만, 미남미녀는 이득을 보기 마련이다. 인기가 있고 없고의 문제는 영어권에도 'Involuntary Celibate(본의 아닌 금욕자)'의 앞 글자를 딴 '인셀(incel)'이라는 단어가 존재하는 것처럼 LGBTQ+ 세계라고 해서 예외는 아니다. 그것을 어떻게 해결할 것인가, 지금의 나로서는 답을 내릴 수 없다. 다만 '얼굴'의 미추에 관해서는(미추의 정의는 차치하더라도) 얼굴 생김새 자체보다 표정이 더 중요하다는 사실은 경험으로 알고 있다. 아름답게 생겼어도 추한 사람은 얼마든지 있다. 사람은 표정 하나로 사랑스러워지기도 하고 추레해지기도 한다. 다자이 오사무는 『만년(晩年)』에 수록된 「잎(葉)」(1947)에서 숙모의 입을 빌려 말한다. "너는 얼굴이 못생겼으니 애교라도 잘 부려야지."

올바른지 아닌지는 제쳐 두더라도 틀린 말은 아니라고 생각한다. 사실 숙모의 말은 "너는 몸이 약하니까 마음이라도 단단해야

지. 너는 거짓말을 잘하니 행실이라도 올발라야지" 하고 마무리
되지만.

자, 지면도 슬슬 얼마 남지 않았다.

고등학교 때였던가 대학교에 들어간 뒤였던가 커트 보니것
(Kurt Vonnegut)을 읽고 또 읽던 시기가 있었다. 그의 어둡고 건
조한 유머에 몇 번이나 구원받았다. 정말로 괴롭고 슬픈 일은 이
렇게 웃음을 곁들여서 생각해야 되는구나, 하는 것을 배웠다.

사랑이니 우정이니 이것저것 적는 동안 그가 한 말이 문득 생
각났다. 정확히 기억나지는 않지만 책은 이미 내 수중에 없다. 그
가 강연이었나 책 사인회 자리에서 한 이야기였을 것이다. 10대
중반쯤 된 소년이 보니것의 책을 들고 다가와 이렇게 말했다.

"책을 그렇게나 많이 쓰는 동안 보니것 씨가 말하고 싶었던
건, 사랑은 패배해도 친절은 이긴다는 거죠."

사랑은 패배해도 친절은 이긴다. Love may fail, but courtesy
will prevail.

소설인지 사실인지 알 수 없는 이 일화는(팬레터에 쓰여 있던
말일지도 모른다) 1965년 작품인 『신의 축복이 있기를 로즈워터
씨(God Bless You, Mr. Rosewater)』에 나오는 상념과 이어지는
것으로 보인다.

"Hello babies. Welcome to Earth. It's hot in the summer and cold in the winter. It's round and wet and crowded. On the outside, babies, you've got a hundred years here. There's only one rule that I know of, babies—God damn it, you've got to be kind."

거기 아기들, 지구에 온 걸 환영하네. 여기는 여름은 덥고 겨울은 춥지. 게다가 둥글고 습하고 북적인다고. 이 땅에서 너희가 손에 넣을 수 있는 수명은 기껏해야 100년. 그리고 내가 아는 한 이곳의 규칙은 딱 하나. 잘 들어, 바로 "존나게 상냥해야 한다는 거지".

마지막의 'kind(상냥한)'가 'courtesy(친절, 예의, 정중함)'로 바뀐 것은 보니것 특유의 쑥스러움 많은 성격과 비꼬는 듯한 문체 때문이리라. 하지만 어느 쪽이든 말하는 것은 같다.

사람은 나이를 먹는다. 나이를 먹으면 연애도 성도 젊을 때와는 양상이 달라진다. 모든 것은 시간 속에서 변해 간다. 제10장에서 소개한 영화 〈히즈〉에서 네기시 도시에가 연기한 할머니가 "이 나이 되니까 남자든 여자든 아무 상관이 없어. 어느 쪽이든 좋다고"라고 말한 것처럼 연애도 성도 꽤 많은 사람에게 그리 대단치 않은 것이 된다. 어떻게 되든 상관없어진다. 지금은 연애와 성이 다다르는 끝에 무엇이 있을지 예감하고, 자신의 인생에서 언제가 '중요한 시기'인지 정하지 **못하더라도** 괜찮다고 받아들이면서, 결국 가장 중요한 것은 '친절한 관계성'일지도 모른다고 생각하고 있다. 연애와 성을 물리적으로 잊어버릴 때, 더 나아가 육체도 물리적으로 잃어버릴 때, 그런데도 그 자리에 남아 있는 '친절'과 '부드러움' 그리고 거기서부터 뻗어 나가는 '연대'의 의지를, 나는 학창 시절부터 쭉 '우정'이라고 불렀는지도 모른다.

15장 섹슈얼의 가능성

부록 2

〈콜 미 바이 유어 네임〉 고찰

혹은 '감히 그 이름을 부를 수 없는 사랑'에 관해

영화 〈콜 미 바이 유어 네임(Call Me by Your Name)〉은 일본에서 2018년 4월 황금연휴부터 개봉해 예상보다 큰 성공을 거두며 롱런했다. 영화를 본 나는 왜 아무도 나에게 이 영화에 대한 평론을 청탁하지 않을까 다소 뾰로통해진 채 발표할 곳도 없으면서 괜히 긴 글을 썼다. 지금 다시 읽어 보니 이 책 전체에 걸쳐 펼친 분석의 핵심이 응축되어 있다.

영화를 보지 않은 사람에게는 스포일러가 될 수 있지만 〈콜 미 바이 유어 네임〉은 사랑과 차별과 우정과 LGBTQ+에 관심 있는 사람이라면 한 번쯤 봐야 하는 영화라고 생각한다. 그리고 이 책을 여기까지 읽은 독자에게 다음 영화 평론은 복습 겸 케이스 스터디로도 안성맞춤일 것이다.

부디 참고가 되었으면 한다.

〈콜 미 바이 유어 네임〉은 열일곱 살 엘리오(티모시 샬라메)와 스물네 살 올리버(아미 해머) 두 남자 사이의 연애 감정을 다룬 영화다. 연애 감정의 옳고 그름은 처음부터 정해져 있고, 그 결말을 향해 나아가는 스토리다. 이 영화는 옳고 그름에 대한 대답을 제시하고 싶었는지도 모른다. 대답은 영화 후반부에서 뜨거웠던 여름을 떠나보낸 엘리오를 위로하던 그의 아버지가 '우정' 혹은 '우정 이상의 것'이라고 부른, 이 연애 감정에 대한 인정과 긍정이다. 그런 점에서 이 영화의 숨은 주인공은 엘리오의 아버지일지도 모른다.

원작은 읽지 않았기에 이것이 원작자의 의도인지 아니면 각본가인 제임스 아이보리의 기획인지는 판단하기 힘들지만, 둘 중 누구든 간에 이것을 영화에서 이러한 형태로 제시한다는 것은 아이보리가 정했으니 아이보리의 의도라는 것을 전제로 고찰을 계속하려고 한다. 엘리오의 아버지는 곧 아이보리다. 따라서 이 영화의 숨은 주인공도 아이보리인 셈이다.

영화의 배경은 1983년 여름 북이탈리아의 어느 지역. 제임스 아이보리는 1980년대 일본의 '게이 붐'을 이끈 영화 〈모리스(Maurice)〉의 각본을 쓰고 감독도 맡았다. 원작은 E. M. 포스터가 1914년에 완성한 동명의 동성애 소설이다.

한쪽은 1900년대 초를 무대로 1987년에 제작된 〈모리스〉.
한쪽은 1983년을 무대로 2017년에 제작된 〈콜 미 바이 유어 네임〉.

이 두 가지 시대, 아니 정확히 말해 네 가지 시대는 완전히 다르다. 무엇이 다르냐면 앞서 언급한 '남성 간의 연애 감정'을 둘러싼 시시비비다. 20세기 초는 두말할 것도 없이 남성 간의 연애는 성도착증이자 정신병이었다. 오스카 와일드가 앨프리드 더글러스 경과의 연애로 인해 재판에 넘겨지고 유죄 선고를 받은 것은 그로부터 불과 20여 년 전인 1895년이었다. 20세기 초 E. M. 포스터는 그 사실을 가슴속 깊숙이 (감춰 둔 트라우마로서) 새겨 두었을 것이다. 한편 영화 〈모리스〉가 제작된 1980년대는 에이즈 사태가 한창이었다. 〈모리스〉는 원작 소설이 쓰인 시기와 영화가 나온 시기 모두 남성 간의 연애를 긍정적으로 그리는 환경을 조금도 찾아볼 수 없었다.

반면 〈콜 미 바이 유어 네임〉의 시대적 배경으로 설정된 1983년에는 에이즈가 북이탈리아의 휴양지까지는 마수를 뻗치지 못했다. 듣기로는 원작 소설의 배경은 1987년이었으나 아이보리가 일부러 1983년으로 앞당겼다고. 들키지만 않으면 남성 간의 연애가 목가적으로 존재할 수 있었던 시대. 에이즈의 그림자를 끼워 넣고 싶지 않았기에 나온 시대 변경일지도 모른다. 그리고 영화가 제작된 2017년은 미국과 유럽을 중심으로 동성혼을 인정하는 국가가 속속 나타나면서 동성애에 대한 호의적인 반응이 높아진 시대다(기획 단계에서는 '트럼프의 시대'가 오리라고 예상하지 못했을 것이다).

아이보리는 〈콜 미 바이 유어 네임〉을 통해 〈모리스〉(의 시대)에서는 그리지 못했던 '남성 간의 연애 감정'에 대한 긍정적인 이미지를 (〈모리스〉 제작 후 게이라고 커밍아웃한 사람으로서) 자신의 필모그래피에 덮어쓰고 싶었던 것은 아니었을까.

하지만 이 영화에는 〈모리스〉에 대한 덮어쓰기 그 이상의 의미가 있다. 아이보리는 명작 동성애 영화 속 기법들을 아무렇지 않게 총동원한다. 곳곳에 아로새겨진 〈브로크백 마운틴〉을 향한 오마주, 그리고 게이 영화의 또 다른 수작 〈문라이트(Moonlight)〉(2016)의 타임라인.

아이보리가 (혹은 감독인 루카 과다니노가) 긍정적인 이미지를 만들어 내는 방식은 〈브로크백 마운틴〉에서 빌린 것이다. 〈브로크백 마운틴〉에서는 에니스(히스 레저)와 잭(제이크 질런홀)이 만날 때마다 주변에 물이 흐르고 있었다. 대자연 속 물가라는 맑고 싱그러운 풍경이 그들의 관계를 보장하는 것이다. 한편 에니스와 부인인 알마(미셸 윌리엄스)의 성교는 항상 먼지가 날리고 삐걱거리는 시골집 침대 위에서 이루어졌다.

이는 〈콜 미 바이 유어 네임〉으로 이어져 내려온다. 엘리오와 올리버는 늘 별장 수영장에서 헤엄치고 그 곁에서 책을 읽고 사색하며 지낸다. 물가에서 올리버를 향한 엘리오의 생각은 스펀지처럼(!) 부풀고, 두 사람은 엘리오가 '비밀 장소'라고 부르는 맑고 찬 연못가에서 첫 키스를 나눈다. 한편 엘리오와 마르치아가 겨우 성공한 두 번째 성교는 아무도 사용하지 않는 빈방에 놓인, 마찬가지로 먼지로 자욱한 매트리스 위에서 이루어졌다.

남성 간의 연애에 대해 긍정적인 이미지를 만들어 내기 위해 〈브로크백 마운틴〉도 그렇고 〈콜 미 바이 유어 네임〉도 그렇고 여성과의 관계성을 에둘러 더럽히는 것은 아무리 대비 효과를 위해서라고 해도 불공평하달까 치사하다는 생각이 들지만…….

치사한 것은 하나 더 있다. 스물네 살인 올리버와 대비되는 엘리오의 '열일곱 살'이라는 나이다. 남자들은 (혹은 여자들도) 알겠지만 열일곱 살짜리 남자는 머릿속까지 정액으로 꽉 들어찬 것처럼 온몸이 소용돌이치는 성의 바다에 잠겨 있다. 의식하든 의식하지 않든 만사가 성적인 것으로 이어지고, 때로는 우정과 우정 이상의 감정이 어떻게 다른지 구분되지 않는다. 자신의 욕망이 무엇을 지향하는지도 몰라서, 그 사람이 좋은지 그 사람과 섹스하는 것이 좋은지 아니면 섹스 그 자체가 좋은지도 헷갈린다. 따라서 어쩌면 내 정신이 이상한 게 아닐까 하는 생각에 사로잡히기도 한다.

그도 그럴 것이 살구다. 엘리오는 복숭아만큼 큰 살구로 자위하는데, 살구는 여성기로 비유되는 곤약이나 가장귀와 달리 엉덩이(항문성교)를 빼닮았다. 잠시 후 엘리오는 잠든 그의 성기를 빨기 시작한 올리버에게 쓰고 난 살구를 들키고, 올리버는 뭘 하고 있었냐고 장난스럽게 묻는다. 엘리오는 진지하게 털어놓는다. "나, 머리가 이상한 것 같아요(I am sick)."

이미 그 나이대를 지난 올리버는 엘리오의 고백을 제대로 들어 주지 않는다. "더 기분 나쁜(sick) 걸 보여 주지"라고 말하고는 엘리오가 쓰고 난 살구를 베어 먹으려고도 한다. 그러자 엘리오는 진심으로 울음을 터뜨린다. "왜 나한테 이렇게까지 하는데(Why are you doing this to me)." 올리버에게는 장난일지 몰라도 진지하게 고민하는 열일곱 살 소년 엘리오에게는 자신의 '병'을 놀리는 '모욕'이자 '심한 짓'이었다. 그만큼 자기 자신의 존재가 혼란스러웠던 것이다. 그는 올리버의 가슴팍에 얼굴을 묻으며 "가지 마(I don't want you to go)" 하고 쥐어짜듯이 중얼거린다.

'열일곱 살'의 이 고백을 성적 혼란으로 받아들일지 성적 결정으로 받아들일지, 아이보리는 그 선택권을 표면상으로는 관객에게 맡기는 것처럼 보인다. 10대 후반이라는 나이대에서 나오는 다양한 상황은 〈문라이트〉에서도 그려진 적 있기 때문이다.

〈문라이트〉는 샤이론이라는 흑인 게이 남성의 삶을 소년기, 사춘기, 성인기 세 부분으로 나눠서 보여 주는데, 10대 시절을 그린 2부에서 샤이론은 같은 반 학생인 케빈과 약을 하면서 (마찬가지로 시리도록 푸른 바닷가에서) 키스를 하고 케빈에게서 수

471

음을 받는다. 상냥한 케빈과의 추억을 가슴에 품은 샤이론은 3부에서 근육질의 마약 딜러가 되어 케빈과 재회할 때까지 누구도 만나지 않고 누구도 안지 않으며 살아왔다.

우리는 과거의 무언가가 **변해서** 어른이 되는 것이 아니다. 과거의 무언가는 어른이 되어도 항상 자기 안에 남아 있다. 마트료시카 인형처럼 과거의 무언가 위에 새로운 무언가를 만들고, 그것이 이전의 자신을 에워싸면서 점점 커지는 것이다.

샤이론은 게이지만 케빈은 게이가 아니다. 원래라면 어른이 된 두 사람은 사춘기 시절 푸른 달빛이 비치던 해변에서의 관계성으로 돌아갈 수 없을 것이다. 하지만 샤이론의 단단한 근육 안에는 겁에 질려 떨던 소년 샤이론이 살아 숨 쉬고 있고, 마이애미에 있는 식당에서 셰프로 일하면서 예전과 완전히 달라진 케빈 역시 피부 몇 겹쯤 밑에는 바닷가에 앉아 이야기 나누던 케빈이 살아 숨 쉬고 있다. 그리고 케빈은 마트료시카 인형을 바깥에서부터 훌훌 벗겨 내듯이 지금의 듬직한 샤이론 안에 있는 연약한 샤이론을 끌어안는다. 그렇다, 우리는 모두 자기 안에 지금도 열일곱 살 난 자신을 키우고 있다.

10대에 나타나는 이러한 현상은 성적 혼란일까? 아니면 사춘기에 일어나기 쉬운, 아직 결정되지 않은 성의 (그리고 그 동의어로서 사랑의) 범람일까?

아이보리가 그 판단을 관객에게 맡기는 듯이 표현하는 것은 다소 비겁하다고 생각한다. 여기서 '이것은 게이 영화가 아니다'라는 주장이 생겨난다. 이 영화는 LGBTQ+에 관한 이야기가 아니라 좀 더 보편적인 사랑 이야기라는, 다들 잘 아는 바로 그 장광설이다.

실제로 2018년 3월 초 도쿄에서 진행된 개봉 전 시사회에서는 영화가 끝난 뒤 단상에 올라온 영화평론가들이 "나는 이 작품을 보고 LGBT를 조금도 의식하지 않았다. 평범한 로맨스 영화라고 느꼈다" "〈브로크백 마운틴〉은 거북했지만 이 영화는 아름다워서 보기 편했다" "이 영화는 LGBT 영화가 아니라 지극히 일반적인 연인을 다룬 작품이다. 인간의 미묘한 심리를 그린 이모셔널한 작품이다. (LGBT를) 특별하게 바라보는 상황 자체가 다르다" 운운했다고 한다(인터넷에서 전해 들은 정보다).

어째서일까? 왜 그렇게까지 '게이가 아니다'라고 강조하는 것일까? 마치 게이가 아니라고 강조하는 것이 보편성을 지닌 칭찬이기라도 한 것처럼.

나는 오히려 '열일곱 살'은 '게이이기도 하다'라고 해석하는 쪽이 자연스럽다고 생각한다. 발끝부터 정수리까지 정액으로 가득 찬 듯한, 그리고 나도 모르는 사이 그것이 코피가 되어 울컥울컥 흐르는 듯한 그 계절은 혼란이나 미결정 상태가 아니라 오히려 모든 (기묘함까지 포함한) 가능성을 지닌 나이대다. 거기서는 우정조차 성적인 무언가다. 그렇게 받아들이는 것이야말로 영화를 있는 그대로 이해하는 것이 아닐까? 사회규범이니 윤리관이니 제약이니 하는 것들로 구축된 의미를 벗겨 내고 나서도 '게이'라고 해석하는 일이 망설여질까?

개봉 당시 90세였던 아이보리에게 그만한 자긍심이 있었는지는 알 수 없다. 아이보리의 분신인 엘리오의 아버지가 우정에 관해 말하는 긴 대사에는 자긍심을 얻기 전에 발을 뺀 것에 대한 후회도 담겨 있다. 이 영화 자체가 '미결정 상태'로 인해 '혼란'에 빠지는 엘리오가 자기 자신을 탐색하는 한 번의 여름처럼 (겉으로 보기에는) 만들어져 있기 때문이다.

자기 탐색이라는 주제는 도입부에서 엘리오의 시선이 머무는 올리버의 가슴팍에 매달린 다윗의 별, 육망성 목걸이를 통해 처음부터 암시된다. 그것은 자신의 정체성을 증명하는 물건이다. 그리고 그 목걸이 너머에는 털이 무성한 어른의 두툼한 가슴팍이 있다. 올리버는 지적이고 자신이 어떤 사람인지 알고 있으며, 가슴 털이 난 어른이다. 하나같이 지금의 엘리오에게는 없는 것이다. 올리버는 도착한 첫날부터 피곤하다는 이유로 저녁 식사 초대를 거절하는 무례한 미국인처럼 그려진다. 그 또한 엘리오가 갖추지 못한 것이다. 마음에 들지 않지만 어쩐지 신경 쓰이는 올리버, 그에 대한 감정은 점차 동경심으로 바뀐다. '자기 자신'의 아이덴티티를 이미 획득한 (것처럼 보이는) 스물네 살 청년 올리버에게 끌리는 것이다.

그렇다, 〈콜 미 바이 유어 네임〉은 엘리오에게 자기 탐색의 영화지만, 시점을 바꿔 올리버에게는 고통스러운 변명의 과정인 셈이다.

이를 상징하는 것이 '나중에(Later)'라는 올리버의 말버릇이다.

왜일까?

올리버가 엘리오에게 "철 좀 들어라. 오늘 밤 자정에 보자 (Grow up. I'll see you at midnight)"라고 말한 그 '첫날 밤' 침대에서 이 영화의 제목이기도 한 중요한 대사 "네 이름으로 날 불러 줘. 난 내 이름으로 널 부를 테니까(Call me by your name, and I call you by mine)"가 나온다. 이 제안을 한 사람이 엘리오인지 올리버인지 기억하는가?

이 대사를 '두 사람이 사랑을 나누고 서로의 안에 자신을 내던진 관계에서 너는 나이고 나는 너다'라는 로맨틱한 의미로 받아들일 수도 있다. 물론 엘리오에게도 그랬다. 엘리오는 그렇게 받아들였을 것이다. 하지만 올리버에게 이 호칭 문제는 단순히 로맨틱하기만 한 것은 아니었다.

이 호칭을 제안한 사람은 올리버다. 그리고 올리버는 자기 탐색을 이미 마친 클로짓 게이 남성, 혹은 자신의 아이덴티파이(identify)를 미룬 MSM이다.

영화가 시작된 지 얼마 지나지 않아 올리버는 엘리오의 위험한 감정을 눈치챘다. 첫날 밤을 보낸 뒤 고백했듯이 올리버는 다 같이 배구를 하던 장면에서 엘리오의 맨 어깨를 주무르며 "릴랙스!" 하고 말했을 때 이미 그를 점찍은 상태였다. 함께 자전거를 타고 마을로 나가 제1차 세계대전 피아베강 전투 승전비 앞에 멈춰 섰을 때도 엘리오가 고백하려 하자 내용을 듣기도 전에 "그런 말은 하면 안 돼" 하고 엘리오를 말렸다. 엘리오의 '비밀 장소'로 향하다가 길에서 키스했을 때도 그 이상 진도를 나가는 것을 피하려고 자기 옆구리에 난 상처의 고름 이야기를 꺼냈다. 이는 자제심의 발로가 아니다. 자제심을 잃으면 어떻게 되는지 아는 클로짓 게이 남성의 '공포심'이다. 클로짓 게이 남성인 그는 항상 '나중에, 나중에' 하면서 그러한 종류의 결정을 미뤄 온 것이다.

이 모든 것의 복선이 승전비 직전 장면에서 엘리오의 어머니가 낭독하던 16세기 프랑스 연애담 『엡타메롱(L'Heptaméron)』이다. 독일어 판본만 발견된 『엡타메롱』은 르네상스 시기 왕족인 마르그리트 드 나바르가 쓴 단편 72편으로 이루어지는데, 어머니는 그중에서도 공주와 젊고 잘생긴 기사의 이야기를 영어로 번역하면서 들려준다. 기사와 공주는 사랑에 빠지지만 정작 두 사람의 우정 때문에 기사는 공주에게 그 사실을 이야기해도 될지 고민에 빠진다. 그리고 기사는 공주에게 묻는다. "말하는 것이 나을까요, 죽는 것이 나을까요?(Is it better to speak or to die?)" 엘리오는 어머니에게 자신은 그런 질문을 할 용기가 없다고 말한다. 하지만 옆에서 듣고 있던 아버지는(맞다, 바로 그 아버지다)

"그렇지 않을 거다"라며 등을 밀어준다.

덧붙여서 엘리오의 아버지는 엘리오가 올리버에게 갖는 우정 이상의 감정을 "엄마는 모른다"라고 말하지만 사실 엄마도 알고 있다. 모든 어머니는 아들의 그런 일을 알고 있다.

어머니가 읽어 주는 『엡타메롱』에 힘입어(to speak or to die, 셰익스피어가 쓴 대사처럼 '말하느냐 죽느냐' 하는 숙명) 피아베강 전투 승전비 앞에서 엘리오는 용기를 내어 올리버에게 고백하려 한다. 그러자 카메라는 순간 머리 위 교회 십자가를 올려다보는 엘리오의 시선을 더듬듯이 따라간다. 그러고 나서 엘리오는 올리버를 똑바로 마주 보지만, 이미 엘리오의 의도를 알아차린 올리버는 "그런 말은 하면 안 돼" 하고 가로막는다. '나중에'라고 말하려는 것처럼.

이는 자제심이 아니라 공포심 때문이라고 말했다. 왜일까?

이 작품에 되풀이해서 나타나는 '말하거나 말하지 않는다'라는 명제는 게이가 받아 온 박해의 역사를 아는 사람에게는 무척이나 중요하면서 분명한 구절을 떠올리게 한다.

그것은 앞에서도 언급한 오스카 와일드의 유명한 구절 'The love that dare not speak its name'이다.

'감히 그 이름을 부를 수 없는 사랑'. 와일드는 더글러스 경과의 남색 관계를 취조받은 1895년 재판에서 자신들의 연애 관계를 이렇게 표현했으며, 그 결과 2년간 교도소에서 중노동을 해야 했다.

이 일로 명성이 짓밟힌 오스카 와일드는 비참한 만년을 보냈다.

지적인 올리버가 와일드의 인생이 어떻게 흘러갔는지 모를 리 없었다. 게다가 1983년 북이탈리아 휴양지에는 아직 에이즈의 그림자가 드리우지 않았지만, 올리버가 살던 미국에서는 레이건 정권 아래 에이즈 사태가 수면 위로 드러나고 그에 뒤따르는 호모포비아(동성애 혐오)가 확대되고 있었다. 게이라는 사실은 그야말로 '말하느냐 죽느냐' 하는 양자택일이나 다를 바 없는 공포였다. 올리버가 클로짓이라는 사실은 누구든 벽장 안에 숨어 있던 '그 시대'를 보여 주는 장치일 뿐이다. '감히 그 이름을 부를 수' 있는 사람은 벽장에서 나와 커밍아웃하는 게이들이었다. 그리고 그 시대를 살아가던 그들은 '에이즈 사태와 맞서 싸운'다는 사회적 대의명분을 방패로 삼지 않는 한 '감히 그 사랑의 이름'은 입에 올릴 수조차 없었다.

그렇다, '네 이름으로 나를 불러' 달라고 제안한 사람은 올리버다.

그것은 사실 '감히 그 이름을 부를 수 없는 사랑'의 방법이다. 상대의 이름을 부르면 '동성애'라는 사실이 알려지기 때문이다. 그래서 그는 자신의 이름으로 상대의 이름을 대신했다. 자신의 이름으로 상대를 부르면 그것은 동성애가 아닌 의미 없는 '자칭'에 지나지 않기 때문이다. 따라서 그 밑바닥에 흐르는 것은 자제심이 아닌 공포심이다. 엘리오가 어머니에게서 『엡타메롱』이야기를 들었다고 말했을 때, 기사가 공주에게 마음을 전했는지

전하지 않았는지 그 결과를 올리버가 묘하게 신경 쓴 것도 그래 서다.

승전비 장면에서 엘리오의 마음은 올리버에게 가 있다. 어느 샌가 엘리오의 목에는 올리버가 하고 있던 다윗의 별 목걸이가 걸려 있다. 목걸이로 상징되는 '아이덴티티'를 스스로 선택해서 몸에 두른 것이다. 하지만 이번에는 정작 올리버가 두려움에 휩싸인다. '배신자(Trator)!' 하고 비난하고 싶어질 만도 하다. 올리버는 엘리오와 성적인 행동을 할 때면 일상을 전환하기라도 하듯이 평소 피우지도 않던 담배를 피우니까. 그야말로 '취하지 않으면 섹스할 수 없는' 증후군처럼.

마지막 장면으로 가까워지면서 다시 〈브로크백 마운틴〉이 나온다. 잭이 숨겨 두었던 에니스의 셔츠처럼 엘리오는 올리버가 도착한 날 입고 있었던 파란색 셔츠를 손에 넣는다. 그리고 올리버가 미국으로 돌아가기 전, 두 사람은 함께 베르가모로 여행을 떠나 녹음이 짙은 산을 오른다. 그곳에는 폭포도 흐르고 있다. 정신없이 '브로크백 마운틴'을 뛰어오르는 엘리오 뒤에서 올리버는 순간 걸음을 멈추고 산 반대 방향으로 몸을 틀더니 먼 곳을 쳐다본다.

그 행동은 무엇을 의미할까. 그때 올리버는 무엇을 보고 있었을까. 그해 겨울, 뉴욕으로 돌아간 올리버는 수화기 너머로 엘리오에게 결혼 소식을 알린다. 여자 친구와는 2년 전부터 사귀고 있었다고 한다.

그리고 마지막 3분 반에 걸친 롱테이크가 시작된다. 엘리오의 얼굴에는 그가 보고 있는 난롯불의 색이 반사된다. 그것은 빨갛게 타오르는 그의 성애를 상징한다. 엘리오의 등 뒤에 난 창밖으로는 눈이 내린다. 그리고 눈과 엘리오 사이에 하누카(유대인의 명절) 음식상을 준비하는 가정이 끼여 있다.

이 삼층 구조도 〈브로크백 마운틴〉 마지막 장면과 호응한다. 시간이 흐르고 나이 든 에니스의 트레일러 하우스 안, 그곳에는 에니스의 성애를 상징하는 브로크백 마운틴을 찍은 그림엽서가 붙어 있다. 그림엽서가 붙어 있는 곳은 트레일러 하우스 안에 놓인 벽장의 네모난 문이다. 벽장 옆에는 창문이 있고 그 창문으로는 집 안과 달리 추운 바깥 세계가 보인다. 그 삼층 구조.

엘리오가 보는 불꽃, 따뜻한 실내, 그리고 눈으로 뒤덮인 바깥 세계. 아이보리가 보여 주고 싶었던 것은 〈모리스〉에서 그리지 못한 긍정감이라고 앞에서 썼다. 그래서인지 마지막 장면의 삼층 구조는 〈브로크백 마운틴〉의 삼층 구조와 하나만 다르게 되어 있다.

바로 〈브로크백 마운틴〉에서 '벽장의 네모난 문'이었던 것이 '따뜻한 가정'으로 치환되었다는 점이다. 에니스의 성애를 지킨 것이 벽장이었다면 엘리오의 성애를 지키는 것은 가정이다.

설정상 〈브로크백 마운틴〉의 마지막 장면은 1983년이다. 첫 장면은 1963년이었다. 1963년부터 20년을 질질 끌며 부수지 못했던 에니스의 '벽장'. 아이보리는 같은 해 겨울 그 벽장을 '따뜻한 가정'으로 치환해 2017년부터 엘리오를 격려하고 있는 것이다.

마치며

사토 소노스케(佐藤 惣之助)의 시 중에 「선원의 엄마(船乗りの母)」라는 작품이 있다. 푸르른 지구를 돌고 도는 아들은 세계 곳곳의 타향을 안다. 하지만 그의 어머니는 '시골에 살면서' '닭을 몰고' '온종일 누더기를 깁는' 것이다.

> 세계는 크다
> 지구도 크다
> 아들은 지구를 건너는 신발을 갖고 있다
> 하지만 어디도 가지 않는 엄마는
> 세계의 시골을 갖고 있다

이렇게 끝맺는 짧은 시를 읽으면서 소년이었던 나는 그 선원을 동경하는 한편 한 가지 사실을 끝까지 파고들면 다른 곳에 가지 않아도 세계의 중요한 일로 통할 수 있다는 것을 가슴 깊이 느꼈다.

내가 이 책에 담고 싶었던 것은 바로 그 두 가지였다. 나는 선원인 아들처럼 뉴욕이라는 무척이나 독특한 도시로 건너갈 수 있었다. 그리고 그곳에서 '게이에 관해서' 정점 관측하고* 끝까지 파고들면서 세계 여러 가지 사상의 정체를 알아내려 했다. 다만 그 관측에는 한계가 있어서 결국 책에서 전개할 수 있었던 것은 일본과 미국을 오가는 양국 간 문화 비교에 지나지 않을지도 모른다. 하지만 어느 쪽이든 간에 기본적인 사항인 동시에 많은 이들이 대강 지나치고, 그러면서도 무척이나 중요하고, 지금까지 일본에서는 거의 아무도 이야기하지 않았던 일이다.

1982년 마쓰다 세이코가, 아니 마쓰모토 다카시(松本 隆)**가 마쓰다 세이코에게 "왜 만난 지 반년이 되도록 당신은 손도 잡지 않아" "왜 당신이 시계를 흘끗 볼 때마다 울고 싶어질까?" 하고 「붉은 스위트피(赤いスイートピー)」에서 노래 부르게 했을 때, 대중은 '당신'이 게이나 트랜스젠더나 에이섹슈얼(asexual, 무성애)일지도 모른다는 가능성을 조금도 고려하지 않았다. 히라이 켄(平井 堅)***이 노래 「even if」에서 "이 버번과 카시스 소다가 없

* 일정한 장소에 선박을 세워 두고 기상이나 해양을 관측하는 일.
** 1970~1980년대 일본을 대표하는 작사가로 2015년 기준 역대 일본 작사가 싱글 판매량 3위를 기록했다. 마쓰다 세이코가 24곡 연속 오리콘 1위를 기록하는 동안 17곡을 그가 작사했다.
*** 일본의 싱어송라이터. 대표곡으로는 영화 〈세상의 중심에서 사랑을 외치다〉의 OST인 「눈을 감고(瞳を閉じて)」가 있다.

사랑과 차별과 우정과 LGBTQ+

어질 때까지는 넌 내 거잖아" 하고 부르던 1998년 당시만 해도 노래의 화자인 '나'의 앞에서 "그에게서 받은 반지를 바라보고" "그에 관한 이야기만 늘어놓는" '너'가 마시는 것이 카시스 소다가 아니라 버번이라는 사실을 대부분 알아차리지 못했다.****

이러한 사례는 책에서 잠깐 다루었던 '퀴어 리딩'에 포함되지도 않을 만큼 초보적인 독해지만, 이처럼 새로운 시점을 만날 때마다 세계에는 아직 이렇게나 재미있는 일이 넘쳐 나는구나 하는 생각이 든다. 에이즈의 시대에는 차별이나 편견과 맞서 싸우는 무기 중 하나였던 '정치적 올바름(PC)'이라는 개념도 처음 등장했을 때는 색다르면서 효과적이고 흥미로운 개념이었다. 소수자 운동의 기본이 된 '정체성 정치'라는 개념도 마찬가지로 커다란 발견이었다. 그것들이 있었기에 그것들에 대한 비판도 흥미진진하게 전개되었다.

하지만 간만에 돌아온 일본에서 경험한 것은 '정치적 올바름'을 건너뛴 'PC주의 비판'이었다. '정체성 정치'도 확립되지 않았는데 그것을 비판하는 '반(反)정체성 정치'가 앞을 차지하고 섰다. 물론 비판자나 비평자는 정치적 올바름도 정체성 정치도 충분히 연구하고 있지만, 이러한 개념은 본고장인 미국 사회와 달리 대중화와 실체화가 이루어지지 않은 일본 사회에서는 '반PC' '반정체성'으로만 첨예화되어 내가 알고 있던 효과나 재미는 조

**** 달콤하고 도수가 낮은 카시스 소다는 여성이, 도수가 높은 버번은 남성이 선호하는 술이라는 인식이 있다. 노래 후반부에 상대가 마시는 것이 카시스 소다가 아니라 버번임이 밝혀지는데, 이를 통해 노래 속 '너'가 남성이라는 암시를 주는 것이라는 해석이 존재한다.

금도 주지 못하고 있다. 따라서 이 책에서는 우선 '정치적 올바름'과 '정체성'의 효용을 말하고, 이들로 인한 폐해를 뛰어넘을 수 있도록 다음 차원으로 향하는 길을 제시하고 싶었다. 그 전에 이해의 토대가 될 기초 중의 기초가 필요하다고 생각해 미국 대학교에서 입문 수업을 뜻하는 '101(원오원)' 강의처럼 쓰려고 노력했다. 메이지 유신을 기회 삼아 혼슈*와 홋카이도를 오가며 마소를 팔다가 스키야키 전문점부터 정육점까지 운영한 일가의 후손으로서(그래 봐야 고작 4대 정도지만) 나는 상인인 아버지와 문학소녀였던 어머니를 설득할 수 있는지를 논거의 기준으로 삼다시피 했다. 두 분 모두 세상을 떠나고 안 계신 지금 내 노력이 성공했는지 확인할 방법은 이제 없지만.

이 글은 '도쿄 레인보우 프라이드'의 야마가타 신야(山縣 真矢) 씨(당시에는 공동대표였으며 지금은 고문)의 의뢰로 기획해 'LGBT(로 생각하는 인생)의 연습 문제'라는 어쩐지 거창한 듯한 제목으로 웹 연재를 시작했다. 얼마 지나지 않아 편집자인 히구치 사토시(樋口 聡) 씨에게서도 같은 의뢰를 받아 '요미모노닷컴(よみもの.com)'에도 동시 연재하게 되었다. 2019년 1월 일이다.

사실 '반PC' '반정체성 정치'는 트럼프 집권 당시 미국에서는 지적인 지양이라는 형태가 아니라 속된 반동, 즉 노골적인 남성 우월주의와 백인 지상주의와 이성애 규범주의라는 백래시의 형

* 일본 열도 중 가장 큰 섬.

사랑과 차별과 우정과 LGBTQ+

태로 드러났다. 다음 차원으로 나아가는 것이 아니라 시대를 역행한 것이다. 그리고 이에 대항하는 의미에서 진보 세력의 캔슬컬처(cancel culture)도 한층 격렬해졌다.

뉴욕 프라이드 마치를 주최하는 단체 '헤리티지 오브 프라이드(Heritage of Pride)'는 프라이드 먼스 전달인 2021년 5월, 최근 경찰을 비롯한 법 집행 기관의 BIPOC(흑인, 아메리카 원주민, 유색인종)나 트랜스젠더 커뮤니티에 대한 탄압이 거세지고 있다는 이유로 경찰관의 행사 참가를 거부한다고 발표했다. 이에 따라 배제를 피할 수 없게 된 LGBTQ+ 경찰관 단체 GOAL(366쪽 참고)은 "같은 뜻을 지닌 이들이 자신의 정체성에 자긍심을 갖고 스톤월 항쟁의 유산을 기리지 못하도록 방해한다"라며 반발했다.

2020년에는 뉴욕에서 열리던 퍼레이드 대부분이 코로나로 인해 취소되었지만, 50년이라는 시간을 거치며 완전히 상업주의에 물들었다는 비판 아래에서도 프라이드 퍼레이드와는 별개로 BLM(Black Lives Matter) 운동과 연대한 '퀴어 리버레이션 마치'는 그해에도 이듬해인 2021년에도 개최되면서 3년 연속 열렸다.

원조 프라이드 이벤트도 2021년에는 온라인에서 버추얼 이벤트 형태로 개최될 예정이었으나 뉴욕의 백신 접종률이 높아지면서 부랴부랴 퍼레이드도 실시되었다. 예년에 비하면 시간도 짧고 규모도 작았지만 "그래도 많은 사람이 즐길 수 있는 성대한 이벤트가 되었다"라고 현지에서 취재한 뉴욕 주재 사진작가 우에야마 신타로(植山 慎太郎) 씨가 전해 주었다.

2021년 6월의 마지막 일요일이었던 27일, 뉴욕 프라이드 퍼레이드는 오후 12시 30분부터 두 시간 정도 늘 행진하던 코스를 따라 진행되었고, 퀴어 리버레이션 마치는 오후 2시부터 미드타운 42번가 브라이언트 공원에서 다운타운을 향해 행진했다. 미국이 보수와 진보로 갈라진 것처럼 LGBTQ+ 안에서도 돌이키기 힘든 분열이 일어난 것이다.

한편 40여 년 동안 세계 곳곳에 스며든 LGBTQ+ 커뮤니티의 상징, 길버트 베이커(Gilbert Baker)가 디자인한 '레인보우 플래그'(빨강, 주황, 노랑, 초록, 파랑, 보라 6가지 색 가로줄 무늬)는 2020년 BLM 운동과 트랜스 라이츠(트랜스젠더의 권리) 운동을 거치면서 흑인과 히스패닉 등 비백인을 상징하는 검은색과 갈색, 트랜스젠더의 프라이드 플래그에 있는 분홍색과 하늘색과 흰색, 총 다섯 가지 색으로 된 화살표 모양을 더한 '프로그레스 프라이드 플래그(Progress Pride Flag)'로 빠르게 바뀌고 있다. 이 깃발은 2018년 논바이너리인 그래픽 디자이너 대니얼 퀘이사(Daniel Quasar)가 디자인했다(그리고 보면 우타다 히카루도 2021년 프라이드 먼스에 자신이 논바이너리임을 밝혔다).

분열과 분단의 시대이기에 포섭과 연대를 아이콘화하려는 노력. 그것은 다양한 형태로 존재하는 '나 이외의 가능성'을 인정하고, 서로 다르다는 사실을 알기에 견고한 커뮤니티를 향한 의지라고 생각한다.

이러한 충돌과 분단, 그럼에도 이어지는 포섭을 향한 노력을 지켜보면서 나는 오래전 오에 겐자부로를 통해 알게 된 그의 은 원조 '뉴욕 프라이드 퍼레이드 2021'에서 주최 단체인 '헤리티지 오브 프라이드'.
ⓒ 우에야마 신타로

마치며

BLM은 이제 LGBTQ+에서도 빼놓을 수 없는 메시지다. '뉴욕 프라이드 퍼레이드 2021'에서.
ⓒ 우에야마 신타로

사랑과 차별과 우정과 LGBTQ+

'프로그레스 프라이드 플래그'가 휘날리는 '퀴어 리버레이션 마치 2021'.
ⓒ 오타니 아키히토

마치며

원조 퍼레이드와 분열되어 맨해튼에서 행진한 '퀴어 리버레이션 마치 2021'.
가로 현수막에는 '트랜스젠더 아이들을 지켜라'라고 쓰여 있다.
ⓒ 오타니 아키히토

사랑과 차별과 우정과 LGBTQ+

사 와타나베 가즈오(渡辺 一夫)*의 수상록『관용은 자신을 지키기 위해 불관용을 불관용해야 하는가(寛容は自らを守るために不寛容に対して不寛容になるべきか)』에 대해 생각했다. 와타나베는 자신의 전쟁 체험과 가톨릭 교리를 통해 불관용이 전쟁을 일으킨다고 보고 (당장 눈앞에 있는 이해타산과는 다른) '고도의 이해타산'까지 끌어내 철저한 관용을 논하기에 이르렀다. 그것은 패전 직후의 씁쓸함 속에서 끌어낸 의도적인 논리의 귀결이었을 것이다.

이를 '관용의 패러독스'라고 부른다. 관용이 불관용을 불관용한다면 그것은 이미 관용이 아니다. 한편 관용이 불관용을 관용한다면 관용을 용납하지 않는 불관용이 만연한 끝에 관용이 설 곳은 없어진다.

트럼프가 부추긴 차별, 배제, 폭력, 적대, 자기중심주의(meism), 증오의 규범화…… 그러한 남성우월주의와 인종차별주의와 이성애 규범주의의 '불관용'을 관용할 수는 없었다. 나에게 그것은 절대적인 결론이었다. 하지만 그나마 '관용할 수 없다'라는 태도를 관용적으로(tolerantly) 수행하는 일, '불관용'을 관용적으로 일관하는 일(to carry out intolerance tolerantly)이 패러독스를 완화하는 유일한 방법이 아닌가 하는 생각에 이르렀다. 물론 이것은 관용과 불관용의 관계에서 불관용에는 요구되지 않고 관용

---

* 일본의 프랑스 문학자이자 평론가. 오에 겐자부로는 고등학교 시절 그가 쓴『프랑스 르네상스 단장(フランスルネサンス斷章)』을 읽고 감명을 받아 그가 교수로 있던 도쿄대학교 불문과로 진학했다고 한다.

마치며

에만 요구되는 치우친 책무이자, 그 치우친 책무를 받아들인다는 관용적인 각오 없이는 성립하지 않는 삶의 방식이다. 하지만 그것이야말로 관용이 관용인 이유, 혹은 숙명이라고 체념하는 수밖에 없다. 물론 실제로 그렇게 대응하는 것은 꽤 어려운 일이므로 끊임없는 노력이 필요할 테지만.

클린턴, 부시, 오바마, 트럼프가 집권하는 시기를 미국에서 보내면서 대통령이 바뀔 때마다 미국 사회가 (세계 모든 일에 관여하는 만큼 순서에 따른 결과와 응보를 포함해) 크게 흔들리는 것을 목격했다. 미국의 정치계가 지닌 역동성도 몸소 느꼈다. 일차적으로 저널리스트의 업무는 그날그날 기사(저널)를 쓰는 것이고 거기에 일상적인 일도 더해지다 보니 외국인인 내가 뉴욕에서 한 가지 주제로 정리된 글을 써낸다는 것은 (천성적으로 게으르기도 하고) 꽤 힘든 일이었다. 특히 최근 몇 년간은 트럼프 정권의 팩트 체크에 전념하는 만큼 출연 중인 라디오 방송에서도 '트럼프 감시자(watcher) 기타마루'라고 소개되기도 했다. 그 와중에 도쿄로 거점을 옮겨 새로운 생활을 시작하는 한편 이 책을 완성할 수 있었던 것은 오로지 편집자인 히구치 사토시 씨 덕분이다.

앞서 말했듯이 이 책은 '요미모노닷컴'에서 연재를 중단한 다음 결론에 이르기까지 내용을 대폭 가필하고 수정을 거듭했다. 번거로운 작업인데도 단어 사용 하나하나부터 불분명한 내용, 논리의 부족이나 비약 등을 이만큼 끈질기게 잡아낸 편집자는

사랑과 차별과 우정과 LGBTQ+

20대 무렵 소설을 번역할 때 신세를 진 신초샤의 사이토 아키코 씨 이후 처음이었다. 아마 그는 이 원고를 나보다 많이 읽었을 것이다. 책은 작가 한 사람만의 노력으로 만드는 것이 아니라 편집자와의 공동 작업을 통해 엮어 나가는 것이라는 사실을 다시금 확인한 2년 반이었다. 그 은혜의 일부를 이 책으로 갚고 싶지만 팔릴지 안 팔릴지는 잘 모르겠다. 히구치 씨도 이 책을 계기로 자신의 출판사인 '히토비토샤(人々舎)'를 세웠는데, 책이 팔리지 않았다면 미안하다.

모든 운동(행동)은 그것이 필요 없어지는 날을 위해 존재한다. 달린다는 행위는 달릴 필요를 없애기 위해 달린다. 먹는다는 행위는 더 먹지 않아도 될 만큼 배가 찰 때까지 계속되고 나서야 끝난다. 모든 동사는 자신의 존재 이유를 없애기 위해 움직이는 것이다.

차별에 반대하는 운동도 그러한 운동이 필요 없어지는 날을 실현하기 위해 이루어지는 것이다. 2021년 5월 '차별 금지 조항'이 빠진 'LGBT 이해증진법'을 제출한 자민당은 차별을 금지하면 무엇이 차별인지 모르는 사람들이 위축되어 갑갑한 사회가 될 것이라고 걱정했으며, 입헌민주당을 비롯한 야당의 요구로 '차별을 허용하지 않는다'라는 문장을 추가한 '기본 이념' 원안조차 당내 승인 회의에서 반대를 맞닥뜨렸다.* 그리고 한입으로 '커밍

---

* 반대하는 측에서는 '부당한 차별을 허용하지 않는다'라는 문장으로 수정할 것을 요구했다.

아웃할 필요가 없는 사회'라는 두루뭉술한 말을 내뱉는 것이다. 마치 차별 없는 사회가 어딘가에 마련되어 있기라도 한 것처럼. 금지하지 않아도 금지가 필요 없는 사회가 될 수 있는 것처럼.

하지만 그런 일은 일어난 역사가 없다. 금지는 굳이 금지하지 않아도 당연하다는 듯이 그 금지의 이념이 공유된 상태를 목표로 내려지는 것이다.

제11장 '남성스러움의 변모'에서 살펴본 NFL 선수 칼 나십(324쪽 참고)은 인스타그램에 올린 커밍아웃 영상에서 이렇게 말했다.

I just hope one day, videos like this and the whole coming out process are just not necessary. But until then, I'm going to do my best and do my part to cultivate a culture that's accepting, that's compassionate.

언젠가는 이런 영상이라든지 힘들게 커밍아웃하는 과정이 필요 없어지는 날이 오기를 바란다. 하지만 그날까지는 수용과 공감의 문화를 가꿀 수 있도록 자신의 역할에 최선을 다하려고 한다.

그렇다, 커밍아웃하지 않는 한 커밍아웃할 필요가 없는 사회는 오지 않는다는 사실을 알고 있기에 커밍아웃을 감행하는 것이다. 절대 저절로 찾아오지 않는다. 그것은 수많은 역사가 알려준다.

사랑과 차별과 우정과 LGBTQ+

이 책도 이러한 주제에 관해 쓸 필요가 없어지기를 바라며 썼다. 언젠가 이 책이 과거의 기록이라는 가치만 갖게 되기를 기다리며, 이쯤에서 키보드를 덮으려 한다. 읽어 줘서 고맙다.

2021년 프라이드 먼스에
기타마루 유지

주석

프롤로그

1. '비틀스 커트의 유래(The Origin of the Beatles Haircut)'라는 기사(2012년 1월 26일)에 "쉬는 날이라 바보 같은 일을 해 보고 싶었다"라는 폴의 회상이 나온다.
   https://www.neatorama.com/2012/01/26/the-origin-of-the-beatles-haircut/
2. 2001년 네덜란드를 시작으로 2021년 6월 기준 29개[2024년 11월 기준으로는 37개─옮긴이] 국가 및 지역에서 동성혼이 가능하다. 혼인과 거의 동등한 권리를 보장하는 곳은 33개국. 아시아에서는 2019년 5월 대만이 처음으로 동성혼을 법제화했다.
3. 주일미국상공회의소 의견서, '일본에서 혼인의 평등을 확립함으로써 인재 채용 및 유지를 지원해 달라'.
   https://static1.squarespace.com/static/5eb491d611335c743fef24ce/t/5f6d9f53c4f
   bac20f49898b4/1601019733492/2017+Marriage+Equality+%28HRM%29.pdf
4. 남성으로 태어났으나 자신을 여성으로 정체화하는 경우(Male to Female), 여성으로 태어났으나 자신을 남성으로 정체화하는 경우(Female to Male)를 각각 MtF, FtM이라고 한다.
5. '레인보우 마치 삿포로'는 2013년에 없어졌다. 이후 2017년부터 다른 조직이 운영을 맡아 '삿포로 레인보우 프라이드'가 열리고 있다.
6. 1991년 5월 동성애자 인권 단체인 '움직이는 게이와 레즈비언의 모임(OCCUR)'(뒤에서 설명)이 『고지엔』을 펴내는 이와나미쇼텐(岩波書店)을 상대로 '동성애를 이상성욕으로 여기는 근거는 무엇인가?' 하고 의견을 제기하면서 같은 해 10월에 출간된 제4판부터 가치 중립적인 내용으로 수정되었다. 1990년대 중반에는 헤이본샤(平凡社), TBS 브리태니커, 쇼가쿠칸(小学館), 갓켄(学研)에서 펴내는 백과사전도 그 뒤를 따랐다.

7. 하시모토 오사무, 『'미시마 유키오'는 무엇이었나(「三島由紀夫」とはなにものだったのか)』, 신초샤, 2002, p.237.
8. 생식과 무관한 성행위, 즉 자연의 원리에 반하는 성행위를 위법으로 간주하는 법률의 총칭. '소도미'는 구약성서 속 남성 간 성행위가 횡행한다고 암시되는 마을 '소돔'에서 파생된 단어로, 항문 성교를 완곡하게 일컫는 말이기도 하다.

1부 사랑과 차별과: 언어로 싸우는 미국의 기록

1장 '록 허드슨'이라는 폭탄

1. 이슬람 과격파에 의한 테러 사건으로, 세계무역센터를 무너뜨릴 목적으로 폭탄을 가득 실은 밴을 지하 2층 주차장에서 폭발시켜 6명이 사망하고 1040명 이상이 다쳤다. 해당 폭발의 위력은 주차장 네 개 층에 걸쳐 지름 30미터 크기의 구멍이 생길 정도였다.
2. 무장 농성한 사이비 종교 집단이 미연방 사법 당국과 51일간 대치한 끝에 총격전을 벌이고 원인을 알 수 없는 화재로 집단 자살한 사건. 집단 측에서는 영유아 25명을 포함해 81명이 사망했다.
3. 무장한 백인 민병(밀리시아)에 의한 차량 적재 폭탄테러 사건으로, 168명이 사망하고 680명이 다쳤다.
4. 정치, 경제부 기자를 경파(硬派), 사회부 기자를 연파(軟派)라고 부른다.
5. 도쿄도에서 운영하던 청소년 연수 시설. 청소년 민간단체 등이 신청을 통해 이용할 수 있었다. 2005년 2월 폐쇄.
6. au지분은행에서 2020년 8월 25일부터 28일까지 성소수자 직장인과 비당사자 직장인 각 500명을 대상으로 조사한 결과, 직장 동료나 상사에게 자신이 LGBT라고 커밍아웃한 응답자의 비율은 17.6%로 나타났다. 비당사자 중 LGBT인 친구나 지인이 있다고 답한 사람은 21.4%였다(https://suits-woman.jp/kenjitsunews/163923/). 많이 늘기는 했지만, 2020년 미국에서 이루어진 비슷한 조사(각 2000명 대상)에서는 반대로 응답자 중 40%가 LGBTQ임을 공개하지 않았으며 그중 26%가 공개하고 싶어 한다는 사실 등이 밝혀졌다(https://www.bcg.com/publications/2020/inclusive-cultures-must-follow-new-lgbtq-workforce).
7. '록 허드슨의 죽음은 에이즈에 대한 인식을 어떻게 바꾸었는가(How Rock Hudson's

Death Changed the Perception of AIDS)'

8. '의학: 록: 용기 있는 폭로 / 쇼 비즈니스에 종사하는 게이들의 딜레마를 폭로하는
    허드슨(Medicine: Rock: A Courageous Disclosure/ Hudson spotlights the dilemma
    of gays in show business)'
    http://content.time.com/time/magazine/article/0,9171,1048462,00.html

2장 에이즈의 반격

1. 아서 애시는 1943년에 태어났는데 당시 테니스계는 인종차별이 심했다. 하지만
    공민권운동이 활발해지면서 시합 출장 기회가 점차 늘어났고, 그는 흑인 최초로 3개 메이저
    대회(US 오픈, 호주 오픈, 윔블던) 단식 우승을 차지한 전설적인 선수가 되었다.
2. https://www1.nyc.gov/assets/doh/downloads/pdf/ah/surveillance2014-trend-
    tables.pdf
3. 맨해튼의 중심부로, 웨스트 14번가에서 하우스턴 스트리트에 걸쳐 조성된 유서 깊은
    주택가. 첼시 바로 남쪽에 있다.
4. 20세기 초부터 창고와 유통 시설이 많았던 웨스트 14번가에서 웨스트 30번가에 걸쳐
    조성된 지역.

3장 에이즈를 향한 반격

1. 1977년 미국에서 게이 남성 최초로 선거를 통해 공직(샌프란시스코 시의원)에 부임한
    밀크는 기회가 있을 때마다 게이 인권운동에는 커밍아웃이 필요하다고 강조했다.
2. 일본에서는 2019년 6월 대본집(기타마루 유지 옮김, 다이토샤)이 크라우드펀딩을 통해
    기간 한정 출간되었다.
3. 『노멀 하트(ノーマル・ハート)』, 기타마루 유지 옮김, 다이토샤, 2019, 1장 p.21.
4. 1990년대 게이 잡지 《바디(Badi)》《G-men》 창간 당시 제작을 맡고, HIV 및 에이즈 환자
    모임 'NoGAP' 'JaNP+'를 설립하는 등 일본의 게이 커뮤니티에 크게 이바지한 편집자 겸
    활동가(1952~2022).
5. 1992년 HIV 양성임을 밝힌 현대미술가(1960~1995). 1994년에 발표한 미디어 퍼포먼스
    작품 〈S/N〉은 젠더와 섹슈얼리티, 인종과 국적을 다룬 걸작으로서 세계적으로 높은 평가를
    받았다.

사랑과 차별과 우정과 LGBTQ+

4장 벽장 속 언어

1. 출간되자마자 인권 단체인 '게이 프런트 간사이(ゲイ・フロント関西)'에서 항의했다. 후소샤는 9개월 뒤 사죄하고 책을 회수 및 절판했다. 라디오 프로그램에서도 후루타 아라타가 1분 15초에 걸쳐 자초지종을 설명하고 사죄했다.

2. 2001년 11월 6일에 발간된 《슈칸죠세(週刊女性)》 인터뷰에서 당시 도쿄도지사였던 이시하라 신타로(石原 慎太郎)가 "문명이 가져온 가장 해로운 것이 아줌마라고 한다" "남자는 80세, 90세까지도 생식능력이 있지만, 여자는 폐경하고 나면 아이를 낳을 수 없다. 그런 인간이 킨상긴상[1990년대 이상적인 노년상으로 손꼽히며 방송 출연, 음반 발매 등 여러 방면에서 활약한 나리타 킨, 카니에 긴 쌍둥이 자매—옮긴이]만큼 산다는 것은 지구에 있어 커다란 폐해라더라" 하고 지인의 발언이라며 인용했다.

3. 2007년 1월 27일 제1차 아베 신조 내각의 후생노동성 장관 야나기사와 하쿠오(柳沢 伯夫)가 시마네현 마쓰에시에서 열린 자민당 현 의원 궐기대회에서 인구 감소와 저출산 문제를 두고 "출산이 가능한 15~50세 여성의 수는 정해져 있다. 낳는 기계, 장치의 수는 정해져 있으니 앞으로는 역할을 맡은 한 사람 한 사람이 제 몫을 다하는 수밖에 없다"라는 발언을 통해 여성을 기계에 빗대었다.

4. 《신초45》 2018년 8월 호에 중의원 의원 스기타 미오의 기고 「'LGBT'를 지원하는 정도가 지나치다」가 실렸다. "육아 지원이나 아기가 생기지 않는 커플의 난임 치료에 세금을 사용한다면 저출산 대책이라는 대의명분이 있다. 하지만 LGBT 커플을 위해 세금을 사용하는 일을 누가 찬성할까? 그들 그녀들은 아이를 낳지 않는다. 즉 '생산성'이 없다. 과연 그런 곳에 세금을 투입해도 될까."

5. 존 캐머런 미첼(John Cameron Mitchell)이 감독과 주연을 맡아 1997년 초연한 록 뮤지컬. 트랜스젠더 로커인 헤드윅이 주인공이다. 일본에서는 2004년부터 미카미 히로시, 2007년부터 야마모토 고지 주연으로 상연되었다.

6. 일본은 2009년 2월 신주쿠 FACE에서 초연. 이후 몇 년에 한 번씩 캐스팅을 교체하면서 지금까지도 상연하고 있다.

5장 커밍아웃하는 언어

1. 1830년대 백인 남성인 토머스 D. 라이스가 얼굴을 까맣게 칠하고 자신을 '짐 크로'라고 칭하면서 뉴욕 무대에서 흑인을 희화화하는 노래와 춤(민스트럴 쇼)을 선보인 것에서 유래한 멸칭. '크로'는 검은 까마귀를 의미한다. 지금은 인종 격리나 인종차별 시스템을

가리키는 말로 쓰인다.

2. https://twitter.com/weezwrites/status/1309632458745315329

6장 아이덴티티의 자각

1. 예술 작품 속에 숨겨진 퀴어한 의미와 요소를 읽어 내는 분석법.
2. 『노멀 하트』, 기타마루 유지 옮김, 다이토샤, 2019, 13장 pp.140-142.
3. 게이 칼럼니스트인 도미오카 스바루(@Lily_to_Rose)는 1990년 MTV 비디오뮤직어워드에서 마돈나가 선보인 〈보그(Vogue)〉 무대(youtu.be/lTaXtWWR16A)의 연출을 놓고 트위터에서 비슷한 의견을 내놓았다. "이 퍼포먼스에서는 일부 남성 댄서가 마돈나를 비롯한 여성 댄서보다 살갗을 더 많이 노출한다" "남성 댄서들이 섹시하게 춤추는 모습을 마돈나가 바라보는 구도" "이 무대는 벗지 않는 남자와 벗는 여자, 벗기는 남자와 벗겨지는 여자라는 기존의 엔터테인먼트에서 볼 수 있었던 구도를 역전시켰다" "남성이 성적인 존재로 그려지고 여성은 이를 즐기는 쪽에 서 있는 것이다".
4. https://www.facebook.com/milomd/posts/2413727938659473
5. 'Homophobic attack caught by drone in Warsaw Poland - Milo Mazurkiewicz tribute' https://www.youtube.com/watch?v=4D0LicrEBhg
6. https://advances.sciencemag.org/content/6/40/eaba6910
7. https://www.whitehouse.gov/briefing-room/presidential-actions/2021/01/20/executive-order-preventing-and-combating-discrimination-on-basis-of-gender-identity-or-sexual-orientation/
8. https://www.ncaapublications.com/p-4335-ncaa-inclusion-of-transgender-student-athletes.aspx

7장 아이덴티티의 탄생과 정치

1. 미국의 노예제도는 최초의 아프리카인 노예 기록을 기준으로 한 1619년부터 링컨이 노예해방선언을 발표한 1863년을 거쳐 미국 수정헌법 제13조가 비준된 1865년 12월까지 이어졌다. 이는 일본의 에도시대(1603~1867)와 거의 겹친다.
2. https://www.americanheritage.com/george-orwells-america

3. '흑인 병사는 환영, 짐 크로는 노: 1943년 6월 어느 밤에 일어난 인종 폭동(Black troops were welcome in Britain, but Jim Crow wasn't: the race riot of one night in June 1943)'

   https://theconversation.com/black-troops-were-welcome-in-britain-but-jim-crow-wasnt-the-race-riot-of-one-night-in-june-1943-98120

4. 백인우월주의를 주장하는 비밀 결사 단체. 노예제가 폐지된 직후인 1865년 12월 미국 남부에서 결성되어 1871년 비합법 테러 집단으로 분류되며 해체되었지만, 1915년 조지아주에서 활동을 재개했다.

5. 『LGBT 히스토리 북: 절대 포기하지 않은 사람들의 100년에 걸친 싸움』, 기타마루 유지 옮김, 사우전드오브북스사, 2019, 3장 '어둠 속에서' pp.41-42.

6. 에이즈 관련 캠페인 가운데 유명한 'Silence=Death' 프로젝트는 1987년에 시작되었다.

7. 「푸코, 국가 이성을 묻다(フーコー、国家理性を問う)」(사카모토 요시코 옮김), 『미셸 푸코 강의록 VIII 1979-81 정치/우애(ミシェル・フーコー思考集成 VIII 1979-81 政治／友愛)』(지쿠마쇼보, 2001) 수록.

8. 'Proclamation 8387—Lesbian, Gay, Bisexual, and Transgender Pride Month, 2009'

   https://www.govinfo.gov/content/pkg/FR-2009-06-04/pdf/E9-13281.pdf

9. 대규모 반대 시위로 위축된 보스턴 스트레이트 프라이드 퍼레이드(Boston straight pride parade dwarfed by large counter-protest)'

   https://www.theguardian.com/world/2019/sep/01/boston-straight-pride-parade-arrests

10. 어떠한 운동이나 활동의 조력자, 지원군, 같은 편을 가리킨다.

11. https://twitter.com/ChrisEvans/status/1136264161539833856

12. 헨리 E. 애덤스, 레스터 W. 라이트 주니어, 배서니 A. 로어, 「호모포비아는 호모섹슈얼한 흥분에 따른 현상인가(Is Homophobia Associated With Homosexual Arousal?)」, 『이상심리학 저널』, 1996. https://pubmed.ncbi.nlm.nih.gov/8772014/

8장 밀레니얼세대에서 Z세대로

1. NRA는 '전미총기협회(National Rifle Association)'를 가리킨다. '총이 사람을 죽이는 것이 아니라 사람이 사람을 죽이는 것이다(Guns don't kill people, people kill people)'를 모토로 총기 소유권을 사수하는 총기 애호가 집단. 회원 수는 2018년 550만 명으로 정점을 기록했다. 총기 규제 반대에 있어 미국을 통틀어 가장 큰 압력단체로, 예로부터 보수

공화당을 지지하는 사람이 많다.

2. 매주 토요일과 일요일에 열리는 푸드 마켓으로, 뷔페와 비슷한 스웨덴의 식문화 '스모가스보드'와 개최 장소인 윌리엄스버그를 합친 말이다.

3. 1860년대 가난한 아일랜드계 이민자들이 거주하던 아파트인 테너먼트(Tenement) 거리를 둘러보는 관광 프로그램. 주택박물관(Tenement Museum)도 있다. 리어나도 디캐프리오가 주연한 영화 〈갱스 오브 뉴욕〉(2002)에도 등장했다.

4. Generation Z. 1990년대 후반부터 2010년 전후에 걸쳐 태어난 세대.

5. 제임스 호멜(James C. Hormel)을 룩셈부르크 대사(1999~2001)로 임명.

6. 그 전에는 성적 지향을 이유로 협박당해 외국의 스파이가 될 우려가 있다며 성소수자를 고용하지 않았다.

7. 13장 'We Are Everywhere!' 중 '백인, 남성, 동성애자의 시점'(355쪽)에서 자세히 설명.

8. 2012년 2월 26일 밤 플로리다주 샌퍼드에서 자경단원 조지 짐머맨(28세)이 고등학생 트레이본(17세)을 수상한 사람으로 의심해 사살한 사건. 2급 살인혐의로 기소되었으나 이듬해인 2013년 7월 무죄 평결이 나오자 항의 행동이 미국 전역으로 번졌다.

9. LGBTQ+ 중 '+' 부분에는 바로 이 젠더 논컨포밍과 논바이너리(남녀 이분법에 포함되지 않음)와 X-젠더(기존의 젠더 개념으로 이해할 수 없는 성정체성) 등이 포함된다.

10. 데이비드 B. 그린 주니어, 'BLM의 퀴어한 뿌리를 찾아(Hearing the Queer Roots of Black Lives Matter)', 2019년 2월 6일.
https://medium.com/national-center-for-institutional-diversity/hearing-the-queer-roots-of-black-lives-matter-2e69834a65cd

11. 백인 여성 중심이고 성차별만을 문제 삼았던 서구 페미니즘의 대안으로 등장한 사상으로 흑인 여성이 중심이 되어 페미니즘을 성차별, 계급 차별, 인종차별이 하나로 뒤얽힌 문제로 재인식한다.

12. 2008년 9월 리먼 사태로 인해 20대 초반의 40%가 실직한 상황, 더 나아가 세계 인구 중 1%에 불과한 부유층의 재산이 나머지 99%의 재산을 합친 것과 거의 같다는 경제적 격차를 배경으로 2011년 9월 '월 스트리트를 점거하라(Occupy Wall Street)'라는 구호 아래 사회 및 경제적인 평등을 요구하며 시작된 운동.

13. 미국 사회는 생각보다 위조지폐가 흔하다. 나도 슈퍼마켓에서 물건을 사다가 여러 번 직원의 지적을 받고 지폐를 바꿔 내기도 했다.

9장 '남과 여' 그리고 '공과 사' (1)

1. 1978년에 정권을 잡은 아프가니스탄 인민민주당에 대한 이슬람 게릴라 조직 무자헤딘의 무장봉기를 진압하기 위해 소련이 아프가니스탄으로 군사를 보낸 사건. 소련의 개입은 1989년까지 이어졌으며, 이후 분쟁 과정에서 탈레반 정권이 수립되었다. 알카에다에 의한 2001년 9.11 테러 등에도 영향을 미쳤다.
2. 러시아에서는 19세기 중반부터 노동운동이 확대되면서 그 상징인 평등, 우애, 연대를 증명하기 위해 동성 간에도 키스가 이루어지기 시작한 것으로 보인다.
3. 독일어로 'Mein Gott, hilf mir, diese tödliche Liebe zu überleben' 러시아어로 'Господи! Помоги мне выжить среди этой смертной любви'.
4. 제럴프 리거, 리치 C. 사빈 윌리엄스, 메러디스 L. 시버스, J. 마이클 베일리, 「여성의 성적 흥분과 남성성-여성성(Sexual arousal and masculinity-femininity of women)」, 2015. https://pubmed.ncbi.nlm.nih.gov/26501187/
5. https://www.telegraph.co.uk/news/uknews/11977121/Women-are-either-bisexual-or-gay-but-never-straight.html
6. 줄리언 미첼(Julian Mitchell)의 희곡으로 1981년 초연되었으며 1984년에는 영화로도 만들어졌다. 앞서 프롤로그에서 영화판 주인공인 루퍼트 에버렛의 방일 당시 있었던 '비게이화'를 다룬 바 있다.
7. 4장 77쪽.
8. 성희롱과 성폭력 피해 체험을 함께 고발하고 피해자에 대한 공감과 지원을 표명하는 운동으로, 소셜미디어 이용자들을 중심으로 빠르게 퍼져 나갔다. 2007년 미국에서 처음 시작되었지만, 2017년 10월 《뉴욕타임스》에 유명 영화 프로듀서 하비 와인스타인(Harvey Weinstein)의 성범죄를 고발하는 기사가 대대적으로 실리면서 세계적인 운동으로 확대되었다.

10장 '남과 여' 그리고 '공과 사' (2)

1. 하룻밤을 함께 보낸 남녀가 다음 날 아침에 서로 옷을 바꿔 입고 헤어지던 일.
2. 마이클 데일리(Michael Daly), '미국을 만든 아름다운 사람들(THEY MADE AMERICA,

THE BEAUTIFUL)', 《뉴욕데일리뉴스》, 2002년 9월 11일.
3. '소방관들의 수도사(The Firemen's Friar)', 《뉴욕매거진》, 2001년 11월 12일.
4. https://www.tiktok.com/@fluffiestboy/video/6790859869676113158
5. 미셸 현 킴(Michelle Hyun Kim), '청소년 트랜스 남성이 친구들로부터 깜짝 선물로 개명
   비용 받아(This Trans Teen's Friends Surprised Him With Money for His Name
   Change)', 《them》, 2020년 2월 10일.
6. 136쪽 참고.

11장 남성스러움의 변모

1. 정식 명칭은 'St. Vincent's Catholic Medical Centers'. 1849년에 세워졌으며 19세기
   콜레라 치료 센터, 1912년 타이태닉호 생존자 수용 병원으로도 잘 알려져 있다. 2001년 9.11
   테러 때도 사건 현장에서 가장 가까운 대형 병원으로서 활약했지만, 2010년 7억 달러의
   부채를 감당하지 못하고 160년 역사에 마침표를 찍었다. 지금은 고급 콘도가 되었다.
2. 181쪽 참고.
3. 농구(National Basketball Association, NBA), 야구(Major League Baseball, MLB),
   미식축구(National Football League, NFL), 아이스하키(National Hockey League,
   NHL).
4. 일본에서는 '킹 부인(キング夫人)'으로 유명하다. 레즈비언이라는 사실을 숨기고 있었지만
   1981년 한 여성과의 위자료 소송을 계기로 커밍아웃했다. 오랜 기간 여성과 성소수자의
   권익 향상에 공헌한 것을 인정받아 2009년 오바마로부터 대통령 자유 훈장을 받았다. 바비
   리그스(Bobby Riggs)와의 성 대결을 그린 영화 〈빌리 진 킹: 세기의 대결(Battle of the
   Sexes)〉(2017)이 있다.
5. 1976년 《피플》을 통해 게이라는 사실을 밝혔다. 참가자 수로는 하계 올림픽과 맞먹는 세계
   최대 아마추어 스포츠 대회 '게이 게임스(Gay Games)'(1982~)의 창립자이기도 한
   의학박사. 1987년 7월 11일 에이즈로 인해 49세를 일기로 사망했다. 게이 게임스는 지금도
   올림픽을 피해 4년에 한 번씩 개최되는데, 제11회 대회는 2022년 홍콩에서 열릴
   예정이었으나 중국공산당에 의한 민주파 세력 탄압과 코로나19로 인해 2023년 11월로
   연기되었다.
6. https://www.espn.com/wnba/story/_/id/33311392/wnba-all-star-sue-bird-
   ready-let-in
7. https://www.instagram.com/p/CQZXu_8nyy_/

8. '애덤 리펀과 존 커리, 그리고 게이 운동선수들을 둘러싼 피겨스케이팅의 복잡한 역사(Adam Rippon, John Curry and figure skating's complex history with gay athlete)', 《더가디언》, 2018년 2월 17일. https://www.theguardian.com/sport/2018/feb/17/adam-rippon-lgbt-figure-skaters-john-curry

9. https://twitter.com/Rad85E/status/963024289300602881

10. 크리스틴 린넬(Christine Linnell), '스포츠와 문화와 정치와 역사를 바꾼 LGBTQ 여성 31인(31 LGBTQ Women Who Changed Sports, Culture, Politics, History)'. https://www.advocate.com/women/2020/3/30/31-lgbtq-women-who-changed-sports-culture-politics-history#media-gallery-media-3

11. https://www.youtube.com/watch?v=eUzd3Qf9N4Y

12. https://www.tokyo-np.co.jp/article/120214

12장 호모 포비아 인 더 밴드

1. 〈세일즈맨의 죽음〉(1949), 〈욕망이라는 이름의 전차〉(1951), 〈에덴의 동쪽〉(1955), 〈초원의 빛〉(1961) 등을 연출한 영화감독(1909~2003).

2. 『생쥐와 인간』(1937), 『분노의 포도』(1939), 『에덴의 동쪽』(1952) 등으로 잘 알려진 노벨문학상 수상 작가(1902~1968).

3. 'AIDS Coalition to Unleash Power(힘을 드날리기 위한 에이즈 연합)'의 약자로, 에이즈 문제 해결을 부르짖는 직접 행동 단체다. 'act up' 자체에 '마구 날뛰다'라는 의미가 있다. GMHC의 창립자인 래리 크레이머(1935~2020)가 GMHC에서 쫓겨난 뒤인 1987년에 만들었다.

4. 'Young Urban Professional'의 약자에서 딴 호칭으로, 1980년대 중반 도시에 사는 젊은 전문직 종사자를 가리키던 말이다.

5. 〈34번가의 기적〉(1947), 〈이유 없는 반항〉(1955), 〈웨스트사이드스토리〉(1961), 〈초원의 빛〉(1961) 등으로 유명한 여배우. 게이인 크롤리를 경제적으로 지원했으며, 덕분에 그는 〈보이즈 인 더 밴드〉를 완성할 수 있었던 것으로 보인다. 1981년 의문의 익사로 생을 마감했다.

1. LGBT 잡지 《애드버킷》 기자로 일하다가 프리랜서를 거쳐 게이 남성 최초로 일간지 《샌프란시스코크로니클》 기자가 되었다. 1982년 하비 밀크의 평전 『카스트로 거리의 시장(The Mayor of Castro Street)』을 출간했다. 1994년 에이즈 합병증으로 사망.

2. 1992년 정기국회에서 미야자와 기이치는 당시 미국 사회가 '모노즈쿠리(ものづくり)'['물건을 뜻하는 '모노'와 만들기를 뜻하는 '즈쿠리'의 합성어로 장인정신에 기반을 둔 일본의 제조업과 그 문화를 가리키는 말―옮긴이]보다 '머니게임'에 치중한다며 "미국의 노동 윤리관에 의문을 느낀다"라고 발언했다.

3. 해링턴 그룹(Harrington Group), 「GLAAD 감사 보고서(GLAAD FINANCIAL STATEMENTS)」.
   https://s3.us-west-2.amazonaws.com/media.glaad.org/wp-content/uploads/2011/09/20110638/GLAAD-18-FINAL-FS.pdf

4. 2장 중 '고급화를 과시한 게이 커뮤니티'(79쪽)도 참고할 것.

5. '프라이드 퍼레이드에 경찰? 게이 경찰관과 LGBTQ 활동가들이 손을 잡기까지의 고투(Police at Pride? Gay cops, LGBTQ activists struggle to see eye-to-eye)', NBC, 2018년 6월 23일.
   https://www.nbcnews.com/feature/nbc-out/police-pride-gay-cops-lgbtq-activists-struggle-see-eye-eye-n886031

6. 앤디 워홀이 1984년 퍼레이드에 참가한 GOAL을 찍은 사진이 인스타그램에 남아 있다.
   https://www.instagram.com/p/8Tkuj5oYIT/?utm_source=ig_embed

7. 그들 대부분은 바나 클럽에서 일하는 프로다. 퍼레이드는 인권 및 사회단체가 맨 앞에 서고 외국인 커뮤니티나 공무원, 법조인, 대학생, 청소년, 직장인 등으로 구성된 단체가 뒤를 잇는다. 클럽 등에서 화려하게 꾸민 트럭은 후반에 등장한다.

8. https://pflag.org/

9. https://www.sageusa.org

10. http://www.victoryfund.org

11. 'LGBT 유권자가 집에 있었더라면 트럼프가 이겼을지도 모른다(Had LGBT voters stayed home, Trump might have won the 2020 presidential election)', 《워싱턴포스트》, 2020년 12월 1일.
    https://www.washingtonpost.com/politics/2020/12/01/had-lgbt-voters-stayed-home-trump-might-have-won-2020-presidential-election/

1. 『Between Men: English Literature and Male Homosocial Desire』, Columbia University Press, 1985.
2. 인종차별주의자라는 비판을 받았을 때 '나는 흑인 친구가 많다(I have black friends)'라는 논리를 근거로 흑인을 차별하지 않는다고 주장하는 것으로, 전형적이면서 무의미한 자기변호다.
3. 작중에서 미나미 유이치와 히노키 슌스케가 처음 만난 곳인 긴자의 게이 바.
4. 아쿠타가와상 수상 작가(1946~1992). 기슈 구마노(紀州熊野) 지역 피차별 부락의 풍토를 배경으로 지연과 혈연을 농밀하게 그리며 민속과 이야기와 차별 문제를 좇았다. 대표작으로 『고목탄(枯木灘)』『땅의 끝 지상의 시간(地の果て 至上の時)』『천년의 유락(千年の愉楽)』이 있다.
5. 남녀 간의 춘화.
6. 에도시대 말에 쓰인 무사들 간의 동성애를 그린 소설『시즈노 오다마키(賤の男太巻)』를 가리킨다. 쇼나이의 난(1599)으로 전사한 요시다 오쿠라(吉田 大蔵)의 뒤를 따라 적과 싸우다가 죽은 열다섯 살 난 미소년 히라타 산고로의 만남과 이별을 그렸다. 당시 10대 후반의 젊은이들 사이에서 많이 읽혔다.
7. 성적인 묘사.
8. 유곽.
9. 사가나베시마번[에도시대부터 메이지시대 초까지 나베시마(鍋島) 가문이 통치하던 영지. 오늘날 사가현과 나가사키현 일부에 해당한다—옮긴이] 무사가 익혀야 했던 비전서. "무사도라고 하는 것은 죽음을 각오하는 일이나니"라는 구절로 유명하다. 남색 풍습인 '슈도'에 관해서는 "목숨을 버리는 것이 슈도의 경지이니라. 그렇지 않으면 수치요, 주군에게 바칠 목숨은 없다"라고 쓰여 있다. 미시마 유키오는 이 책에 감명받아『하가쿠레 입문(葉隠入門)』(1967)을 썼다.
10. 『가와바타 야스나리 전집(川端康成全集)』9권 수록(신초샤, 1969).
11. 메이지, 다이쇼시대의 아나키스트이자 사회운동가(1885~1923). 대역사건으로 인해 위험인물로 분류되어 간토대지진(関東大地震) 직후 혼란한 틈을 타 헌병의 손에 잔인하게 살해당했다.
12. 이부키의 번역에서는 '유라니즘'이라고 표기하지만, 프랑스 문학을 다루는 다른 문헌에서는 '위라니슴'이라는 표기가 일반적이다.
13. 에이즈를 주제로 토니 쿠슈너(Tony Kushner)가 쓴 희곡으로 퓰리처상과 토니상을 휩쓸었다. 제1부 '밀레니엄이 다가온다(Millennium Approaches)'(1993년 5월

브로드웨이 초연)와 제2부 '페레스트로이카(Perestroika)'(1993년 11월 브로드웨이 초연)로 구성된다. 1985년부터 1990년까지 미국을 무대로 한다. 2003년에는 알 파치노와 메릴 스트리프가 출연하고 마이크 니컬스(Mike Nichols)가 감독을 맡아 HBO에서 텔레비전 미니시리즈로도 제작 및 방영되었다.

15장 섹슈얼의 가능성

1. 일본판 〈보이즈 인 더 밴드: 한밤중의 파티〉 대본(기타마루 유지 옮김, 2020).
2. 미국의 성 과학자 알프레드 킨제이(Alfred Kinsey)가 인간의 성을 주제로 발표한 조사 보고서(1948, 1953). 보고서에 따르면 피험자 성인 남성 중 46%가 양성 모두에 대해 성적으로 반응한다고 답했으며 37%는 최소 한 번 이상 동성애 경험이 있었다. 이 외에도 20~35세 백인 남성 중 11.6%는 동성애와 이성애 양쪽 모두 경험했으며 피험자 남성 중 10%가 16세부터 55세 사이 최소 3년간 많든 적든 온전히 동성애 관계만 있었다. 또한 20~35세 여성 중 2~6%는 동성애와 이성애 양쪽 모두 경험했으며, 1~3%는 완전한 동성애자였다.
3. 브루스 배게밀, 세인트 마틴 프레스(St. Martin's Press), 1999. 현재는 페이퍼백(스톤월 인 에디션)과 킨들 버전으로 구할 수 있다[우리나라에는 2023년 8월 출판사 히포크라테스에서 출간되었다 ─옮긴이].
4. 1950년대 시인으로 데뷔해 60년 안보투쟁[미일안전보장조약 체결에 반대해 노동자와 학생을 중심으로 벌어진 대규모 시위운동. 1960년과 1970년 무렵 두 번에 걸쳐 일어나 '60년 안보투쟁'과 '70년 안보투쟁'으로 구분하기도 한다 ─옮긴이] 이후에는 일본 사상계의 스타가 되었다(1924~2012). 대표작은 『공동환상론(共同幻想論)』 『심적 현상론 서설(心的現象論序説)』. 장녀는 만화가 하루노 요이코, 차녀는 작가 요시모토 바나나.
5. 대담 내용은 『세계를 인식하는 방법(世界認識の方法)』(요시모토 다카아키 지음, 주오코론샤, 1980)에 수록.
6. 요시모토 다카아키, 『언어의 옥토로: 서평집성 〈하〉 해외편(言葉の沃野へ: 書評集成 〈下〉 海外篇)』, 주코분코, 1996.
7. 제임스 밀러(James Miller), 『미셸 푸코의 열정(The Passion of Michel Foucault)』, 사이먼 & 슈스터, 1993, pp.26-27. 제목 속 'passion'에는 SM 행위에 대한 열정과 정열 말고도 '수난'이라는 의미가 담겨 있다.
8. 존 위너(Jon Wiener), '에드먼드 화이트와의 Q&A(Q&A With Edmund White)'. https://www.thenation.com/article/archive/qa-edmund-white/

사랑과 차별과 우정과 LGBTQ+

9. 1권 『지식의 의지』(1976), 2권 『쾌락의 활용』(1984), 3권 『자기 배려』(1984), 4권 『육체의 고백』(2018, 유고).

10. 알렉스 호굿(Alex Hawgood), '틱톡에서는 모두가 게이', 2020년 10월 24일. https://www.nytimes.com/2020/10/24/style/tiktok-gay-homiesexuals.html?action=click&module=Editors%20Picks&pgtype=Homepage

11. 뉴욕 동부 교외 롱아일랜드의 남쪽 모래사장에 조성된 여름 휴양지. 전쟁 이전부터 게이인 유명인이 모여들기 시작해 1960년대부터는 일반인에게도 게이의 메카로 알려졌다.

12. 벤 스펜서(Ben Spencer), '젊은 사람 중 이성에게만 끌린다고 답한 사람은 절반에 불과해(Only half of young attracted exclusively to opposite sex)', 2021년 2월 28일. https://www.thetimes.co.uk/article/only-half-of-young-attracted-exclusively-to-opposite-sex-zbt9ckxwt

Philos Feminism 12

사랑과 차별과 우정과 LGBTQ+

1판 1쇄 인쇄 2025년 2월 7일
1판 1쇄 발행 2025년 2월 24일

지은이 기타마루 유지
옮긴이 송해영
펴낸이 김영곤
펴낸곳 (주)북이십일 아르테

책임편집 최윤지
기획편집 장미희 김지영
교정 송연승
디자인 박대성
마케팅 남정한 나은경 최명열 한경화 권채영
영업 변유경 한충희 장철용 강경남 황성진 김도연
제작 이영민 권경민
해외기획 최연순 소은선 홍희정

출판등록 2000년 5월 6일 제406-2003-061호
주소 (10881) 경기도 파주시 회동길 201(문발동)
대표전화 031-955-2100 팩스 031-955-2151
이메일 book21@book21.co.kr

(주)북이십일 경계를 허무는 콘텐츠 리더

북이십일 채널에서 도서 정보와 다양한 영상자료, 이벤트를 만나세요!
인스타그램 instagram.com/21_arte　　페이스북 facebook.com/21arte
　　　　　instagram.com/jiinpill21　　　　　facebook.com/jiinpill21
포스트 post.naver.com/staubin　　홈페이지 arte.book21.com
　　　post.naver.com/21c_editors　　　book21.com

ISBN 979-11-7357-094-0　03300

2024년 12월, 새롭게 열린 응원봉 광장에는 이런 피켓이 등장했다. "퀴어가 민주주의를 키운다! 이성애자와 시스젠더는 얌전히 따라오라." 대담하고 유쾌한 농담처럼 보이는 이 문구는, 그러나 단순한 구호가 아니다. 이는 우리가 함께 만들어 온 역사에 대한 정확한 진술이다. 미국 퀴어운동의 문화정치사를 엮어 가는 기타마루 유지의 신중하면서도 경쾌한 문장을 따라가다 보면, 어느새 당신도 이 퀴어한 민주주의 프로젝트의 한가운데에 서게 될 것이다.

— 손희정(문화평론가, 경희대학교 비교문화연구소 학술연구교수)

책을 펼쳐 읽으면서 속으로 박수를 쳤다. 오래전부터 바라던 책이다. 미국을 거치지 않고 퀴어 문화와 에이즈에 대해 말할 수 없는 이 시대에, 그 역사를 비서구인의 관점으로 읽고 해석한 저작물에 대한 갈증이 늘 있었기 때문이다. 저자가 일본인인 것도 두 배의 장점이다. 그 덕에 우리는 가까운 나라 일본과 먼 나라 미국이 퀴어와 에이즈에 어떻게 반응했는지를 동시에 견주며 배울 수 있다. 아, 아니다. 다른 긴말이 필요 없다. 이 장점 하나만으로도 이 책을 읽어야 할 이유는 충분하니까. 정말 재미있다. 분명 책 두께에 부담 느낄 틈 없이 어느새 다 읽은 자신을 발견하게 될 것이다. 이제 책을, 손에 쥐기만 하면 된다.

— 한채윤(성소수자 인권활동가, 비온뒤무지개재단 상임이사)

머릿속이 끓어올랐다. 100년 이르는 미국 LGBTQ+의 풍요로운 역사를 받아들인 저자의 눈에 우리 모두의 미래가 담겨 있었다.

— 이케다 가요코(池田 香代子, 독일 문학 번역가,『세계가 만일 100명의 마을이라면』저자)

어떠한 과거가 현재를 만들었는가. 축적과 동떨어진 가벼운 현상 긍정은 백래시를 초래할 뿐이다. 일본과 미국을 오가며 각 커뮤니티의 안팎을 관찰해 온 저널리스트, 그이기에 그릴 수 있는 역사와 미래가 이 책에 담겨 있다.

— 오기우에 치키(荻上 チキ, 평론가,『이 안경으로 말씀드리자면』저자)

이 책에 흘러넘치는 사랑은 미국과 일본 할 것 없이 모든 마이너리티를 향한 찬가다. 조그만 존재들이 지난 반세기 동안 이를 악물고 만들어 낸 역사와 문화를 재발견할 수 있었다.

— 쓰야마 게이코(津山 恵子, 뉴욕 주재 저널리스트)

한번은 시마네현 오키노시마에 노래를 부르러 갔다가 초등학생에게서 "태어나서 처음으로 오카마를 봤어요"라는 편지를 받았다. 그때 느낀 솔직함과 위화감. 그 간극을 메우는 것이 바로 이 책의 역할이다.

— 나카무라 나카(中村 中, 가수, 연기자)